삼국지

정사 비교 고증 완역판

삼국지

4

나관중 지음 | 모종강 정리
송도진 옮김

글항아리

차 례

일러두기

1. 역자가 번역의 기본으로 삼은 소설 『삼국지三國志』의 판본은 역사적으로 가장 압도적으로 유행하고 보편적으로 읽히는 세칭 '모종강본毛宗崗本' 120회본이다. 2009년 펑황출판사鳳凰出版社에서 간행된 '교리본校理本' 『삼국연의』(선보쥔沈伯俊 교리)를 기본으로 삼고, 부가적으로 2013년 런민문학출판사人民文學出版社에서 간행된 『삼국연의』 제3판을 채택했다. 그 외에 모종강毛宗崗의 비평이 실려 있는 펑황출판사의 모종강 비평본 『삼국연의』(2010)와 중화서국中華書局의 모륜毛綸, 모종강 점평點評 『삼국연의』(2009) 등 관련 서적들을 추가로 참조했다.
2. 소설 『삼국지』는 매회 두 구절의 제목을 제시하여 전체 줄거리를 예시했는데, 제목이 길고 번잡하여 역자가 간단한 제목을 새로 붙였다.
3. 독자들의 이해를 돕고 소설과 실제 역사와의 차이를 살펴볼 수 있도록 매회 말미에 【실제 역사에서는……】을 추가해 역사서에 기록된 내용을 소개했다. 정사正史 자료를 기본으로 삼았으며, 소설과 역사가 상이한 경우에는 그 내용을 소개하여 독자들이 비교할 수 있도록 했으며, 역자의 비평은 최대한 지양했다.
4. 소설 『삼국지』에는 내용상 이치에 맞지 않는 부분 혹은 지명, 관직명, 정확한 연대, 허구 인물, 등장인물의 한자 성명이나 자 혹은 직책, 출신 지역, 연령 등 상당히 많은 부분에 오류가 있다. 오류는 주석을 통해 '오류'라고 명시하고, 교리본을 기초로 정사 자료를 일일이 대조하여 이를 바로잡았다. 또한 이해하기 어려운 개념이나 역사적 사실 등 설명이 필요하다고 판단되는 내용도 함께 소개했다. 일부는 【실제 역사에서는……】에서 지적하기도 했다.
5. 오류 가운데 전체에 걸쳐 반복되는 것은 처음 등장할 때 주석을 통해 바로잡고 '이하 동일'이라 표기했다.
6. 주석 혹은 【실제 역사에서는……】은 기본적으로 정사인 진수陳壽 『삼국지』와 배송지裴松之 주석, 『후한서』와 이현李賢 주석, 『진서』, 『자치통감』을 기본으로 삼았고, 필요한 경우에는 『사기』와 『한서』, 왕선겸王先謙의 『후한서집해』와 노필盧弼의 『삼국지집해』를 참조했다. 또한 일부 소개 자료는 2007년 상하이런민출판사上海人民出版社에서 간행된 『삼국연의 보증본補證本』을 참고했으며, 역자의 의견이나 비평은 최대한 지양했다.
7. 맞춤법과 외래어 표기는 국립국어원 표준국어대사전 및 외래어표기법을 따랐다. 독자들이 이해하기 어려운 한자어나 고사성어, 고유명사 등은 한자를 병기했으며, 본문에 등장하는 고사성어 및 인용문의 원문, 출처, 상세한 배경 등을 주석을 통해 최대한 자세히 소개하고자 했다.
8. 지명은 『후한서』 「군국지」를 기본으로 하여 주석에 명시했고, 현재와 다른 명칭으로 사용되는 지명은 현재 중국에서 사용되는 정식 지명으로 적었다.
9. 본문에 등장하는 도량형은 후한 시기의 기준으로 표기했으며, 독자들의 이해를 돕기 위해 주석 혹은 【실제 역사에서는……】에서 상세히 설명했고, 현재 사용되는 도량형으로 환산하여 제시했다.
10. 날짜와 계절은 모두 음력으로, 시간은 시진時辰으로, 밤은 고대 관습에 따라 오경五更으로 표기했다.
11. 본문에 표기된 서기 연도는 독자의 이해를 돕기 위해 역자가 표기한 것이다.
12. 최대한 원전에 충실하게 번역했으나 매끄러운 번역을 위해 부득이 단어를 보충한 부분이 있음을 미리 밝혀둔다.
13. 후한 13자사부刺史部 명칭 중에 涼州와 揚州는 우리말 발음상의 혼동을 피하고 이를 구별하기 위해 涼州는 '양주涼州'로, 揚州는 '양주'로 표기했다.
14. 독자들에게 생소한 어휘는 쉽게 이해되고 많이 사용되는 단어를 선택했음을 밝혀둔다. 예를 들어 '경사京師', '경京', '도都' 등은 '도성'으로, '채寨'는 '군영'으로 표기했으나 【실제 역사에서는……】에서는 원문 그대로 번역했다.
15. 대화체에 자주 등장하는 '모某(아무개)'는 문맥상 변경하기 곤란한 경우를 제외하고는 '저' 혹은 '제가'로 번역했음을 밝혀둔다.
16. 모종강의 정통론과 서술 기법, '재자서才子書'의 목록에서 삼국지를 첫 번째로 해야 한다는 당위성과 우수성을 분석·설명한 「삼국지 읽는 법讀三國志法」을 6권 마지막에 부록으로 실었다.

제 61 회

아두를 빼앗긴 손부인과 조조를 물리친 손권

조운은 강을 막아 아두를 빼앗고,

손권은 글을 보내 늙은 아만을 물리치다

趙雲截江奪阿斗,

孫權遺書退老瞞

방통과 법정 두 사람은 현덕에게 연회석상에서 유장을 죽이면 손바닥에 침을 뱉는 것처럼 쉽게 서천을 얻을 수 있다고 권했다. 현덕이 말했다.

"내가 처음 촉중으로 들어와 아직 은덕과 신의를 세우지 못했으니 그런 일은 결코 실행할 수 없소."

두 번 세 번 설득했으나 현덕은 단호하게 거절했다. 이튿날 다시 유장이 연회를 열었고 서로 세세하게 속마음을 이야기하고 나자 교분이 더욱 깊어졌다. 술이 거나하게 취하자 방통이 법정과 상의하며 말했다.

"일이 이미 이렇게 된 이상 주공의 뜻을 따를 수만은 없게 되었소."

즉시 위연에게 대청에 올라 칼춤을 추다가 기회를 틈타 유장을 죽이라고 시켰다. 위연이 바로 검을 뽑아 들고 말했다.

"술자리에 즐길 만한 것이 없으니 바라건대 칼춤으로 놀아보겠습니다."

방통은 즉시 무사들을 불러들여 대청 아래에 도열시킨 다음 위연이 손을 쓰기만을 기다렸다. 위연이 술자리 앞에서 칼춤을 추는 데다 또 계단 아래에 무사들이 손으로 칼자루를 어루만지며 대청 위를 똑바로 쳐다보고 있자

종사 장임張任 또한 검을 뽑아 춤을 추며 말했다.

"칼춤에는 상대가 있어야 하니 위장군과 함께 춤을 추고 싶습니다."

두 사람은 술자리 앞에서 마주하며 춤을 췄다. 위연이 유봉에게 눈짓을 보내자 유봉도 검을 뽑아 들고 춤을 도왔다. 그러자 유괴, 영포, 등현도 각기 검을 뽑아 들며 말했다.

"저희가 군무를 추어 흥을 돋울까 합니다."

현덕이 깜짝 놀라더니 급히 좌우 측근이 차고 있던 검을 뽑아 들고 술자리에 서서 말했다.

"우리 형제가 만나 마음껏 마시는 것이니 결코 의심하거나 시기하는 마음이 없다. 또 홍문회鴻門會도 아니거늘 무슨 칼춤이 필요하단 말인가? 검을 버리지 않는 자는 즉시 참수하리라!"

유장도 큰 소리로 꾸짖었다.

"형제가 모였는데 칼을 차고 있을 필요가 있느냐?"

호위하는 자들에게 모조리 패검을 풀어 치우라고 명했다. 모두 뒤섞여서 대청을 내려갔다. 현덕은 장수들을 대청 위로 불러 술을 하사하며 말했다.

"우리 형제는 같은 혈육으로 함께 큰일을 의논하는 것일 뿐 결코 두마음이 없소. 그대들은 의심하지 마시오."

장수들이 절하며 감사했다. 유장은 현덕의 손을 잡으며 눈물을 흘렸다.

"맹세컨대 형님의 은혜를 감히 잊지 못할 것이오!"

두 사람은 늦게까지 즐겁게 마셨다. 돌아온 현덕은 방통을 꾸짖었다.

"공은 어찌하여 나를 불의에 빠뜨리려 하오? 오늘 이후로 절대로 그런 짓은 하지 마시오."

방통은 탄식하며 물러났다.

한편 유장이 군영으로 돌아가자 유괴 등이 말했다.

"주공께서도 오늘 연회석상의 광경을 보셨지요? 차라리 일찍 돌아가셔서 후환을 면하는 것이 나을 듯합니다."

유장이 말했다.

"유현덕을 다른 사람과 비교하지 말게."

장수들이 말했다.

"비록 현덕은 그런 마음이 없다 하더라도 다른 수하들은 모두 서천을 삼켜 부귀를 도모하려고 합니다."

유장이 말했다.

"우리 형제의 정을 가로막지 마시게."

결국 듣지 않고 날마다 함께 즐겁게 이야기를 나누었다. 그때 별안간 장로가 병마를 정돈하여 가맹관[1]을 침범하려 한다는 보고가 들어왔다. 유장이 현덕에게 막아달라고 청했다. 현덕은 흔쾌히 승낙하고 그날로 본부 군사들을 이끌어 가맹관으로 향했다. 장수들은 유장에게 대장을 각 요충지로 보내 단단히 지키면서 현덕의 군사 반란을 방비하도록 권했다. 유장은 처음에 따르지 않았으나 사람들이 극력으로 권고하는 바람에 백수도독[2] 양회楊懷와 고패高沛에게 부수관[3]을 지키게 했고 그는 성도로 돌아갔다. 가맹관에 도착한 현덕은 군사들을 엄격하게 단속하고 은혜를 펼쳐 민심을 얻었다.

어느새 정탐꾼이 동오로 들어가 이 소식을 알렸다. 오후 손권은 문무관원들을 모아놓고 상의했다. 고옹이 나서며 말했다.

"유비가 군사를 나누어 고생스럽게 멀리 위험한 곳으로 나갔으니 쉽게 돌아오지는 못할 것입니다. 먼저 군사 한 갈래를 보내 천구川口(서천 입구)를 막아 돌아오는 길을 끊은 뒤 군사를 일으킨다면 손쉽게 형양을 점령할 수 있을 것입니다! 이것은 놓쳐서는 안 되는 좋은 기회입니다."

손권이 말했다.

"그 계책이 대단히 묘하구려!"

한창 상의하는데 병풍 뒤에서 한 사람이 호통을 치며 나왔다.

"그 계책을 올린 자는 참수하리라! 내 딸의 목숨을 해치려 드는구나!"

모두 놀라 바라보니 바로 오국태였다. 국태가 성내며 말했다.

"내 평생 오직 딸 하나뿐인데 유비에게 시집보냈다. 지금 만일 군대를 움직인다면 딸의 목숨은 어찌한단 말이냐!"

그녀는 손권을 큰 소리로 꾸짖었다.

"너는 부친과 형의 기업을 관장하면서 81주[4]를 소유하고도 오히려 만족하지 못하고 작은 이익을 취하고자 골육은 생각지도 않는구나!"

손권은 연거푸 "예, 예" 하면서 대답했다.

"어머님의 가르침을 어찌 감히 어기겠습니까!"

바로 관원들을 꾸짖어 물리쳤다. 국태는 분노하면서 들어갔다. 손권이 창문 아래에 서서 생각했다.

'이 기회를 놓친다면 언제 형양을 얻을 수 있겠는가?'

한창 망설이고 있는데 장소가 들어와 물었다.

"주공께서는 무엇을 걱정하고 의심하십니까?"

"방금 있었던 일을 생각하고 있었소."

"그것은 지극히 쉬운 일입니다. 지금 심복 장수에게 군사 500명을 데리고 형주로 잠입해 밀서 한 통을 군주[5]께 전달하고 국태께서 병이 위중한데 따님을 보고 싶어하신다며 군주를 모시고 밤사이 동오로 돌아오게 하면 됩니다. 현덕은 평생에 아들 하나뿐이니 함께 데려오도록 하십시오. 그러면 형주를 아두와 바꾸자고 할 것입니다. 만약 그렇게 되지 않더라도 군사를 움직이는 것에 거리낄 게 무엇이 있겠습니까?"

"묘책이구려! 내게 주선周善이라는 사람이 있는데 담력이 크오. 어려서부터 우리 집을 드나들었는데 형님을 많이 따랐소. 그를 보내는 게 좋겠소."

"절대로 새나가서는 안 됩니다. 지금 바로 보내십시오."

이에 은밀히 주선에게 500명을 데리고 장사꾼으로 꾸며 다섯 척의 배에 나누어 타고 가도록 했다. 거짓 국서國書를 써서 조사받을 것을 대비했고, 배 안에는 병기를 숨겨두었다. 주선은 수로를 통해 이동해 배를 강변에 정박시키고 형주[6]로 들어가 문지기를 시켜 손부인에게 알리도록 했다. 부인이 주선을 들이라 명하자 그가 밀서를 바쳤다. 국태의 병이 위중하다는 글을 읽은 부인은 눈물을 흘리며 안부를 물었다. 주선이 하소연했다.

"국태의 병세가 대단히 위중하여 아침저녁으로 부인만을 생각하고 계십니다. 머뭇거리다가 늦으신다면 만나 뵐 수 없을까 걱정됩니다. 그리고 부인께서 아두를 데리고 오셔서 한번 보여달라고 하십니다."

"황숙께서 원정을 나가셨기에 군사에게 알려야겠네."

"만약 군사께서 황숙께 보고하고 돌아가라는 명령을 기다린 다음에야 배를 탈 수 있다고 한다면 어떻게 하실 것입니까?"

"말하지 않고 가다가 저지라도 당할까 걱정이네."

"장강에 이미 배를 준비해뒀습니다. 청컨대 즉시 수레에 오르시지요."

모친의 병환이 위급하다는데 손부인이 어찌 당황하지 않겠는가? 즉시 일곱 살[7] 난 아두를 수레에 태웠고, 각기 칼과 검을 찬 30여 명의 수행원을 따르게 하고는 말에 올라 강변으로 갔다. 부중의 사람이 보고하려 했을 때 손부인은 이미 사두진沙頭鎭에 당도하여 배를 탄 다음이었다.

주선이 막 배를 출발시키려 하는데 강기슭에서 누군가 크게 소리 질렀다.

"잠시 출발을 멈추시오. 부인을 전송하게 해주시오!"

쳐다보니 조운이었다. 조운은 정찰을 끝내고 돌아오다 소식을 듣고는 깜짝 놀라 4~5명의 기병만 데리고 회오리바람처럼 빠르게 강을 따라 배가 있는 곳으로 쫓아온 것이다. 주선은 손에 긴 과戈를 잡고 크게 소리 질렀다.

"네가 어찌 감히 주모[8]님을 막는단 말이냐!"

군사들에게 일제히 배를 출발시키라 큰 소리로 명령하고는 각기 병기를 꺼내고 배 위에 늘어서게 했다. 순풍에 물살까지 세차 배들은 조류를 타고 순식간에 나아갔다. 조운은 강을 따라 뒤쫓으며 소리 질렀다.

"부인께서는 마음대로 가셔도 좋지만 아뢸 말씀이 있을 뿐입니다."

그러나 주선은 본체만체하고 배를 재촉해 신속하게 나아갔다. 강을 따라 10여 리를 뒤쫓던 조운의 눈에 강여울에 비스듬히 정박해 있는 한 척의 어선이 들어왔다. 조운은 말을 버리고 창을 잡은 채 어선에 뛰어올랐고 어부와 단 둘이서 노를 저어 부인이 타고 가는 큰 배를 바라보며 쫓아갔다. 주선은 군사들에게 화살을 쏘게 했으나 조운이 창으로 쳐내자 화살들이 모두 어지럽게 물속으로 떨어졌다. 큰 배와의 간격이 1장 정도로 좁혀지자 동오의 병사들이 창으로 마구 찔러댔다. 조운이 창을 작은 배 위에 던져버리고 차고 있던 청강검青釭劍을 뽑아 들어 찔러대는 창을 헤치고는 동오의 배를 향해 몸을 풀썩 솟구쳐 어느새 큰 배에 올라섰다. 병사들이 모두 놀라 자빠졌다. 조운이 선창 안으로 들어가자 아두를 품에 안고 있던 부인이 소리쳤다.

"무슨 까닭으로 무례하게 구는 게요!"

조운이 검을 꽂고서 읍하며 경의를 표했다.

"어디로 가려고 하십니까? 무슨 까닭으로 군사께 알리지 않으셨습니까?"

부인이 말했다.

"모친께서 병세가 위독하여 알릴 겨를이 없었소."

"병문안을 가신다면서 무슨 연유로 어린 주인을 모시고 가십니까?"

"아두는 내 아들이고, 형주에 남겨두면 돌볼 사람이 없소."

"주모께서 틀리셨습니다. 주인께서는 일생 동안 혈육이라고는 여기 어린 주인 한 분밖에 없으십니다. 소장이 당양 장판파 백만 대군 속에서 구출해 냈는데 오늘 부인께서 안고 가려 하시니 이것은 무슨 도리입니까?"

부인이 화를 냈다.

"일개 무사에 불과한 네가 어찌 감히 내 집안일에 관여하려 드느냐!"

"부인께서 가고자 하신다면 가셔도 좋으나 어린 주인은 두고 가십시오."

부인이 소리쳤다.

"네가 배 안으로 멋대로 뛰어들었으니 틀림없이 모반할 뜻이 있으렷다!"

조운이 말했다.

"만일 어린 주인을 두고 가시지 않는다면 설령 만 번을 죽는다 하더라도 절대로 부인을 놓아 보내지 않겠습니다!"

부인이 시비들에게 앞으로 나아가 체포하라고 소리쳤으나 조운은 모조리 밀어 넘어뜨리고는 품속에 있던 아두를 빼앗아 안고서 뱃머리로 나갔다. 옆 강기슭에 대고 싶었으나 거드는 사람도 없었고, 사람을 해치자니 또 도리에 맞지 않는 것 같아 나아갈 수도 물러설 수도 없었다. 부인이 시비侍婢(시녀)들에게 아두를 빼앗으라고 소리치자 조운은 한 손으로 아두를 안고 다른 한 손으로 검을 잡았는데 누구도 감히 가까이 접근하지 못했다. 주선은 선미에서 방향키를 잡고 하류로 배를 몰아가는 데만 몰두할 뿐이었다. 순풍에 물살도 거세 배는 중류로 거침없이 나아갔다. 한쪽 손바닥만으로는 소리를 내지 못하듯 조운의 역량이 미약하여 단지 아두를 보호할 뿐이니 어찌 배를 강기슭으로 이동시킬 수 있겠는가?

한창 위급한 상황에 별안간 하류 쪽 포구 안에서 10여 척의 배가 다가오면서 깃발을 휘두르며 북을 두드렸다. 조운은 속으로 생각했다.

'이번에는 동오의 계책에 빠지고 말았구나!'

선두에 선 배 위에서 한 대장이 손에 긴 모를 잡고 소리 높이 고함을 질렀다.

"형수님은 조카를 두고 가시오!"

알고 보니 장비가 정찰을 하다가 소식을 듣고는 급히 유강油江의 두 물길이 교차하는 입구로 오고 있었는데 마침 동오의 배들과 맞닥뜨리자 급히 가로막은 것이었다. 장비는 즉시 검을 잡고 동오의 배 위로 뛰어올랐다. 주선이 칼을 잡고 맞섰으나 장비의 손이 들리는가 싶더니 그대로 찍혀 쓰러졌다. 장비는 수급을 잘라 손부인 앞으로 던졌다. 깜짝 놀란 부인이 말했다.

"아주버니는 무슨 까닭으로 이렇게 무례하게 구시오?"

장비가 말했다.

"형수님이 몰래 친정으로 돌아가려 하시는 것이 바로 무례한 것이오!"

"어머님께서 병세가 위중해 몹시 위급한 상황인데 형님의 회답을 기다렸다간 일을 그르치고 말 겁니다. 만약 아주버니께서 내가 돌아가도록 놓아주지 않는다면 강물에 뛰어들어 죽고 말 거예요!"

장비는 조운과 상의했다.

"부인을 사지에 몰아넣어 죽게 한다면 이는 신하의 도리가 아니네. 아두만 보호해서 우리 배로 건너가면 그만이네."

이에 부인에게 일렀다.

“우리 형님은 대한의 황숙이시니 형수를 욕되게 하지 않겠소. 오늘 작별하더라도 형님의 은정과 도의를 생각한다면 서둘러 돌아오시오.”

말을 마치고는 아두를 안고 조운과 함께 배로 돌아왔고 손부인과 다섯 척의 배는 가도록 놓아줬다. 후세 사람이 자룡을 칭송한 시가 있다.

이전에는 당양에서 그 주인을 구하더니
오늘은 장강을 향하여 몸을 날리는구나
배 위의 동오 병사들 놀라 담 찢어지니
자룡의 용감함 세상에 비할 자 없구나
昔年救主在當陽, 今日飛身向大江
船上吳兵皆膽裂, 子龍英勇世無雙

그리고 익덕을 칭송한 시도 있다.

장판교에서 성난 기세가 등등하여
외마디 포효하며 조조군 물리쳤네
오늘 강에서 위급한 주인 구원하니
청사에 기록된 이름 만세에 전하리
長坂橋邊怒氣騰, 一聲虎嘯退曹兵
今朝江上扶危主, 青史應傳萬載名

두 사람은 기뻐하며 배로 돌아왔다. 몇 리를 못 갔는데 공명이 대부대의 선박을 이끌고 맞이하러 나와 있었다. 그는 아두를 빼앗아 돌아오는 것을 보고는 크게 기뻐했다. 세 사람은 말 머리를 나란히 하며 돌아왔다. 공명은 문서를 가맹관으로 보내 있었던 일을 현덕에게 보고했다.❶

한편 동오로 돌아온 손부인은 장비와 조운이 주선을 죽이고 강에서 가로막아 아두를 빼앗아 간 일을 자세히 이야기했다. 손권은 크게 노했다.

"이제 누이동생이 돌아왔으니 저들과 인척 관계도 아니다. 주선을 죽인 원수를 어떻게 갚지 않겠는가!"

관원들을 모아놓고 형주를 빼앗을 일을 상의하는데 별안간 조조가 군사 40만 명을 일으켜 적벽의 원수를 갚고자 몰려온다는 보고가 들어왔다. 깜짝 놀란 손권은 잠시 형주의 일을 접어두고 조조를 대적할 일을 상의했다. 그때 어떤 사람이 장사長史의 장굉張紘이 병으로 사직하고 집으로 돌아왔는데 지금 이미 병사하여 유서를 올린다는 보고가 들어왔다. 손권이 뜯어보니 글 중에 손권에게 말릉[9]으로 거처를 옮기라고 권하면서 말릉의 산천은 제왕의 기운이 있으니 속히 옮겨 만세의 기업으로 삼으라고 적혀 있었다. 글을 읽고 난 손권은 통곡하면서 관원들에게 일렀다.

"장자강張子綱(장굉의 자)이 내게 말릉으로 도읍을 옮기라고 권하는데 내가 어떻게 따르지 않겠는가!"

즉시 건업[10]으로 옮겨 도읍을 정비하고 석두성[11]을 축조하도록 했다.❷ 여몽이 나서며 말했다.

"조조의 군사들이 오면 유수[12]의 입구에 성채를 쌓아 그들을 막아내는 것이 좋겠습니다."

장수들이 이구동성으로 말했다.

"기슭으로 올라가서 적을 치고 맨발로[13] 돌아오면 될 텐데 성을 쌓아 무엇에 쓴단 말이오?"

여몽이 말했다.

"병장기에도 날카로움과 무딤이 있듯이 전쟁에서 반드시 이긴다는 법은 없소. 별안간 적과 맞닥뜨려 보병과 기병이 서로 가까이 붙으면 물까지 갈 겨를이 없을 텐데 어떻게 배에 오를 수 있단 말이오?"

손권이 말했다.

"'사람이 멀리 헤아리지 않으면 반드시 가까운 데서 근심이 생긴다人無遠慮, 必有近憂'[14]고 했소. 자명子明(여몽의 자)의 견해가 심히 원대하오."

즉시 군사 수만 명을 보내 유수에 성채를 쌓도록 했다. 밤낮을 가리지 않고 공사를 진행하여 기한 내에 완공시켰다.

한편 허도에 있던 조조는 위복[15]이 날로 심해졌다. 장사 동소董昭가 나서서 말했다.

"예로부터 승상과 같은 공적을 세운 사람이 없었으니 주공과 여망呂望이라 할지라도 미치지 못할 것입니다. 30여 년간 바람으로 빗질하고 비로 머리를 감으며 분주하게 돌아다니면서 갖은 고생을 다하여 흉악한 무리를 소탕하고 백성에게 해로운 것을 제거했으며 한실을 다시 보존토록 하셨습니다. 그런데 어찌 다른 여러 신료와 같은 서열에 계실 수 있습니까? 위공魏公의 지위를 받고 구석[16]을 더하여 공덕을 분명하게 드러내셔야 합니다."

구석이란 무엇인가?

첫째, 거마車馬다. 대로大輅와 융로戎輅 각 한 량이 주어진다. 대로는 금거金車(구리로 장식한 수레)이고 융로는 병거兵車(작전용 전차)다. 검은색 수컷 말 두 사[17]와 누런 말 여덟 필이 이끈다.

둘째, 의복이다. 곤면[18]의 의복에 부수적으로 적석[19]이 붙는다. 곤면은 왕의 의복이고 적석은 붉은 신이다.

셋째, 악현樂懸이다. 종과 경쇠를 매달 수 있는 것으로 왕의 음악이다.

넷째, 주호[20]다. 주호의 집에는 붉은색 대문이 달려 있다.

다섯째, 납폐[21]다. 은밀한 통로로 건물에 드는 것으로 폐陛는 계단이다.

여섯째, 호분虎賁(용사)이다. 호분 300명으로 문을 지키게 한다.

일곱째, 부월[22]이다. 부와 월 각 한 자루가 주어지며 부는 작은 도끼고 월은 큰 도끼다.

여덟째, 궁시弓矢다. 붉은 활 하나와 붉은 화살 100대, 검은 활 10개와 검은 화살 1000대를 뜻한다.

아홉째, 거창[23]과 규찬[24]이다. 거창 한 유[25]와 규찬이 부수적으로 붙는다. 거창은 검은 기장으로 양조한 향기로운 술을 땅에 뿌려 신에게 빌 때 쓰고, 규찬은 종묘 제기로 선왕께 제사 지내는 데 사용한다.③

시중 순욱이 말했다.

"안 됩니다. 승상께서는 본래 의로운 군대를 일으켜 한실을 바로잡고 보살피셨으니 그 충정의 의지로 겸손하게 물러나는 절개를 지키셔야 합니다. 군자는 덕으로써 사람을 사랑하셔야 하니 그렇게 해서는 안 됩니다."

이 말을 들은 조조는 갑자기 화를 내며 안색이 변했다. 동소가 말했다.

"어찌 한 사람으로 인해 여러 사람의 기대를 막을 수 있겠습니까?"

마침내 표문을 올려 자신을 위공으로 높이고 구석을 더해주기를 청했다. 순욱이 탄식했다.

"내가 오늘 이런 꼴을 보게 될 줄은 생각지도 못했구나!"

그 말을 들은 조조는 순욱을 깊이 증오했고 자신을 돕지 않을 것이라고 여겼다. 건안 17년(212) 10월, 조조는 군사를 일으켜 강남으로 내려가면서 순욱에게 동행하도록 명했다. 순욱은 이미 조조에게 자신을 죽일 마음이 생겼음을 알고는 병을 핑계로 수춘壽春에 머물렀다. 그때 별안간 조조가 사람을 시켜 음식 한 합盒을 보냈는데 조조의 자필 편지가 봉해져 있었다. 합을 열어 살펴보니 그 속에는 아무것도 없었다. 그 뜻을 알아챈 순욱은 마침내 독약을 먹고 죽었다. 그의 나이 50세였다. 후세 사람이 탄식한 시가 있다.

문약[26]의 출중한 재주 천하가 모두 듣고 있는데
가련하게도 권문세도가에 발을 잘못 디뎠구나
후세 사람들이여 그를 유후[27]에 비교하지 말라
임종에 이르러 한나라 황제 뵐 면목 없구나
文若才華天下聞, 可憐失足在權門
後人休把留侯比, 臨沒無顔見漢君[4]

그의 아들 순운荀惲이 유서를 보내 조조에게 알렸다. 조조는 크게 뉘우치고 후하게 장사 지내라 명하고는 시호를 경후敬侯라 했다.

한편 조조의 대군은 유수에 이르자 먼저 조홍에게 철갑 마군 3만 명을 이끌고 강변까지 가서 정찰하게 했다. 조홍이 돌아와 보고했다.

"멀리 바라보니 강가 인근 지대에 깃발만 무수히 많았는데 군사들이 어디에 집결해 있는지는 모르겠습니다."

조조는 안심할 수 없어 직접 군사를 이끌고 유수 어귀에 진을 설치했다. 100여 명을 이끌고 산비탈에 올라 멀리 바라보니 전선들이 각기 대오를 나누어 순서에 따라 늘어서 있었다. 깃발은 오색으로 나뉘었고 병기들은 선명하게 빛났다. 손권은 정중앙에 위치한 큰 배 위에 푸른 비단으로 된 산개 아래 앉아 있었다. 좌우에는 문무관원들이 양쪽으로 시립해 있었다. 조조가 채찍으로 가리키며 말했다.

"아들을 낳으려면 손중모(손권의 자) 같은 자식을 낳아야 하느니라! 유경승(유표의 자)의 아들은 개돼지일 따름이니라!"[28]

그때 별안간 한바탕 소리가 나더니 강남의 배가 일제히 나는 듯이 다가왔다. 유수의 성채 안에서도 한 부대가 쏟아져 나오면서 조조군을 들이쳤다. 조조의 군마들이 물러나며 이내 달아나는데 고함을 질러대도 그들을 멈추게 할 수 없었다. 갑자기 1000명이 넘는 기병들이 산기슭까지 추격해왔는데 앞장선 사람을 보니 푸른 눈에 자줏빛 수염이었다. 사람들이 바로 손권임을 알아봤다. 이를 본 조조가 급히 말을 돌리자 동오의 대장 한당과 주태 두 기의 말이 곧장 위로 달려 올라왔다. 조조의 등 뒤에 있던 허저가 말고삐를 놓고 칼을 춤추듯 휘두르며 달려나가 두 장수를 막으니 조조는 가까스로 빠져나와 군영으로 돌아올 수 있었다. 허저는 두 장수와 30합을 싸운 다음에야 비로소 돌아왔다. 군영으로 돌아온 조조는 허저에게 후한 상을 내리고 장수들을 호되게 꾸짖었다.

"적과 마주하는 상황에서 먼저 물러나 나의 날카로운 기세를 꺾어놨도다! 이후에 또 이렇게 한다면 모조리 참수하고 말리라!"

이날 밤 이경 무렵에 별안간 군영 밖에서 함성이 크게 진동했다. 조조가 급히 말에 오르는데 사방에서 불길이 일어났다. 동오가 본영을 기습한 것이었다. 날이 밝을 때까지 싸우다가 조조군은 50리를 물러나 군영을 세웠다. 답답하고 우울해진 조조가 한가하게 병서를 읽고 있었다. 정욱이 말했다.

"승상께서는 병법을 이미 알고 계시면서 어찌하여 '군사 행동은 신속한 것이 최고'라는 것을 모르십니까? 승상께서 군대를 일으킨 후 시간을 끌어 시일이 오래 지체되었으므로 손권이 유수의 입구를 끼고 성채를 쌓아 준비할 수 있었던 것입니다. 지금은 공격하기 어렵습니다. 차라리 잠시 군사를 물려 허도로 돌아갔다가 별도로 좋은 방안을 찾는 것이 나을 듯합니다."

조조는 대답하지 않았다. 정욱이 나갔다.

조조는 작은 탁자에 엎드려 있었다. 그때 별안간 조수가 용솟음치고 출렁이는 소리가 들리는데 마치 천군만마가 앞다퉈 질주하는 형상 같았다. 조조가 급히 쳐다보니 장강 가운데서 붉은 해가 솟아오르고 있었다. 찬란한 빛이 눈을 비추었고, 고개를 들어 하늘을 보니 또 두 개의 태양이 서로 비추고 있었다. 그때 갑자기 강 가운데에 있던 붉은 해가 곧장 날아오르더니 군영 앞 산중에 떨어졌는데 그 소리가 마치 우레와 같았다. 문득 놀라 깨어보니 군막 안에서 꿈을 꾼 것이었다. 군막 앞에 있던 군사가 오시午時를 알렸다. 조조는 말을 준비시킨 다음 50여 기를 이끌고 곧장 군영 밖으로 달려나가 꿈속에서 봤던 해가 떨어진 산기슭으로 갔다. 한창 살펴보는데 별안간 한 무리의 인마가 보였다. 앞장선 사람은 황금 투구에 황금 갑옷을 걸치고 있었으니 다름 아닌 손권이었다. 조조가 온 것을 본 손권은 전혀 당황하지 않고 산 위에서 고삐를 당겨 말을 세우고는 채찍으로 조조를 가리키며 말했다.

"승상께서는 중원을 차지하여 부귀가 이미 절정에 이르렀는데 무슨 까닭으로 탐욕스럽기가 한이 없어 다시 우리 강남을 침략하는 것이오?"

조조가 대답했다.

"너는 신하가 되어 황실을 숭상하지 않는다. 내 천자의 조서를 받들어 특별히 네놈을 토벌하러 왔노라!"

손권이 웃으면서 말했다.

"그 말이 어찌 부끄럽지 않다고 하겠느냐? 네가 천자를 끼고 제후를 호령하는 것을 어찌 천하가 모르겠느냐? 내가 한나라 왕조를 존중하지 않는 것이 아니라 바로 너를 토벌하여 국가를 바로잡으려 할 따름이다."

크게 성난 조조는 장수들에게 산으로 올라 손권을 잡으라고 호통을 쳤다. 그때 별안간 북소리가 울리더니 산 뒤쪽에서 두 무리의 군마가 나타났는데, 오른쪽은 한당과 주태, 왼쪽은 진무와 반장이었다. 네 장수가 3000명의 궁노수를 데리고 어지럽게 쏘아대니 화살이 빗발치듯 쏟아졌다. 조조는 급히 장수들을 이끌고 달아났다. 등 뒤에서 네 장수가 몹시 다급하게 쫓아왔다. 길 중간까지 쫓았을 때 허저가 호위군을 이끌고 막아섰고 조조를 구출해 돌아갔다. 동오군은 개선가를 연주하며 유수로 돌아갔다. 군영으로 돌아온 조조는 속으로 생각했다.

'손권은 평범한 인물이 아니다. 꿈속에서의 붉은 해가 바로 그였으니 이후에 틀림없이 제왕이 될 것이다.'

이에 속으로는 군사를 물릴 뜻이 있었지만 동오가 비웃을까 걱정되어 진퇴를 결정하지 못했다. 양편은 또 이렇게 한 달 넘게 대치했고 수차례 싸웠으나 서로 확실한 승부를 가리지 못했다. 어느덧 해를 넘겨 이듬해 정월이 되자 봄비가 끊임없이 이어져 포구에 물이 가득 찼고 군사들 대부분이 흙탕물에 빠져 고통스러움이 이만저만이 아니었다. 조조의 마음은 몹시 우울했다. 군사를 거두자고 권하는 사람도 있었고 따뜻한 봄이라 대치하기 좋으니 철군해서는 안 된다고 말하는 사람도 있었다. 망설이며 결정하지 못하고 있는데 동오에서 사자가 서신을 가지고 왔다는 보고가 들어왔다. 조조가 열어보니 대략 다음과 같은 내용이었다.

"나와 승상은 피차 모두 한나라 왕조의 신료들이오. 승상은 나라의 은혜에 보답하고 백성을 편안하게 할 생각은 하지 않고 경솔하게 전쟁을 일으켜 백성을 잔혹하게 학대하니 어찌 어진 사람이 할 짓이라고 하겠소! 가까운 시일 내에 봄물이 불어 넘칠 것이니 공은 속히 돌아가도록 하시오. 그렇게 하지 않는다면 다시 적벽 같은 재앙이 있을 것이오. 공은 마땅히 잘 생각해야 할 것이오."

서신 뒷면에는 또 두 줄의 글이 적혀 있었다.

"족하가 죽지 않으면 나는 편안할 수 없을 것이오."

편지를 읽고 난 조조는 껄껄 웃었다.

"손중모가 나를 업신여기지는 않는구나."❺

사자에게 후한 상을 내리고 마침내 철군을 명했다. 여강廬江 태수 주광朱光에게 환성[29]을 지키게 하고 조조 자신은 대군을 이끌고 허창으로 돌아갔다. 손권 또한 군사를 거두고 말릉으로 돌아가 여러 장수와 상의했다.

"조조가 북쪽으로 돌아갔으나 유비는 여전히 가맹관에서 돌아오지 않고 있소. 우리가 군사들을 이끌고 형주를 취해야 하지 않겠소?"

장소가 계책을 바쳤다.

"잠시 군사를 움직이지 마십시오. 제게 한 가지 계책이 있는데 유비가 다시는 형주로 돌아오지 못할 것입니다."

맹덕의 정예병이 비로소 북으로 물러나자

중모의 원대한 뜻은 다시 남쪽을 도모하네

孟德雄兵方退北, 仲謀壯志又圖南

장소는 무슨 계책을 내놓을까?[6]

제61회 아두를 빼앗긴 손부인과 조조를 물리친 손권

1

손부인이 유선을 데리고 오나라로 돌아가려 했던 것은 사실이다. 『자치통감』 권 66 「한기 58」에 따르면 "손권은 유비가 서쪽으로 나아갔다는 소식을 듣고는 배를 보내 누이동생을 맞아들이려 했다. 부인은 유비의 아들 유선을 데리고 오로 돌아가려 했으나 장비와 조운의 부서 군대가 강을 가로막아 유선이 돌아올 수 있었다"고 기록하고 있고, 『삼국지』 「촉서·목황후전穆皇后傳」 배송지 주 『한진춘추漢晉春秋』에는 "선주가 익주로 들어가자 오는 손부인을 맞아들이려고 했다. 부인은 태자를 데리고 오나라로 돌아가려 했으나 제갈량이 조운에게 군대를 통솔하여 장강을 끊게 하고 태자를 남도록 했다"고 기록하고 있다.

또한 손부인에 대한 소설 내용도 실제 역사 기록과 흡사하다. 『삼국지』 「촉서·법정전」에는 "손권이 누이동생을 선주에게 시집보내 처가 되었는데 그 누이동생은 재주가 있고 민첩했으며 강인하고 용감하여 그녀의 여러 오라비의 풍모를 지니고 있었다. 신변에는 시비 100여 명이 있었는데 모두 칼을 잡고 주변에 시립하고 있었으므로 선주는 내실로 들어갈 때마다 항상 속으로 두려움을 느꼈다"고 기록되어 있고, 「촉서·조운전」 배송지 주 『운별전』에는 "손권의 누이동생이라는 것을 믿고 교만하고 제멋대로 굴었다"고 기록되어 있다. 유비와 손부인 사이에 아들 둘을 두었다는 설도 있지만 손부인이 유비에게 시집간 해가 건안 14년(209) 12월이고 오로 돌아간 때가 건안 16년(211)이므로 이는 믿기 어려우며, 역사 기록에도 존재하지 않고 사실 여부도 확인할 수 없다.

또한 소설 속에 등장하는 주선周善은 역사 기록에 없는 허구의 인물이다.

❷

『삼국지』「오서·장굉전」에 "장굉이 말릉秣陵으로 천도해야 한다고 건의하자 손권이 그 제의를 따랐다. 손권은 장굉에게 오군으로 돌아와 식구를 맞이하도록 했는데 길에서 병사하고 말았다. 그의 나이 예순 살이었다"고 기록되어 있다. 배송지 주 『오서』에는 "장굉은 장소와 함께 [손책의] 참모였다. [손책은] 항상 두 사람 중에 한 명을 남겨 지키게 하고 다른 한 사람은 정벌을 따라 나가도록 했다"고 기록되어 있다.

❸

조조가 위왕魏王이 되기까지의 과정과 그가 누린 특혜

『삼국지』「위서·무제기」의 기록을 토대로 조조가 위왕이 되기까지의 과정과 그에게 부여된 대우와 특혜에 대해 요약하면 다음과 같다.

"건안 17년(212) 봄 정월, 천자는 조공(조조)에게 명하여 찬배불명贊拜不名, 입조불추入朝不趨, 검리상전劍履上殿하도록 했다"고 기록하고 있다. 대신이 황제를 알현할 때는 반드시 찬례관贊禮官이 대신의 성명을 통보해야 하는데 성명을 부를 필요 없이 단지 관직만 칭하는 것이 찬배불명이다. 대신이 궁전에 올라 황제를 알현할 때 종종걸음으로 빠르게 걸어가 자기 자리로 가서 무릎을 꿇고 앉아 공경을 표시해야 하나 천천히 걸어도 되는 것이 바로 입조불추다. 대신은 궁전에 들어가기 전에 반드시 자신의 패검을 풀어 근시에게 주고 동시에 신발을 벗고 궁전에 들어가 무릎을 꿇고 앉아야 하는데 패검을 차고 궁전에 오르는 동시에 신발을 벗을 필요가 없는 것이 바로 검리상전이다. 조조는 이러한 세 가지의 특별 대우를 받은 것인데, 조조 이전에는 전한의 개국 공신 소하蕭何가 이런 대우를 받았다.

"건안 18년(213) 5월 병신丙申일, 조공을 위공魏公으로 삼았다"고 기록하면서 소설과 같이 '구석九錫'을 하사한다.

"건안 19년(214) 3월, 천자는 위공(조조)의 지위를 제후왕諸侯王보다 위에 두고 별도로 금새金璽(금으로 된 인새印璽), 적불赤紱(인을 묶는 붉은 명주 끈), 원유관遠遊冠(제후왕이 쓰는 모자)을 수여했다"고 기록했는데, 이는 모두 제후왕의 복식으로 당시 조조는 아직 왕에 봉해지지 않았으나 실제로는 왕의 대우를 받았다.

"건안 21년(216) 여름 5월, 천자는 위공의 작위를 높여 위왕魏王으로 삼았다"고 기록하고 있다.

"건안 22년(217) 겨울 10월, 천자는 위왕에게 열두 류旒(황제, 제후, 관원의 예관禮冠에 늘어뜨린 옥을 꿴 줄이다. 황제는 백옥 구슬 12류, 황태자와 친왕은 푸른 구슬 9류, 삼공제후는 푸른 옥구슬 7류, 경대부는 검은 옥구슬 5류 등으로 규정하고 있다)를 단 예관을 쓰고, 금근거金根車에 타서 말 여섯 필로 끌게 하고(공경, 제후는 네 필의 말만 사용할 수 있다), 오시부거五時副車(황제가 순시할 때 금근거 뒤를 따르는 수레 다섯 량으로 부거副車는 동, 남, 서, 북, 중앙 다섯 방향을 뜻하고 청, 적, 백, 흑, 황 오색을 칠했다)를 배치하게 하고, 오관중랑장五官中郞將 조비를 위 태자로 삼도록 했다"고 기록되어 있어 조조는 실제적으로 이미 천자와 동등한 위치에 있게 된다.

4

순욱의 이상한 죽음

『삼국지』「위서·순욱전」에 "건안 17년(212), 동소 등은 태조의 작위를 국공國公(작위 명칭으로 봉국封國이 있는 공작公爵, 제후왕 다음의 지위)으로 승진시키고 구석의 예물을 갖추어 그의 특수한 공훈을 표창해야 한다고 생각하며 은밀히 순욱의 의견을 구했다. 순욱은 태조가 본래 의로운 군대를 일으킨 것이 조정을 돕고 국가를 안정시키기 위함이며 충정을 품고서 사양하는 품행을 견지할 것이라고 여겼다. 그래서 군자는 고상한 품성으로 사람을 사랑해야지 그처럼 해서는 마땅하지 않다고 대답했다. 태조는 이때부터 마음속으로 순욱에게 불만을 갖게 되었다. 때마침 손권을 정벌하게 되었으므로 표를 올려 순욱을 초현譙縣(안후이성 보저우亳州)에 파견해 군대를 위로하게 했다. 이 때문에 순욱은 남겨졌고 시중 광록대부光祿大夫가 되어 지절持節을 받고 승상부의 군사 업무에 참여하게 되었다. 태조의 군대가 유수濡須에 도착했을 때 순욱은 병으로 수춘壽春(안후이성 서우현壽縣)에 머물렀고 우울해하다 죽었으니 그때 나이 쉰이었다"고 기록되어 있다. 배송지 주 『위씨춘추』와 『후한서』 「순욱전」에는 "태조가 순욱에게 음식을 보냈는데, 열어보니 빈 그릇이었다. 이에 독약을 마시고 죽었다"고 기록되어 있다.

다른 견해도 있다. 배송지 주 『헌제춘추』에는 순욱의 죽음을 복황후의 죽음과 연계시키는데 이야기 자체가 황당하여 믿을 수가 없다.

『삼국지』 「위서·순욱전」에 따르면 "천자는 태조(조조)를 대장군으로 임명하고 순욱을 승진시켜 한나라의 시중으로 삼고 상서령을 대리하도록 했다. 순욱은 항상 조정에서 중대 사무를 관장했고, 태조는 비록 정벌로 밖에 나가 있을지라도 군사와 국가 대사를 모두 순욱과 함께 계획했다"고 기록되어 있다. 시중은 황제의 측근으로 궁정을 출입하며 황제를 위한 자문 역할을 하는 직책이고, 상서령을 대리하게 했다는 것은 정책을 총괄하는 수뇌가 되었다는 의미로 받아들일 수 있다. 순욱은 조조의 가장 중요한 모사 역할도 맡았지만 결국은 한나라 신하가 아니었을까 판단된다. 또한 『후한서』에서 범엽은 순욱을 위한 「순욱열전」을 편찬했는데, 조조 사람들 중에 유일하게 『후한서』에 열전으로 기재된 인물이었다.

어쨌든 조조와 정치적 견해가 달랐던 순욱이 조조의 견제를 받았던 것은 사실이며, 그의 죽음이 순수한 자살인지 강요당한 자살인지는 명확하지 않지만 명문가 집안 출신인 데다 많은 사람의 존경을 받았던 그의 죽음에 의문점이 많은 것은 사실이다.

❺

『삼국지』 「오서·오주전」 배송지 주 『오력吳歷』은 다음과 같이 기록하고 있다.

"손권은 조공(조조)에게 편지를 보내 '봄물이 바야흐로 불어나니 공은 속히 떠나십시오'라고 말했다. 또 다른 종이에는 '족하가 죽지 않으면 내가 편안할 수 없소'라고 썼다. 조공이 여러 장수에게 말했다. '손권이 나를 속이는 것은 아니다.' 이에 철군하여 돌아갔다."

❻

손권과 조조의 유수 전투에 관해 『자치통감』 권66 「한기 58」에 따르면 "건안 18년(213) 봄 정월, 조조의 대군이 유수구濡須口까지 공격했으며 보병, 기병 40만 명으로 손권이 설치한 장강 서쪽 연안의 군영을 공격해 깨뜨리고 손권의 부하 도독 공손양公孫陽을 사로잡았다. 손권은 7만 명의 군사를 이끌고 조조군에 대항했는데 양군이 한 달간 대치했다. 조조는 손권의 전선과 무기가 우수한 것과 엄정한 군기를 보고는 탄식했고, 이에 철군하여 북방으로 돌아갔다"고 기록하고 있다.

제 62 회

드디어
서천으로 진군하다

부관을 취하자 양회와 고패가 머리를 넘기고,
황충과 위연은 낙성을 공격하면서 공을 다투다

取涪關楊高授首,
攻雒城黃魏爭功

장소가 계책을 바쳤다.

"잠시 군사를 움직이지 마십시오. 군사를 일으키면 조조가 반드시 올 것입니다. 차라리 편지 두 통을 써서, 하나는 유장에게 보내 유비가 동오와 연계하여 함께 서천을 빼앗으려 한다며 유장이 유비를 의심하게 만들어 그를 치게 하시고, 다른 한 통은 장로에게 보내 군사를 진격시켜 형주로 향하게 하는 것이 나을 듯합니다. 그러면 유비 군대는 머리와 꼬리가 서로를 구원할 수 없습니다. 그런 다음 형주를 취한다면 잘 해결될 것입니다."

손권은 그 말을 따르기로 하고 즉시 두 곳으로 사자를 보냈다.

한편 현덕은 가맹관에 오래 머물면서 민심을 얻고 있었다. 그때 별안간 날아든 공명의 문서를 받고 손부인이 동오로 돌아간 사실을 알게 되었다. 또 조조가 유수를 침범한다는 소식을 듣고는 방통과 상의했다.

"조조가 손권을 친다는데 조조가 승리하면 반드시 형주를 취할 것이고 손권이 승리해도 또한 틀림없이 형주를 빼앗을 것이오. 어찌하면 좋겠소?"

방통이 말했다.

"주공께서는 염려하지 마십시오. 공명이 그곳에 있으니 동오가 감히 형주를 침범하지는 못할 것입니다. 주공께서는 긴급히 유장에게 서신을 전해 '조조가 손권을 공격하는데 손권이 형주에 구원을 요청했다. 우리는 손권과 서로 돕고 의지하는 관계로 도와주지 않을 수 없다. 장로는 자신만 지키는 도적이라 결코 경계를 침범해오지는 못할 것이다. 내 지금 군대를 통솔하여 형주로 돌아가 손권과 함께 조조를 깨뜨리려 하나 병사는 적고 양식이 부족해 어쩔 수 없다. 바라건대 동족의 우의를 봐서라도 정예병 3~4만 명과 양식 10만 곡을 속히 보내 도와달라. 실수가 없도록 해야 할 것이다'라고 말씀하십시오. 군마와 돈 그리고 양식을 얻으면 별도로 상의할 일이 있습니다."

현덕은 그 말을 따르기로 하고 사람을 성도로 보냈다. 사자가 관 앞에 이르자[1] 양회楊懷와 고패高沛가 알게 되었고 양회는 즉시 고패에게 관을 지키게 하고는 사자와 함께 성도로 들어가 유장에게 서신을 올렸다. 유장이 읽고 양회에게 어찌하여 사자와 함께 왔느냐고 물었다. 양회가 말했다.

"오로지 이 편지 때문에 왔습니다. 유비가 서천에 들어온 이후로 널리 은덕을 베풀어 민심을 얻었으니 그 의도가 심히 좋지 않습니다. 지금 군마와 양식에 돈까지 요구하는데 절대로 줘서는 안 됩니다. 만일 돕는다면 땔나무를 불길에 던지는 것과 같습니다."

유장이 말했다.

"나와 현덕은 형제의 정을 나눈 사이인데 어찌 돕지 않을 수 있겠는가?"

한 사람이 나서며 말했다.

"유비는 효웅이라 오래도록 촉에 머물게 한다면 호랑이를 집에 들어가도록 내버려두는 격입니다. 게다가 지금 그에게 군마와 돈을 지원한다면 호랑이에게 날개를 달아주는 것과 무엇이 다르겠습니까?"

성이 유劉이고 이름이 파巴이며 자가 자초子初인 영릉零陵 증양[2] 사람이었다. 유장은 유파의 말을 듣고 망설이며 결정을 내리지 못했다. 황권이 다시 간절하게 간언했다. 유장은 이에 늙고 허약한 군사 4000명을 선발하고 쌀 1만 곡과 편지를 사자를 통해 현덕에게 보냈다. 그러고는 양회와 고패에게 변함없이 요충지를 단단히 지키도록 했다.

유장의 사자가 가맹관에 당도하여 현덕을 뵙고 회신을 올렸다. 현덕이 크게 화를 냈다.

"내가 너희를 위해 적을 저지하느라 힘을 들이며 애쓰고 있다. 그런데 재물을 쌓아놓고도 상을 내리는 것에 인색하니 어떻게 사졸들에게 목숨을 아끼지 않고 싸우라고 하겠느냐?"

즉시 답서를 갈기갈기 찢어버리고 욕설을 퍼붓고는 일어났다. 사자는 성도로 도망치듯 돌아갔다. 방통이 말했다.

"주공께서 인의를 중하게 여기시는데 오늘 편지를 찢고 화를 내 옛정을 모조리 버리셨습니다."

"그렇다면 어찌하면 좋겠소?"

"세 가지 계책이 있는데 주공께서 직접 선택해서 행하시기 바랍니다."

"그 세 가지는 무엇이오?"

"지금 즉시 정예병을 선발하여 밤낮을 가리지 않고 두 배의 속도로 길을 재촉하여 곧장 성도를 기습하는 것이 상책입니다. 양회와 고패는 촉중의 명장으로 각기 강병을 거느리고 요충지를 지키고 있습니다. 지금 주공께서 거짓으로 형주로 돌아간다는 명분을 내세운다면 두 장수는 틀림없이 전송하러 올 것이고 배웅하는 곳에서 그들을 사로잡아 죽이십시오. 요충지를 빼앗고 먼저 부성涪城을 취한 다음에 성도로 향하는 것이 중책입니다. 백제[3]로 물러났다가 밤새 형주로 돌아와 서서히 도모하는 것이 하책입니다. 망설이다가 가지 않으시면 장차 큰 곤란에 빠질 것이니 구할[4] 수 없게 될 것입니다."

"군사가 말한 상책은 너무 촉박하고 하책은 너무 늦으나 중책이 늦지도 않고 빠르지도 않아 실행할 만하오."

이에 유장에게 서신을 보내 조조가 부하 장수 악진에게 군사를 이끌어 청니진[5]에 이르게 했는데 장수들이 버텨내지 못하고 있으니 친히 가서 막으려 한다며 만나볼 틈이 없어 특별히 글로 작별을 고한다고만 전했다.❶

편지가 성도에 이르자 장송은 유현덕이 형주로 돌아가려 한다는 것을 진심으로 여기고 편지 한 통을 써서 현덕에게 보내려고 했다. 그때 마침 친형인 광한[6]태수 장숙張肅이 찾아왔고 장송은 급히 편지를 소매 속에 감추고 장숙을 맞아들여 한담을 나누었다. 장숙은 장송이 멍해 있자 속으로 의혹을 품었다. 장송이 술을 가져와 장숙과 함께 마시다가 술을 따르는 사이에 부주의하여 편지를 바닥에 떨어뜨렸고 장숙의 수행원이 편지를 줍고 말았다. 술자리가 끝난 뒤에 수행원이 그 편지를 장숙에게 올렸다. 장숙이 열어보니 글의 내용은 대략 다음과 같았다.

"제가 지난날 황숙께 말씀을 올린 것은 결코 터무니없는 거짓이 아닌데 어찌하여 이렇게 늦도록 진행하지 않으십니까? 군주를 배반하여 천하를 빼앗고 당연한 이치에 따라 국가를 다스리는 것은 옛사람도 귀하게 여기던 바입니다. 지금 큰일을 이미 움켜쥐고 있는데 무슨 까닭으로 이곳을 버리고 형주로 돌아가려 하십니까? 그 소식을 들으니 무언가를 잃은 듯이 불안합니다. 올린 편지가 당도하는 날 즉시 신속하게 진군하십시오. 제가 안에서 호응할 테니 절대로 스스로 그르치는 일이 없도록 하십시오."

읽고 난 장숙은 깜짝 놀랐다.

"아우가 일가를 몰살시킬 짓을 하고 있으니 고발하지 않을 수 없구나."

그날 밤으로 편지를 유장에게 보여줬고 아우 장송이 유비와 공모하여 서천을 바치려 한다고 자세하게 이야기했다. 유장은 크게 성을 냈다.

"내 평소에 그를 박대한 적이 없었거늘 어찌 모반을 한단 말인가!"

즉시 장송의 온 가족을 체포하여 저잣거리에서 모조리 참수시키라 명했다. 후세 사람이 탄식한 시가 있다.

한 번 보고서 기억하는 재주 세상에서 드문데
편지가 천기를 누설할 줄 누가 알았으랴
현덕이 왕업을 일으키는 것을 보지도 못하고
먼저 성도에서 피로 옷을 물들이고 말았구나
一覽無遺世所稀, 誰知書信泄天機
未觀玄德興王業, 先向成都血染衣 2

장송을 참수시킨 유장은 문무관원들을 모아놓고 상의했다.

"유비가 나의 기업을 빼앗으려 하니 어떻게 하면 좋겠소?"

황권이 말했다.

"일을 지체해서는 안 됩니다. 즉시 각 요충지에 사람을 파견해 사실을 알리고 군사를 증강시켜 형주 사람이라면 단 한 명도, 말 한 필도 관으로 들어오지 못하게 해야 합니다."

유장은 그 말을 따르기로 하고 밤사이 각 관문에 격문을 띄웠다.

한편 현덕은 군사를 일으켜 부성으로 돌아가면서 먼저 사람을 보내 부수관[7]에 알리고 양회와 고패에게 관을 나와 작별 인사를 하자고 청했다. 소식을 들은 두 장수는 상의했다.

"현덕이 이번에 돌아간다고 하니 어떻게 해야 하오?"

고패가 말했다.

"현덕은 죽게 되었소. 우리가 각기 몸에 날카로운 칼을 감추고 전송하는 곳에서 그를 찔러 우리 주공의 우환거리를 끊어버립시다."

양회가 말했다.

"그 계책이 대단히 묘하구려."

두 사람은 수행원 200명만 데리고 관을 나갔고 나머지는 남도록 했다.

현덕의 대군이 모두 출발했다. 앞쪽이 부수[8] 가에 이르자 방통이 말 위에서 현덕에게 일렀다.

"양회와 고패가 흔쾌히 온다면 그들을 방비할 수 있습니다. 그러나 만일 저들이 오지 않는다면 즉시 군사를 일으켜 곧장 관을 빼앗아야 합니다. 지체해서는 안 됩니다."

한창 말하고 있는데 별안간 한바탕 회오리바람이 일더니 말 앞의 '수帥' 자 기가 바람에 쓰러졌다. 현덕이 방통에게 물었다.

"이것은 무슨 징조요?"

"이것은 위급한 상황을 알리는 신호로 양회와 고패 두 사람이 필시 암살할 뜻이 있는 것이니 잘 방비하셔야겠습니다."

현덕은 이에 몸에 두꺼운 갑옷을 입고 보검을 차며 방비를 철저히 했다. 양회와 고패 두 장수가 전송하러 온다는 보고가 들어왔다. 현덕은 군마를 멈춰 쉬게 했고 방통은 위연과 황충에게 분부했다.

"관 위에서 온 군사들의 수가 얼마나 되었든 간에 마군, 보군을 막론하고 한 놈도 돌아가지 못하게 하시오."

두 장수는 명을 받고 떠났다.

한편 양회와 고패는 몸에 각기 날카로운 칼을 감추고 군병 200명을 이끌며 양을 끌고 술을 받들고는 곧장 현덕군 앞으로 왔다. 아무런 방비가 없음을 본 그들은 속으로 몰래 기뻐하며 현덕이 계책에 걸려들었다고 생각했다. 군막 안으로 들어가니 현덕은 방통과 함께 군막 한가운데에 앉아 있었다. 두 장수가 두 손을 맞잡고 읍하며 소리 내어 경의를 표했다.

"황숙께서 멀리 돌아가신다는 소식을 듣고 특별히 보잘것없는 예물을 갖춰 전송해드리고자 왔습니다."

술을 따라 현덕에게 권했다. 현덕이 말했다.

"두 장군께서 관을 지키기가 수고로우니 마땅히 먼저 드셔야지요."

두 장수가 술을 마시자 현덕이 말했다.

"내게 기밀이 있어 두 장군과 상의하고 싶으니 모두 물러가거라."

즉시 200명을 중군 밖으로 쫓아냈다. 그러자 현덕이 호통을 쳤다.

"좌우는 두 도적놈을 잡아라!"

장막 뒤에서 유봉과 관평이 대답하며 나왔다. 양회 등은 급히 싸우려 했으나 유봉과 관평에게 잡히고 말았다. 현덕이 고함을 질렀다.

"내 너희 주인과는 동족 형제간인데 네 두 놈은 무슨 까닭으로 공모하여 혈육 간의 정을 이간시키려 하느냐?"

방통이 좌우에 몸을 수색하라 호통을 치자 과연 각자 날카로운 칼이 한 자루씩 나왔다. 방통은 즉시 두 사람의 목을 치라고 소리쳤다. 현덕이 망설이며 결정을 내리지 못하자 방통이 말했다.

"주공을 암살하려 한 것이니 그 죄는 죽어도 용서할 수 없습니다."

마침내 도부수들을 큰 소리로 꾸짖어 군막 앞에서 목을 치게 했다.[3]

황충과 위연은 일찌감치 200명 중 한 명도 도망가지 못하게 했다. 현덕은 놀란 군사들을 불러들여 각자 술을 주며 위로했다. 현덕이 말했다.

"양회와 고패는 나의 형제를 이간시키려 한 데다 날카로운 칼을 감추고 암살하려 했으니 죽인 것이다. 너희는 죄가 없으니 놀랄 필요 없다."

모두 절을 올리며 감사했다. 방통이 말했다.

"내 지금 즉시 너희를 길 안내로 쓸 터이니 우리 군사들을 데리고 가서 관을 빼앗도록 하라. 각자 후한 상이 내려질 것이다."

모두 승낙했다. 이날 밤 200명이 앞서가고 대군이 그 뒤를 따랐다. 선봉대가 관 아래에 이르러 소리 질렀다.

"두 장군께서 급한 일이 있어 돌아오셨으니 속히 관문을 열거라."

성 위에서는 자기편 군사임을 알아듣고서 즉시 관문을 열었다. 그러자 뒤따르던 대군이 우르르 몰려들었고 군사들은 칼에 피 한 방울 묻히지 않고 부관涪關[9]을 손에 넣었다. 촉병은 모두 항복했다. 현덕은 그들에게 각기 후한 상을 내리고 즉시 군사를 나누어 앞뒤를 방비하게 했다.

이튿날 현덕이 군사들을 위로하고자 관아에서 주연을 베풀었다. 거나하게 취한 그가 방통을 돌아보며 말했다.

"오늘 모임이 즐겁다고 할 만하겠소?"

"남의 나라를 정벌하고 즐거워한다면 어진 사람의 군대가 아니지요."

"내가 듣기로는 옛날에 무왕은 주紂를 정벌하고 그 공적을 상징하는 음악을 만들었다고 하던데 이것 또한 어진 사람의 군대가 아니란 말이냐? 네 말은 어째서 그토록 도리에 맞지 않느냐? 속히 물러가라!"

방통은 웃으며 일어났다. 좌우 모시는 자들 또한 현덕을 부축해 후당으로 들어갔다. 현덕이 한밤중까지 자다가 술에서 깨었는데 좌우에서 방통을 쫓아낸 일을 고하자 크게 후회했다. 이튿날 아침, 옷을 입고 대청에 올라 방통을 청하고는 사죄했다.

"어제 술에 취해 말실수를 했으니 마음에 두지 말길 바라오."

방통이 태연하게 담소를 나눴다. 현덕이 말했다.

"어제 했던 말은 오로지 내 실수외다."

그러자 방통이 대답했다.

"군신이 모두 실수를 했는데 어찌 주공 혼자이겠습니까?"

현덕 또한 크게 웃으니 처음처럼 즐거워졌다.❹

한편 유장은 현덕이 양회와 고패 두 장수를 죽이고 부수관[10]을 기습했다는 소식을 듣고는 깜짝 놀랐다.

"오늘 이런 일이 있을 것이라고는 생각지도 못했구나!"

즉시 관원들을 모아놓고 현덕을 물리칠 계책을 물었다. 황권이 말했다.

"오늘 밤으로 군사를 파견해 낙현雒縣에 주둔시키고[11] 요로를 막아 차단하십시오. 비록 유비에게 정예병과 맹장이 있다고 할지라도 지나갈 수는 없을 것입니다."

유장은 즉시 유괴, 영포, 장임, 등현에게 5만 명을 점검하여 낙현을 지키며 현덕을 저지하게 했다. 네 장수가 움직이려 하자 유괴가 말했다.

"내 듣자 하니 금병산[12]에 도호를 '자허상인紫虛上人'이라 하는 기이한 사람이 살고 있는데 사람의 생사와 귀천을 잘 안다고 하오. 오늘 우리 군이 마침 금병산을 지나가니 그 사람에게 가서 물어봐야 하지 않겠소?"

장임이 말했다.

"대장부가 적을 막으러 군사를 움직이는데 어찌 초야에 묻혀 사는 사람에게 물어본단 말이오?"

유괴가 말했다.

"그렇지 않소. 성인이 말씀하시기를 '지극한 정성으로 도를 다한다면 앞날을 예견할 수 있다至誠之道, 可以前知'[13]고 했소. 우리도 고명한 사람에게 물어서 길한 것은 추구하고 흉한 것은 피해야 할 것이오."

그리하여 네 사람은 50~60기를 데리고 산 아래에 이르러 나무꾼에게 가는 길을 물었다. 나무꾼이 높은 산꼭대기를 가리켰다. 산을 올라 암자 앞에 이르자 한 도동道童(수도하는 동자)이 나와서 맞이했다. 성명을 묻고는 암자 안으로 안내했고 자허상인이 부들방석에 앉아 있는 것이 보였다. 네 사람이 무릎 꿇고 절을 한 다음 앞날을 물었다. 자허상인이 말했다.

"빈도는 초야에 묻혀 사는 변변치 못한 사람인데 어찌 길흉을 알겠소?"

유괴가 거듭 절하며 묻자 자허상인이 마침내 도동에게 지필묵을 가져오라 하더니 8구의 글을 적어 유괴에게 건넸다.

왼쪽은 용이, 오른쪽은 봉황이 서천으로 날아 들어오네
새끼 봉황은 땅으로 떨어지고 누운 용은 하늘로 올라가네
하나를 얻으면 하나를 잃으니 타고난 운수는 당연한 것이네
적당한 때가 보이면 행동해야지 죽어 황천길로 가지 말아야 하네
左龍右鳳, 飛入西川. 雛鳳墜地, 臥龍升天
一得一失, 天數當然. 見機而作, 勿喪九泉

유괴가 또 물었다.

"우리 네 사람의 운명은 어떻습니까?"

자허상인이 말했다.

"타고난 운명을 피하기는 어려운 것인데 구태여 물어볼 필요가 있소!"

유괴가 다시 물어보려 할 때 자허상인은 눈썹을 늘어뜨리고 마치 잠든 듯 아무런 대답도 하지 않았다. 네 사람은 산을 내려왔다. 유괴가 말했다.

"선인의 말씀이니 믿지 않을 수 없소."

장임이 말했다.

"저런 미친 늙은이의 말을 들어서 무엇이 이롭겠소."

결국 말에 올라 앞으로 나아갔다. 낙현에 이르러 인마를 나누어 배치하고 각 요충지 입구를 지켰다. 유괴가 말했다.

"낙성雒城은 바로 성도를 보호하고 방위하는 곳이니 이곳을 잃는다면 성도는 보존하기 어려울 것이오. 우리 네 사람이 협의해서 두 사람은 성을 지키고 다른 두 사람은 낙현 앞쪽으로 가서 산을 의지하여 험준한 곳에 두 개의 방책을 묶어 세우고 적군이 성에 접근하지 못하도록 합시다."

영포와 등현이 말했다.

"내가 가서 군영을 세우겠소."

유괴는 크게 기뻐하며 군사 2만 명을 영포와 등현에게 주어 60리 떨어진 곳에 군영을 세우게 했다. 유괴와 장임은 낙성을 지키기로 했다.

한편 부수관[14]을 손에 넣은 현덕은 방통과 전진하여 낙성을 취하기로 상의했다. 그때 유장이 네 장수를 선발해 보냈는데 당일 영포와 등현이 군사 2만 명을 이끌고 성에서 60리 떨어진 곳에 두 개의 큰 군영을 세웠다는 보고가 들어왔다. 현덕은 장수들을 모아놓고 물었다.

"누가 감히 두 장수의 방책을 취하여 첫 공로를 세우겠소?"

노장 황충이 대답하며 나왔다.

"이 늙은이가 가고자 합니다."

현덕이 말했다.

"노장군은 본부의 인마를 인솔하여 낙성으로 나아가시오. 영포와 등현의 군영을 취한다면 반드시 후한 상을 내리겠소."

황충은 크게 기뻐하며 즉시 본부의 병마를 이끌고 떠나려고 했다. 이때 별안간 군막에서 한 사람이 나오면서 말했다.

"노장군께서는 연세가 많으시니 어떻게 가시겠습니까? 소장이 재주는 없으나 바라건대 제가 가고자 합니다."

현덕이 보니 바로 위연이었다. 황충이 말했다.

"내 이미 군령을 받았거늘 네가 어떻게 감히 월권을 하는가?"

위연이 말했다.

"늙은 분의 체력으로는 하실 수 없지요. 내 듣자 하니 영포와 등현은 촉중의 명장으로 혈기가 넘친다고 하오. 노장군께서 그들에게 접근도 하지 못할까 걱정되는데 어찌 주공의 큰일을 그르치지 않는다고 하겠소? 이 때문에 내가 대신 가려는 것이니 좋은 뜻으로 말씀드리는 것이오."

황충이 버럭 성을 냈다.

"네가 나보고 늙었다고 하는데 감히 나와 무예를 겨뤄보겠느냐?"

위연이 말했다.

"바로 주공의 앞에서 겨루어봅시다. 이기는 사람이 가는 것은 어떻소?"

황충은 즉시 계단을 걸어 내려오더니 하급 무관에게 소리쳤다.

"칼을 가져오너라."

현덕이 급히 제지하며 말했다.

"안 되오! 내 지금 군대를 일으켜 서천을 취하고자 하는데 두 사람의 힘에 모두 의지해야 하오. 지금 두 호랑이가 다툰다면 한 사람은 다칠 것이고 큰 일을 그르치고 말 것이오. 화해를 권하니 다투지 마시오."

방통이 말했다.

"그대 두 사람은 서로 다툴 필요가 없소. 현재 영포와 등현이 두 군데에 군영을 세웠소. 지금 두 사람은 각자 본부의 군마를 이끌고 한 군영씩 공격하시오. 먼저 빼앗아 차지하는 사람이 첫 공로로 인정받을 것이오."

이에 황충은 영포의 군영을 치고 위연은 등현의 군영을 공격하기로 결정했다. 두 사람은 각자 명을 받고 떠났다. 방통이 말했다.

"두 사람이 떠나긴 했지만 길에서 서로 다툴까 걱정되니 주공께서 군사를 이끌고 뒤에서 호응하는 것이 좋을 듯합니다."

현덕은 방통을 남겨 성을 지키게 하고 자신은 유봉, 관평과 5000명의 군사를 이끌고 뒤따라 진군했다.

한편 군영으로 돌아온 황충은 내일 사경에 밥을 지어 먹고 오경에 무장한 후 새벽에 진군하여 왼쪽 산골짜기로 전진한다는 명을 전달했다. 위연은 은밀하게 사람을 시켜 황충이 언제 군사를 일으키는지 알아보도록 했다. 정탐꾼이 돌아와 보고했다.

"내일 사경에 아침밥을 먹고 오경에 군사를 일으킨다고 합니다."

위연은 남몰래 기뻐하며 군사들에게 이경에 밥을 지어먹고 삼경에 군사를 일으켜 새벽녘에는 등현의 군영에 당도해야 한다고 분부했다. 명을 받은 군사들은 모두 한바탕 배불리 먹고 말에 달린 방울을 떼고 나무 막대기를 입에 물은 채 깃발을 말고 간편한 복장으로 은밀히 군영을 기습하러 갔다. 삼경 전후에 군영을 떠나 전진했는데 길을 반쯤 왔을 때 위연은 말 위에서 깊이 생각했다.

'등현의 군영만 치러 간다면 나의 재능이 드러나지 않을 것이니, 차라리 먼저 영포의 군영을 쳐서 승리한 병사들로 다시 등현의 군영을 공격하는 것이 좋겠다. 그러면 두 곳의 공로가 모두 내 것이 될 것이다.'

즉시 말 위에서 군사들에게 왼쪽 산길로 향하라는 명령을 전달했다. 날이 희미하게 밝아오자 영포의 군영에서 멀리 떨어지지 않은 곳에 군사들을 잠시 쉬게 하고는 징과 북, 깃발, 창과 칼 등의 무기를 늘어세웠다.

그러나 어느 결에 길에 매복해 있던 병졸이 나는 듯이 군영으로 들어가 영포에게 보고했다. '쾅!' 하는 포성과 함께 삼군이 말에 올라 돌격해 나오자 위연은 말고삐를 놓은 채 칼을 잡고 달려들어 영포와 맞붙어 싸웠다. 두 장수의 말이 뒤섞여 30합을 싸웠을 때 서천의 병사들이 두 길로 나누어 위연의 진영을 기습했다. 한밤중에 달려온 위연의 군사들은 사람과 말이 지친 상태라 버티지 못하고 물러나더니 이내 달아났다. 배후의 진이 무너져 갈팡질팡한다는 소리를 들은 위연은 영포를 버리고 말을 돌려 되돌아갔다. 서천의 병사들은 그 뒤를 쫓았고 위연은 대패하고 말았다. 위연이 5리를 채 달아나지 못했을 때 산 뒤에서 북소리가 진동하더니 등현이 한 무리의 군사를 이끌고 산골짜기에서 뛰쳐나와 길을 차단하고는 크게 소리 질렀다.

"위연은 어서 말에서 내려 항복해라!"

위연이 말에 채찍질하며 나는 듯이 달아나는데 그 말이 별안간 앞발굽을 잘못 디뎌 넘어지면서 무릎을 꿇자 위연은 솟구쳐 오르더니 그대로 땅바닥으로 떨어지고 말았다. 등현이 말을 달려오며 창을 잡고 위연을 찔렀으나 창이 미처 그에게 닿기도 전에 씨잉 하는 시위 소리와 함께 등현이 말 아래로 거꾸러졌다. 뒤에 있던 영포가 구하려고 달려왔으나 한 명의 대장이 산비탈에서 말에 박차를 가해 달려오면서 엄하게 고함을 질렀다.

"노장 황충이 여기 있노라!"

칼을 춤추듯 휘두르며 곧장 영포에게 달려들었다. 영포는 막아낼 수 없어 뒤로 물러나 달아났다. 황충은 기세를 몰아 뒤를 쫓았고 서천의 병사들은 크게 어지러워졌다.

황충은 위연을 구하고 등현을 죽인 다음 곧장 군영 앞까지 추격했다. 영포는 말을 돌려 다시 황충과 싸웠다. 10여 합을 싸우지도 못했는데 뒤쪽에서 군마가 몰려들었고 영포는 하는 수 없이 왼쪽 군영을 버리고 패잔병을 이끌어 오른쪽 군영으로 달아났다. 그런데 군영 안의 기치가 전부 바뀌어 있어 깜짝 놀랐다. 말을 멈추고 살펴보는데 황금 갑옷에 비단 전포를 입은 한 대장이 정면에 나타났다. 다름 아닌 유현덕이었다. 왼쪽은 유봉이고 오른쪽은 관평이었다. 현덕이 크게 고함쳤다.

"군영은 내가 이미 빼앗았는데 너는 어디로 가려느냐?"

현덕이 지원하러 왔다가 기세를 몰아 등현의 군영을 빼앗은 것이었다. 양쪽으로 길이 없게 된 영포는 산 후미진 오솔길을 잡아 낙성으로 돌아가려 했다. 10리도 못 갔는데 좁은 길에서 별안간 복병이 일어나 일제히 갈고리를 걸어 영포를 사로잡았다. 알고 보니 자신의 과실을 해명할 방법이 없던 위연이 후군을 수습한 후 촉병에게 길을 안내하도록 하여 매복해 있었다. 영포를 밧줄로 묶고 현덕이 있는 군영으로 끌고 왔다.

한편 현덕은 즉시 죽음을 면해주는 면사기免死旗를 세우고 서천의 병사들 중 무기를 놓고 갑옷을 벗어 항복한 자들은 절대로 죽이지 않았다. 다치게 하는 자도 목숨으로 대가를 치르게 했다. 또 항복한 병사들에게 알렸다.

"너희 서천 사람들에게도 부모와 처자식이 있을 것이니 항복을 원하는 자는 군에 충당할 것이고 원하지 않는 자는 돌아가도록 하겠노라."

이에 환호 소리가 땅을 진동했다. 황충은 군영을 안정시키고 곧장 현덕에게 와서 위연이 군령을 어겼으므로 참수해야 한다고 말했다. 현덕이 급히 위연을 부르자 위연이 영포를 끌고 왔다. 현덕이 말했다.

"위연이 비록 죄가 있다고는 하나 이 공로로 속죄할 만하오."

그러고는 위연에게 명하여 목숨을 구해준 황충의 은혜에 감사하게 하고 이후로는 서로 다투지 말도록 했다. 위연은 머리를 조아리고 죄를 인정했다. 황충에게 후한 상을 내리고 영포를 군막으로 끌고 오게 했다. 현덕은 밧줄을 풀어주고 술을 내리며 놀란 마음을 진정시키고는 물었다.

"그대는 항복하겠는가?"

영포가 말했다.

"이미 죽음을 면해주셨는데 어떻게 항복하지 않겠습니까? 유괴와 장임은 저와 생사를 같이하는 벗으로 저를 돌아가도록 놓아주신다면 즉시 두 사람을 항복시키고 낙성을 바치겠습니다."

현덕은 크게 기뻐하며 즉시 의복, 안장과 말을 하사하고 낙성으로 돌아가게 했다. 위연이 말했다.

"놓아 보내서는 안 됩니다. 벗어나면 다시는 오지 않을 것입니다."

현덕이 말했다.

"내가 인의로 사람을 대하면 남도 나를 저버리지 않을 걸세."

한편 낙성으로 돌아간 영포는 유괴와 장임을 만나 사로잡혔다가 돌아온 것은 말하지 않고 "내가 10여 명을 죽이고 말을 빼앗아 도망쳐 돌아왔네"라고만 말했다. 유괴는 서둘러 사람을 성도로 보내 구원을 요청했다. 등현이 죽었다는 소식을 들은 유장은 깜짝 놀라 허둥지둥 관원들을 모아놓고 상의했다. 큰아들 유순劉循이 나서며 말했다.

"바라건대 제가 군사를 이끌고 낙성을 지키러 가겠습니다."

유장이 말했다.

"내 아들이 가기로 했으니 누구를 보좌로 삼아 보낼 만하오?"

한 사람이 나서며 말했다.

"제가 가겠습니다."

유장이 보니 바로 자신의 외삼촌 오의吳懿[15]였다. 유장이 말했다.

"외삼촌께서 가신다니 정말 좋습니다. 부장으로 누가 좋겠습니까?"

오의는 오란吳蘭과 뇌동雷銅 두 사람이 부장이 될 만하다고 보증했고 군마 2만 명을 점검하여 낙성으로 왔다. 유괴와 장임이 맞이하며 함께 있었던 일을 구체적으로 이야기했다. 오의가 말했다.

"적이 성 아래에 이르면 막아내기 어렵소. 그대는 무슨 고견이라도 있소?"

영포가 말했다.

"이곳 일대는 바로 부강涪江과 잇닿아 있고 강물이 대단히 급한 데다, 앞쪽 군영은 산기슭에 위치해 그 지형이 매우 낮습니다. 제게 군사 5000명만 주신다면 삽과 괭이를 가지고 앞으로 가서 부강의 물을 터뜨리겠습니다. 그렇게 한다면 유비의 군사를 모조리 물에 빠져 죽게 할 수 있습니다."

그 계책을 따르기로 한 오의는 즉시 영포에게 앞으로 가서 강물을 터뜨리게 했고 오란과 뇌동은 군사를 이끌며 호응하게 했다. 영포는 명을 받들어 강물을 터뜨릴 기구를 준비하러 갔다.

한편 현덕은 황충과 위연에게 각자 군영을 하나씩 지키게 하고는 자신은 부성으로 돌아와 군사 방통과 상의했다. 그때 정탐꾼이 보고했다.

"동오의 손권이 사람을 파견해 동천[16]의 장로와 친근한 관계를 맺고 가맹관을 공격하려고 한답니다."

현덕이 놀라며 말했다.

"만일 가맹관을 잃게 된다면 퇴로가 끊기는 것 아니오?"

방통이 맹달에게 일렀다.

"공이 촉중 사람이라 지리를 잘 알 터이니 가서 지키는 것이 어떻소?"

맹달이 말했다.

"제가 한 사람을 보증하고자 하는데 그와 함께 가서 지킨다면 만에 하나의 실수도 없을 것입니다."

현덕이 누구냐고 묻자 맹달이 말했다.

"일찍이 형주 유표의 부하로 있으면서 중랑장[17]을 지냈는데 바로 남군 지강[18] 사람으로 성이 곽霍이고 이름이 준峻이며 자가 중막仲邈입니다."

현덕이 기뻐하며 즉시 맹달과 곽준을 파견해 가맹관을 지키게 했다.[5]

방통이 관사로 돌아가자 문을 지키는 관리가 갑자기 알렸다.

"어떤 손님이 특별히 찾아오셨습니다."

방통이 나가 맞이했는데 8척의 키에 용모는 대단히 준수했고 머리카락은 짧게 잘라 목까지 풀어져 있었고 의복은 단정하지 못했다. 방통이 물었다.

"선생은 누구시오?"

그 사람은 대꾸도 하지 않고 곧장 대청으로 올라가더니 침상에 반듯이 누웠다. 방통은 몹시 의심이 들어 두 번 세 번 물었다. 그가 말했다.

"잠시 쉬었다가 내 그대에게 천하 대사를 말해주겠소."

그 말을 들은 방통은 더욱 의심이 들었고 좌우에 명해 술과 밥을 내오라 했다. 그 사람은 일어나더니 이내 밥을 먹었으나 전혀 겸손하지 않았다. 꽤나 많이 먹고 마셨는데 다 먹고 나더니 또 잠이 들었다. 방통은 혹여 정탐꾼이 아닐까 의심을 품었으나 단정할 수 없어 사람을 보내 법정을 청했다. 법정이 허둥지둥 달려오자 방통이 나가 영접하며 그에게 일렀다.

"어떤 사람이 왔는데 이러이러하오."

법정이 말했다.

"혹시 팽영언彭永言[19]이 아닐까?"

계단을 올라가 살펴보았다. 그러자 그 사람이 벌떡 일어나더니 말했다.

"효직孝直(법정의 자)은 작별한 뒤로 별고 없으신가!"

서천 사람이 오랜 친구를 만났을 뿐인데

결국 부수의 거센 물줄기를 잠재우게 했네

只爲川人逢舊識, 遂令涪水息洪流

이 사람은 누구일까?

제62회 드디어 서천으로 진군하다

1

촉 정벌의 구실을 만든 사건

『삼국지』「촉서·선주전」은 다음과 같이 기록하고 있다.

"선주는 북쪽 가맹葭萌에 이르렀으나 즉시 장로를 도벌하지 않고 두터운 은덕을 베풀어 인심을 얻었다. 이듬해(건안 17년, 212)에 조공이 손권을 정벌하려 하자 손권은 자신을 구원해달라고 요청했다. 선주는 사자를 파견해 유장에게 알렸다.

'손씨와 나는 본래 입술과 이 같은 관계이고, 게다가 악진樂進이 청니靑泥(후베이성 상양襄陽 서북쪽)에서 관우와 대치하고 있습니다. 지금 가서 관우를 구원하지 않으면 악진은 틀림없이 크게 이기고 돌아와서 익주의 경계를 침범할 것이니 그 근심은 장로에 비해 더 심해질 것입니다. 장로는 스스로를 지키고 있을 뿐이니 걱정할 필요가 없습니다.'

유장에게 병사 1만 명과 군용 물자를 빌려 동쪽으로 갈 생각이었다. 유장은 단지 병사 4000명을 주기로 하고, 그 나머지 물자도 요구한 것의 절반만 주었다."

또 배송지 주『위서』에 "유비는 이 일 때문에 격노하여 '우리는 익주를 위해 강대한 적을 정벌하는 것으로 병사들은 피곤하여 안정된 생활을 할 겨를이 없는데 유장은 지금 국고에 재물을 쌓아놓고 포상을 아끼고 있다. 사대부士大夫(여기서는 장병을 가리킴)에게 죽을힘을 다해 싸우기를 바라고 있는데 이렇게 할 수 있단 말인가!'라고 말했다"고 기록되어 있다.

이 사건은 뒤에 나오는 장송의 죽음과 함께 결국 유비가 유장을 정벌하고 촉을 차지하는 구실을 만든 사건이었다.

❷

장송의 죽음에 관해 『삼국지』「촉서·선주전」은 다음과 같이 기록하고 있다.

"장송의 형 광한廣漢태수 장숙張肅은 화가 자기까지 미칠까 두려워 유장에게 그들의 음모를 고발했다. 이에 유장이 장송을 체포하여 참수하니 두 사람(유비와 유장) 사이에 처음으로 원한이 생기게 되었다. 유장은 관액(백수관白水關)을 지키는 장수들에게 문서를 보내 다시는 선주에게 문서를 전달하지 말라 명령했다."

『화양국지華陽國志』에는 장표張表가 장송의 아들이라고 했는데 이는 상세하지 않다. 『삼국지』「촉서·마충전馬忠傳」에 "장표는 그 무렵 이름난 선비로 청렴과 명망이 마충을 뛰어넘었다"고 기록되어 있다.

앞에서 유장에게 원조를 요청한 유비를 거절하고 장송마저 죽인 것은 결국 유비에게 촉을 정벌할 좋은 구실을 제공한 것이었다.

❸

『삼국지』「촉서·선주전」에 "선주는 크게 노하여 유장의 백수관白水關 군독軍督 양회楊懷를 불러 무례함을 꾸짖고 그 목을 베었다"고 기록되어 있으나 고패를 죽였다는 기록은 보이지 않는다. 그러나 「촉서·방통전」과 『자치통감』 권66 「한기 58」은 양회와 고패 둘 다 죽였다고 기록하고 있다.

그리고 소설에서는 부수관涪水關과 백수관을 혼동하고 있는데 백수관으로 해야 맞다. 「촉서·선주전」에 "유장은 선주의 병력을 늘려 장로를 치고 또 백수관의 군대를 지휘하도록 했다"고 기록되어 있다.

❹

『삼국지』「촉서·방통전」에 따르면 연회에서 술에 취한 유비가 방통을 꾸짖고 후회한 내용이 기록되어 있는데 소설과 대체로 비슷하다. 주석에서 배송지는 다음과 같이 평가했다.

"유장을 습격하도록 꾀한 계책은 비록 방통에게서 나온 것이지만 의리에 위배되어 공적을 이룬 것이므로 본래는 속임수다. 내심 양심의 가책을 느끼고 있다면 즐거운 감정을 스스로 삼갈 것이니 유비가 음악을 연주하라는 말을 듣고서 무심결에 경솔하게 응대한 것이다. 유비가 술자리에서 거나하게 취한 것은 시기에 맞지 않아 화를 즐기는 것과 같은데 스스로 무왕에 비유하면서도 부끄러운 기색이 없었으니 이것은 유비에게 잘못이 있는 것이지 방통에게는 과실이 없다. 그런데 방통이 '군신이 함께 잘못한 것이다'라고 말한 것은 아마도 유비에게 돌아갈 비방을 함께 나누고자 한 것뿐이다."

❺

맹달은 가맹관을 지키지 않았다

『삼국지』「촉서·유봉전」에 따르면 "처음에 유장은 부풍扶風 사람 맹달을 법정의 보좌로 보내고, 각기 병사 2000명을 인솔하여 선주를 영접하게 했다. 그래서 선주는 맹달에게 법정의 인마를 이끌고 강릉에 남아 주둔하도록 했다. 촉(익주)이 평정된 뒤에 맹달을 의도宜都(군 명칭, 치소는 후베이성 이두宜都 서북쪽)태수로 임명했다. 건안 24년(219), 맹달에게 자귀秭歸(현 명칭, 치소는 후베이성 쯔구이秭歸)로부터 북상하여 방릉군房陵郡(군 명칭, 치소는 후베이성 팡현房縣)을 치게 했다"고 기록하고 있다.

이 기록에 따르면 맹달은 촉을 나온 이후로 끝내 촉으로 다시 들어가지 못했으니, 당연히 가맹관을 지키지 않았다.

제 63 회

낙봉파의 봉추와 노장 엄안

제갈량은 방통 때문에 통곡하고,
장익덕은 엄안을 의리로 놓아주다

諸葛亮痛哭龐統,
張翼德義釋嚴顔

법정과 그 사람이 만나자 각자 손뼉을 치며 웃었다. 방통이 묻자 법정이 말했다.

"이 공은 광한廣漢 사람으로 성이 팽彭이고 이름이 양羕이며 자가 영언永言인 촉중의 호걸이오. 직언을 했다가 유장의 비위를 거스르는 바람에 곤겸[1]의 형벌을 받아 노역에 복무하게 되어 이렇게 머리카락이 짧은 것이오."

방통이 이에 그를 손님의 예로 대접하면서 무엇 때문에 왔냐고 물었다. 팽양이 말했다.

"내 특별히 그대들 수만 명의 목숨을 구하러 왔소. 유장군을 만나야 비로소 말할 수 있소."

법정이 서둘러 현덕에게 보고했다. 현덕은 친히 와서 만나고 그 까닭을 물었다. 팽양이 말했다.

"장군께서는 어느 정도의 군마를 앞쪽 군영에 두셨습니까?"

현덕이 사실대로 말했다.

"황충과 위연이 그곳에 있소."

"장수된 자의 도리로 어찌 지리를 모르십니까? 앞쪽 군영은 부강과 잇닿아 있어 강물을 터뜨리고 앞뒤를 군사로 막아버린다면 한 사람도 살아날 수 없을 것입니다."

현덕은 크게 깨달았다. 팽양이 말했다.

"강성[2]이 서쪽에 있고 태백太白(금성)이 이곳 땅에 이르렀으니 마땅히 불길한 일이 발생할 것입니다. 반드시 신중하게 대응하셔야 합니다."

현덕은 즉시 팽양을 막빈[3]으로 삼고 사람을 보내 은밀히 위연과 황충에게 아침저녁으로 주의를 기울여 순찰하고 강물 터뜨리는 것을 방비하도록 했다. 황충과 위연이 상의하여 두 사람이 각자 하루씩 번갈아가며 순찰하고 적군과 마주치면 서로 통보하기로 했다.❶

한편 영포는 그날 밤 비바람이 크게 일어나는 것을 보고는 군사 5000명을 이끌고 곧장 강변을 따라 전진하면서 강물을 터뜨릴 준비를 했다. 그때 뒤쪽에서 함성이 크게 일어나는 것이 들리자 영포는 대비가 있음을 알아채고 다급하게 군사를 되돌렸다. 그러나 앞쪽에서 위연이 군사를 이끌고 쫓아왔고 서천의 병사들은 점점 오합지졸이 되어갔다. 영포는 한창 달아나다 위연과 맞닥뜨렸고 두 말이 엎치락뒤치락했으나 몇 합이 못 되어 위연에게 사로잡히고 말았다. 오란과 뇌동이 호응하러 왔으나 또 황충의 일군에게 공격당해 물러났다. 위연이 영포를 부관[4]으로 끌고 왔다. 현덕이 꾸짖었다.

"내가 인의로 대하여 너를 돌아가도록 놓아줬거늘 어찌 감히 배신했느냐! 이번에는 용서하지 않겠다!"

영포를 끌어내 목을 치게 했고 위연에게 후한 상을 내렸다. 현덕은 주연을 베풀어 팽양을 대접했다. 이때 별안간 형주의 제갈량 군사가 특별히 마량을 통해 서신을 보냈다는 보고가 들어왔다. 현덕이 불러들여 물었다. 마량이 예를 마치고 말했다.

"형주는 평안하니 주공께서는 염려하지 마십시오."

즉시 군사의 서신을 올렸다. 현덕이 뜯어 읽어보니 대략 다음과 같은 내용이었다.

"제가 밤에 태을수[5]를 계산해보니 금년은 연차가 계사년癸巳年으로 강성罡星이 서쪽에 있습니다. 또 천문 현상을 살펴보니 태백이 낙성의 분야에 이르렀기에 주장主將의 신상에 흉함이 많고 길함이 적습니다. 부디 신중하게 하십시오."

편지를 읽은 현덕은 즉시 마량에게 돌아가도록 했다. 현덕이 말했다.

"내가 형주로 돌아가 이 일을 논의해봐야 할 것 같소."

방통은 몰래 생각했다.

'공명은 내가 서천을 취해 공을 이룰까 두려워하여 고의로 이런 편지를 보내 저지하려는 것이다.'

이에 현덕에게 말했다.

"저 또한 태을수를 계산하여 이미 강성이 서쪽에 있는 것을 알고 있었습니다. 그러나 이는 주공께서 서천을 획득하는 것을 나타낼 뿐 따로 불길한 일을 예시하지는 않습니다. 역시 천문을 점쳐 태백이 낙성에 이른 것을 보았으나 촉의 장수 영포의 목을 베었으므로 이미 불길한 조짐에서 벗어난 듯합니다. 의심하지 마시고 속히 군사를 진격시키십시오."

현덕은 방통이 거듭 재촉하자 결국 군사를 이끌고 전진했다. 황충이 위연과 함께 군영으로 맞아들였다. 방통이 법정에게 물었다.

"앞쪽 낙성까지 가는 데는 몇 갈래의 길이 있소?"

법정이 땅에 선을 그어 지도를 그렸다. 장송이 남겨준 지도로 대조해보니 조금도 틀리지 않았다. 법정이 말했다.

"산 북쪽에 한 갈래 큰길이 있는데 바로 낙성 동문으로 가는 길이고, 산 남쪽에 있는 오솔길은 낙성 서문으로 가는 길입니다. 두 갈래 길로 모두 군사를 진격시킬 수 있습니다."

방통이 현덕에게 일렀다.

"저는 위연을 선봉으로 삼아 남쪽 오솔길로 진격할 것이니, 주공께서는 황충을 선봉으로 삼아 산 북쪽 큰길로 진격하십시오. 낙성에 당도하면 모이도록 하시지요."

현덕이 말했다.

"나는 어려서부터 말 타고 활쏘기에 익숙하여 오솔길로도 많이 다녔소. 군사께서 큰길로 가서 동문을 빼앗으면 나는 서문을 취하겠소."

"큰길에는 틀림없이 저지하는 군사가 있을 터이니 주공께서 군사를 이끌고 그쪽을 맡아주십시오. 저는 오솔길로 가겠습니다."

"그렇게 해서는 안 되오. 내 간밤에 한 신인神人이 손에 쇠몽둥이를 잡고 내 오른팔을 때린 꿈을 꿨는데 깨어났는데도 여전히 팔이 아프오. 이번 행군에 혹시 좋지 않은 일이 생기는 것은 아닐지 걱정이오."

"용사가 싸움터에 나가 죽지 않는다면 다치는 것은 자연스러운 이치입니다. 무슨 까닭으로 꿈속의 일로 의심을 하십니까?"

"내가 의심하는 것은 공명의 편지요. 군사께서 부관을 지키는 것은 어떻겠소?"

방통이 껄껄 웃었다.

"주공께서는 공명에게 미혹되신 것입니다. 그는 제가 홀로 큰 공을 이루지 못하게 하려는 뜻으로 주공의 마음을 의심하게 만든 것입니다. 마음이 의심스러우면 꿈에 나타나는 것이니 무슨 불길한 일이 있겠습니까? 제 간장과 뇌수가 땅에 널리는 희생을 무릅쓰고라도 충성을 다하는 것이 비로소 원래의 소망이라 할 수 있습니다. 여러 말씀 마시고 내일 일찍 출발하도록 하시지요."

그날로 명령을 하달하여 군사들에게 오경에 밥을 지어 먹고 새벽녘에 말에 오르도록 했다. 황충과 위연은 군사를 인솔하여 먼저 떠났다. 현덕이 다시 방통과 약속을 정하고 있는데 별안간 타고 있던 말이 헛것을 보았는지 앞다리를 잘못 디뎌 방통을 말 아래로 떨어뜨리고 말았다. 현덕이 말에서 뛰어내려 직접 그 말을 붙잡았다. 현덕이 말했다.

"군사께서는 무슨 까닭으로 이런 다루기 힘든 말을 타시오?"

"이 말을 오랫동안 탔습니다만 여태까지 이런 적이 없었습니다."

"전장에 임해서 말이 헛것을 보게 된다면 사람의 목숨을 잘못되게 할 수 있소. 내가 타는 백마가 성질이 매우 온순하니 군사께서 타시면 만에 하나의 실수도 없을 것이오. 그 다루기 힘든 말은 내가 타리다."

즉시 방통이 타던 말과 바꾸어 탔다. 방통이 감사하며 말했다.

"주공의 두터운 은혜에 깊이 감사드립니다. 비록 만 번 죽는다 하더라도 그 은혜에 보답할 수 없을 것입니다."

마침내 각자 말에 올라 길을 잡고 전진했다. 방통이 떠나는 것을 보고 있으니 현덕은 마음에 걸렸으나 이내 언짢아하며 길을 떠났다.

한편 낙성에 있던 오의와 유괴는 영포가 죽었다는 소식을 듣고는 즉시 사람들과 상의했다. 장임이 말했다.

"성 동남쪽 산 후미진 곳에 한 갈래 오솔길이 있는데 가장 요긴한 곳입니다. 제가 한 부대를 거느리고 그곳을 지키겠습니다. 여러 공께서는 낙성을 단단히 지키시되 절대 실수가 있어서는 안 됩니다."

그때 별안간 유비 군사들이 두 길로 나누어 성을 공격해온다는 보고가 들어왔다. 장임이 급히 3000명의 군사를 이끌고 먼저 오솔길로 질러가서 매복했다. 위연의 군사가 지나가는 것을 본 장임은 그대로 지나가도록 내버려두고 군사들이 놀래거나 움직이지 못하게 했다. 뒤이어 방통의 군사가 오는 것이 보이자 장임의 군사들이 군중의 대장을 가리키며 말했다.

"백마를 탄 자가 틀림없이 유비입니다."

장임은 크게 기뻐하며 이렇게 저렇게 하라고 명을 전달했다.

한편 구불구불한 길을 따라 전진하던 방통은 머리를 들어 길을 바라보았다. 양쪽 산은 협소하고 수목이 울창했으며, 또 시기가 여름이 지나가고 초가을 무렵이라 가지와 잎들이 무성했다. 방통은 속으로 몹시 의심이 들어 고삐를 당겨 말을 세우고는 물었다.

"이곳의 지명은 무엇인가?

군중에 갓 항복한 군사가 손으로 가리키며 말했다.

"이곳의 지명은 낙봉파[6]라고 합니다."

방통이 놀라 말했다.

"내 도호가 봉추인데 이곳을 낙봉파라 부른다면 내게 이롭지 않겠구나."

후군에게 신속히 후퇴하라 명했다. 이때 산비탈 앞에서 '쾅!' 하는 포성이 울리더니 화살이 메뚜기떼처럼 날아오는데 단지 백마를 탄 사람에게만 향해 날아들었다. 가련하게도 방통은 끝내 어지러이 날아든 화살 아래에 죽고 말았다. 이때 그의 나이는 36세에 불과했다. 후세 사람이 탄식한 시가 있다.

고현[7]은 고목에 빽빽이 둘러싸여 돋보였는데
방사원[8]이 살던 옛집은 산모퉁이 곁에 있었다네
아이들은 봉추 아닌 어리석은 비둘기로 불렀지만
고향 마을에선 일찍이 걸출한 인재로 소문났네

서천 빼앗아 천하 삼등분을 사전에 계획했으나
만 리 길을 앞으로 질주하며 홀로 배회하는구나
누가 천구[9] 유성이 떨어질 것이라고 알았으랴
장군을 비단옷 입고 돌아가지 못하게 했구나
古峴相連紫翠堆, 士元有宅傍山隈
兒童慣識呼鳩曲, 閭巷曾聞展驥才
預計三分平刻削, 長驅萬里獨徘徊
誰知天狗流星墜, 不使將軍衣錦回

앞서 동남 지역에서는 다음과 같은 동요가 있었다.

봉황 한 마리, 용 한 마리가 나란히
서로 촉중으로 날아들었네
겨우 중간 길에 이르렀는데
봉황은 비탈 동쪽에 떨어져 죽었네
바람은 비를 보내오고 비는 바람을 따르니
한이 융성하게 일어날 때 촉의 길 통하니
촉의 길 통하게 할 때 단지 용만이 있었구나

一鳳並一龍, 相將到蜀中. 纔到半里路, 鳳死落坡東

風送雨, 雨隨風, 隆漢興時蜀道通, 蜀道通時只有龍[2]

이날 장임이 방통을 쏘아 죽이자 유비의 군사들은 길이 꽉 막혀 나아갈 수도 물러날 수도 없어 죽는 자가 태반이었다. 앞서가던 군사가 나는 듯이 위연에게 보고했다. 위연은 서둘러 회군하려 했으나 산길이 협소하여 싸울 수가 없었다. 게다가 장임이 돌아갈 길을 차단하고 높은 언덕에서 강한 활과 견고한 쇠뇌를 쏘아대고 있었다. 위연이 당황해하고 있는데 항복한 지 얼마 안 된 촉의 병사가 말했다.

"차라리 낙성 아래로 내달려 큰길로 전진하는 것이 나을 듯합니다."

위연은 그 말을 따르기로 하고 앞장서 길을 열면서 낙성으로 질주했다. 그때 먼지가 일어나면서 앞쪽에서 한 부대가 내달리니 바로 낙성을 지키는 오란과 뇌동이었다. 뒤쪽에서는 장임이 군사를 이끌고 추격해왔고 앞뒤에서 협공하여 위연을 한가운데로 몰아 에워쌌다. 위연은 죽을힘을 다해 싸웠으나 빠져나갈 수 없었다. 그런데 오란과 뇌동의 후군이 어지러워지더니 두 장수가 급히 말 머리를 돌려 후군을 구원하러 가는 것이 보였다. 위연이 기세를 몰아 뒤를 쫓는데 적의 후군 쪽에서 앞장선 한 장수가 칼을 휘두르더니 말에 박차를 가하며 크게 소리 질렀다.

"문장文長(위연의 자), 내 특별히 자네를 구하러 왔네!"

다름 아닌 노장 황충이었다. 양쪽에서 협공하여 오란과 뇌동 두 장수를 대패시키고 곧장 낙성 아래까지 밀고 갔다. 이때 유괴가 군사를 이끌고 달려 나왔으나 현덕이 뒤에서 막고 그들을 지원했다. 황충과 위연은 몸을 돌려 바로 돌아왔다. 현덕의 군마가 내달려 군영까지 이르렀으나 장임의 군마가 또 오솔길로 나와서 차단했고, 유괴, 오란, 뇌동이 앞장서서 추격해왔다. 현덕은 두 군영을 지키기 어려울 것으로 보고 싸우면서 부관[10]으로 도망쳐 돌아갔다. 승리를 얻은 촉병들이 구불구불 이어진 길을 따라 추격해왔다. 현덕은 사람과 말이 모두 지쳐 그곳에서 싸울 마음이 사라지고 그저 달아날 생각만 했다. 부관이 거의 가까워졌을 때 장임의 일군이 바짝 뒤를 쫓았다. 그때 다행히 왼쪽에서 유봉, 오른쪽에서 관평 두 장수가 기력이 넘치는 신예 부대 3만 명을 이끌고 가로막아 장임을 물리쳤고, 그 뒤를 20여 리나 쫓아 많은 전마를 빼앗아 돌아왔다.

현덕 일행의 군마는 다시 부관으로 들어가 방통의 소식을 물었다. 낙봉파에서 도망쳐 목숨을 건진 군사가 보고했다.

"군사께서는 어지럽게 쏟아지는 화살에 맞아 비탈에서 운명하셨습니다."

그 말을 들은 현덕은 서쪽을 바라보며 통곡을 그치지 않았고 방통을 위해 사람의 혼을 불러오는 제사를 지냈다. 장수들도 곡을 했다. 황충이 말했다.

"이번에 방통 군사가 꺾였으니 장임은 반드시 부관을 공격해올 것입니다. 어찌하면 좋겠습니까? 차라리 형주로 사람을 보내 제갈 군사와 서천을 거두어들일 계책을 상의하는 것이 좋을 듯합니다."

한창 의논하고 있는데 장임이 군사를 이끌고 곧장 성 아래까지 와서 싸움을 걸고 있다는 보고가 들어왔다. 황충과 위연이 모두 출전하고자 했다. 현덕이 말했다.

"막 날카로운 기세가 꺾인 상태이니 단단히 지키면서 군사가 올 때까지 기다리는 것이 좋겠소."

황충과 위연은 명령을 받들고 단지 성지를 굳게 지키기만 했다. 현덕은 편지 한 통을 써서 관평에게 주며 분부했다.

"너는 형주로 가서 군사를 청해 오거라."

편지를 받은 관평은 밤새 형주로 달려갔다. 현덕은 직접 부관을 지키면서 결코 나가 싸우지 않았다.

한편 형주에 있던 공명은 칠월 칠석 명절을 맞이해 관원들을 크게 모아 야간 연회를 열어 함께 서천을 거두어들일 일을 의논하고 있었다. 그때 서쪽 하늘에서 두斗만큼 큰 별 하나가 떨어졌는데 휘황찬란한 빛이 사방으로 흩어졌다. 공명이 아연실색하여 바닥에 잔을 내던지고는 손으로 얼굴을 가리며 소리 내어 울었다.

"슬프구나! 애통하구나!"

관원들이 당황하여 그 까닭을 묻자 공명이 말했다.

"내 지난번에 계산해보니 금년에 강성이 서쪽에 있어 방통 군사에게 이롭지 못했고, 천구가 우리 군을 침범한 데다 태백이 낙성에 이르렀기에 이미 주공께 서신을 올려 삼가 방비하라고 했소. 오늘 저녁에 서쪽의 별이 떨어질 줄 누가 생각이나 했겠소. 방사원의 목숨이 틀림없이 끝났을 게요!"

말을 마치더니 통곡했다.

"주공께서 팔 하나를 잃으셨구나!"

관원이 모두 놀랐으나 그 말을 믿지 않았다. 공명이 말했다.

"수일 내로 반드시 소식이 있을 것이오."

이날 저녁에 술도 다 마시지 못하고 모두 흩어졌다.

며칠 후 공명이 운장 등과 앉아 있는데 관평이 왔다는 보고가 들어왔다. 관원들이 놀랐다. 관평이 들어와 현덕의 서신을 올렸다. 공명이 보니 다음과 같은 글이 적혀 있었다.

"금년 7월 7일 방군사가 낙봉파 앞에서 장임이 쏜 화살에 맞아 사망했소."

공명은 통곡했고 관원들도 눈물을 흘렸다. 공명이 말했다.

"부관에 계신 주공께서 진퇴양난의 처지에 놓여 있으니 내가 가지 않을 수 없소."[11]

운장이 말했다.

"군사께서 가시면 누가 형주를 지킵니까? 형주는 중요한 곳이라 이에 대한 책임이 가볍지 않습니다."

"주공의 서신에 비록 그 책임자를 분명하게 밝히지는 않았지만 내 이미 그 뜻을 알고 있소."

이에 현덕의 편지를 관원들에게 보여주며 말했다.

"서신에는 형주를 내게 맡기며 마음대로 임용하라 했소. 비록 그렇다 하더라도 지금 관평을 보내 서신을 전달하셨으니 그 뜻은 운장공에게 이 중임을 맡기라고 하신 것이오. 운장은 도원결의의 정을 생각하여 전력을 기울여서 이곳을 지켜야 할 것이오. 책임이 결코 가볍지 않소."

운장도 사양하지 않고 흔쾌히 승낙했다. 공명은 주연을 베풀어 인수를 인계했다. 운장이 두 손으로 받들려고 했다. 공명이 인수를 떠받들고는 말했다.

"이곳 책임은 모두 장군에게 있소."

운장이 말했다.

"대장부가 이미 중임을 맡았으니 죽어야 비로소 끝날 것이오."

공명은 운장이 '사死' 자를 말하자 내심 기분이 좋지 않아, 인수를 주지 않으려 했으나 이미 맡기겠다고 말을 한 상태라 어찌할 수 없었다. 공명이 말했다.

"조조가 군대를 이끌고 쳐들어온다면 어떻게 하시겠소?"

"힘으로 막아내겠소."

공명이 또 말했다.

"만일 조조와 손권이 일제히 군대를 일으켜 온다면 어떻게 하시겠소?"

"군사를 나누어서 막겠소."

"그렇게 한다면 형주는 위태로워질 것이오. 내가 여덟 글자를 일러줄 테니 장군께서 깊이 새기고 있으면 형주를 지킬 수 있을 것이오."

운장이 물었다.

"그 여덟 글자는 무엇이오?"

"북거조조北拒曹操, 동화손권東和孫權(북으로는 조조를 막고 동으로는 손권과 화친한다)이오."

"군사의 말씀을 폐부에 새기리다."

공명은 마침내 인수를 건네주고 문관으로는 마량, 이적, 상랑向朗, 미축, 무장으로는 미방, 요화, 관평, 주창에게 운장을 보좌하여 함께 형주를 지키도록 했다. 그러고는 친히 군대를 통솔해 서천으로 들어가기로 했다.❸

먼저 정예병 1만 명을 선발해 장비의 인솔하에 큰길로 파주와 낙성[12]의 서쪽으로 달려가게 하여 먼저 당도하는 자를 첫 공로로 삼기로 했다. 또 한 부대를 선발해 조운을 선봉으로 삼아 강을 거슬러 올라가서 낙성에서 모이기로 했다. 공명은 간옹과 장완蔣琬 등을 데리고 뒤따라 출발하기로 했다.[13] 장완은 자가 공염公琰으로 영릉零陵 상향[14] 사람인데 형양의 명사로 현재 서기[15]를 맡고 있었다.

그날 공명은 군사 1만5000명을 이끌고 장비와 같은 날 출발했다. 장비가 출발할 때 공명이 당부했다.

"서천에는 호걸이 매우 많으니 함부로 대적해서는 안 되오. 가는 길에 삼군을 단속하여 절대로 백성을 약탈하여 민심을 잃어서도 안 될 것이오. 또한 닿는 곳마다 돌봐주되 멋대로 사졸들을 채찍질해서도 안 되오. 장군과 빨리 낙성에서 만나기를 바라니 실수가 없길 바라오."

장비는 흔쾌히 승낙하고 말에 올라 떠났고 구불구불 앞으로 나아갔다. 그는 가는 곳마다 항복한 자들을 추호도 해치지 않았다. 곧장 한천漢川 길을 잡아 파군[16]에 당도했다. 정탐꾼이 돌아와 보고했다.

"파군태수 엄안嚴顔은 바로 촉중의 명장으로 나이가 비록 많으나 정력이 쇠하지 않아 아직 강궁을 당길 수 있으며 대도를 사용하는데 만 명도 당해내지 못할 용맹이 있다고 합니다. 그가 성곽을 의지해 지키면서 항복 깃발을 세우지 않고 있습니다."

장비는 성에서 10리 떨어진 곳에 군영을 세우고 사람을 성으로 보내며 말했다.

"늙은 필부 놈에게 일찌감치 항복하면 성안에 가득한 백성의 목숨은 살려주겠지만, 만일 귀순하지 않는다면 바로 성곽을 밟아 평지로 만들어버리고 늙은이건 어린아이건 남겨두지 않겠다고 말해라!"

한편 파군에 있던 엄안은 유장이 법정을 파견해 현덕을 서천으로 청해 들였다는 소식을 듣고는 가슴을 두드리며 탄식했다.

"이것이 이른바 나갈 길도 없는 깊은 산에 홀로 앉아 자기를 보호해달라고 호랑이를 끌어들이는 것과 같은 것이로다!"

이후에 현덕이 부관을 점거했다는 소식을 듣고는 크게 노하여 여러 차례 군사를 일으켜 싸우려고 했으나 또 자신이 있는 파군의 길로 군사가 쳐들어오지 않을까 걱정하고 있었다. 이날 장비의 군대가 왔다는 소식을 듣고는 즉시 본부의 군사 5000~6000명을 일으켜 적에 맞설 준비를 했다. 누군가 계책을 바쳤다.

"장비는 당양 장판에서 한 번의 호통으로 조조의 백만 대군을 물리쳤습니다. 조조 또한 장비가 온다는 소식만 들어도 피한다고 하니 함부로 대적해서는 안 됩니다. 지금은 도랑을 깊이 파고 보루를 높여 단단히 지키기만 하고 나가지 않도록 해야 합니다. 저들은 군량이 없어 한 달도 못 되어 자연히 물러갈 것입니다. 게다가 장비는 성질이 사나운 불길과 같아 사졸들을 채찍질하는 것으로 소문이 난 사람입니다. 싸우지 않는다면 반드시 화를 낼 것이고, 화가 나면 틀림없이 난폭하게 군사들을 대할 것입니다. 군심이 변했을 그 틈을 이용해 공격한다면 장비를 사로잡을 수 있을 것입니다."

엄안은 그 말을 따르기로 하고 군사들을 모조리 성 위로 보내 지키도록 했다. 그때 별안간 한 군사가 크게 소리 질렀다.

"문을 열어라!"

엄안이 성안으로 들이고는 그에게 물었다. 그 군사는 장장군이 보내서 왔다고 말하고는 장비의 말을 그대로 전했다. 엄안은 크게 성내며 욕했다.

"필부 놈이 어떻게 감히 이토록 무례하단 말인가! 이 엄장군이 어찌 도적에게 항복할 사람이란 말인가! 너는 장비에게 그대로 전하거라!"

그러고는 무사를 불러 그 군사의 귀와 코를 잘라내고 돌아가게 했다.

그 군사는 장비에게 돌아와 울면서 엄안이 욕설을 퍼붓고 이렇게 모욕을 줬다고 고했다. 장비는 크게 성을 내며 이를 갈고 눈을 부릅뜨더니 갑옷을 걸치고 말에 올라 수백 명의 기병을 이끌고 파군성[17] 아래로 와서 싸움을 걸었다. 성 위의 군사들이 온갖 욕설을 퍼부었다. 성질이 급한 장비는 몇 번이나 조교까지 쳐들어가 해자를 건너려 했으나 어지럽게 화살을 쏘아대는 바람에 돌아갈 수밖에 없었다. 저녁이 되도록 한 사람도 성 밖으로 나오지 않자 장비는 끓어오르는 화를 참으면서 군영으로 돌아갔다. 이튿날 이른 아침에 다시 군사를 이끌고 가서 싸움을 걸었다. 그때 성 적루에 있던 엄안이 화살 한 대를 쏘아 장비의 투구를 맞혔다. 장비는 손가락질하며 증오했다.

"내 이 필부 놈을 잡기만 하면 반드시 네놈의 고기를 씹어 먹으리라!"

저녁에 이르러서 또 허탕치고 돌아갔다. 사흘째 되는 날 장비는 군사를 이끌고 성을 따라 돌며 욕을 해댔다. 원래 파군성은 산성이라 주위가 온통 산이었는데 장비가 말을 타고 직접 산에 올라 성안을 살펴보았다. 군사들이 모두 갑옷을 걸치고 대오를 나누어 성안에 매복해 있었으나 싸우러 나오지 않았고, 또 인부들이 왔다 갔다 하며 벽돌과 돌을 나르며 성을 지키는 것도 보였다. 장비는 마군에게 말에서 내리고 보군은 모두 앉아 있으라 하고는 적이 나오도록 유인했으나 아무런 동정이 없었다. 또 하루를 욕만 하다가 이전처럼 빈손으로 돌아왔다. 장비는 군영 안에서 속으로 생각했다.

'하루 종일 욕을 퍼부어도 저들이 나올 생각을 하지 않으니 어찌하면 좋단 말인가?'

그때 문득 한 가지 계책을 생각해내고는 군사들에게 앞으로 가서 싸움을 걸 필요 없이 모두 장비를 갖추고 군영 안에서 교전을 기다리게 했다. 그러고는 30~50명의 군사들을 시켜 곧장 성 아래로 가서 욕을 퍼붓고 엄안이 군사를 이끌고 나오면 즉시 싸우도록 했다. 장비는 주먹을 문지르고 손을 비비며 적군이 오기만을 기다렸다. 병졸들이 연이어 사흘 동안 욕을 퍼부었으나 전혀 나오지 않았다. 장비는 양미간을 찌푸리며 고민하다 또 한 가지 계책을 떠올렸다. 이번에는 군사들에게 사방으로 흩어져 땔나무를 찍으며 길을 찾게 하고는 가서 싸움을 걸지 말라는 명령을 전달했다. 성안에 있던 엄안은 여러 날 장비의 움직임이 보이지 않자 속으로 의심이 생겨 10여 명의 병졸들을 땔나무를 찍어내는 군사로 위장시켜 몰래 장비의 군사들 속에 섞여 산속으로 들어가 상황을 알아보게 했다.

그날 군사들이 군영으로 돌아왔다. 장비가 군영 안에 앉아 발을 동동 구르며 욕설을 퍼부었다.

"엄안, 이 늙은 필부 놈아! 나를 원통하게 죽일 작정이구나!"

군막 앞에 있던 서너 명이 말했다.

"장군께서는 초조해하실 필요 없습니다. 요 며칠 사이에 오솔길 하나를 알아냈으니 파군을 몰래 지나갈 수 있을 것입니다."

장비는 일부러 크게 소리 질렀다.

"지나갈 곳이 있으면서 어찌하여 일찍 말하지 않았느냐?"

"요 며칠 사이에 겨우 알아낸 것입니다."

"일이 지체돼서는 안 된다. 오늘 밤 이경에 밥을 지어 먹고 삼경에 달이 밝아졌을 때를 이용해 군영을 정리한 후 사람은 나무 막대기를 물고 말은 방울을 떼어낸 다음에 은밀하게 가야 한다. 내가 직접 앞에서 길을 열 것이니 너희는 차례대로 따라와야 한다."

명령을 전달하여 즉시 전 군영에 알리게 했다.

정탐하러 나간 군사들이 이 소식을 듣고는 모두 성안으로 돌아와 엄안에게 보고했다. 엄안이 크게 기뻐했다.

"내 이 필부 놈이 견뎌내지 못할 것이라 예상했다. 네놈이 몰래 오솔길로 지나간다면 군량과 마초, 물자를 실은 수레는 반드시 뒤에 둘 것이니, 내가 뒷길을 차단해버리면 어떻게 지나갈 수 있겠는가? 꾀 없는 필부 놈이 내 계책에 걸려들고 말았구나!"

즉시 명령을 전달하여 군사들에게 적과 싸울 준비를 시켰다.

"오늘 밤 이경에 밥을 지어 먹고 삼경에 성을 나가 수목이 울창한 곳에 매복해 있어라. 장비가 오솔길로 지나가기를 기다렸다가 뒤이어 수레들이 올 때 북소리가 들리면 일제히 돌진하도록 하라."

명령을 전달하자 금방 밤이 가까워졌고 엄안의 전군은 배불리 먹은 다음 무장을 갖추고는 은밀하게 성을 나가 사방으로 흩어져 매복하고 북소리가 울리기만을 기다렸다. 엄안은 직접 10여 명의 비장裨將을 거느리고 말에서 내려 숲속에 매복했다. 대략 삼경이 지날 무렵 멀리 장비가 직접 앞장서서 모를 비껴들고 말고삐를 놓은 채 조용히 군사를 이끌고 전진하는 것이 보였다. 3~4리를 채 못 갔을 때 그 뒤로 수레와 인마들이 연이어 전진했다. 그 모습을 뚜렷하게 본 엄안이 일제히 북을 두드리게 했고 사방에 매복해 있던 병사가 모조리 일어났다. 막 달려나와 수레들을 빼앗으려 할 때 뒤에서 한바탕 징소리가 울리더니 한 무리의 군사가 덮치며 크게 소리 질렀다.

"늙은 도적놈은 달아나지 마라! 내 마침 너를 기다리고 있었노라!"

엄안이 불쑥 머리를 돌려보니 한 대장이 앞장을 섰는데 표범 머리에 고리눈, 제비턱에 호랑이 수염을 한 사람이 장팔사모를 들고 짙은 검은 말을 타고 있었다. 다름 아닌 장비였다. 사방에서 징소리가 크게 진동하자 군사들이 몰려들었다. 장비를 본 엄안은 어찌할 바를 몰랐다. 말이 뒤섞여 10합도 싸우지 못했을 때 엄안이 빈틈을 보인 장비를 한칼에 찍어 내리려고 했다. 그러나 장비가 슬쩍 피하면서 그 틈에 달려들어 엄안의 갑옷을 졸라맨 이음새를 냅다 잡아당겨 사로잡은 다음 그를 땅바닥에 던졌다. 그러자 군사들이 앞으로 달려들어 밧줄로 꼼짝 못하게 묶었다. 알고 보니 먼저 지나간 사람은 가짜 장비였고 엄안이 북을 두드려 신호로 삼을 것이라고 짐작한 장비는 도리어 징소리를 신호로 삼아 군사들이 일제히 달려나오게 했던 것이다. 서천의 군사들 태반이 갑옷을 버리고 창을 거꾸로 돌린 채 항복했다.

장비가 파군성 아래로 쳐들어갔을 때는 후군이 이미 성으로 들어간 다음이었다. 장비는 백성을 죽이지 말라 명령하고 방문을 붙여 백성을 안정시켰다. 도부수들이 엄안을 밀치며 끌고 왔다. 장비가 대청 위에 앉아 있는데 엄안은 무릎을 꿇으려 하지 않았다. 장비가 눈을 부라리고 이를 갈며 큰 소리로 꾸짖었다.

"대장이 여기에 왔는데 어찌하여 항복하지 않고 감히 대항했느냐?"

엄안은 전혀 두려워하는 기색 없이 도리어 장비를 큰 소리로 꾸짖었다.

"너희가 의리 없이 우리 주군州郡을 침범했느니라! 목이 잘리는 장군은 있을지언정 항복하는 장군은 없느니라!"

장비가 크게 성내며 좌우에 목을 치라 소리 질렀다. 엄안도 고함을 질렀다.

"도적 같은 필부 놈아! 목을 찍을 테면 즉시 찍어낼 것이지 어찌 성을 내느냐?"

엄안의 목소리가 우람하고 힘찬 데다 얼굴색 하나 변하지 않는 것을 본 장비는 화를 내다가 기뻐하며 계단을 내려가 좌우를 꾸짖어 물리쳤다. 친히 결박을 풀어주고 옷을 가져다 입히며 한가운데에 위치한 높은 자리로 부축해 앉히고는 머리를 숙이고 절하며 말했다.

"방금 말로 장군을 모독했는데 꾸짖지 말아주시오. 내 평소에 노장군이 호걸임을 알고 있었소."

엄안은 장비의 은정과 도의에 감격하여 이에 항복했다. 후세 사람이 엄안을 칭찬한 시가 있다.

백발의 노장이 서촉 땅에 살았는데
깨끗한 이름 온 나라를 진동시켰네
충성스러운 마음 희기가 밝은 달 같고
호탕한 기개는 장강을 말아 올리네

차라리 목이 잘려 죽는다 한들
어찌 무릎 꿇어 항복하겠는가
파주[18] 땅 나이 지긋한 노장군이여
천하에 더욱이 비할 상대 없으리
白髮居西蜀, 淸名震大邦
忠心如皎月, 浩氣卷長江
寧可斷頭死, 安能屈膝降
巴州年老將, 天下更無雙

또 장비를 칭찬한 시가 있다.

엄안을 사로잡은 그의 용맹 매우 뛰어났으니
오직 의리에 의지해 군사와 백성 복종시켰네
지금까지 파촉에 사당과 신상이 남아 있으니
토신께 제사 지내고 먹고 마시니 매일 봄날일세
生獲嚴顔勇絶倫, 惟憑義氣服軍民
至今廟貌留巴蜀, 社酒鷄豚日日春

장비는 서천으로 들어갈 계책을 물었다. 엄안이 말했다.

"싸움에 진 장수로 두터운 은혜를 입었으나 보답할 길이 없소. 원컨대 개나 말의 하찮은 수고로움이라도 보태고자 하니 화살 한 대 쓸 필요 없이 곧장 성도를 취하겠소."

단지 한 장수의 마음을 빼앗은 이후로
연이어 성들을 쉽게 항복하게 만들었네
祇因一將傾心後, 致使連城唾手降

그 계책은 어떤 것일까?❹

【 실제 역사에서는…… 】

제63회 낙봉파의 봉추와 노장 엄안

❶

팽양은 누구인가?

『삼국지』「촉서·팽양전」은 다음과 같이 기록하고 있다.

“팽양은 키가 8척이고 용모는 매우 우람했다. 성격이 오만하여 사람들을 경시했다. 주부州府에서 직무를 맡았는데 서좌書佐(문서를 주관하는 보좌관으로 주, 군, 현에 모두 설치되었다. 여기서는 주의 서좌를 말한다)에 지나지 않았다. 나중에 주목州牧 유장을 비방했다가 유장은 팽양을 곤겸髡鉗에 처하고 노역에 복무하게 했다. 팽양은 선주가 자신을 받아들이도록 준비했고 즉시 가서 방통을 만났다. 방통은 팽양과 알고 지낸 사이가 아니었을뿐더러 또 마침 빈객이 있었는데 팽양은 도리어 방통의 침상으로 가서 눕고는 방통에게 말했다.

‘그대가 손님 접대를 마치고 나면 내 그대와 담소를 나누고자 하오.’

방통은 손님을 만난 뒤 팽양 곁으로 가서 앉았다. 팽양은 또 먼저 방통에게 식사를 요구한 다음에 함께 담화를 나누었다. 방통은 팽양을 이틀 밤을 머물게 하면서 온종일 대화를 나누었다. 방통은 그를 칭찬하며 높이 평가했고 법정도 전부터 팽양을 알고 있었으므로 함께 선주가 있는 곳으로 가서 그를 추천했다. 선주도 팽양의 재주를 기이하게 여기고는 여러 차례 팽양에게 자신을 대신해 군사 결정을 선포하게 했고 장수들한테 지시를 설명하게 했다. 그가 명을 받들어 사자로 나간 것은 선주의 뜻에 매우 부합했으므로 선주의 높은 평가와 예우가 나날이 더해졌다."

❷

방통은 낙봉파에서 죽지 않았다

방통의 죽음은 상당히 간단하다. 『삼국지』「촉서·방통전」에 따르면 "선주가 군사들을 진격시켜 낙현雒縣(쓰촨성 광한廣漢 북쪽)을 에워쌌다. 방통은 병력을 동원하여 성을 공격하다가 화살에 맞아 목숨을 잃었으니 이때 그의 나이 서른여섯이었다. 선주는 애통해하며 그에 대해 언급하기만 하면 눈물을 흘렸다"고만 기록하고 있다.

『자치통감』 권67 「한기 59」에 따르면 방통은 낙성을 거의 1년 가까이 포위했으며, 역시 성을 공격하다 화살에 맞아 죽었다고 짤막하게 적혀 있다.

소설에 나오는 낙봉파는 작자가 꾸며낸 이야기다.

또한 소설에서는 방통이 장임의 매복 공격에 의해 사망했다고 적었는데, 『자치통감』 권66 「한기 58」에 따르면 "유괴, 장임과 유장의 아들 유순이 물러나 낙성을 지키고 있자 유비가 군사를 진격시켜 그들을 포위했다. 장임이 군대를 인솔하여 안교雁橋로 출전했으나 군대는 패하고 장임은 전사했다"고 했다. 이때는 건안 18년(213) 여름의 일로 방통은 이듬해인 건안 19년(214) 여름에 전사하는 것으로 기록되어 있는데, 결국 방통이 전사하기 1년 전에 장임은 이미 사망한 상태였다.

❸

『삼국지』「촉서·이적전」에 따르면 "유표가 죽자 이적은 곧바로 선주를 따라 남쪽으로 장강을 건넜고 [유비를] 수행하여 익주로 들어갔다"고 기록하고 있고, 「촉서·상랑전」에는 "촉이 평정된 뒤 상랑을 파서巴西 태수로 삼았다"고 했다. 또 「촉서·미축전」에는 "익주가 평정된 뒤 안한장군安漢將軍으로 임명했다"고 하여 아마도 이 세 사람(이적, 상랑, 미축)은 관우와 남지 않고 유비를 따라 촉으로 들어간 듯하다.

상랑向朗은 누구인가?

소설 속 상랑의 등장은 이 부분이 처음이자 마지막이다.

『삼국지』「촉서·상랑전」은 상랑에 대해 다음과 같이 기록하고 있다.

"형주목 유표는 그를 임저현臨沮縣(후베이성 위안안遠安 서북쪽) 현장으로 임명했다. 유표가 죽은 뒤 상랑은 선주에게 귀의했다. 선주는 강남을 평정한 후 상랑을 파견하여 자귀秭歸(후베이성 쯔구이秭歸), 이도夷道(후베이성 이두宜都 서북쪽), 무현巫縣(충칭重慶 우산巫山 북쪽), 이릉夷陵(후베이성 이창宜昌 동남쪽) 등 네 현의 군사와 민정 사무를 감독하게 했다." 또한 배송지 주 『양양기襄陽記』에 따르면 "상랑은 젊어서 사마덕조(사마휘)를 스승으로 모셨고 서원직(서서), 한덕고韓德高(한숭韓嵩), 방사원(방통) 등과 모두 친하게 지냈다"고 기록하고 있다.

4

엄안에 관한 기록은 상세하지 않으나 『삼국지』「촉서·장비전」에서 찾아볼 수 있다.

"선주는 익주로 들어간 후 군사를 돌려 유장을 치려고 했으므로 장비와 제갈량 등은 강을 거슬러 올라가며 군사를 나누어 각 군과 현을 평정했다. 장비는 강주江州(충칭重慶 장베이江北구)에 이르러 유장의 장수 파군巴郡(군 명칭으로 치소는 충칭 장베이구)태수 엄안을 격퇴하고 사로잡았다. 장비가 엄안을 꾸짖었다.

'대군이 이르렀는데 어찌하여 항복하지 않고 감히 저항하며 싸웠느냐?'

엄안이 대답했다.

'경 등이 예의도 없이 우리 익주를 침탈했소. 우리 익주에서는 머리가 잘리는 장군은 있어도 항복하는 장군은 없소.'

장비가 크게 노하여 좌우에 명해 그를 끌고 가서 머리를 찍도록 했지만, 엄안은 안색도 바꾸지 않은 채 말했다.

'머리를 찍는다면 찍는 것이지 어째서 화를 내는가!'

장비는 그 용감함에 감복하여 그를 풀어주고 빈객으로 삼았다. 장비는 지나는 곳마다 모두 승리를 거두고 성도에서 선주와 만났다."

제 64 회

낙성에 비춘 장임의 충정

공명은 계책을 세워 장임을 사로잡고,
양부는 군사를 빌려 마초를 격파하다

孔明定計捉張任,
楊阜借兵破馬超

장비가 계책을 묻자 엄안이 말했다.

"여기서부터 낙성까지의 요충지를 방어하는 것은 모두 이 늙은이가 관할하고 있으며 관군들도 내가 모두 장악하고 있소. 지금에서야 장군의 은혜에 감복했으나 보답할 길이 없으니 이 늙은이가 선봉대를 맡아 지나가는 곳마다 모조리 불러내 절하고 항복하게 만들겠소."

장비는 감사해 마지않았다. 이에 엄안을 선봉대로 삼았고 장비는 군사를 이끌고 그 뒤를 따랐다. 지나가는 곳마다 모조리 엄안이 관할하는 터라 모두 불러내 투항하게 했다. 망설이며 결정하지 못하는 자가 있으면 엄안이 이렇게 말했다.

"나도 투항했는데 하물며 네가 말할 필요가 있느냐?"

이로부터 소문만 듣고도 귀순하니 한 번도 교전을 벌이지 않았다.

한편 공명은 출발한 날짜를 현덕에게 앞서 서면으로 보고하고 모두 낙성에서 집결하자고 했다. 현덕이 관원들과 상의했다.

"지금 공명과 익덕이 두 길로 나누어 서천으로 오는데 낙성에서 모여 함께 성도로 들어가기로 했소. 수륙으로 배와 수레들이 이미 7월 20일에 출발했다고 하니 조만간 당도할 것이오. 이제 우리도 즉시 군사를 진격시킬 수 있을 것이오."

황충이 말했다.

"장임이 매일 와서 싸움을 걸고 있지만 우리가 성에서 나오지 않는 것을 보고는 저들이 태만해져 준비를 하지 않고 있습니다. 오늘 야간에 군사를 나누어 군영을 빼앗는다면 대낮에 교전을 벌이는 것보다 나을 것입니다."

현덕은 그 말을 따르기로 하고 황충에게는 군사를 이끌고 왼쪽을, 위연에게는 오른쪽 길을 맡게 했으며 현덕 자신은 중간 길을 취하기로 했다. 그날 밤 이경 3로의 군마가 일제히 출발했다. 장임은 과연 준비를 하고 있지 않았다. 형주군이 큰 군영으로 몰려들어 불을 지르니 맹렬한 불길이 하늘로 솟아올랐다. 밤새 낙성까지 달아난 촉병들을 추격했으나 성안의 병사들이 지원을 나와 성안으로 들어가고 말았다. 현덕은 길 중간까지 돌아와 군영을 세웠다. 이튿날 군사를 이끌고 곧장 낙성까지 쳐들어가 성을 에워싸고 공격하자 장임은 군사 행동을 멈추고 나오지 않았다. 공격한 지 나흘째 되는 날, 현덕은 한 부대를 직접 인솔하여 서문을 공격했고 황충과 위연에게 동문을 공격하게 하면서 남문과 북문은 적군이 달아나도록 남겨두었다. 원래 남문 일대는 모두 산길이고 북문에는 부수가 흐르고 있기에 포위하지 않았던 것이다. 장임이 바라보니 현덕이 서문에서 말을 타고 오가면서 성의 공격을 지휘하고 있는데 진시辰時부터 미시未時까지 싸움이 이어지자 사람과 말의 기력이 점점 떨어졌다. 장임은 오란과 뇌동 두 장수에게 군사를 이끌고 북문을 나가 동문으로 돌아서 황충과 위연을 대적하게 하고, 자신은 군사를 거느리고 남문을 나가 서문으로 돌아서 단독으로 현덕과 맞서기로 했다. 내부에서는 민병들을 모조리 동원해 성 위에서 북을 두드리고 고함을 지르며 싸움을 돕게 했다.

한편 붉은 해가 서쪽으로 기우는 것을 본 현덕은 후군을 먼저 물러나게 했다. 군사들이 막 몸을 돌리려는데 함성과 함께 남문에서 군마들이 돌격해 나왔다. 장임이 현덕을 잡으려고 곧장 달려오자 현덕의 군중이 크게 어지러워졌다. 황충과 위연도 오란과 뇌동에게 공격당해 양쪽이 서로 돌볼 수 없는 처지가 되고 말았다. 현덕은 장임을 대적하지 못하고 말을 돌려 산속 후미진 오솔길로 달아났다. 장임은 그 뒤를 추격하며 바짝 따라붙었다. 현덕은 단기로 홀로 달아났으나 장임은 몇 명의 기병을 거느린 채 뒤쫓았다. 현덕이 앞만 바라보고 있는 힘을 다해 채찍질하며 달리는데 별안간 산길에서 한 부대가 쏟아져 나왔다. 현덕은 말 위에서 고통을 호소했다.

"앞에는 복병이 있고 뒤에는 추격병이 쫓고 있으니 하늘이 나를 망하게 하는구나!"

달려오는 군사를 보았는데 앞장선 대장이 다름 아닌 장비였다. 알고 보니 장비가 엄안과 함께 마침 그 길로 오고 있다가 먼지가 일어나는 것을 보고는 서천의 병사들과 교전하고 있음을 알게 된 것이었다. 앞장서던 장비는 장임과 맞닥뜨렸고 두 말은 바로 뒤섞였다. 20여 합을 싸웠을 때 뒤에서 엄안이 군사를 이끌고 진격했다. 장임이 황급하게 몸을 돌리자 장비가 곧장 성 아래까지 추격했다. 장임은 성으로 들어가자마자 조교를 끌어 올렸다.

장비가 돌아와 현덕을 만나 말했다.

"군사께서는 강을 거슬러 올라오고 있을 터인데 아직 도착하지 않은 것을 보니 내게 첫 공로를 뺏기고 말았구려."

현덕이 말했다.

"산길이 험준하여 다니기 어려웠을 텐데 어떻게 적의 저항 없이 신속하게 먼 길을 달려와 이곳에 먼저 당도할 수 있었느냐?"

장비가 말했다.

"오는 길에 총 45군데의 요충지가 있었는데 모두 노장 엄안의 공로 덕분에 길에서 힘을 조금도 허비하지 않고 올 수 있었습니다."

즉시 의리로 엄안을 풀어준 일을 처음부터 이야기하고는 그를 인도하여 현덕과 만나게 했다. 현덕이 감사하며 말했다.

"노장군이 아니었더라면 내 아우가 어찌 이곳에 올 수 있었겠소?"

입고 있던 황금 쇄자갑[1]을 즉시 그에게 하사했다. 엄안이 절을 올리고 감사했다. 주연을 베풀어 술을 마시고 있는데 별안간 정찰 기병이 돌아와 보고했다.

"황충, 위연과 서천의 장수 오란과 뇌동이 맞붙어 싸웠는데 성에서 오의와 유괴가 군사를 이끌고 싸움을 도와 양쪽에서 협공하는 바람에 황충 등이 패하여 동쪽으로 달아났습니다."

그 말을 들은 장비가 즉시 현덕에게 군사를 두 길로 나누어 구원하러 가자고 청했다. 이에 장비가 왼쪽, 현덕이 오른쪽으로 질주해 나갔다. 오의와 유괴는 뒤쪽에서 함성이 일어나는 것을 보고는 황급히 물러나 성으로 들어갔다. 오란과 뇌동은 군사를 이끌고 황충과 위연의 뒤만 쫓다가 도리어 현덕과 장비에게 돌아갈 길을 차단당하고 말았다. 그러자 황충과 위연이 다시 말머리를 돌려 돌격했다. 오란과 뇌동은 대적할 수 없음을 짐작하고는 하는 수 없이 본부의 군마를 이끌고 앞으로 와서 투항했다. 현덕은 그들의 항복을 허락하고 군사를 거두어 성 가까이에 군영을 세웠다.

한편 두 장수를 잃은 장임은 내심 걱정하고 있었다. 그때 오의와 유괴가 말했다.

"형세가 대단히 위태로운데 죽음을 각오하고 싸우지 않는다면 어떻게 적군을 물리칠 수 있겠소? 사람을 성도로 보내 주공께 위급함을 알리는 한편 계책을 써서 적과 대적해야 하오."

장임이 말했다.

"내가 내일 한 부대를 이끌고 싸움을 건 다음 거짓으로 패한 척하면서 성 북쪽으로 유인하여 돌아가겠소. 그때 성에서 다시 한 부대를 보내 그 중간을 끊어버리면 승리를 얻을 수 있을 것이오."

오의가 말했다.

"유장군(유괴)은 공자(유장의 큰아들 유순劉循)를 보좌하여 성을 지키고 나는 군사를 이끌고 돌격해 싸움을 돕겠소."

그렇게 하기로 약속을 정했다. 이튿날 장임이 수천 명의 인마를 이끌고 나가 깃발을 흔들고 함성을 지르며 싸움을 걸었다. 장비가 말에 오르더니 말도 걸지 않고 장임과 맞붙어 싸웠다. 10여 합을 싸우지도 못했는데 장임이 거짓으로 패한 척하고 성을 돌아 달아났다. 장비는 온 힘을 다해 그를 뒤쫓았다. 그때 오의의 일군이 길을 차단했고 장임이 군사를 이끌고 다시 돌아오며 장비를 한가운데로 몰아 에워싸니 나아가지도 물러날 수도 없게 되었다. 한창 어찌할 바를 모르고 있는데 한 부대가 강변으로부터 몰려왔다. 앞장선 대장이 창을 잡고 말에 박차를 가하며 달려와 오의와 맞붙었는데, 단 1합 만에 오의를 사로잡고 적군을 물리쳐 장비를 구출해냈다. 그를 보니 조운이었다. 장비가 물었다.

"군사는 어디에 계신가?"

조운이 말했다.

"군사께서는 이미 당도하셨소. 지금쯤이면 이미 주공과 만났을 거요."

두 사람은 오의를 사로잡아 군영으로 돌아갔다. 장임은 스스로 물러나 동문으로 들어갔다.

장비와 조운이 군영으로 돌아오니 공명, 간옹, 장완이 이미 군막 안에 있었다. 장비가 말에서 내려 군사를 뵈었다. 공명이 놀라 물었다.

"어떻게 먼저 오셨소?"

현덕이 엄안을 의리로 풀어준 일을 자세히 이야기했다. 공명이 축하했다.

"장장군도 꾀를 쓸 수 있게 됐으니 이 모두가 주공의 크나큰 복입니다."

조운이 오의를 끌고 와 현덕에게 보여주었다. 현덕이 말했다.

"그대는 항복하지 않겠는가?"

"내 이미 사로잡혔는데 어떻게 항복하지 않겠습니까?"

현덕은 크게 기뻐하며 친히 그 결박을 풀어주었다. 공명이 물었다.

"얼마나 되는 사람들이 성을 지키고 있소?"

오의가 말했다.

"유계옥의 아들 유순이 있고 장수 유괴와 장임이 그를 보좌하고 있소. 유괴는 그다지 문제되지 않지만 장임은 촉군[2] 사람으로 용기와 지모가 넘쳐나니 가볍게 대적할 수는 없을 것이오."

공명이 말했다.

"먼저 장임을 사로잡은 다음에 낙성을 취해야겠소."

또 물었다.

"성 동쪽에 있는 다리를 무슨 다리라고 부르오?"

오의가 말했다.

"금안교[3]라 하오."

공명은 즉시 말을 타고 다리 가에 이르러 강을 두루 살펴본 다음에 군영으로 돌아와 황충과 위연에게 명했다.

"금안교에서 남쪽으로 5~6리 떨어진 양쪽 언덕은 모두 갈대숲이라 매복시킬 만하오. 위연은 1000명의 창을 쓰는 군사를 이끌고 왼쪽에 매복하여 단지 기병만 찔러 죽이고, 황충은 1000명의 칼을 쓰는 군사를 거느리고 오른쪽에 매복해 있다가 그들이 탄 말만 찍어내시오. 적들을 물리쳐 흩뜨리면 장임은 반드시 산 동쪽 오솔길로 달아날 것이오. 장익덕은 군사 1000명을 이끌고 그곳에 매복해 있다가 장임을 사로잡으시오."

또 조운을 불러 금안교 북쪽에 매복하게 했다.

"내가 장임을 유인하여 그가 다리 건너기를 기다렸다가 즉시 다리를 부숴 끊어버릴 것이오. 다리 북쪽에 군대를 배치하고 멀리서 기세를 떨쳐 장임이 감히 북쪽으로 달아나지 못해 남쪽으로 달아나게 만든다면 우리 계책에 제대로 빠뜨리는 것이오."

군사 배치가 정해지자 제갈량은 직접 적을 유인하러 갔다.

한편 유장은 탁응卓鷹과 장익張翼 두 장수를 낙성으로 보내 싸움을 돕게 했다. 장임은 장익에게 유괴와 함께 성을 지키게 하고는 자신은 선봉대를 맡고 탁응은 후군 부대로 삼아 적을 물리치기로 했다. 그때 공명이 무질서하게 흐트러진 부대를 이끌고 금안교를 건너 장임과 대치했다. 공명이 손에 새 깃으로 만든 부채를 들고 머리에 푸른 실띠로 만든 관건을 쓰고는 사륜거를 타고 나오자 양편으로 100여 명의 기병이 빽빽하게 둘러쌌다. 공명은 멀리 장임을 가리키며 말했다.

"조조의 백만 대군도 내 이름을 듣고는 달아났는데, 지금 너는 누구이기에 감히 투항하지 않는단 말이냐?"

장임은 공명 군대의 흐트러진 대오를 보고는 말 위에서 냉소하며 말했다.

"사람들이 제갈량의 용병술은 귀신같다고 말하더니 실은 헛된 명성만 있을 뿐이구나!"

그러고는 창을 한 번 흔들었는데 대소군졸들이 일제히 짓쳐 달려나왔다. 공명은 사륜거를 버리고 말에 올라 퇴각하며 다리를 건넜다. 장임이 그 뒤를 추격했다. 금안교를 건너자 왼쪽에서 현덕군이, 오른쪽에서는 엄안군이 돌격했다. 계책임을 알게 된 장임이 급히 회군하려 할 때는 다리가 이미 끊어진 다음이었다. 북쪽으로 달아나려 했으나 조운의 일군이 맞은편 기슭에 진을 세운 것이 보이자 결국 감히 북쪽으로 가지 못하고 곧장 남쪽을 향해 강을 돌아 달아났다. 5~7리도 달아나지 못했는데 어느새 갈대가 우거진 곳에 이르렀다. 그때 별안간 위연의 일군이 갈대숲에서 일어나더니 모두 긴 창으로 군사들을 마구 찔러댔다. 또한 갈대 속에 매복해 있던 황충의 일군이 긴 칼로 말발굽만 찍어 다지기 시작했다. 마군들이 모조리 쓰러져 결박당하니 보군이 감히 오지 못했다. 장임은 수십 명의 기병만을 이끌고 산길을 향해 달아났으나 장비와 맞닥뜨리게 되었다. 장임이 물러나 달아나려고 했지만 군사들이 장비의 큰 고함에 따라 일제히 달려들어 장임을 사로잡았다. 탁응은 장임이 계책에 빠진 것을 보고는 조운의 군사에게 투항했고 모두 한꺼번에 큰 군영으로 끌려갔다. 현덕은 탁응에게 상을 내렸다. 공명 또한 군막에 앉아 있었는데 장비가 장임을 끌고 왔다. 현덕이 장임에게 일렀다.

"촉중의 여러 장수는 소문만 듣고도 항복했는데 그대는 어찌하여 일찌감치 투항하지 않았는가?"

장임이 두 눈을 크게 뜨고 소리 질렀다.

"충신이 어찌 두 주인을 섬기려 하겠는가?"

현덕이 말했다.

"그대는 천명을 모를 뿐이다. 항복한다면 즉시 죽음을 면하리라."

"오늘 항복한다 해도 훗날까지 항복하지는 않을 것이다! 속히 나를 죽이거라!"

현덕은 차마 그를 죽이지 못했다. 장임이 엄하게 소리 높여 꾸짖었다. 공명은 참수하여 그 이름을 온전하게 해주라 명했다. 후세 사람이 그를 칭송한 시가 있다.

열사가 어찌 두 주인 기꺼이 따르려 하겠는가
장임의 충성과 용맹은 죽어도 살아 있는 듯하네
그의 높고 밝음은 마치 하늘가의 달과 같아서
밤마다 그 휘황찬란한 빛을 낙성에 비추는구나
烈士豈甘從二主, 張君忠勇死猶生
高明正似天邊月, 夜夜流光照雒城

현덕은 감탄해 마지않았고 그의 시신을 거두어 금안교 곁에 묻어주고 그 충성을 밝혔다.[1]

이튿날 엄안과 오의 등 촉중의 항복한 장수들을 선봉대로 삼아 곧장 낙성으로 가서 크게 소리치게 했다.

"일찌감치 성문을 열고 항복하여 백성의 고통을 덜도록 하거라!"

유괴가 성 위에서 욕설을 퍼부었다. 엄안이 화살을 집어 막 쏘려던 찰나에 별안간 성 위에서 한 장수가 검을 뽑아 유괴를 찍어 쓰러뜨리고 성문을 열어 투항했다. 현덕의 군마가 낙성으로 들어가자 유순은 서문을 열고 빠져

나가 성도로 달아났다. 현덕은 방문을 붙여 백성을 안정시켰다. 유괴를 죽인 장수는 바로 무양[4] 사람 장익張翼이었다. 낙성을 얻은 현덕은 장수들에게 후한 상을 내렸다. 공명이 말했다.

"낙성을 이미 깨뜨렸으니 성도는 이제 목전에 있습니다. 오직 바깥 주와 군[5]들이 안정되지 않은 것이 걱정되니 장익과 오의에게 조운을 인도하여 외수[6]의 강양,[7] 건위犍爲 등지에 속한 주와 군[8]을 어루만지게 하고, 엄안과 탁응에게는 장비를 인도하여 파서와 덕양[9]에 속한 주와 군[10]을 어루만지게 하십시오. 그리고 관리가 그 지역을 조사하여 안정시킨 다음 즉시 군사를 통솔하여 성도로 방향을 돌려 모이도록 하십시오."

장비와 조운이 명을 받들고 각자 군사를 이끌고 떠났다. 공명이 물었다.

"앞에는 어떤 요충지가 있는가?"

촉중의 항복한 장수가 말했다.

"면죽[11]은 막강한 군대가 방비하고 있는데, 면죽만 손에 넣으면 성도는 손바닥에 침을 뱉기만 해도 얻을 수 있을 것입니다."

공명이 즉시 군사를 진격시킬 일을 상의했다. 법정이 말했다.

"낙성이 이미 격파되었으니 촉중이 위태로워졌습니다. 주공께서 인의로 사람들을 복종시키고자 한다면 잠시 군사를 진격시키지 마십시오. 제가 유장에게 글을 올려 이로움과 해로움을 설명하면 그가 자연히 항복할 것입니다."

공명이 말했다.

"효직孝直(법정의 자)의 말대로 하는 것이 가장 좋겠습니다."

즉시 편지를 쓰게 한 다음 사람을 성도로 보냈다.

한편 도망쳤던 유순이 부친을 뵙고 낙성이 이미 함락됐다고 말하자 유장은 다급하게 관원들을 모아놓고 대책을 상의했다. 종사인 정도鄭度가 계책을 바쳤다.

"지금 유비가 비록 성을 공격해 땅을 빼앗았지만 병사가 많지 않고 관리들도 아직 따르지 않으며 들판의 곡식을 양식으로 삼고 군에는 물자를 수송하는 수레도 없습니다. 차라리 파서와 재동[12]의 백성을 몰아 부수를 건너 서쪽으로 옮기는 것이 나을 듯합니다. 그런 다음 식량 창고와 들판의 곡식을 모조리 태워 없애고 도랑을 깊이 파고 보루를 높여 조용해지기를 기다리는 것이 좋겠습니다. 저들이 와서 싸움을 걸어도 절대로 대응하지 마십시오. 오래도록 먹을 것이 없었으니 100일도 못 되어 스스로 달아날 것입니다. 그때 우리가 빈틈을 이용해 공격한다면 유비를 사로잡을 수 있을 것입니다."

유장이 말했다.

"그렇지 않소. 내가 적을 막아 백성을 안정시킨다는 것은 들었어도 백성을 움직여 적을 방비한다[13]는 것은 들어본 적이 없소. 그 말은 성을 보전할 수 있는 계책이 아니오."

한창 상의하고 있는데 법정이 편지를 보냈다는 보고가 들어왔다. 유장이 불러들였다. 편지를 바치자 유장이 뜯어 열어봤다.

> "지난날 명을 받들어 친분을 맺고자 형주로 갔었으나 뜻하지 않게 주공께서 좌우에 제대로 된 사람을 얻지 못하여 이 지경에 이르게 되었습니다. 지금 형주의 유황숙께서는 옛정을 가슴 가득 그리워하며 종족의 우의를 잊지 않고 계십니다. 주공께서 철저히 깨달아 귀순하신다면 박대하지 않으리라 생각합니다. 바라건대 심사숙고하여 가부를 결정하시고 알려주시기 바랍니다."

유장은 크게 노하여 편지를 갈기갈기 찢어버리고는 욕설을 퍼부었다.

"법정 이놈이 주인을 팔아 영화와 부귀를 구하고, 은혜를 잊고 의리를 배반한 도적놈이구나!"

바로 편지를 가지고 온 사자를 성 밖으로 내쳤다. 즉시 처남[14]인 비관費觀에게 군사를 일으켜 면죽을 지키게 했다. 비관은 성이 이李이고 이름이 엄嚴이며 자가 방정方正인 남양 사람을 천거하고 보증한 다음 함께 군사를 통솔했다. 즉각 비관과 이엄은 3만 명의 군사를 점검하고 면죽을 지키러 떠났다. 익주[15]태수 동화董和는 자가 유재幼宰인 남군 지강枝江 사람으로 유장에게 글을 올려 한중漢中에서 군사를 빌리자고 청했다. 유장이 말했다.

"장로와 나는 대대로 원수지간인데 어찌 서로 도우려 하겠소?"

동화가 말했다.

"비록 우리와는 원수지간이지만 유비군이 낙성에 있어 사태가 위급합니다. 입술이 없으면 이가 시리듯이 만일 이로움과 해로움으로 그를 설득한다면 틀림없이 따르려 할 것입니다."

유장이 이에 편지를 써서 사자를 한중으로 보냈다.

한편 마초는 조조에게 패한 뒤 강羌으로 들어간 지 2년 남짓 되었는데 강의 병사들과 우호 관계를 맺어 농서隴西의 주와 군[16]들을 공격해 빼앗고 있었다. 이르는 곳마다 사람들을 모조리 귀순시켰지만, 오직 기성冀城만 함락시키지 못하고 있었다. 자사 위강韋康이 누차 하후연에게 사람을 보내 구원을 요청했다. 그러나 하후연은 조조의 허락을 받지 못했기에 감히 군사를 움직이지 못하고 있었다. 위강은 구원병이 오지 않자 사람들과 상의했다.

"차라리 마초에게 투항하는 것이 낫겠소."

참군[17] 양부楊阜가 울면서 간언했다.

"마초는 군주를 배반한 무리인데 어찌 그에게 항복하십니까?"

위강이 말했다.

"사태가 이 지경에 이르렀는데 항복하지 않고 무엇을 기다린단 말인가?"

양부가 간절히 타일렀으나 위강은 따르지 않았다. 위강은 성문을 활짝 열고 마초에게 투항했다. 그러나 마초는 버럭 성을 냈다.

"네가 지금 사태가 급해지니까 항복을 청한 것일 터 진심은 아닐 것이다!"

위강 등 40여 명을 한 사람도 남겨두지 않고 모조리 참수했다. 누군가 말했다.

"양부가 위강에게 항복하지 말라고 권했으니 그의 목을 쳐야 합니다."

그러나 마초가 말했다.

"그 사람은 의리를 지켰으니 죽일 수 없다."

다시 양부를 등용해 참군으로 임명했다. 양부는 양관梁寬과 조구趙衢 두 사람을 천거했고 마초는 두 사람 모두 군관으로 임용했다. 양부가 마초에게 고했다.

"제 처가 임조臨洮에서 죽었으니 두 달의 휴가를 주시면 처의 장사를 치르고 돌아오겠습니다."

마초는 그의 요청을 따랐다.

양부는 역성[18]을 지나가다 무이장군[19] 강서姜敍를 찾아갔다. 강서는 양부와 고종사촌 간으로 강서의 모친이 양부의 고모였는데 이때 그녀 나이 이미 82세였다. 이날 양부는 강서의 집 내실로 들어가 고모를 찾아뵙고는 울면서 고했다.

"저는 성을 보전하지 못한 데다 주인이 죽었는데도 따라 죽을 수 없으니 부끄러워 고모님을 뵐 면목이 없습니다. 마초가 군주를 배반하고 제멋대로 군수[20]를 살해했으니 주의 사대부와 백성 중에 그자를 원망하지 않는 사람이 없습니다. 지금 형님은 역성을 차지하고 있으면서도 끝내 도적을 토벌할 마음이 없으니 이 어찌 신하된 자의 도리라 하겠습니까?"

말을 마치더니 피눈물을 흘렸다. 그 말을 들은 강서의 모친은 강서를 불러들이고는 꾸짖었다.

"위사군韋使君(위강)께서 해를 입으신 것 또한 너의 죄라 하겠다."

또 양부에게 일렀다.

"너는 이미 항복한 사람으로 그 녹까지 먹으면서 무슨 까닭으로 다시 그를 토벌할 마음이 생겼느냐?"

양부가 말했다.

"제가 도적을 따르는 것은 살아남은 목숨을 남겨두어 주인의 원통함을 갚으려는 것입니다."

강서가 말했다.

"마초는 용맹하여 급히 그를 도모하기 어렵네."

양부가 말했다.

"용맹은 있으나 지모가 없으니 도모하기 쉽소. 내 이미 양관, 조구와 은밀히 약속했소. 형님이 만일 군사를 일으킨다면 두 사람은 반드시 안에서 호응할 것이오."

강서의 모친이 말했다.

"일찌감치 도모하지 않고 어느 때를 기다린단 말이냐? 누구라고 죽지 않는 사람이 있더냐. 충의를 위해 죽는다면 죽을 곳을 얻어 가치 있게 죽는 것이다. 내 걱정은 하지 말거라. 네가 의산義山(양부의 자)의 말을 듣지 않는다면 내 먼저 죽어 너의 근심을 없애주마."

강서는 이에 통병교위統兵校尉 윤봉尹奉, 조앙趙昂과 상의했다. 조앙의 아들 조월趙月은 원래 마초를 따라 비장으로 있었다. 조앙은 그날 승낙하고 집으로 돌아와 처인 왕씨에게 말했다.

"내 오늘 강서, 양부, 윤봉과 상의하여 위강의 원수를 갚기로 했소. 그런데 생각해보니 아들 조월이 지금 마초를 따르고 있으니 지금 만일 군대를 일으킨다면 마초가 틀림없이 먼저 우리 아들을 죽일 텐데 어찌하면 좋겠소?"

처가 엄하게 말했다.

"군주와 아비의 큰 치욕을 씻는데 비록 목숨을 잃는다 해도 애석하지 않거늘 하물며 자식 하나쯤이야 말할 필요도 없지요! 당신이 만약 자식을 돌아보느라 행하지 않는다면 내 먼저 죽겠어요!"

조앙이 이에 결심하고 이튿날 함께 군사를 일으켰다. 강서와 양부는 역성에 주둔하고 윤봉과 조앙은 기산[21]에 주둔했다. 왕씨는 장신구, 재물과 비단을 모조리 가져와 직접 기산으로 가서 군사를 위로하고 상을 주며 격려했다.

마초는 강서와 양부가 윤봉, 조앙과 회합하여 봉기했다는 소식을 듣고는 크게 노하여 즉시 조월을 참수했고, 방덕과 마대에게 군마를 모조리 일으켜 역성으로 쳐들어가게 했다. 강서와 양부가 군사를 이끌고 나왔다. 양편이 둥글게 진을 펼치자 양부와 강서가 하얀 전포를 입고 나와 욕설을 퍼부었다.

"군주를 배반한 의리 없는 역적 놈아!"

마초가 크게 성내며 돌진하자 양군이 혼전을 벌였다. 강서와 양부는 마초를 막지 못하고 대패하여 달아났다. 마초는 군사를 몰아 뒤를 쫓았다. 그때 뒤에서 함성이 일어나며 윤봉과 조앙이 쳐들어왔다. 마초가 급히 돌아가려 할 때 양쪽에서 협공하자 머리와 꼬리가 서로 돌아볼 수 없는 처지가 되고 말았다. 한창 싸우고 있는데 측면에서 대부대의 군마가 몰려들었다. 알고 보

니 하후연이 조조의 군령을 받아내 마침 군사를 이끌고 마초를 격파하러 오는 중이었다.[2]

마초는 세 갈래의 군마를 어떻게 감당하지 못하고 크게 패하여 달아났다. 꼬박 하룻밤을 달려서 동이 틀 무렵에 기성에 당도하여 문을 열라고 소리쳤으나 성 위에서 화살이 어지럽게 쏟아졌다. 양관과 조구가 성 위에 서서 마초에게 욕설을 퍼부었다. 마초의 처인 양씨楊氏를 한칼에 찍어 그 시신을 성 아래로 던졌고, 또 마초의 어린 아들 세 명과 아울러 인척 10여 명을 모두 성 위에서 한칼에 한 사람씩 잘게 다져 성 아래로 던졌다. 마초는 숨이 목에 걸리고 가슴이 막혀 하마터면 말 아래로 떨어질 뻔했다. 등 뒤에서는 하후연이 군사를 이끌고 추격해왔다. 형세가 거대한 것을 본 마초는 싸울 마음이 없어져 방덕, 마대와 함께 한 갈래 길을 열어 죽기로 달아났다. 그때 앞쪽에서 또 강서, 양부와 맞닥뜨렸고 한바탕 싸운 다음 뚫고 지나갔으나 다시 윤봉, 조앙과 마주쳐 또 싸움을 벌였다. 따르던 군사들은 흩어져 50~60기만 남았고, 마초는 밤새 달아나 사경 전후에 역성 아래까지 달려왔다. 문을 지키는 자들은 강서의 군사들이 돌아온 줄 알고 성문을 활짝 열어 맞아들였다. 마초는 성 남문 가에서부터 성안의 백성을 모조리 죽여 쓸어버렸다. 그러고는 강서의 집에 이르러 노모를 끌어냈다. 그러나 노모는 전혀 두려운 기색 없이 마초를 가리키며 욕설을 퍼부었다. 마초는 크게 노하여 직접 검을 잡고 강서의 모친을 죽였다. 윤봉과 조앙의 온 집안 가솔들은 노인과 어린아이 할 것 없이 모조리 마초에게 살해당했다. 조앙의 처 왕씨는 군중에 있었기 때문에 환난을 모면할 수 있었다.[3]

이튿날 하후연의 대군이 이르자 마초는 성을 버리고 서쪽을 향해 도망쳤다. 20리를 채 못 가서 앞쪽에 한 부대가 늘어섰는데 앞장선 사람은 양부였다. 원한에 사무친 마초가 이를 갈고 말에 박차를 가하며 창으로 양부를 찌르려고 하자 양부의 형제 일곱 명이 일제히 달려나와 싸움을 도왔다. 마대와 방덕은 후군을 저지했고 양부의 아우 일곱 명은 모조리 마초에게 죽임을 당했다. 양부도 몸에 다섯 군데나 창상을 입었으나 여전히 죽을힘을 다해 싸웠다. 이때 뒤쪽에서 하후연의 대군이 쫓아오자 마침내 마초가 달아났는데 방덕, 마대와 기병 5~7기만 그 뒤를 따랐다. 하후연은 직접 다니면서 농서[22]의 각 주 백성을 위로했고 강서 등에게 땅을 각각 나누어 지키게 하고는 양부를 수레에 태워 허도로 가서 조조와 만나게 했다. 조조는 양부를 관내후關內侯로 임명했다. 그러나 양부는 사양하며 말했다.

"저는 환난을 막은 공로도 없는 데다 또 나라를 위해 싸우다 죽은 절개도 없으니 법에 따라 죽임을 당해야 마땅하거늘 무슨 낯으로 관직[23]을 받겠습니까?"

조조는 그를 칭찬하면서 결국은 그에게 관직을 내렸다.

한편 마초는 방덕, 마대와 함께 상의하여 곧장 한중의 장로를 찾아갔다. 장로는 크게 기뻐하며 마초를 얻으면 서쪽[24]으로는 익주를 병탄하고 동쪽으로는 조조를 막아낼 수 있을 것이라 여기고는 이에 마초에게 딸을 시집보내 사위로 삼고자 했다. 대장 양백楊柏이 간언했다.

"마초의 처자식이 참혹한 재앙을 당한 것은 모두 마초가 후환을 남겼기 때문입니다. 주공께서는 어찌하여 따님을 그에게 주려고 하십니까?"

장로는 그 말을 따르기로 하고 결국 사위로 맞아들이는 의논을 그만두었다. 누군가 양백의 말을 마초에게 알려줬다. 크게 화가 난 마초는 양백을 죽일 뜻을 품었다. 양백도 그 사실을 알고 형인 양송楊松과 상의하여 마초를 도모할 마음을 먹었다. 때마침 유장이 장로에게 사자를 보내 구원을 요청했

으나 장로는 따르지 않았다.❹

별안간 유장이 또 황권을 보냈다는 보고가 들어왔다. 황권은 먼저 양송을 만나 말했다.

"동쪽과 서쪽 양천兩川은 실로 입술과 이와 같은 관계로 서천이 무너지면 동천[25] 또한 보전하기 어렵소. 지금 도와준다면 20개 주[26]를 감사의 뜻으로 드리리다."

양송이 크게 기뻐하며 즉시 황권을 장로에게 인도했다. 황권은 이익과 손해를 설명하고 20개 주를 사례로 넘겨주겠다고 했다. 그 이익을 기뻐한 장로는 유장을 따르기로 했다. 그러자 파서 사람 염포閻圃가 간언했다.

"유장은 주공과 대대로 원수지간으로 지금 사태가 급해져 구원을 요청하는 것입니다. 영토를 할양하겠다는 것은 속임수이니 따르셔서는 안 됩니다!"

그때 별안간 계단 아래에서 한 사람이 나서며 말했다.

"제가 비록 재주는 없으나 원컨대 한 무리의 군대를 빌려주신다면 유비를 사로잡고 할양될 땅을 받아 돌아오겠습니다."

이제 막 진정한 주인이 서촉으로 왔는데

또 정예한 군사들이 한중에서 나오는구나

方看眞主來西蜀, 又見精兵出漢中

이 사람은 누구일까?

【 실제 역사에서는…… 】

제64회 낙성에 비춘 장임의 충정

❶

장임이 제갈량의 계책에 걸려 죽임을 당했을까?

역사 기록에 따르면 제갈량은 장임과는 아무런 관련이 없다.

『자치통감』 권66 「한기 58」에 "유괴, 장임과 유장의 아들 유순은 물러나서 낙성을 지켰는데, 유비가 군사를 진격시켜 그들을 포위했다. 장임이 군대를 인솔하여 안교雁橋로 출전했으나 군대는 패하고 장임은 전사했다"고 하며 이때를 건안 18년(213) 여름으로 기록하고 있다. 『자치통감』 권67 「한기 59」에는 제갈량이 관우를 형주에 남겨 지키게 하고 장비, 조운 등과 촉으로 들어갔는데 이때 엄안을 사로잡았다고 기록되어 있다. 이는 건안 19년(214)의 일로, 결국은 장임이 죽임을 당했을 때 제갈량은 형주에 있었다.

그리고 소설에서는 제갈량과 장비, 조운이 낙성에서 유비와 만나 함께 전투를 치르는 것으로 기록되어 있는데, 이것 또한 실제 역사와는 다르다. 『삼국지』 「촉서·제갈량전」에 따르면 "제갈량은 장비, 조운 등과 군대를 이끌고 강을 거슬러 올라가 여러 군현을 나누어 평정하고 나서 선주와 함께 성도를 포위 공격했다"고 기록하고 있고, 「촉서·조운전」에는 "제갈량은 조운과 장비 등을 인솔하여 함께 강을 거슬러 서쪽으로 가면서 군현을 평정했다. 강주江州에 이르자 조운에게 따로 외수外水(장강과 민강岷江을 거쳐 성도에 이르는 물길)부터 강양江陽(군현 명칭, 쓰촨성 루저우瀘州)으로 올라가 성도에서 제갈량과 만나기로 했다"고 기록되어 있어, 이들은 낙성이 아닌 성도에서 유비와 함께 모인 것으로 볼 수 있다. 그러므로 낙성에서 장임과의 전투는 유비가 주도한 것이다.

「촉서·선주전」 배송지 주 『익부기구잡기益部耆舊雜記』에 장임에 관한 기록이 있는데, 이는 장임이 단순히 전사했다고 기록한 『자치통감』과는 다르다.

"장임은 촉군蜀郡 사람으로 가난한 집안 출신이었다. 젊어서 담력과 용기가 넘치고 포부와 절개가 있어 익주의 종사가 되었다"고 했다. 또한 "유장이 장임과 유괴를 파견하여 정예병을 인솔하고 부현涪縣에서 선주에 저항하게 했으나 선주에게 패퇴했고 물러나 유장의 아들 유순과 함께 낙성을 지켰다. 장임은 군대를 통솔하여 안교雁橋로 나갔으나 다시 패하고 말았다. [유비는] 장임을 사로잡았다. 장임이 충성스럽고 용감하다는 말을 들은 선주는 그를 항복시키려 했으나, 장임은 엄한 목소리로 '노신은 끝내 두 임금을 섬기지 않느니라'라고 말했다. 이에 그를 죽였다. 선주는 탄식하며 애석해했다"고 기록되어 있다.

❷

하후연은 조조의 허락을 받지 않았다

『삼국지』 「위서·하후연전」은 다음과 같이 기록하고 있다.

"강서 등이 하후연에게 긴급하게 구원을 요청하자 상의하는 장수들은 모두 반드시 태조가 와서 처리하기를 기다려야 한다고 했다. 그러자 하후연이 말했다.

'조공은 업성에 계시기에 오고 가는 데 4000여 리나 되오. 회답이 오기를 기다리다가 강서 등이 반드시 패할 것이니, 위급함을 구하지 못할 것이오.'

이에 장합에게 보병과 기병 5000명을 이끌고 선봉에 서서 진창陳倉(현 명칭, 산시陝西성 바오지寶雞 동쪽)의 좁은 길을 통해 진군하게 했으며 하후연 자신은 군량을 감독하며 뒤에 있었다. 장합이 위수에 이르자 마초는 저氐와 강羌 병사 수천 명을 이끌고 장합을 맞아 싸우러 왔다. 싸움을 시작하기도 전에 마초가 달아나니 장합이 진군하여 마초의 군용 물품들을 거두어들였다. 하후연이 도착했을 때는 각 현이 모두 항복한 뒤였다."

❸

마초의 처자식

마초의 처자식에 관한 역사 기록은 많지 않지만 『삼국지』「촉서·마초전」에 따르면 그가 임종할 즈음에 상소를 올려 "신의 가족 200여 명은 맹덕孟德(조조의 자)에게 살해당하여 거의 남지 않았습니다"라는 기록이 있어 마초의 처자식이 수난을 겪은 것은 사실로 볼 수 있다.

마초의 처자식에 관한 기록들을 살펴보면, 첫째로 『삼국지』「촉서·마초전」 배송지 주 『전략典略』에 "마초는 조조에게 패하고 양주涼州로 달아났고 조조는 조서를 내려 마초의 가솔들을 몰살시켰다"고 기록되어 있는데, 이는 건안 16년(211)의 일로 조조는 관중 지구를 평정하게 된다. 이후 소설처럼 『삼국지』「위서·하후연전」에 "건안 19년(214), 조구 등은 마초를 속여서 성을 나가 강서를 공격하도록 하고는 뒤에서 마초의 처자식을 모조리 죽였다"고 기록하여 두 번째로 마초의 처자식이 살해당한다. 셋째로는 배송지 주 『전략』에 "처음에 마초가 촉으로 들어갔을 때 마초의 첩 동씨董氏와 아들 마추馬秋는 남아서 장로에게 의지했다. 장로가 패한 후 조공은 그들을 잡아들였고 동씨는 염포閻圃(장로의 공조사功曹史)에게 하사했으며 마추는 장로에게 처리하도록 넘겼는데 장로가 직접 그를 죽였다"고 하여 처자식이 또 한 차례 죽임을 당하게 된다.

세 차례나 처자식이 죽임을 당했으나 여전히 마초의 남은 자식에 관한 내용이 적혀 있는데, 『삼국지』「촉서·마초전」에 "아들 마승馬承이 작위를 계승했다. 마초의 딸은 안평왕安平王 유리劉理(유비의 막내아들)의 아내가 되었다"고 기록되어 있다.

❹

『자치통감』 권66 「한기 58」과 『삼국지』「촉서·마초전」 배송지 주 『전략』에 따르면

"장로는 마초를 도강좨주都講祭酒(장로가 오두미도五斗米道를 전파하면서 설치한 두령, 가장 높은 자를 사군師君이라 했다)로 임명하고 자신의 딸을 그에게 시집보내려 했다. 누군가 장로에게 '이런 사람은 자신의 친족도 사랑하지 않는데 어떻게 다른 사람을 사랑하겠습니까!'라고 말하자, 장로는 딸을 출가시킬 생각을 그만두었다"고 기록하고 있다. 이때가 건안 18년(213) 9월이었다.

그리고 소설에서는 장로가 딸을 마초에게 시집보내려는 것을 양백楊柏이 만류했고 자신의 형인 양송楊松과 함께 마초를 치려 했다는데, 『전략』에는 "장로의 장수인 양백楊白 등이 마초의 능력을 시기하여 해치려고 하자, 마초는 마침내 무도武都로부터 달아나 저족氐族 부락으로 들어갔다가 촉 땅으로 달아났다. 이때가 건안 19년(214)이었다"고 기록되어 있다. 여기서는 양백楊白으로 기록되어 있다. 소설의 양백楊柏과는 다르다. 그런데 「촉서·곽준전」에 "장로가 장수 양백楊帛을 파견하여"라는 기록이 있어 양백楊白(『전략』), 양백楊柏(소설), 양백楊帛(「곽준전」)이 혹시 한 사람이 아닐까 판단된다. 『자치통감』 권67 「한기 59」에 "장로의 장수 양앙楊昂이 누차 마초의 능력을 시기하여"라고 기록되어 있다. 역사 기록에 양송楊松이란 인물은 등장하지 않는다.

제 65 회

익주 평정

마초는 가맹관에서 크게 싸우고,
유비는 스스로 익주목을 겸임하다

馬超大戰葭萌關,
劉備自領益州牧

염포가 장로에게 유장을 돕지 말라고 권하는데 마초가 몸을 일으켜 나서며 말했다.

"주공의 은혜에 감격하여 이를 보답할 방법이 없었습니다. 원컨대 한 부대를 이끌고 가맹관을 공격해 취한 다음 유비를 사로잡고 유장이 할양하겠다는 20개 주[1]를 주공께 바치겠습니다."

장로가 크게 기뻐하며 먼저 황권을 오솔길로 돌아가게 하고는 뒤이어 군사 2만 명을 점검해 마초에게 주었다. 이때 방덕은 병으로 누워 있었으므로 출정할 수 없어 한중에 머물렀다. 장로는 양백을 감군[2]으로 삼았고 마초와 마대는 날을 잡아 출발했다.

한편 현덕의 군마는 낙성에 있었는데 법정의 편지를 전달했던 사람이 돌아와 보고했다.

"정도가 유장에게 들판의 곡식뿐만 아니라 각지의 식량 창고를 모조리 불태우고 파서의 백성을 인솔하여 부수 서쪽으로 피신시킨 다음 도랑을 깊이 파고 보루를 높여 싸우지 말라고 권했습니다."

그 소식을 들은 현덕과 공명은 깜짝 놀랐다.

"만약 그의 말을 받아들인다면 우리 형세가 위태로워지겠구나!"

법정이 웃으면서 말했다.

"주공께서는 걱정하지 마십시오. 계책이 비록 악독하기는 하지만 유장은 틀림없이 그 계책을 쓸 수 없을 것입니다."

하루도 못 되어 유장이 백성을 옮기지 않았으며 정도의 말도 따르지 않았다는 전갈이 들어왔다. 그 말을 들은 현덕은 비로소 마음을 놓았다. 공명이 말했다.

"속히 군사를 진격시켜 면죽을 빼앗아야 합니다. 이곳만 얻는다면 성도를 쉽게 취할 것입니다."

즉시 황충과 위연에게 군사를 이끌고 전진하도록 했다.

현덕의 군사가 온다는 소식을 들은 비관은 이엄李嚴을 내보내 맞붙었다. 이엄이 3000명의 군사를 이끌고 나오자 각기 진을 쳤다. 황충이 말을 몰아 나가 이엄과 40~50합을 싸웠으나 승부를 가리지 못했다. 진중에 있던 공명은 징을 울려 군사를 거두었다. 황충이 진으로 돌아와 물었다.

"막 이엄을 사로잡을 수 있었는데 군사께서는 무슨 까닭으로 군사를 거두셨소?"

공명이 말했다.

"내 이엄의 무예를 살펴보니 힘으로 취할 수는 없을 것 같소. 내일 다시 싸우면서 그대는 거짓으로 패한 척하고 산골짜기로 유인하시오. 그때 기병奇兵(불시에 기습 공격하는 군대)을 내어 그를 이길 것이오."

황충이 계책을 받들었다.

이튿날 이엄이 다시 군사를 이끌고 나오자 황충이 다시 나가 싸웠고 10합이 못 되어 거짓으로 패한 척하고는 군사를 이끌며 이내 달아났다. 이엄은 황충의 뒤를 추격했고 구불구불한 산골짜기로 쫓아 들어오다 문득 깨달았다. 급히 돌아가려 하자 앞에서 위연이 군사를 이끌고 막아섰다. 그때 산꼭대기에서 공명이 말했다.

"공이 만일 항복하지 않는다면 양쪽에 이미 강한 쇠뇌를 매복해두었으니 방사원의 원수를 갚고자 하오."

당황한 이엄이 말에서 내려 갑옷을 벗고 투항했다. 군사들 역시 단 한명도 해를 입지 않았다. 공명이 이엄을 인도하여 현덕을 뵙게 하자 현덕이 그를 매우 후하게 대접했다. 이엄이 말했다.

"비관은 비록 유익주의 친척이지만 저와는 매우 친밀한 사이니 가서 그를 설득해보겠습니다."

현덕은 즉시 이엄에게 성으로 돌아가 비관에게 투항을 권유하도록 했다. 이엄은 면죽성으로 들어가 비관에게 현덕이 그토록 인덕이 있음을 칭찬하고, 지금 항복하지 않으면 반드시 큰 재앙이 있을 것이라고 말했다. 비관은 그의 말을 따르기로 하고 성문을 활짝 열어 투항했다. 현덕은 마침내 면죽으로 들어가 군사를 나누어 성도를 취할 일을 상의했다.[1]

그때 별안간 정찰 기병이 급보를 알렸다.

"맹달과 곽준이 가맹관을 지키고 있는데 지금 동천의 장로가 파견한 마초와 양백, 마대가 군사를 이끌고 공격하고 있어 몹시 다급하다고 합니다. 구원이 지체되면 요충지를 잃을 것입니다."

현덕이 깜짝 놀랐다. 공명이 말했다.

"장비와 조자룡 두 장수만이 대적할 수 있습니다."

현덕이 말했다.

"자룡은 군사를 이끌고 밖에 있어 아직 돌아오지 않았소. 익덕이 이곳에 있으니 급히 보내야겠소."

공명이 말했다.

"주공께서는 잠시 말씀하지 마십시오. 제가 그를 자극시키겠습니다."

한편 장비는 마초가 가맹관을 공격해온다는 소식을 듣고는 크게 소리 지르며 들어왔다.

"형님께 작별을 고하고 즉시 마초와 싸우러 가겠소!"

공명이 못 들은 체하고 현덕에게 말했다.

"지금 마초가 요충지를 침범하고 있는데 여기에는 대적할 만한 사람이 없습니다. 형주로 가서 관운장을 불러와야 비로소 대적할 수 있을 것입니다."

장비가 말했다.

"군사께서는 무슨 까닭으로 나를 업신여기시오! 내 일찍이 혼자 조조의 백만 대군을 저지했는데 어찌 마초 따위의 필부 놈을 근심하겠소!"

공명이 말했다.

"익덕이 강물을 막고 다리를 끊었기 때문에 조조가 그 허실을 몰랐을 따름이오. 만약 허실을 알았다면 장군이 어찌 무사할 수 있었겠소? 지금 마초의 용맹은 천하가 모두 알고 있는 사실이오. 위교渭橋에서 여섯 번의 싸움[3]으로 조조가 수염을 자르고 전포를 버리며 거의 목숨을 잃을 뻔했으니 평범한 무리와 비할 수 없지요. 운장도 반드시 승리할 수 있다고 할 수는 없을 것이오."

장비가 말했다.

"내 지금 갈 테니 마초를 이기지 못한다면 기꺼이 군령을 받겠소!"

공명이 말했다.

"군령장을 쓰겠다고 하니 즉시 선봉으로 삼겠소. 청컨대 주공께서 친히 한 번 가보십시오. 저는 이곳에 머물러 면죽을 지키면서 자룡이 오기를 기다렸다가 달리 상의해보겠습니다."

위연이 말했다.

"저도 가기를 원합니다."

공명은 위연에게 500명의 정찰 기병을 이끌고 먼저 가도록 했고 장비는 제2대, 현덕은 후군이 되어 가맹관을 향해 진군했다.

위연의 정찰 기병이 먼저 관 아래에 당도하자 마침 양백과 마주쳤다. 위연이 양백과 맞붙었는데 10합도 싸우지 못해 양백이 패하여 달아났다. 위연은 장비의 첫 공로를 차지하고자 기세를 몰아 양백의 뒤를 쫓았다. 앞쪽에 한 부대가 늘어서니 앞장선 장수는 바로 마대였다. 위연은 그를 마초로 여기고 칼을 춤추듯 휘두르며 말에 박차를 가해 달려나갔다. 마대와 10합을 싸우지도 않았는데 마대가 패해서 달아났다. 위연이 뒤를 쫓자 마대가 몸을 돌려 화살 한 대를 쏘았고 화살은 그대로 위연의 왼쪽 팔에 꽂히고 말았다. 위연은 급히 말 머리를 돌려 달아났다. 마대가 뒤를 쫓아 관 앞에 이르렀다. 그때 한 장수가 우레 같은 고함을 지르더니 관 위로부터 나는 듯이 앞으로 내달렸다. 알고 보니 장비가 관 위에 이르렀을 때 관 앞에서 싸우는 소리를 듣고는 즉시 나와서 살펴보는데 마침 위연이 화살에 맞는 것을 보고 관에서 내려와 그를 구한 것이었다. 장비가 마대에게 호통을 쳤다.

"너는 누구냐? 먼저 성명을 말한 다음에 싸우자!"

마대가 말했다.

"내가 바로 서량[4]의 마대다."

"너는 마초가 아니니 어서 돌아가거라! 내 적수가 아니다! 마초 그놈이 직접 오라고 해라. 연인 장비가 여기 있다고 말하거라!"

마대가 벌컥 화를 냈다.

"네가 어찌 감히 나를 깔보느냐!"

창을 잡고 말에 박차를 가하며 곧장 장비에게 달려들었다. 10합을 싸우지도 못하고 마대는 패해서 달아났다. 장비가 뒤를 쫓으려고 하자 관 위에서 한 기의 말이 내려오며 소리 질렀다.

"아우는 잠시 뒤쫓지 말거라!"

장비가 고개를 돌려보니 현덕이 막 도착한 것이 보였다. 장비는 결국 마대를 쫓지 않고 현덕과 함께 관으로 올라왔다. 현덕이 말했다.

"네가 성질이 조급해 걱정이 되어 내 여기까지 뒤따라온 것이다. 이미 마대를 이겼으니 잠시 하룻밤 쉬고 내일 마초와 싸우거라."

이튿날 동이 트자 관 아래에서 북소리가 크게 진동하더니 마초군이 당도했다. 현덕이 관 위에서 살펴보는데 문기 그림자 안에서 마초가 말을 타고 창을 잡은 채 나왔다. 사자 모양의 투구에 짐승을 수놓은 띠를 두르고 은색 갑옷에 하얀 전포를 입었는데, 첫째는 옷치장이 보통이 아닌 데다 둘째는 그 모습이 출중했다. 현덕이 감탄하며 말했다.

"사람들이 '금마초錦馬超(비단 같은 마초)'라 하더니 그 명성이 헛된 것이 아니로구나!"

장비가 즉시 관을 내려가려고 하자 현덕이 급히 말리며 말했다.

"잠시 나가 싸우지 말거라. 먼저 그 날카로운 기세부터 피해야겠다."

관 아래서 마초가 홀로 장비에게 나와 싸우자고 싸움을 걸었다. 관 위의 장비는 마초를 집어삼키지 못함을 원망하면서 3~5번이나 뛰쳐나가려다 모두 현덕에게 제지당했다. 오후가 되어 마초 진영의 인마가 모두 지쳐 있는 것이 보이자 현덕은 마침내 500명의 기병을 선발해 장비와 함께 관 아래로 내려가게 했다. 장비의 군사들이 내려오는 것을 본 마초가 창을 잡고 뒤를 향해 한 번 흔들자 군사들이 대략 화살을 쏠 만큼의 거리로 물러났다. 장비의 군마도 일제히 멈추었고 관 위의 군마들이 잇따라 내려왔다. 장비가 창을 잡고 말을 몰며 크게 소리 질렀다.

"연인 장익덕을 아느냐!"

마초가 말했다.

"우리 집안은 대대로 공후5를 지냈는데 어찌 촌구석의 필부 따위를 알겠느냐!"

장비가 크게 노했다. 두 말이 일제히 달려나가더니 두 창이 동시에 올라갔다. 대략 100여 합을 싸웠으나 승부를 가리지 못했다. 그 모습을 본 현덕이 감탄했다.

"참으로 호랑이 같은 장수로구나!"

장비가 실수하지 않을까 걱정한 나머지 급히 징을 울려 군사를 거두었다. 두 장수는 각자 자신의 진으로 돌아갔다. 진으로 돌아온 장비는 잠시 말을 쉬게 한 다음 투구도 쓰지 않고 단지 수건으로 머리를 싸매고는 말에 올라 다시 진 앞으로 나가 마초에게 싸움을 걸었다. 마초 또한 달려나왔고 두 사람은 다시 싸우기 시작했다. 현덕은 장비가 실수하지 않을까 걱정되어 자신도 갑옷을 걸치고 관을 내려갔다. 곧장 진 앞으로 가서 장비와 마초가 또 100여 합을 싸우는 것을 보았는데 두 사람은 아까보다 훨씬 더 기운찼다. 현덕이 징을 울리게 하여 군사를 거두었다. 두 장수가 떨어져 각자 본진으로 돌아갔다. 이미 날이 저물어 현덕이 장비에게 일렀다.

"마초가 용맹하여 함부로 대적해서는 안 되니 잠시 물러나 관으로 올라갔다가 내일 다시 싸우거라."

장비는 싸우고 싶어 성질을 내는데 어떻게 그만두려 하겠는가? 크게 소리 질렀다.

"맹세컨대 죽어도 돌아가지 않겠소!"

현덕이 말했다.

"오늘은 날이 늦었으니 싸울 수도 없네."

"횃불을 많이 밝혀 야간 전투를 준비해주시오!"

마초 또한 말을 바꿔 타고 다시 진 앞으로 나와 크게 소리 질렀다.

"장비야! 감히 야간 전투를 해보겠느냐?"

장비가 성질을 내며 현덕에게 말을 바꿔달라고 하고는 진 앞으로 달려나가 소리쳤다.

"내 네놈을 잡지 못하면 맹세컨대 관 위로 올라가지 않겠다!"

"나도 네놈을 이기지 못하면 맹세코 군영으로 돌아가지 않겠다!"

양군이 함성을 지르며 수많은 횃불에 불을 붙였는데 대낮같이 환하게 비추었다. 두 장수가 다시 진 앞으로 나와 격렬한 싸움을 시작했다. 20여 합을 싸웠을 때 마초가 말을 돌리더니 이내 달아났다. 그러자 장비가 크게 소리쳤다.

"어디로 달아나는 것이냐!"

원래 마초는 장비를 이길 수 없다고 판단해 한 가지 계책을 생각해냈다. 그는 거짓으로 패한 척하며 장비를 속여 쫓아오게 하고는 손에 몰래 구리로 만든 추錘(나무 자루 끝에 쇠공이 달려 있는 무기)를 꺼내 몸을 돌리면서 장비를 엿보다가 바로 후려쳤다. 장비는 마초가 달아나는 것을 보고는 속으로 경계하고 있었는데 마초가 추로 후려칠 때 재빨리 피하자 추가 귓가를 스치고 지나갔다. 장비가 말고삐를 당겨 되돌려 달아나자 이번에는 마초가 뒤를 쫓았다. 장비가 말을 세우고 활을 집어 화살을 걸고는 몸을 돌려 마초를 향해 쏘았는데 마초가 번개같이 피했다. 두 장수는 각자 진으로 돌아갔다. 현덕이 직접 진 앞으로 나와 소리쳤다.

"나는 인의로 사람을 대할 뿐 간교한 짓은 하지 않소. 마맹기馬孟起(마초의 자)는 군사를 거두고 쉬시오. 내 뒤를 쫓지는 않겠소."

그 말을 들은 마초는 직접 뒤를 끊고 군사들을 점차 물렸다. 현덕 또한 군사를 거두고 관으로 올라갔다.

이튿날 장비가 다시 관을 내려가 마초와 싸우려고 했다. 그때 군사가 당도했다는 보고가 들어왔다. 현덕이 공명을 맞아들이자 공명이 말했다.

"제가 듣건대 맹기는 세상의 호랑이 같은 장수로 만일 익덕과 죽기로 싸운다면 틀림없이 한 사람은 다치게 될 것입니다. 이에 자룡과 한승에게 면죽을 지키게 하고는 밤새 이곳으로 달려왔습니다. 한 가지 작은 계책을 써서 마초를 주공께 투항하도록 하겠습니다."

현덕이 말했다.

"내가 마초의 용맹을 본 이후로 몹시 그를 아끼게 되었소. 어떻게 해야 그를 얻을 수 있겠소?"

"제가 듣건대 동천의 장로는 스스로 '한녕왕漢寧王'이 되고 싶어하며 그 수하의 모사인 양송은 지극히 뇌물을 탐한다고 합니다. 주공께서는 사람을 오솔길을 통해 한중으로 보낸 다음 먼저 금은을 써서 양송과 우호 관계를 맺으십시오. 그리고 장로에게 '내가 유장과 서천을 다투는 것은 그대의 원수를 갚고자 함이오. 이간질하는 말을 곧이들어서는 안 되오. 일이 정해진 다음에 그대가 한녕왕이 되는 것을 보증하리다'라는 서신을 주어 마초의 군대를 철수시키게 하십시오. 그가 철군하기를 기다렸다가 즉시 계책을 써서 마초에게 투항을 권유하겠습니다."

현덕이 크게 기뻐하며 즉시 편지를 써서 손건에게 주고 황금과 진주를 챙겨 곧장 한중으로 가게 했다. 손건은 먼저 양송을 찾아가 이 일을 설명하고 황금과 진주를 그에게 선사했다. 양송은 크게 기뻐하며 손건을 장로에게 인도한 후 그 일을 설명하면서 편의를 봐주었다. 장로가 말했다.

"현덕은 좌장군에 불과한데 어떻게 나를 한녕왕으로 보증할 수 있겠는가?"

양송이 말했다.

"그는 대한의 황숙이므로 조정에 추천하고 보증할 수 있는 사람입니다."

장로는 크게 기뻐하며 즉시 사람을 마초에게 보내 싸움을 멈추도록 했다. 손건은 양송의 집에 머물면서 회신을 기다렸다.

하루가 못 되어 사자가 돌아와 보고했다.

"마초가 아직 공을 이루지 못했기에 철군할 수 없다고 말했습니다."

장로가 다시 사람을 보내 불렀으나 또 돌아오려 하지 않았다. 연이어 세 번이나 불렀으나 오지 않았다. 양송이 말했다.

"이자는 평소에 신용을 지키는 행동을 하지 않으니 싸움을 멈추지 않으려는 의도에 틀림없이 배반의 뜻이 있을 것입니다."

마침내 사람을 시켜 유언비어를 퍼뜨렸다.

"마초는 서천을 빼앗고 스스로 촉의 주인이 되어 아비의 원수를 갚고자 하는 것으로 한중의 신하가 되려 하지 않는다."

그 소문을 들은 장로가 양송에게 계책을 물었다. 양송이 말했다.

"사람을 보내 마초에게 '네가 공을 이루고 싶다면 네게 한 달의 기한을 줄 테니 내가 요구하는 세 가지 일을 이루어야 한다. 만약 이룬다면 상이 있을 것이나 그렇지 않으면 반드시 죽임을 당할 것이다. 첫째, 서천을 취하고 둘째, 유장의 수급을 가져와야 하며 셋째, 형주군을 물리쳐야 한다. 이 세 가지 일을 이루지 못한다면 네 머리를 바쳐야 할 것이다'라고 말하게 하십시오. 그런 다음 장위張衛에게 군사를 점검하여 요충지를 지키면서 마초군의 변란을 방비하게 하십시오."

장로는 그 말을 따르기로 하고 마초의 군영으로 사람을 보내 이 세 가지 일을 전했다. 마초는 깜짝 놀랐다.

"어떻게 일이 이렇게 변했단 말인가!"

이에 마대와 더불어 대책을 상의했다.

"차라리 싸움을 그만두고 철수하는 것이 낫겠다."

양송이 또 터무니없는 소문을 퍼뜨렸다.

"마초가 군사를 돌리는 것은 틀림없이 다른 마음을 품었기 때문이다."

이에 장위는 군사를 일곱 갈래로 나누어 협곡의 입구를 단단히 지키면서 마초의 군사가 들어오지 못하게 했다. 마초는 나아갈 수도 물러날 수도 없어 어찌해볼 도리가 없었다. 공명이 현덕에게 일렀다.

"지금 마초가 진퇴양난에 빠져 있으니 제가 직접 마초의 군영으로 가서 항복하도록 설득해보겠습니다."

현덕이 말했다.

"선생은 바로 나의 수족 같은 심복인데 만일 실수라도 있다면 어찌한단 말이오?"

공명이 가겠다고 고집을 부렸으나 현덕은 두 번 세 번 붙잡고 보내려 하지 않았다. 한창 망설이고 있는데 별안간 서천의 한 사람이 조운의 편지를 가지고 항복하러 왔다는 보고가 들어왔다. 현덕이 불러들여 물었다. 그 사람은 바로 건녕建寧 유원兪元 사람으로 성이 이李이고 이름이 회恢이며 자가 덕앙德昻이라 했다. 현덕이 말했다.

"지난날 듣기로는 공이 유장을 간절하게 타일렀다고 하던데 지금은 무슨 까닭으로 내게 귀순했소?"

이회가 말했다.

"제가 듣기로는 '훌륭한 새는 나무를 가려서 깃들고 현명한 신하는 주인을 골라서 섬긴다'고 했습니다. 전에 유익주에게 간언한 것은 신하의 마음을 다한 것인데, 저를 써주지 않았으므로 반드시 패할 줄 알았습니다. 지금 장군의 인덕이 촉중에 퍼졌으니 일이 반드시 이루어질 것이라 여겨 이렇게 귀순하러 온 것뿐입니다."

현덕이 말했다.

"선생께서 이렇게 오셨으니 틀림없이 제게 이로움이 있을 것입니다."

"듣자 하니 마초가 지금 진퇴양난에 빠져 있다고 합니다. 제가 옛날에 농서에 있을 때 그와 약간의 교분이 있어 마초에게 가서 투항하도록 설득해보려는데 어떠하십니까?"

공명이 말했다.

"마침 나 대신 갈 사람을 찾고 있던 중이었소. 설득 내용을 듣고 싶소."

이회가 입을 공명의 귓가에 대고 이렇게 저렇게 설득하겠다고 했다. 공명이 크게 기뻐하며 즉시 이회를 보냈다.

마초의 군영에 당도한 이회는 먼저 사람을 시켜 자신의 이름을 전하도록 했다. 마초가 말했다.

"이회는 언변이 좋은 사람으로 틀림없이 나를 설득하러 온 것이다."

먼저 도부수 20명을 불러 군막 안에 매복시키고는 분부했다.

"너희에게 찍으라고 명하면 즉시 실행해 잘게 저민 고기로 만들거라!"

잠시 후 이회가 당당하게 들어왔다. 마초는 군막 한가운데에 단정하게 앉고는 움직이지 않은 채 이회를 큰 소리로 꾸짖었다.

"너는 무엇을 하러 왔느냐?"

이회가 말했다.

"특별히 세객으로 왔소."

마초가 말했다.

"내 갑匣 속에 보검을 새로 갈아놓았다. 네가 떠드는 말이 이치에 맞지 않으면 즉시 이 검을 시험해보겠다!"

이회가 웃으면서 말했다.

"장군의 재앙이 멀지 않았소! 새로 갈아놓았다는 검으로 내 머리에 시험해보지 못하고 장군 스스로에게 시험하지 않을까 걱정되오!"

"내게 무슨 재앙이 있다는 말이냐?"

"내 듣자 하니 월나라의 서자[6]는 남을 헐뜯고 비방을 잘하는 자라 할지라도 그 아름다움까지 덮지는 못했고, 제나라의 무염[7]은 칭찬을 잘하는 자라 할지라도 그 추한 얼굴까지 가리지는 못했다고 했소. '해가 중천에 있으면 기울기 마련이고 달이 차면 이지러진다'고 했는데, 이것은 천하의 당연한 이치요. 지금 장군께서는 조조와는 부친을 죽인 원수지간이고 농서 땅에서도 또 이를 갈 만한 원한이 있소. 앞으로는 유장을 구원하자니 형주의 군대를 물리칠 수도 없고, 뒤로는 양송을 제압하자니 장로를 만날 면목도 없게 되었으며, 지금 사해에 받아줄 곳도, 몸 하나 의지할 주인도 없어졌소. 만일 위교渭橋에서의 패배나 기성冀城을 잃은 것과 같은 일이 다시 생긴다면 무슨 면목으로 천하 사람들을 볼 것이오?"

마초가 머리를 조아리며 사죄했다.

"공의 말씀이 지극히 옳으나 내가 갈 만한 길이 없소."

"공은 내 말을 듣고서도 군막 안에 무슨 까닭으로 도부수를 매복시켰소?"

마초는 몹시 부끄러워하며 큰 소리로 도부수들을 꾸짖어 모조리 물리쳤다. 이회가 말했다.

"유황숙은 어질고 덕 있는 사람을 예로써 공경하고 몸을 낮춰 친분을 맺는 사람이라 나는 그가 반드시 성공할 것을 알았기에 유장을 버리고 그에게 귀순했소. 공의 존인[8]께서도 이전에 황숙과 함께 역적을 토벌하기로 약속하셨는데 공은 어찌하여 위로는 부친의 원수를 갚고 아래로는 공명을 세우려고 하지 않소?"

마초는 크게 기뻐하며 즉시 양백을 불러들여 한칼에 그의 목을 치고, 그 수급을 가지고 이회와 함께 관으로 올라가 현덕에게 항복했다. 현덕은 친히 맞아들이며 상빈의 예로 대접했다. 마초가 머리를 조아리며 감사했다.

"이제 공명한 주인을 만나니 구름과 안개를 걷어낸 푸른 하늘을 보는 듯합니다!"

이때 손건은 이미 돌아온 다음이었다. 현덕은 다시 곽준과 맹달에게 관을 지키라 명하고는 즉시 군대를 철수시켜 성도를 취하기로 했다. 조운과 황충이 면죽으로 맞아들였다. 이때 촉의 장수 유준劉晙과 마한馬漢이 군사를 이끌고 왔다는 보고가 들어왔다. 조운이 말했다.

"제가 가서 이 두 놈을 사로잡겠습니다!"

말을 마치더니 말에 올라 군사를 이끌고 나갔다. 현덕은 성 위에서 마초를 대접하여 술을 마시려고 했다. 안석[9]도 하기 전에 자룡이 두 사람의 머리를 베어 술자리 앞에 바쳤다. 마초 또한 놀라며 조운을 더욱 존중하게 되었다. 마초가 말했다.

"주공의 군마가 싸울 필요 없이 제가 유장을 불러 항복하도록 하겠습니다. 항복하지 않는다면 제 아우인 마대와 함께 성도를 취하여 두 손 받들어 삼가 바치겠습니다."

현덕은 크게 기뻐했고, 이날 마음껏 즐겼다.❷

한편 패잔병이 익주[10]로 돌아가 유장에게 보고했다. 유장은 크게 놀라 문을 닫고 나오지 않았다. 그때 성 북쪽에 마초의 구원병이 도착했다는 보고가 들어왔다. 유장이 감히 성에 올라가 바라보니 마초와 마대가 성 아래에서 있는 것이 보였다. 그들이 크게 소리 질렀다.

"청컨대 유계옥은 대답하시오."

유장이 성 위에서 물었다. 마초가 말 위에서 채찍으로 가리키며 말했다.

"내 본래는 장로의 군사를 이끌고 익주를 구하러 왔는데 장로가 양송의 이간질하는 말을 듣고서 도리어 나를 해치려 할 줄 누가 생각이나 했겠소. 내 이미 유황숙에게 투항했소. 공은 땅을 바치고 항복하여 백성이 고통받는 것을 면하게 하시오. 혹여 고집을 부리고 깨닫지 못한다면 내 먼저 성을 공격하리다!"

놀란 유장은 얼굴이 흙빛이 되더니 성 위에서 쓰러지고 말았다. 관원들이 소생시키자 유장이 말했다.

"내가 밝지 못해서 이 지경이 되었으니 후회한들 무엇 하리오! 차라리 성문을 열어 투항하고 성안의 백성을 구하는 것이 나을 듯하오."

동화가 말했다.

"성안에는 여전히 군사 3만 명이 있는 데다 돈과 비단, 군량과 마초는 족히 1년은 버틸 수 있는데 어떻게 바로 항복한단 말씀입니까?"

유장이 말했다.

"우리 부자는 촉에서 20여 년 있는 동안 백성에게 은덕을 베푼 적이 없소. 더군다나 3년간이나 전쟁을 치르면서 피와 살을 들판에 내버리게 한 것이 모두 나의 죄이거늘 어찌 마음이 편안하겠소? 차라리 투항하여 백성을 편안하게 하는 것이 좋을 듯하오."

그 말을 들은 사람들이 모두 눈물을 흘렸다. 그때 별안간 한 사람이 나서며 말했다.

"주공의 말씀이 하늘의 뜻에 부합합니다."

그를 보니 바로 성이 초譙, 이름이 주周이며 자가 윤남允南인 파서 서충국[11] 사람이었다. 원래 천문을 잘 알고 있는 이로, 유장이 묻자 초주가 말했다.

"제가 밤에 천문 현상을 살펴보니 뭇별들이 촉군에 모였는데 그중에 큰 별이 밝은 달처럼 빛나고 있었습니다. 이는 바로 제왕의 형상입니다. 더군다나 1년 전에 아이들이 '새로운 밥을 먹으려면 선주께서 오시기를 기다려야 한다'고 노래를 불렀습니다. 이것은 바로 전조를 나타내는 것입니다. 천지자연의 법칙을 거스를 수는 없습니다."❸

황권과 유파가 그 말을 듣고는 크게 화를 내며 그를 베어 죽이려 했다. 유장이 말리는데 별안간 보고가 들어왔다.

"촉군태수 허정許靖이 성을 넘어가 항복했습니다."

유장이 통곡하며 관부로 돌아갔다.❹

이튿날 유황숙이 보낸 막빈 간옹이 성 아래에서 문을 열라며 외치고 있다는 보고가 들어왔다. 유장은 성문을 열어 맞아들였다. 수레에 앉은 간옹은 사람들을 오만하게 흘겨보며 전혀 개의치 않았다. 이때 별안간 한 사람이 검을 뽑아 들고 크게 소리쳤다.

"소인배가 뜻을 얻었다고 곁에 아무도 없는 것처럼 제멋대로 행동하는구나! 네가 감히 우리 촉중의 인물을 업신여기는 것이냐!"

간옹이 허둥대며 수레에서 내려 그를 맞이했다. 그 사람은 성이 진秦이고 이름이 복宓이요 자가 자칙子敕인 광한 면죽 사람이었다. 간옹이 웃으면서 말했다.

"현형賢兄을 알아보지 못했으니 나무라지 마시오."

즉시 함께 들어가 유장을 만나서는 현덕이 아량이 넓으며 결코 해칠 뜻이 없음을 구체적으로 설명했다. 이에 유장은 투항하기로 결정하고 간옹을 후하게 대접했다. 이튿날 친히 인수와 문서를 넘겨주고 간옹과 함께 수레를 타고 성을 나가 투항했다. 현덕은 군영을 나가 영접하고 손을 잡고 눈물을 흘리며 말했다.

"내가 인의를 행하지 않으려는 것이 아니오. 형세가 부득이하니 어찌하겠소!"

함께 군영으로 들어가 인수와 문서를 인계받고 말 머리를 나란히 하며 성으로 들어왔다.❺

현덕이 성도로 들어가자 백성이 향기로운 꽃과 등촉을 들고 성문을 나가 맞이했다. 관아에 당도한 현덕은 대청에 올라 자리에 앉았다. 군내의 관리들이 대청 아래에서 절을 올렸으나 오직 황권과 유파만이 문을 닫고 나오지 않았다. 분노한 장수들이 그들을 죽이려고 했다. 현덕은 황망히 명을 전달했다.

"이 두 사람을 해치는 자가 있다면 그 삼족을 멸하리라!"

현덕은 친히 방문하여 두 사람에게 관리가 되어주기를 청했다. 두 사람은 현덕의 아랫사람을 대하는 예우에 감격하여 드디어 집 밖으로 나왔다.❻

공명이 청했다.

"이제 서천을 평정했으니 두 주인이 있을 수는 없습니다. 유장을 형주로 보내십시오."

현덕이 말했다.

"내 이제 막 촉군蜀郡[12]을 얻어 계옥을 멀리 보낼 수 없소."

"유장이 기업을 잃은 것은 지나치게 연약했기 때문입니다. 주공께서 만일 인정으로 지나치게 관용을 베풀어 일을 처리한다면 이 땅도 오래 보존하기 어려울까 걱정됩니다."

현덕은 그 말을 따르기로 하고 대규모 연회를 열어 대접한 다음 유장에게 재물을 수습하라고 청했다. 그리고 진위장군[13] 인수를 차고 처자식과 노복들을 모조리 남군 공안으로 데려가게 하고는 그날로 출발시켰다.

현덕은 스스로 익주목을 겸했고 항복한 문무관원에게 후한 상을 내렸으며 명호와 작위를 정했다. 엄안은 전장군,[14] 법정은 촉군태수, 동화는 장군중랑장,[15] 허정은 좌장군장사,[16] 방의龐義는 영중사마,[17] 유파劉巴는 좌장군,[18] 황권은 우장군[19]으로 임명했다. 나머지 오의, 비관, 팽양, 탁응, 이엄, 오란, 뇌동, 이회, 장익, 진복, 초주, 여의,[20] 곽준, 등지鄧芝, 양홍楊洪, 주군周群, 비의費禕, 비시費詩, 맹달 등 투항한 관원 60여 명을 모두 발탁하여 임용했다. 또한 제갈량은 군사, 관우는 탕구장군蕩寇將軍에 한수정후漢壽亭侯, 장비는 정로장군征虜將軍에 신정후新亭侯, 조운은 진원장군鎭遠將軍,[21] 황충은 정서장군征西將軍,[22] 위연은 양무장군揚武將軍,[23] 마초는 평서장군平西將軍으로 임명했다. 손건, 간옹, 미축, 미방, 유봉, 오반, 관평, 주창, 요화, 마량, 마속, 장완, 이적 등 이전 형양의 일반 문무관원들에게도 관직을 높여주고 상을 내렸다. 사자에게 황금 500근, 은 1000근, 돈 5000만, 촉의 비단 1000필을 건네주고 운장에게 전했다. 나머지 관원과 장수에게도 등급에 따라 차등하여 상을 내렸다. 소와 말을 잡아 사졸들을 푸짐하게 먹이고 창고를 열어 백성을 구제하니 군사와 백성이 크게 기뻐했다.

익주가 평정되자 현덕은 성도의 좋은 전답과 저택들을 관원들에게 나눠 하사하려고 했다. 그러자 조운이 간언했다.

"익주의 백성은 여러 번 전쟁을 겪어 전답과 가옥이 모두 비어 있으니 지금은 백성에게 마땅히 돌려줘야 합니다. 그들이 편안하게 거주하면서 다시 생업에 종사한다면 민심이 비로소 복종할 것입니다. 집을 빼앗아 사사로이 상으로 줘서는 안 됩니다."

현덕이 크게 기뻐하며 그 말을 따르기로 했다.❼

제갈 군사에게 나라를 다스릴 조례를 입안하게 했는데 형법이 자못 엄중했다. 그러자 법정이 말했다.

"옛날 고조께서 '약법삼장'[24]을 제정하시자 백성이 모두 그 덕에 감동했다고 합니다. 원컨대 군사께서는 형벌을 관대하게 만들고 법을 줄여 백성의 바람에 따라주십시오."

공명이 말했다.

"그대는 하나는 알고 둘은 모르시오. 진秦나라가 법을 잔혹하게 사용하여 만백성이 모두 원망했으므로 고조께서는 인자함으로 민심을 얻으신 것이오. 그러나 지금 유장은 어리석고 나약하여 어질고 바른 정치를 구현하지 못했고 준엄한 형법을 엄숙하게 집행하지 않아 군신의 도리가 점점 문란해졌소. 총애한다고 지위를 높여주어 그 지위가 최고에 이르면 흉악해지고,[25] 순종시킨다고 은혜를 베풀다가 그 은혜가 다 없어지면 태만해지는 법이오. 실로 모든 폐단이 여기서 생겨났다고 하겠소. 내 이제 법으로써 위엄을 보이고자 하니 법이 집행되면 은혜를 알 것이고, 작위를 제한하고자 하니 작위가 더해지면 영예를 알게 될 것이오. 은혜와 영예를 함께 누린다면 위아래 모두 절도를 지킬 것이오. 나라를 다스리는 도는 여기에서 분명히 드러날 것이오."

법정은 우러러 탄복했다. 이로부터 군사와 백성이 안정된 생활을 누렸으며 질서가 잡히고 변란이 없어졌다. 41개 주[26]에 군사를 나누고 두루 위로하니 모두 평정되었다.

법정은 촉군태수가 되었는데 평소에 밥 한 끼 얻어먹은 정도의 덕과 눈을 부라리고 노려본 작은 원한이나 소소한 분노까지도 갚지 않는 것이 없었다. 그러자 누군가 공명에 고했다.

"효직孝直(법정의 자)의 횡포가 지나치게 제멋대로이니 그를 좀 책망하셔야 할 것 같습니다."

공명이 말했다.

"지난날 주공께서 형주를 사수할 때 북으로는 조조를 두려워했고 동으로는 손권을 기피했는데 효직에게 의지하여 마침내 높이 날아올라 다시는 제약을 받지 않게 되었소. 지금 어찌 효직의 뜻을 행하지 못하게 금지할 수 있겠소?"

그러고는 끝내 더 이상 묻지 않았다. 법정은 이를 듣고는 그 역시 스스로 행동을 조심했다.

하루는 현덕이 공명과 한가하게 이야기하고 있는데 별안간 운장이 하사받은 황금과 비단에 사례하기 위해 관평을 보냈다는 보고가 들어왔다. 현덕이 불러들이자 관평이 절을 마치고 서신을 바치며 말했다.

"부친께서 마초의 무예가 뛰어나다는 것을 아시고는 서천[27]으로 들어와 그와 겨뤄보시겠다고 합니다. 백부님께 이 일을 아뢰라고 말씀하셨습니다."

현덕이 깜짝 놀랐다.

"운장이 촉으로 들어와서 맹기와 겨룬다면 둘 다 성하지 못할 것이오."

공명이 말했다.

"염려하실 필요 없습니다. 제가 글을 써서 회신하겠습니다."

현덕은 성질 급한 운장이 걱정되어 즉시 공명에게 편지를 쓰게 하고는 관평을 밤새 형주로 돌아가게 했다. 관평이 형주에 당도하자 운장이 물었다.

"내가 마맹기와 무예를 겨뤄보고 싶어한다는 말씀을 드렸느냐?"

관평이 대답했다.

"군사의 서신이 여기 있습니다."

운장이 편지를 뜯어보았다.

"장군께서 맹기와 겨뤄 무예의 높고 낮음을 가리고 싶어한다고 들었소. 헤아리건대 맹기가 비록 용맹스럽고 기개가 남보다 높다고는 하나 이 또한 경포[28]와 팽월[29]의 무리일 뿐이오. 익덕과 말 머리를 나란히 하고 함께 달리며 앞을 다투는 데 적당할 뿐 미염공의 출중한 기예에는 미치지 못하오. 지금 공은 형주를 지키는 임무를 맡았으니 그 소임이 무겁지 않다고 할 수 없소. 만일 서천에 들어왔다가 형주를 잃기라도 한다면 그 죄가 더없이 클 것이오. 오직 현명하게 생각해주길 바라오."

편지를 읽고 난 운장이 수염을 움켜쥐며 웃었다.

"공명이 내 마음을 알아주는구나."

그 편지를 손님들에게 두루 보여주고는 마침내 서천으로 들어갈 뜻을 접었다.[8]

한편 동오의 손권은 현덕이 서천을 병탄했고 유장을 공안으로 쫓아냈다는 소식을 듣고는 즉시 장소와 고옹을 불러 대책을 상의했다.

"당초에 유비가 내게 형주를 빌려달라고 했을 때 서천을 취하면 즉시 형주를 돌려주겠다고 말했소. 지금 이미 파촉의 41개 주를 얻었으니 한상[30]의 각 군을 달라고 해야겠소. 만약 돌려주지 않는다면 즉시 군대를 움직일 것이오."

장소가 말했다.

"오吳가 비로소 안정되었으니 군대를 움직여서는 안 됩니다. 제게 한 가지 계책이 있는데 유비가 형주를 두 손으로 받들어 주공께 돌려주도록 하겠습니다."

서촉에 비로소 새로운 시대가 열리는데

동오는 다시 옛 산천을 돌려달라고 하네

西蜀方開新日月, 東吳又索舊山川

그 계책은 과연 어떤 것일까?

제65회 익주 평정

❶

유비는 이엄을 중용했다

『삼국지』「촉서·이엄전李嚴傳」은 항복하기 전 이엄의 행적에 대해 다음과 같이 기록하고 있다.

"형주목 유표는 이엄을 형주의 각 군현으로 보내 경험을 쌓게 했다. 조공이 형주를 향해 공격했을 때 이엄은 자귀현秭歸縣 현령으로 있었는데 서쪽 촉으로 갔다. 유장은 그를 성도成都현령으로 임명했고 그는 능력으로 이름을 날렸다. 건안 18년(213), 유장은 이엄을 호군護軍(군중의 감독관으로 직무는 장군과 같은데 지위는 다소 떨어진다)의 직무를 대리하게 하여 면죽綿竹에서 선주를 막아내도록 했다. 그러나 이엄은 군사들을 이끌고 선주에게 투항했고 선주는 이엄을 비장군裨將軍(잡호장군 가운데 낮은 직급의 장군)으로 임명했다."

그 이후 유비는 이엄을 중용하고 제갈량과 함께 어린 유선을 보좌하라는 유조遺詔(황제가 붕어에 즈음해 후인들을 위해 남긴 유서, 유언)까지 내렸으나 제갈량에게 잘못하여 관직에서 쫓겨나게 되며 그를 원망하다 병사하고 만다.

유비는 이엄을 신임하고 중요하게 여겼는데, 이는 그가 경험이 많고 유능한 데다 면죽에서 투항하여 성도 점령을 더욱 쉽게 이룰 수 있었기 때문이다. 중요한 것은 그가 촉 출신이 아닌 유표 사람이었다는 점이 크게 작용한 것으로 판단된다.

❷

마초와 가맹관 전투

가맹관에서 전투를 벌인 마초가 투항했다는 이야기는 허구다. 『삼국지』「촉서·마초전」에 따르면 마초는 양부, 강서, 양관, 조구 등에게 패했다. "진퇴양난에 처한 마초는 바로 한중으로 달아나 장로에게 의지했다. 마초는 장로와 함께 큰일을 도모하기에 부족하다고 여기고 속으로 우울해했는데, 선주가 성도에서 유장을 포위했다는 소식을 듣고는 은밀히 편지를 보내 투항하기를 청했다"고 기록하고 있다. 「촉서·이회전李恢傳」은 "이회를 한중으로 파견해 마초와 우호를 맺도록 했다. 이에 마초는 선주에게 귀순하여 명을 따랐다"고 기록하고 있다.

또한 배송지 주 『전략』에 "장로의 장수인 양백楊白 등이 마초의 능력을 시기하여 해치려고 하자, 마초는 마침내 무도武都로부터 달아나 저족氐族 부락으로 들어갔다가 촉 땅으로 달아났다"고 기록되어 있다. 마초가 가맹관에서 치열한 전투를 벌이고 밤에 횃불을 밝혀 장비와 싸웠다는 이야기는 지어낸 것이다. 마초는 어떠한 전투도 없이 스스로 귀순했다.

❸

초주는 건안 6년(201)에 태어났다. 이때는 건안 19년(214)이니 그의 나이는 14세에 불과했다. 그 나이에 유장에게 이런 건의를 했다는 것은 가능하지 않으며, 『삼국지』「촉서·초주전譙周傳」에 따르면 초주는 10년 이상 지난 이후인 건흥建興 연간(223~237)에 제갈량에 의해 발탁되었다.

「촉서·초주전」 배송지 주 『촉기』에 초주에 관한 재미있는 이야기가 전해지는데, "초주가 처음 제갈량을 만났을 때 좌우 사람들이 모두 웃었다. 초주가 나간 뒤에 담당 관리가 웃었던 자들을 처벌하기를 청하자 제갈량이 '나도 참을 수 없거늘 하물며 곁에 있는 사람들이야 어떻겠소!'라고 말했다"는 기록이 있다. 초주는 키가 8척이나 되었는데 아마도 생김새가 볼품없고 웃겼던 것으로 판단된다.

❹

허정許靖은 누구인가?

『삼국지』「촉서·법정전」은 허정의 상황을 다음과 같이 기록하고 있다.

"건안 19년(214), [유비는] 진군하여 성도를 포위하고 공격했다. 유장의 촉군태수 허정이 성벽을 넘어 투항하려 했지만 일이 발각되어 성공하지 못했다. 유장은 생사존망의 위기에 직면했기 때문에 허정을 죽이지 않았다. 유장이 투항한 뒤에 선주는 이 일 때문에 허정을 멸시하고 임용하지 않았다. 그러자 법정이 설득했다.

'허정의 헛된 명성이 이미 사해에 퍼져 있는데 그를 예우하지 않는다면 천하 사람들이 선량한 성품을 지닌 인사를 경시한다고 말할 것입니다. 마땅히 허정을 존중하여 사람들이 모두 볼 수 있도록 해야 합니다.'

선주는 비로소 허정을 후하게 대접했다."

소설에서 허정에 관한 내용은 잘 보이지 않는다. 법정이 한 말은 허정을 등용시키기 위해 유비를 설득한 것으로 여겨지는데 사실 허정은 상당히 어질고 존경받는 인물이었다. 「촉서·허정전」에 따르면 유비가 한중왕漢中王이 되자 허정을 태부로 삼았다. 그리고 "허정의 나이는 일흔이 넘었지만 인재를 사랑하고 후진들을 받아들여 지도하고, 인물을 품평하고 가려내며 지내니 피곤함을 느끼지 못했다. 승상 제갈량 이하 모든 사람이 그를 만날 때는 무릎을 꿇고 절을 올렸다. 허정은 장무章武 2년(222)에 사망했다"고 기록하고 있다.

❺

『삼국지』「촉서·간옹전」은 다음과 같이 기록하고 있다.

"선주가 익주로 진입했을 때 익주목 유장은 간옹을 보고 매우 좋아했다. 나중에 선주가 성도를 포위했을 때 간옹을 유장에게 보내 투항하도록 설득시켰다. 유장은 즉시 간옹과 함께 같은 수레를 타고 성에서 나와 투항했다. 선주는 간옹을 소덕장군

昭德將軍으로 임명했다.

간옹은 차분하고 침착하여 항상 부드럽게 [유비에게] 권고와 건의를 제안했다. 또한 그는 태도가 오만하고 구속을 받지 않는 성격으로 선주와 함께 앉아 있을 때도 다리를 쭉 펴고 비스듬히 몸을 기대어 행동거지가 제멋대로였다. 제갈량 이하의 관원들과 함께 앉아 있을 때는 혼자 탑榻(좁고 길며 높이가 낮은 침상)에 누워 베개를 베고 말했으며 그의 태도를 굽히게 할 수 있는 사람은 아무도 없었다."

❻

황권과 유파

『삼국지』「촉서·황권전」에 따르면 "황권은 성을 닫고 굳게 지키다가 유장이 머리를 조아려 항복하기를 기다린 뒤에야 비로소 선주에게 투항했다"고 기록하고 있다. 나중에 전쟁에 나가 길이 끊겨 어쩔 수 없이 위나라에 투항하게 되었는데 그때 유비가 "내가 황권을 저버렸지 황권이 나를 저버린 게 아니다"라고 했으며, 유비가 죽었을 때 위나라 신하들은 기뻐했지만 황권 혼자만은 그러지 못했다고 기록하고 있다.

유파는 원래 유표의 사람이었으나 조조가 형주를 정벌한 뒤 조조에게 갔고, 이후 촉에 이르렀는데 마침 유비가 익주를 점령하게 되었다. 「촉서·유파전」에 따르면 "유파는 자신이 부득이해서 항복한 것이지 선주를 따른 것이라 생각하지 않았으며 시기와 의심을 받을까 두려워했다. 그래서 선주를 공경하며 순종하고 조용히 있었다. 그는 말이 적었고, 집으로 돌아와서는 다른 사람과 사사로이 교제하지 않았으며 공적인 일이 아니면 자신의 의견을 표현하지 않았다"고 기록하고 있다. 또한 배송지 주 『영릉선현전零陵先賢傳』에 따르면 "유비는 성도를 공격하며 군중에 명하기를 '유파를 해치는 자가 있으면 삼족까지 사형에 처하겠다'고 말했다. 유파를 얻게 되자 매우 기뻐했다"고 기록하고 있다.

❼

성도 점령 이후 유비는 약탈을 허락했다

소설에는 창고를 열어 백성을 구제하니 군사와 백성이 크게 기뻐했다고 했지만, 역사는 유비가 약탈을 허락한 것으로 기록하고 있으며, 백성에게 나눠줬다는 기록은 찾을 수 없다.

『삼국지』「촉서·선주전」에 "건안 19년(214) 여름, 낙성을 격파하고 군대를 진격시켜 성도를 에워싼 지 수십 일 만에 유장이 성에서 나와 항복했다. 촉은 인구가 많고 물산이 풍부하며 생활이 안락한 곳이므로 선주는 주연을 베풀어 병사들을 위로하고 촉 성안에 있던 금은 재물들을 취해 장수와 병사들에게 나누어주었으며 곡물과 비단은 원래 있던 곳으로 돌려보냈다"고 기록되어 있다. 『자치통감』 권67 「한기 59」와 『삼국지』「촉서·유파전」 배송지 주 『영릉선현전』에는 다음과 같이 기록되어 있다.

"처음에 유장을 공격했을 때 유비는 군사들에게 약속했다.

'만약에 성공하면 성내 부고府庫(국가가 재물과 병기를 저장해둔 곳)의 재물을 마음대로 가져가도 좋다. 나는 관여하지 않겠노라.'

성도를 점령하자 군사들은 모두 무기를 버리고 창고로 달려가 앞다투어 보물을 가져갔다. 그러자 군용으로 사용할 것이 부족해졌다. 근심하는 유비에게 유파가 말했다.

'해결하기 쉽습니다. 직백전直百錢(유비가 주조한 화폐의 일종)을 주조하여 물건 수매가를 안정시키고 관리에게 명하여 시장을 통제하십시오.'

유비가 그 말에 따르자 수개월 내에 부고가 충분히 채워졌다."

소설의 내용처럼 전답과 좋은 주택들을 장수들에게 나누어주자는 의견은 조운이 반대했지만 유비가 그 의견을 따랐다고 기록되어 있다.

❽

관우가 결투를 신청한 것이 아니다

소설에서는 관우가 마초와 무예를 겨뤄보고 싶어했지만 사실은 그렇지 않다.

『삼국지』「촉서·관우전」에 "관우는 마초가 항복했다는 소식을 듣고는 그와 친구 사이가 아니었기 때문에 제갈량에게 편지를 써서 마초의 재능이 누구와 비교할 만한지 물었다. 제갈량은 관우가 다른 사람이 자신을 뛰어넘는 것을 원치 않는다는 것을 알기에 즉시 그에게 회답했다"고 기록되어 있다.

마초는 유비에게 투항하기 이전에 한 지역을 통솔했던 인물이기에 자존심 강한 관우가 마초의 재주나 인품의 수준을 물어본 것이지 결코 무예를 겨뤄보겠다는 뜻은 아니었다.

제 66 회

칼 한 자루만 들고 연회에 참석한 관우

관운장은 칼 한 자루만 들고 모임에 나가고,
복황후는 나라를 위해 목숨을 버리다

關雲長單刀赴會,
伏皇后爲國捐生

손권은 형주를 돌려받으려고 했다. 장소가 계책을 바치며 말했다.

"유비가 의지하는 자는 제갈량뿐입니다. 그 형인 제갈근이 지금 오에서 벼슬을 하고 있는데 어찌하여 그의 가족을 잡아들인 다음 그를 서천으로 들여보내 그 아우에게 알리게 하고, 유비가 형주를 인계하도록 설득하지 않으십니까? '만일 돌려주지 않는다면 틀림없이 가족이 해를 입을 것이다'라고 하면 제갈량이 친동기간의 정을 생각해 반드시 승낙할 것입니다."

손권이 말했다.

"제갈근은 진실된 군자인데 어찌 그의 가족을 구금할 수 있겠소?"

장소가 말했다.

"계책이라고 밝히면 자연히 마음을 놓을 것입니다."

손권은 그 말을 따르기로 하고 제갈근의 가족을 불러다 부중에 거짓으로 감금하는 한편 편지를 써서 제갈근을 서천으로 보냈다. 수일이 못 되어 성도에 도착한 제갈근은 먼저 사람을 시켜 현덕에게 알렸다. 현덕이 공명에게 물었다.

"영형令兄(남의 형을 높여 부르는 말)께서 이곳에 무슨 이유로 오신 것이오?"

공명이 말했다.

"형주를 달라고 요구하러 온 것뿐입니다."

"어떻게 대답해야 하오?"

"이러이러하게 대답하셔야 합니다."

계책이 정해지자 공명은 곽을 나가 맞이했다. 그는 사택으로 안내하지 않고 곧장 역관으로 모셨다. 제갈량이 절을 마치자 제갈근이 큰 소리로 통곡했다. 제갈량이 말했다.

"일이 있으면 말씀을 하시지 무슨 까닭으로 이토록 슬프게 우십니까?"

제갈근이 말했다.

"내 일가족이 모두 죽게 생겼구나!"

"혹시 형주를 돌려주지 않아서 그렇습니까? 이 아우 때문에 형님의 가족이 감금당했으니 제 마음이 어찌 편안하겠습니까? 형님께서는 걱정하지 마십시오. 이 아우에게 형주를 즉시 돌려드릴 계책이 있습니다."

제갈근이 크게 기뻐하며 즉시 공명과 함께 들어가 현덕을 뵙고 손권의 서신을 올렸다. 서신을 읽고 난 현덕이 화를 내며 말했다.

"손권은 내게 누이동생을 시집보내놓고 내가 형주에 없는 틈을 타서 결국은 누이동생을 몰래 데려갔으니 이치상 용서할 수 없소! 내 마침 서천의 병사를 크게 일으켜 강남으로 내려가 원한을 갚고자 했는데 도리어 형주를 돌려달라고 왔단 말이오!"

공명이 울면서 땅바닥에서 절을 올리며 말했다.

"오후가 제 형님 가족을 잡아들였으니 만일 돌려주지 않으면 제 형님의 온 가족이 죽임을 당할 것입니다. 형님이 죽으면 제가 어찌 홀로 살 수 있겠습니까? 바라건대 주공께서는 제 얼굴을 봐서라도 형주를 동오에 돌려주어 저희 형제간 정을 온전하게 해주십시오!"

현덕은 거듭 들어주려 하지 않았고 공명은 울면서 부탁하기만 했다. 현덕이 천천히 말했다.

"일이 이미 이렇게 되었으니 군사의 얼굴을 보아 형주의 반을 나누어 돌려주겠소. 장사, 영릉, 계양 세 개 군을 그에게 주겠소."

제갈량이 말했다.

"이미 허락하셨으니 즉시 운장에게 편지를 쓰셔서 세 개 군을 인계하게 해주십시오."

"자유子瑜(제갈근의 자)께서는 그곳으로 가서 좋은 말로 내 아우에게 부탁하셔야 하오. 아우는 사나운 불길 같은 성질을 지녀 나도 두려워하고 있소. 조심해서 말씀하셔야 하오."[1]

제갈근은 서신을 써달라고 요청했고 현덕에게 작별을 고한 다음 공명과도 이별하고 길에 올라 곧장 형주에 당도했다. 운장은 제갈근을 청해 정중앙 대청으로 들인 후 서로 인사를 나누었다. 제갈근이 현덕의 편지를 꺼내며 말했다.

"황숙께서 먼저 세 개 군을 동오에 돌려주기로 허락하셨으니 바라건대 장군께서는 즉시 인도하여 제가 돌아가 주인을 만나 뵐 수 있게 해주시오."

운장이 안색을 바꾸며 말했다.

"내 우리 형님과 도원에서 결의형제를 맺으면서 함께 한실을 보위하기로 맹세했소. 형주는 본래 대한의 강토이거늘 어찌 한 치의 조그만 땅이라도 남에게 멋대로 줄 수 있겠소? '장수가 밖에 있을 때는 군주의 명령도 듣지 않는다'고 했소. 비록 형님의 편지를 가지고 왔다 하더라도 결코 돌려줄 수 없소."

"지금 오후께서 제 가족을 감금했습니다. 만약 형주를 얻지 못한다면 틀림없이 죽임을 당할 것이오. 바라건대 장군께서는 가엾게 여겨주시오!"

"이것은 오후의 교묘한 계책이니 어떻게 나를 속여 넘길 수 있겠소!"

"장군께서는 어찌하여 이리도 체면을 봐주지 않소?"

운장이 손에 검을 잡고 말했다.

"더 이상 말하지 말거라! 이 검은 사정을 봐주지 않는다!"

관평이 고했다.

"군사의 얼굴도 있으신데, 바라건대 아버님께선 노여움을 푸십시오."

운장이 말했다.

"군사의 체면을 보지 않았다면 너는 동오로 돌아갈 수 없었을 것이다!"

제갈근은 온 얼굴에 부끄러운 빛을 띠고는 급히 작별하고 공명을 만나러 다시 서천으로 갔다. 그러나 공명은 이미 순시를 나간 다음이었다. 제갈근은 하는 수 없이 다시 현덕을 만나 운장이 자신을 죽이려 했던 일을 울면서 고했다. 현덕이 말했다.

"내 아우의 성격이 급해 말하기가 지극히 어렵소. 자유께서는 잠시 돌아가 계시오. 내가 동천과 한중의 각 군을 취하고 나면 운장을 파견해 그곳을 지키게 할 테니 그때 형주를 돌려줄 수 있을 것이오."[1]

제갈근은 하는 수 없이 동오로 돌아가 손권을 뵙고 있었던 일을 자세히 이야기했다. 손권이 크게 성내며 말했다.

"자유가 이번에 가서 이리저리 뛰어다닌 것은 혹시 모두가 제갈량의 계책이 아니오?"

제갈근이 말했다.

"아닙니다. 제 아우 또한 울면서 현덕에게 고했고 그제야 비로소 세 개 군을 먼저 돌려주겠다고 허락했는데 운장이 제멋대로 위세를 부리며 들으려 하지 않아 어찌해볼 도리가 없었습니다."

"이미 유비가 먼저 세 개 군을 돌려주겠다고 말했으니 즉시 장사, 영릉, 계양 세 개 군에 관리를 보내 부임시키고 어떻게 나오나 보기로 합시다."

"주공의 말씀이 지극히 옳습니다."

손권은 이에 제갈근에게 가족을 데리고 돌아가도록 하는 한편 세 개 군에 관리를 보내 부임시켰다. 그러나 하루도 못 되어 파견된 관리들이 모조리 쫓겨 돌아와 손권에게 고했다.

"관운장이 받아들이지 않고 그날 밤으로 오로 돌아가라고 쫓아냈습니다. 지체하는 자는 즉시 죽이겠다고 했습니다."

크게 화가 난 손권은 사람을 보내 노숙을 불러들이고는 꾸짖었다.

"자경이 지난번에 유비를 위해 보증을 섰기에 내가 형주를 빌려줬는데, 지금 유비가 이미 서천을 손에 넣었는데도 돌려주지 않으려 하고 있소. 자경은 어찌 앉아서 보고만 계시오?"

노숙이 말했다.

"제가 이미 한 가지 계책을 생각해뒀는데 마침 주공께 알려드리려 했습니다."

손권이 물었다.

"무슨 계책이오?"

"지금 육구[2]에 군사를 주둔시키고 사람을 시켜 관운장을 모임에 초청하십시오. 만약 운장이 온다면 좋은 말로 그를 설득하고 우리를 따르지 않으면 도부수를 매복시켜놓았다가 그를 죽이십시오. 그러나 만약 그가 오지 않으려 한다면 즉시 군대를 진격시켜 승부를 결정짓고 형주를 빼앗으면 됩니다."

"바로 내 뜻과 부합되는구려. 즉시 실행하시오."

그때 감택이 나서며 말했다.

"안 됩니다. 관운장은 당대의 호랑이 같은 장수로 평범하게 칠 수 있는 사람이 아닙니다. 일을 잘 처리하지 못했다가 도리어 해를 입을까 걱정됩니다."

손권이 화를 내며 말했다.

"그렇다면 형주를 어느 때에 손에 넣을 수 있단 말이오!"

마침내 노숙에게 그 계책을 신속히 진행하라 명했다. 노숙은 이에 손권에게 하직하고 육구로 갔다. 여몽과 감녕을 불러 육구 군영 밖 강가 정자에 연회를 열게 하고는 초청장을 써서 부하들 가운데 말을 명쾌하게 잘하는 사람을 선발해 사자로 삼아 배를 타고 강을 건너게 했다. 강어귀에서 관평이 즉시 사자를 형주로 인도하여 운장을 알현토록 했다. 사자는 노숙이 모임에 초청한다는 뜻을 자세히 설명하고 초청장을 올렸다. 글을 읽고 난 운장이 사자에게 일렀다.

"자경이 초청했으니 내일 바로 연회에 가겠다. 너는 먼저 돌아가거라."

사자는 하직을 고하고 떠났다.

관평이 말했다.

"노숙이 초청하는 것은 틀림없이 좋은 뜻이 아닐 텐데 아버님께서는 무슨 까닭으로 가시겠다고 허락하셨습니까?"

운장이 웃으면서 말했다.

"내 어찌 모르겠느냐? 이것은 제갈근이 손권에게 내가 세 개 군을 돌려주려 하지 않는다고 보고했기 때문에 노숙을 시켜 육구에 군사를 주둔시키고 나를 모임에 초청해 형주를 돌려받으려 하는 것이다. 그러나 만일 내가 가지 않으면 나를 겁쟁이라고 말할 것이다. 내일 혼자서 작은 배를 타고 측근 수행원 10여 명과 칼 한 자루만 들고 모임에 가서 노숙이 어떻게 내게 접근하는지 봐야겠다!"

관평이 간언했다.

"아버님께서는 어찌하여 만금 같은 몸으로 친히 호랑이와 이리의 굴에 발을 디디십니까? 백부님께서 맡긴 바를 중히 여기시지 않는 것 같아 걱정됩니다."

"나는 천 자루의 창과 만 자루의 칼날 한가운데서 화살과 돌이 빗발쳐도 마치 무인지경에 들어간 듯이 홀로 종횡무진했다. 어찌 강동의 쥐새끼 같은 무리를 걱정하겠느냐!"

마량 또한 간언했다.

"노숙이 비록 덕망이 높다고는 하지만 지금 일이 급하게 되었으니 다른 마음이 생기지 않을 수 없을 것입니다. 장군께서 함부로 가셔서는 안 됩니다."

운장이 말했다.

"옛날 전국시대 때 조趙나라 사람 인상여藺相如는 닭 한 마리 붙들어 맬 힘도 없었는데 민지 회합[3]에서 진秦나라 군신들을 없는 물건 취급했소. 하물며 나는 만인을 대적하여 이길 수 있는 병법을 배운 사람이 아니겠소! 이미 가기로 허락한 이상 신의를 잃어서는 안 되오."

마량이 말했다.

"설령 장군께서 가시더라도 마땅히 준비는 있어야 합니다."

"내 아들에게 빠른 배 10척을 골라 물에 익숙한 수군 500명을 숨기고 강에서 기다리게 하겠소. 인기[4]가 올라가는 것이 보이면 즉시 강을 건너오거라."

관평은 명령을 받고 준비하러 갔다.

한편 사자는 노숙에게 운장이 연회에 흔쾌히 응낙했으며 내일 확실하게 올 것이라 보고했다. 노숙은 여몽과 상의했다.

"이번에 오면 어떻게 해야 하오?"

여몽이 말했다.

"그가 군마를 데리고 오면 내가 감녕과 더불어 각자 일군을 이끌고 강기슭 곁에 매복해 있다가 포를 발사하는 것을 신호로 삼아 싸움을 준비하겠소. 만일 군사들 없이 온다면 정원[5] 뒤쪽에 도부수 50명만 매복시켜놓았다가 술자리에서 그를 죽입시다."

계책이 정해졌다.

이튿날 노숙은 사람을 시켜 강기슭 어귀에 나가 멀리 바라보게 했다. 진시辰時가 지나자 강 저쪽 수면 위로 배 한 척이 다가왔다. 사공과 선원을 포함해 몇 사람에 불과했고 한 폭의 붉은 깃발이 바람 속에서 나부끼는데 '관關'이라 적은 큼직한 글자가 드러났다. 배가 점차 기슭 가까이 접근하자 운장이 푸른 두건에 녹색 전포를 입고 배 위에 앉아 있는 것이 보였다. 곁에는 주창이 대도를 두 손으로 받쳐 들고 있었으며 관서關西 지방의 기골이 장대한 사내 8~9명이 각자 요도腰刀를 한 자루씩 차고 있었다. 노숙은 의아해하면서 맞아들이고는 정자 안으로 들어갔다. 인사를 마치고 자리로 들어가 술을 마시는데 노숙은 잔을 들어 권할 뿐 감히 얼굴을 들어 똑바로 쳐다보지 못했다. 운장은 태연자약하게 담소만 했다. 술이 거나하게 취하자 노숙이 말했다.

"군후[6]께 말씀드릴 게 하나 있으니 들어주시기 바랍니다. 지난날 영형令兄(상대방의 형을 지칭)인 황숙께서 제 주공 앞에서 형주를 임시로 빌릴 때 저를 보증하게 하면서 서천을 취한 다음에 돌려드린다고 약속했습니다. 지금 서천을 이미 손에 넣었는데도 아직 형주를 돌려주지 않고 있으니, 신의를 잃은 것은 아닌지요?"[2]

운장이 말했다.

"이것은 나라의 일로 술자리에서 논할 이야기가 아닌 것 같소."

"우리 주공께서 보잘것없는 강동 땅을 가지고 계시면서도 형주를 빌려주려 했던 것은 군후 등의 군사가 패한 데다 먼 길을 와서 근간으로 삼을 만한 곳이 없음을 생각하셨기 때문이오. 이제 익주를 손에 넣었으니 형주는 돌려주는 것이 마땅하오. 이에 황숙께서 먼저 군 세 개를 떼어주시려 하는데 군후께서 또 따르지 않으시니 이치상 맞지 않는 것 같소."

"오림烏林 전투에서 좌장군(유비)께서 친히 화살과 돌을 무릅쓰고 힘을 합쳐 적을 깨뜨렸는데 어찌 헛수고만 하고 한 척의 땅도 제공받지 못한단 말이오? 지금 족하께서는 땅을 다시 돌려달라는 것이오?"

"그렇지 않소. 군후께서는 처음에 황숙과 함께 장판에서 패하고 모든 역량을 소진하여 어찌해볼 도리가 없자 멀리 도망가려고 했소. 그러나 우리 주공께서는 황숙께서 몸 붙이고 의지할 곳이 없는 것을 가엾게 생각하여 토지를 아끼지 않고 발붙일 곳을 주었고 나중에 공적을 도모하도록 해주셨소. 그러나 황숙께서는 오히려 도의를 해치고 우호 관계를 깨뜨렸소. 이미 서천을 얻었는데 형주까지 차지하고 있는 것은 욕심을 부려 의리를 저버리는 것으로 아마도 천하의 웃음거리가 될 것이오. 군후께서 잘 살펴주시기만 바라오."

"이것은 모두 내 형님의 일이니 내가 관여할 일은 아닌 듯하오."

"듣자 하니 군후께서는 황숙과 도원에서 의형제를 맺고 함께 죽고 함께 살기로 맹세했다고 하오. 그러니 황숙이 바로 군후이거늘 어찌하여 핑계를 대서 피하시오?"

운장이 미처 대답하지 못하고 있는데 주창이 계단 아래서 엄하게 말했다.

"천하의 토지는 오직 덕 있는 자만이 차지하는 것이오. 어찌 유독 그대 동오만 소유해야 한단 말이오!"

운장이 안색을 바꾸며 일어나더니 주창이 받들고 있던 대도를 빼앗아 정원[7] 한가운데에 서서 주창에게 눈길을 보내며 큰 소리로 꾸짖었다.

"이것은 나라의 일이거늘 네가 어찌 감히 여러 말을 하느냐! 속히 나가거라!"

주창은 의중을 깨닫고 먼저 강기슭 입구로 가서 붉은 깃발을 한 번 흔들었다. 그러자 관평의 배들이 화살을 쏜 것처럼 순식간에 강동으로 건너왔다. 운장은 오른손에 칼을 잡고 왼손으로는 노숙의 손을 잡아당기면서 취한 척하며 말했다.

"공이 오늘 나를 연회에 초청했으니 형주의 일은 언급하지 마시오. 내 이미 취해서 옛정을 해치지나 않을까 두렵소. 다른 날 사람을 시켜 공을 형주의 연회에 초청할 테니 따로 상의해봅시다."

노숙은 영혼이 육체에서 떠난 채 운장에게 끌려 강변까지 이르렀다. 여몽과 감녕은 각자 본부의 군사를 이끌고 나서려고 했으나 운장의 손에 대도가 들려 있는 데다 노숙의 손을 사이좋게 잡고 있는 것을 보고는 노숙이 다치게 될까 걱정되어 결국 감히 움직이지 못했다. 운장은 배 곁에 이르러서야 비로소 손을 놓아주었고 어느 결에 뱃머리에 서서 노숙과 작별했다. 노숙은 관공의 배가 이미 순풍을 타고 떠나는 것을 정신이 나간 듯 멍하니 바라보기만 했다. 후세 사람이 관공을 칭찬한 시가 있다.

오나라 신하들을 어린아이 보듯 하고
칼 한 자루 들고 연회에 가서 마음대로 주물렀네
관우의 영웅다운 높은 기개
민지의 인상여보다 더욱 높구나
藐視吳臣若小兒, 單刀赴會敢平欺
當年一段英雄氣, 尤勝相如在澠池[3]

운장이 형주로 돌아가자 노숙이 여몽과 함께 의논했다.

"이번 계책도 성공하지 못했으니 어떻게 하면 좋겠소?"

여몽이 말했다.

"즉시 주공께 서면으로 보고하고 군대를 일으켜 운장과 결전을 벌이시지요."

노숙은 즉시 사람을 보내 손권에게 서면으로 보고했다. 그 소식을 들은 손권은 크게 노하여 한 나라를 기울게 할 만큼의 군사를 일으켜 형주로 쳐들어갈 일을 상의했다. 그때 별안간 보고가 들어왔다.

"조조가 다시 30만 대군을 일으켜 쳐들어옵니다!"

깜짝 놀란 손권은 잠시 노숙에게 형주의 군사를 움직이지 못하게 한 다음 군사를 합비合肥와 유수濡須로 이동시켜 조조를 막게 했다.

한편 조조가 남쪽을 정벌하고자 출병하려는데 자가 언재彦才인 참군參軍 부간傅幹이 글을 올려 조조에게 간언했다.

"듣자 하니 무력을 쓰고자 한다면 먼저 위엄을 보여야 하고 문文을 쓰고자 한다면 먼저 덕행을 펼쳐야 합니다. 위엄과 덕행이 서로 조화를 이루어야 나중에 왕업을 성취할 수 있습니다. 지난날 천하가 크게 어지러워지자 명공께서 무력으로 그들을 제거하여 열 중 아홉은 평정했으나, 아직도 오와 촉은 왕명을 받들지 않고 있습니다. 오에는 험준한 장강이 있고 촉에는 높고 큰 산이 막고 있어 위엄으로 승리하기는 어려울 것입니다. 어리석은 생각으로는 잠시 문장과 덕을 더 닦아 제고하시고 갑옷과 병기를 내려놓고 군대를 정비한 후 인재를 배양하여 역량을 축적하면서 때를 기다렸다가 움직이시는 것이 좋을 듯합니다. 지금 수십만 명의 군사를 일으켜 장강 가에 주둔시켰다가 도적들이 험준함에 의지하여 깊숙이 숨어 우리를 훼방하고 기이한 술수를 부려 괴롭힌다면 위신만 추락하고 말 것입니다. 오직 명공께서 살펴주시기 바랍니다."

글을 읽은 조조는 마침내 남쪽 정벌을 그만두고 학교를 세우며 문사들을 예로써 초빙했다. 이에 시중 왕찬王粲, 두습杜襲, 위개,[8] 화흡和洽 네 사람이 의논하여 조조를 '위왕魏王'으로 삼고자 했다. 그러자 중서령中書令[9] 순유가 말했다.

"안 되오. 승상의 관직이 위공魏公[10]에 이른 데다 영예롭게 구석九錫을 더하셨으니 그 지위가 이미 최고에 달했소. 그런데 지금 다시 왕위에 오르는 것은 이치상 불가하오."

순유의 말을 전해 들은 조조는 성내며 말했다.

"이 사람이 순욱을 본받으려 하는가!"

순유가 조조의 분노를 알게 되자 울분이 생겨 병이 되고 말았다. 앓아누운 지 10여 일 만에 죽으니 그해 나이 58세였다. 조조는 그를 후하게 장사지내주고 결국은 '위왕'이 되는 일을 그만두었다.❹

하루는 조조가 검을 차고 궁으로 들어갔는데 헌제가 마침 복황후와 함께 앉아 있었다. 조조가 오는 것을 본 복황후는 허둥대며 몸을 일으켰다. 황제는 조조를 보자 벌벌 떨기만 했다. 조조가 말했다.

"손권과 유비가 각기 한쪽 지방씩 패권을 장악하고 조정을 존중하지 않으니 어찌하면 좋겠습니까?"

황제가 말했다.

"모두 위공께서 판단하여 처리하십시오."

조조가 화를 냈다.

"폐하께서 그렇게 말씀하시는 것을 바깥사람이 들으면 제가 황제를 기만한다고 말할 것입니다."

"그대가 보좌해준다면 심히 다행이겠으나, 그렇지 않다면 원컨대 은혜를 베풀어 나를 내버려두시오."

그 말을 들은 조조는 성내며 황제를 노려보더니 분노하며 나갔다. 좌우에서 누군가 황제에게 아뢰었다.

"근자에 듣자 하니 위공이 스스로 왕이 되려고 한다던데 오래지 않아 틀림없이 찬탈할 것입니다."

황제와 복황후는 통곡했다. 황후가 말했다.

"첩의 부친인 복완伏完이 항상 조조를 죽일 마음을 품고 있으니 지금 편지 한 통을 은밀히 부친께 전해 도모하도록 하겠습니다."

황제가 말했다.

"옛날에 동승이 치밀하게 일을 처리하지 못하여 도리어 크나큰 재앙을 당했는데, 지금 또 일이 새나가 짐이 그대와 함께 끝장날까 두렵소!"

황후가 말했다.

"아침저녁으로 바늘방석에 앉아 있는 듯하니 이러고 사느니 차라리 일찍 죽는 것이 나을 듯합니다! 첩이 보건대 환관들 가운데 충의가 있고 일을 맡길 수 있는 자는 목순穆順만 한 사람이 없으니 이 편지를 그에게 전달하겠습니다."

이에 즉시 목순을 불러 병풍 뒤로 들어가게 하더니 좌우의 근시들을 물리쳤다. 황제와 복황후가 통곡하며 목순에게 고했다.

"역적 조조가 '위왕'이 되려고 하니 조만간 틀림없이 찬탈을 꾸밀 것이네. 짐이 황후의 부친인 복완을 시켜 은밀하게 이 역적을 도모하고 싶지만 좌우 사람이 모두 역적의 심복들이라 부탁할 만한 사람이 없네. 그래서 자네를 시켜 황후의 밀서를 복완에게 전하려고 하네. 자네의 충의를 헤아리건대 반드시 짐을 저버리지 않을 것이라 여기네."

목순이 울면서 말했다.

"폐하의 큰 은혜에 감복하온데 어찌 죽음으로써 보답하지 않겠습니까! 즉시 가겠습니다."

황후가 이에 편지를 써서 목순에게 건넸다. 목순은 편지를 상투 속에 감추고 몰래 황궁을 나가 곧장 복완의 집으로 가서 서신을 올렸다. 복완이 보니 복황후의 친필이었다. 이에 목순에게 일렀다.

"역적 조조의 심복이 심히 많으니 촉박하게 도모해서는 안 되네. 오직 강동의 손권과 서천의 유비가 바깥에서 군대를 일으켜야 조조가 직접 갈 것이네. 이때 충의의 신하들에게 요청하여 함께 일을 도모해야 하네. 안팎에서 협공한다면 어쩌면 일을 이룰 수 있을 것이네."

목순이 말했다.

"황장皇丈(황제의 장인)께서 황제와 황후께 답서를 써서 비밀 조서를 내리도록 청하시고, 은밀하게 오와 촉 두 곳에 사람을 보내 군대를 일으켜 역적을 토벌하고 황제를 구원할 수 있도록 약속하십시오."

복완은 즉시 종이를 가져다 편지를 써서 목순에게 건넸다. 목순은 편지를 상투 속에 감추고 복완과 작별한 다음 궁으로 돌아갔다.

어느 결에 누군가 이 사실을 조조에게 보고했다. 조조는 미리 궁문 앞에서 목순을 기다리고 있었다. 목순은 돌아오다 조조와 마주치게 되었다. 조조가 물었다.

"어디에 갔었느냐?"

목순이 대답했다.

"황후께서 편찮으셔서 명을 받들어 의원을 청하러 갔다 왔습니다."

"불렀다는 의원은 어디에 있느냐?"

"아직 불러오지 않았습니다."

조조는 좌우에 소리 질러 몸을 샅샅이 수색하게 했는데 숨긴 것이 아무것도 없어 가도록 놓아줬다. 그때 별안간 바람이 불어 목순의 모자가 바닥에 떨어졌다. 조조가 다시 목순을 불러 모자를 살펴보면서 뒤졌으나 아무것도 없자 모자를 돌려주며 쓰라고 했다. 목순은 두 손으로 모자를 썼으나 그만 반대로 쓰고 말았다. 의심이 든 조조는 좌우에 목순의 머리카락 속을 수색하게 했고 결국 복완의 편지를 찾아냈다. 조조가 편지를 읽어보니 손권, 유비와 연계하여 밖으로부터 호응하게 한다는 내용이었다. 크게 노한 조조는 목순을 잡아다 밀실에서 심문했으나 자백하지 않았다.[11] 조조는 그날 밤으로 무장한 병사 3000명을 점검해 일으키고 복완의 사택을 에워싼 다음 노인과 어린아이 할 것 없이 모조리 잡아들였고, 샅샅이 뒤져 복황후의 친필 서신을 찾아내고는 즉시 복씨의 삼족을 모조리 하옥시켰다. 새벽에 어림장군御林將軍[12] 치려郗慮를 시켜 부절符節을 가지고 궁으로 들어가 먼저 황후의 새수[13]를 거두게 했다.

이날 바깥 궁전에 있던 황제는 치려가 300명의 무장 군사를 이끌고 바로 들어오는 것을 보았다. 황제가 물었다.

"무슨 일이 있느냐?"

치려가 말했다.

"위공의 명을 받들어 황후의 옥새를 거두러 왔습니다."

일이 새나간 것을 알게 된 황제는 심장과 쓸개가 모조리 부서지는 듯했다. 치려가 후궁에 이르렀을 때는 복황후가 이제 막 잠자리에서 일어나려던 참이었다. 치려는 새수를 관리하는 사람을 불러 옥새를 받아내고는 나가버렸다. 일이 드러났음을 분명하게 알게 된 복황후는 즉시 궁정 뒤쪽 초방[14] 안의 벽 사이에 몸을 숨겼다. 잠시 후 상서령 화흠이 500명의 무장 군사를 이끌고 후전後殿(궁정 뒤쪽의 전당)으로 들어와 궁인[15]에게 물었다.

"복황후는 어디 있느냐?"

궁인들이 모두 모른 척했다. 화흠은 무장 군사들을 시켜 주홍색 대문을 열어 찾게 했으나 보이지 않았다. 벽 속에 숨어 있을 것이라 짐작한 화흠은 즉시 군사들에게 고함을 질러 벽을 부숴 수색하게 했다. 숨어 있던 황후를 찾아내자 화흠은 직접 손으로 황후의 뒷머리 쪽을 틀어쥐고 끌어냈다. 황후가 말했다.

"이 한목숨 제발 살려주시오!"

화흠이 소리 질렀다.

"위공을 만나 뵙거든 직접 하소연하거라!"

황후는 풀어헤친 머리카락에 맨발로 두 명의 무장 군사에게 끌려갔다.

원래 화흠은 평소에 재능과 명망을 겸비하고 있었던 사람으로 이전부터 병원邴原, 관녕管寧과 서로 사이가 좋았다. 당시 사람들은 세 사람을 한 마리의 용이라 했는데, 화흠이 용의 머리, 병원은 용의 몸통, 관녕을 용의 꼬리라고 했다.[16] 하루는 관녕이 화흠과 함께 밭에서 채소를 심는데 호미질하다 황금을 발견했다. 관녕은 돌아보지도 않고 호미질을 했고, 화흠은 집어서 살펴본 다음에 던져버렸다. 또 하루는 관녕이 화흠과 함께 앉아서 책을 읽고 있는데 집 밖에서 "물렀거라!" 하며 잡인의 통행을 금하는 소리가 들리더니 어떤 귀인이 헌[17]을 타고 지나갔다. 관녕은 단정히 앉아서 움직이지 않았는데 화흠은 책을 던지고 나가서 구경했다. 관녕은 이때부터 화흠의 사람됨을 비천하게 여겨 마침내 칼로 자리를 잘라 따로 앉고 다시는 그를 벗으로 삼지 않았다.[18] 이후 관녕은 요동遼東에 숨어 지냈는데 항상 하얀 모자를 쓰고 앉으나 누우나 한 누각에 있으면서 땅에 발을 디디지 않았으며 끝내 위魏나라에서 벼슬을 하려 하지 않았다. 그러나 화흠은 먼저 손권을 섬겼다가 나중에 조조에게 귀순하더니 이번에는 복황후를 체포하기까지에 이르렀다. 후세 사람이 화흠을 한탄한 시가 있다.

화흠은 그날 음흉한 계략을 과시하더니
벽을 부숴버리고 복황후를 끌어냈도다
악행 도와 하루아침에 범이 날개 다니
그 오명 천년 동안 용의 머리라 비웃네
華歆當日逞兇謀, 破壁生將母后收
助虐一朝添虎翼, 罵名千載笑龍頭

또 관녕을 칭찬한 시가 있다.

요동 지방에 관녕루라는 누각이 전해오지만
사람 없고 누각은 비어 이름만 홀로 남았네
웃겨 죽겠구나, 자어[19]가 부귀를 탐했던 일을
어찌 흰 모자 쓰고 풍류 즐긴 관녕에 비하리
遼東傳有管寧樓, 人去樓空名獨留
笑殺子魚貪富貴, 豈如白帽自風流

한편 화흠은 복황후를 에워싸서 바깥 궁전으로 끌고 나왔다. 황후를 바라보던 황제가 이에 전각을 내려가 황후를 끌어안고 소리 내어 울었다. 화흠이 말했다.

"위공의 명이 있어 속히 가야 합니다!"

복황후가 울면서 황제에게 일렀다.

"다시 같이 살 수 있을까요?"

황제가 말했다.

"내 목숨 또한 언제 끝날지 모르오!"

무장 군사들이 황후를 에워싸서 가버리자 황제는 가슴을 두드리며 통곡했다. 곁에 있던 치려를 보고 황제가 말했다.

"치공! 어찌 천하에 이런 일이 있을 수 있소!"

소리 내어 울다가 땅바닥에 쓰러졌다. 치려는 좌우에 황제를 부축해 궁으로 모셔가라 명했다. 화흠이 복황후를 조조에게 데려가자 조조가 욕을 했다.

"내 너희를 성심껏 대접했거늘 너희는 도리어 나를 해치려 했다! 내가 너를 죽이지 않으면 네가 반드시 나를 죽일 것이다!"

그러고는 좌우에 고함을 질러 몽둥이로 때려 죽이게 했다. 이어서 바로 궁으로 들어가 복황후가 낳은 두 아들도 모두 짐주로 독살했다. 또한 그날 저녁에 복완, 목순 등 종족 200여 명을 모조리 저잣거리에서 참수했다. 조정과 재야에 있는 사람치고 놀라 두려워하지 않는 이가 없었다. 이때가 건안 19년(214) 11월이었다. 후세 사람이 탄식한 시가 있다.

조조의 흉악과 잔인은 일찍이 없었던 것이니
복완의 충의만으로 어떻게 할 수 있었겠는가
가련하구나, 황제와 황후 이별하는 모습 보니
일반 민간의 남편과 아내만도 훨씬 못하구나
曹瞞兇殘世所無, 伏完忠義欲何如
可憐帝后分離處, 不及民間婦與夫 5

헌제는 복황후을 잃은 이후부터 여러 날 계속 음식을 먹지 못했다. 조조가 들어와 말했다.

"폐하께서는 걱정하지 마십시오. 신에게는 다른 마음이 없습니다. 신의 여식이 이미 폐하의 귀인[20]이 되었으니 어질고 총명하며 효성스러운 그녀를 정궁[21]으로 앉히는 것이 마땅할 듯합니다."

헌제가 어찌 감히 따르지 않을 수 있겠는가? 건안 20년(215) 정월 초하루, 설을 경축하는 자리에서 조조의 딸 조귀인을 정궁의 황후로 책립했다. 군신들 가운데 감히 말을 꺼내는 자가 없었다. 6

조조의 위세는 날로 더해졌다. 그는 대신들을 모이게 하여 오를 거두어

들이고 촉을 멸망시킬 일을 상의했다. 가후가 말했다.

"하후돈과 조인 두 사람을 불러들여 이 일을 상의하셔야 합니다."

조조는 즉시 사자를 보내 밤새 달려가 그들을 불러오게 했다. 먼저 당도한 조인이 그날 밤 즉시 부중으로 들어가 조조를 알현하려 했다. 조조는 이제 막 술에 취해 누워 있었고 허저는 검을 잡고 대청 문안에 서 있었다. 조인이 들어가려고 하자 허저가 막아섰다. 조인이 버럭 화를 냈다.

"나는 조씨의 종족인데 네가 어찌 감히 막아선단 말이냐?"

허저가 말했다.

"장군께서는 비록 친족이시나 변경을 지키는 관리이고 저는 비록 인척 관계도 아니지만 지금 안에서 주공을 모시는 직분을 맡고 있소. 주공께서 취하여 대청에 누워 계시니 감히 들어가도록 할 수는 없소."

조인은 감히 들어갈 수 없었다. 그 말을 들은 조조가 감탄했다.

"허저는 진정한 충신이로다!"[7]

며칠이 못 되어 하후돈이 당도하자 함께 정벌할 일을 의논했다. 하후돈이 말했다.

"오와 촉은 아직 급히 공격할 수 없으니 먼저 한중의 장로를 취한 다음에 승리한 군사들을 이끌고 촉을 친다면 수월하게 함락시킬 수 있을 것입니다."

조조가 말했다.

"바로 내 뜻과 부합하네."

마침내 군대를 일으켜 서쪽 정벌에 나섰다.

방금 흉악한 계략 과시하며 약한 황제 기만하더니
다시 강한 정예군 휘몰아 변방 소국 치러 가네

方逞兇謀欺弱主, 又驅勁卒掃偏邦

뒷일은 어떻게 될 것인가?

제66회 칼 한 자루만 들고 연회에 참석한 관우

❶

『삼국지』「오서·제갈근전」에 "건안 20년(215), 손권은 제갈근을 촉에 사자로 파견해 유비와 우호 관계를 맺도록 했다. 동생인 제갈량과는 공개적인 장소에서만 서로 만날 뿐 물러난 후에는 사사로이 만나는 일이 없었다"고 기록되어 있다.

이 기록을 통해 제갈근의 성정을 엿볼 수 있으나 손권이 제갈근의 가족을 구금하면서 형주를 돌려받을 계책을 꾸몄다는 기록은 찾을 수 없다.

❷

관우를 군후君侯라 부를 수는 없다

소설에서 관우를 군후로 칭하는 경우가 많은데, 관우는 군후라 부를 수 없다. 군후는 진秦, 한漢 시기의 열후列侯로 승상丞相, 상국相國의 호칭이었다. 한漢대 이후에는 고관 귀인의 경칭으로 사용했다.

❸

단도회單刀會

관우가 칼 한 자루를 지니고 노숙의 연회에 간 이야기는 실제 역사 기록과는 조금 다르다. 『삼국지』 「오서·노숙전」은 이 일을 다음과 같이 기록하고 있다.

"노숙은 이때 익양益陽(현 명칭, 치소는 지금의 후난성 이양益陽)에 주둔했는데 관우와 서로 대치하고 있었다. 노숙은 관우에게 서로 만나자고 요청하여 각자 자신들의 병사들을 백보 밖에 멈춰 있게 하고 장군끼리만 단도單刀를 지니고 함께 만났다. 노숙은 관우를 꾸짖으며 말했다.

'우리가 성의껏 그대들에게 땅을 빌려준 것은 그대들이 패전한 데다 먼 길을 왔고 몸을 의지할 곳이 없었기 때문이오. 지금 이미 익주를 얻었으면서도 땅을 전부 돌려줄 뜻이 없으니, 우리는 단지 세 군郡만 반환하기를 요청하는 것이오. 그런데도 그대들은 명에 따르지 않고 있소.'

말을 마치기도 전에 자리에 앉아 있던 어떤 한 사람이 말했다.

'무릇 토지란 덕 있는 사람에게 돌아가는 것이거늘, 한 사람이 모두 차지하는 도리가 어디에 있소!'

노숙이 엄하게 큰 소리로 그를 꾸짖었는데 매우 단호하고 준엄한 표정이 드러났다. 관우가 칼을 잡고 일어나며 말했다.

'이것은 나라의 큰일인데 이 사람이 무엇을 알겠소!'

눈짓으로 그 사람에게 떠나도록 했다."

땅을 오만 차지해야 하느냐고 반문한 사람이 소설에서는 주창으로 나오지만 실제 역사 기록에서는 그가 누구였는지 밝히지 않고 있다. 그리고 관우는 노숙이 초청한 연회에 온 것이 아니라 양군의 중간 지점에서 만난 것으로 판단된다.

배송지 주 『오서吳書』에는 관우가 단호하게 "오림烏林 전투에서 좌장군(유비)께서는 직접 전투에 임하여 잘 때도 갑옷을 벗지 않고 힘을 합쳐 위를 격파하셨는데 어찌 헛수고만 하고 한 무더기의 땅도 없이 족하께서 땅을 거두어들이려 하시오?"라고 말했다고 기록되어 있다.

'형주를 빌린' 문제로 격돌한 손권과 유비

유비가 익주를 점령하자 결국 '형주를 빌린' 문제가 유비와 손권 사이의 충돌로 이어졌다. 『삼국지』「오서·오주전」「오서·노숙전」「오서·여몽전」「촉서·선주전」, 『자치통감』 권67 「한기 59」에 당시 상황에 대해 비교적 상세히 기록되어 있는데, 「오서·오주전」은 다음과 같이 기록하고 있다.

"손권은 유비가 이미 익주를 점령했다고 여기고 제갈근을 파견해 유비에게 형주의 각 군을 돌려달라고 요청했다. 그러자 유비가 대답하지 않고 '내가 양주涼州를 도모하려 하는데, 양주를 평정하면 바로 형주 전체를 오에 돌려주겠소'라 했다.

손권이 말했다.

'이것은 빌렸으면서 돌려주지 않는 것이며 도리어 헛된 말로 시일을 끌려는 것이로다.'

그러고는 마침내 세 개 군(장사長沙, 영릉零陵, 계양桂陽)에 관리를 임명했으나 관우가 그들을 모조리 쫓아냈다. 손권은 몹시 분노하여 즉시 여몽에게 선우단鮮于丹, 서충徐忠, 손규孫規 등 2만 명을 인솔하여 장사, 영릉, 계양 3군을 공격해 취하게 했고, 노숙에게 1만 명을 이끌고 파구巴丘에 주둔하면서 관우를 막도록 했다. 손권 자신은 육구陸口에 주둔하면서 전군을 지휘했다. 마침 유비는 5만 명을 이끌고 공안公安으로 왔고 관우에게 병사 3만 명을 이끌고 익양益陽까지 가도록 했다. 세 군의 군수가 모두 귀순하여 복종했으므로 군대를 이끌고 돌아와 손교孫皎, 반장潘璋에 노숙의 군대를 합병하여 함께 익양益陽에서 관우에게 저항했다."

양측이 충돌하는 일촉즉발의 순간인 이때 그 유명한 관우와 노숙의 단도회單刀會가 이루어진다. 소설에서는 동오가 장사, 영릉, 계양 세 군을 돌려받지 못해 노숙이 관우와 회담하는 것으로 전개되지만, 사실은 손권이 여몽을 파견하여 이미 세 군을 탈취했고 노숙이 관우를 만나 회담한 것은 관우가 다시 세 군을 탈취하는 것을 저지하기 위한 것이라 하겠다. 이때 조조가 한중 정벌에 나서면서 양측은 다시 다음과 같은 합의를 하게 된다.

「오서·오주전」에 따르면 "아직 싸움이 시작되지 않았는데 마침 조조가 군대를 이끌고 한중으로 진입했고 유비는 익주를 잃을까 두려워 사자를 파견해 화친을 구했다. 손권은 제갈근을 파견하여 회답하도록 했고 다시 우호 관계를 지속하기로 했다.

이에 형주를 나누어 장사, 강하, 계양 동쪽 지역은 손권에게 귀속시키고, 남군, 영릉, 무릉 서쪽 지역은 유비에게 귀속시키기로 했다"고 했고, 「촉서·선주전」은 "이해에 조공은 한중을 평정했고 장로는 파서로 달아났다. 선주는 이 소식을 듣고 손권과 연맹을 맺었으며 형주를 분할하여 강하, 장사, 계양 동쪽을 손오에 귀속시키고, 남군, 영릉, 무릉 서쪽을 자신에게 귀속시키기로 하고는 선주는 군사들을 이끌고 물러나 강주로 돌아왔다"고 기록하고 있다. 「오서·노숙전」에 따르면 양국이 "상수湘水(지금의 후난성 샹장湘江강)를 경계로 삼아 땅을 나누자 비로소 양쪽 군대가 철군했다"고 기록하고 있다.

결국 손권은 완벽하게 형주를 돌려받지 못하게 되었지만 결코 포기하지 않았고 노숙이 세상을 떠나면서 또 다른 양상으로 전개된다.

❹

순유는 위왕 즉위 문제로 우울해하다 죽은 것이 아니다

『삼국지』「위서·순유전」에 따르면 "순유는 태조를 따라 손권을 정벌하러 가는 도중에 죽었다"고 기록하고 있고 배송지 주 『위서魏書』에 따르면 "이때는 건안 19년(214), 순유의 나이 58세 때의 일이다. 태조가 영을 내렸는데 '나는 순공달荀公達(순유의 자)과 함께 주유한 지 20여 년이 되었건만 서로 터럭만큼도 어긋남이 없었다'고 했다"고 기록하고 있다.

또한 조조는 조비에게 "순공달은 사람의 사표師表이니 너는 응당 예를 다해 그를 공경해야 한다"고 당부하기도 했고, "순유가 병에 걸린 적이 있었는데 세자(조비)가 그를 문병하러 가서 침상 앞에서 무릎을 꿇고 엎드려 절을 올렸다. 그가 받은 존경이 이 정도였다"고 역사는 기록하고 있다.

그리고 "공달이 전후하여 모두 기묘한 계책 12가지를 세웠는데 종요鍾繇만이 그 내용을 알고 있었다. 종요가 공달의 기묘한 책략을 편집하려 했으나 완성하지 못하고 죽는 바람에 세상 사람들이 그 전모를 엿볼 수 없게 되었다"는 기록도 있다.

순유가 사망한 시기는 건안 19년(214)이며 2년 후인 건안 21년(216)에 조조는 위왕에 즉위한다. 순유의 사망과 조조의 위왕 즉위까지의 시간 차는 2년이다. 소설처럼 순유가 조조의 위왕 즉위 문제로 우울해하다가 죽었고 그 일로 인해 조조가 위왕이 되는 일을 그만두었다는 것은 믿기 어려우며 그런 기록도 찾을 수 없다.

❺

복황후伏皇后 시해 사건

소설에서의 복황후 시해 사건과 역사 사실은 많이 다르다. 『삼국지』 「위서·무제기」의 기록에 따르면 "건안 19년(214) 11월, 한나라 헌제의 황후 복씨伏氏(이름은 수壽)는 이전에 둔기교위屯騎校尉를 지냈던 부친인 복완伏完에게 보낸 편지에서 헌제가 동승董承이 피살된 일로 위공魏公을 원망하고 있다고 썼는데, 그 언사가 매우 추악했다. 일이 발각된 후에 복황후는 폐위되어 사형에 처해졌으며 그녀의 형제들도 모조리 사형당했다"고 기록하고 있다.

또한 『후한서』 「복황후기伏皇后紀」는 동승과 동귀인董貴人 사건 이후(24회), "복황후는 두려운 마음을 품고 이에 부친인 복완에게 편지를 써서 조조의 잔인함과 각종 죄상을 호소하고 비밀리에 조조를 제거하라고 명한다. 그러나 복완은 감히 행동하지 못했다. 건안 19년(214)에 이르러 이 일이 누설되었다. 조조는 이에 복황후를 폭실暴室(한나라 시기 관서 명칭으로 액정령掖庭令에 속하고, 방직과 명주의 염색 작업을 주관했다. 햇볕을 오래 쬔다고 하여 폭실이라 했다. 궁중의 부녀자들 중에 병이 있거나 황후와 귀인이 죄를 저지르면 모두 이곳에 유폐되었으므로 폭실옥暴室獄이라고도 한다)에 가두었고 그녀는 연금된 상태에서 죽었다. 그녀의 소생인 두 황자皇子도 모두 짐주로 독살되었다. 형제 및 종족 중에 살해된 자가 100여 명이었고 모친 등 19명은 탁군涿郡으로 유배되었다"고 기록하고 있다.

동승 사건은 건안 5년(200)에 발생했으며 복황후가 자신의 부친인 복완에게 편지를 보낸 일이 14년이나 지난 건안 19년(214)에 이르러 발각된 것이다. 어떤 경로로 발각되었는지에 대한 기록은 없어 알 수가 없다. 또한 건안 14년(209)에 복완이 사망했다고 역사는 기록하고 있어, 이 사건이 발각되기 5년 전에 이미 복완은 병사한 상태였다. 복완은 아무런 행동도 하지 못하고 병사한 것으로 보인다.

❻

『삼국지』「위서·무제기」에 따르면 "건안 18년(213) 가을 7월, 천자는 위공魏公(조조)의 세 딸을 맞아들여 귀인貴人으로 삼았는데, 가장 나이 어린 딸(조화曹華를 말함)은 위나라에서 성년이 되기를 기다리게 했다"고 기록하고 있다. 여기서 조조의 세 딸은 조헌曹憲, 조절曹節, 조화曹華 세 자매를 말한다. 그중 조절은 후에 황후로 세워진다.

『후한서』「조황후기曹皇后紀」에 "건안 18년(213), 조조는 자신의 세 딸인 조헌, 조절, 조화를 헌제의 부인으로 맞아들이게 했다. 이듬해인 건안 19년(214), 조조의 세 딸은 모두 귀인貴人으로 봉해졌다. 복황후가 시해된 이듬해 조정은 조절을 황후로 책립했다"고 기록되어 있다.

❼

조인을 대한 허저의 태도는 역사 사실과 조금 다르다

『삼국지』「위서·허저전」은 다음과 같이 기록하고 있다.

"허저는 성품이 신중하고 법을 준수하며 진중하고 말이 적었다. 조인이 형주로부터 태조를 알현하러 왔는데, 태조가 아직 나오지 않았으므로 어전 밖에서 허저와 만났다. 조인이 허저를 불러 편전便殿(별전別殿으로 제왕이 휴식을 취하던 곳)으로 들어가 앉아서 말을 하려는데, 허저가 말했다.

'위왕께서 곧 나오십니다.'

말이 끝나자마자 바로 몸을 돌려 어전으로 들어갔으므로, 조인은 속으로 그를 원망했다. 어떤 사람이 허저를 질책했다.

'정남장군征南將軍은 종실 중신인데도 자신을 낮춰 그대를 불렀거늘, 당신은 무엇 때문에 거절했소?'

허저가 말했다.

'그는 비록 친근한 종실 중신이지만, 결국은 외번外藩(군대를 보유하고 밖에서 조정을 보위하는 신하)입니다. 이 허저는 관직이 있는 내신內臣이므로 공개적으로 말해도 충분한데 무엇 때문에 궁전 내실로 들어와 사적으로 말을 하십니까?'

태조는 듣고서 더욱 그를 좋아하며 후하게 대접했고 중견장군中堅將軍(조조가 설치한 잡호장군 중의 하나로 중간에 있으며 견고하여 믿을 수 있기 때문에 중견이라 불렀다)으로 승진시켰다."

제 67 회

한중의 장로를 평정한 조조

조조는 한중 땅을 평정하고,
장료는 소요진에서 위엄을 떨치다

曹操平定漢中地,
張遼威震逍遙津

조조는 군사를 세 부대로 나누어 서쪽 정벌에 나섰다. 선봉대의 선두는 하후연, 장합이 담당하고 조조는 직접 각 장수를 통솔하며 중군에 있기로 했으며, 후방 부대는 조인과 하후돈이 맡아 군량과 마초를 운송하기로 했다. 어느새 정탐꾼이 한중으로 들어가 이 사실을 보고했다. 장로는 그의 아우인 장위張衛와 함께 적을 물리칠 계책을 상의했다. 장위가 말했다.

"한중에서 험준한 곳 가운데 양평관[1]만 한 곳이 없으니 관의 좌우 산에 의지하면서 숲과 인접한 곳에 10여 개의 목책을 세우고 조조군과 대적하겠습니다. 형님께서는 한녕[2]에 머물면서 군량과 마초를 많이 조달해주십시오."

장로는 그 말에 따라 대장 양앙楊昂과 양임楊任을 자신의 아우와 함께 출발시켰다.❶

군마는 양평관에 이르러 군영을 세웠다. 하후연과 장합의 선봉대가 뒤이어 당도했다. 양평관에서 이미 준비를 마쳤다는 소식을 듣고는 관에서 15리 떨어진 곳에 군영을 세웠다. 그날 밤은 군사들이 피곤하여 각자 휴식을 취하게 했다. 그때 별안간 군영 뒤쪽에서 불길이 일어나더니 양앙과 양임의 군사가 두 갈래로 군영을 급습해왔다. 하후연과 장합이 급히 말에 올랐으나 사방으로 대군이 에워싸며 치고 들어왔고 조조군은 완패하여 물러났다. 조조가 성내며 말했다.

"너희 두 사람은 수년 동안 행군을 했으면서 어찌 '군사들이 멀리 행군하여 피곤하면 군영 기습을 대비해야 한다'는 것을 몰랐단 말이냐? 어째서 준비를 하지 않았느냐?"

참수하여 군법을 명백히 하려 했으나 관원들이 간절히 애원한 덕분에 두 사람은 죽음을 면할 수 있었다.

조조는 이튿날 직접 군사를 이끌고 선봉대가 되었다. 산세가 험악하고 숲이 울창하여 길이 어디로 났는지 알 수가 없자 복병이 있을까 걱정되어 즉시 군사를 이끌고 군영으로 돌아왔다. 그가 허저와 서황 두 장수에게 일렀다.

"이곳이 이토록 지세가 험악한 곳인 줄 알았다면 결코 군대를 끌고 오지 않았을 것이네."

허저가 말했다.

"이미 이곳에 이르렀으니 주공께서는 고생을 꺼리셔서는 안 됩니다."

이튿날 조조는 말에 올라 허저와 서황 두 사람만을 데리고 장위의 목책을 살피러 갔다. 세 필의 말이 산비탈을 돌아가자 어느새 장위의 목책이 멀리서 보였다. 조조가 채찍을 들어 올려 멀리 가리키며 두 장수에게 일렀다.

"저토록 견고하니 급히 점령하기는 어렵겠구나!"

말을 미처 마치기도 전에 등 뒤에서 함성이 일어났다. 화살이 비 오듯 날아들었고 양앙과 양임이 두 갈래로 각각 몰려들었다. 조조는 깜짝 놀랐다. 허저가 큰 소리로 외쳤다.

"내가 적을 막겠소! 서공명徐公明(서황의 자)은 주공을 잘 보호하시오!"

말을 마치고는 칼을 잡고 말고삐를 놓은 채 앞으로 달려나가 온 힘을 다해 두 장수와 대적했다. 양앙과 양임은 허저의 용맹을 당해낼 수 없자 말 머리를 돌려 물러갔고 나머지 군사는 감히 앞으로 나서지 못했다. 서황은 조조를 보호하며 산비탈을 돌아 달아나는데 앞에서 또 한 부대가 달려오고 있었다. 그들을 보니 바로 하후연과 장합이었다. 두 장수가 함성을 듣고는 군사를 이끌고 도우러 달려온 것이었다. 이에 양앙과 양임을 물리치고 조조를 구해 군영으로 돌아왔다. 조조는 네 장수에게 후한 상을 내렸다. 이로부터 양편은 서로 50여 일간 대치만 하고 교전을 벌이지 않았다. 조조는 군사를 물리라는 명령을 전달했다. 그러자 가후가 말했다.

"적의 세력이 아직 강한지 약한지도 보지 못했는데 주공께서는 무슨 까닭으로 스스로 물러나십니까?"

조조가 말했다.

"내가 헤아려보건대 적병이 매일 대비를 하고 있어 급히 승리를 쟁취하기는 어려울 것 같소. 내가 군사를 물린다는 소문을 내서 적들이 해이해져 방비하지 않도록 만든 다음에 가볍게 무장한 기병으로 뒤에서 기습한다면 반드시 적을 이길 수 있을 것이오."

가후가 말했다.

"승상의 뛰어난 임기응변의 지모는 예측할 수가 없습니다."

그러고는 하후연과 장합에게 군사를 두 갈래로 나누어 각자 가볍게 무장한 기병 3000명을 이끌고 오솔길을 따라 양평관 뒤로 질러가게 했다. 조조 자신은 대군을 이끌고 군영을 빼서 떠났다. 조조군이 물러갔다는 소식을 들은 양앙은 양임과 상의하며 기세를 몰아 공격하고자 했다. 양임이 말했다.

"조조는 간사한 계책이 지극히 많아 그 진실을 알 수 없으니 추격해서는 안 되오."

양앙이 말했다.

"공이 가지 않겠다면 나 혼자라도 가겠소."

양임이 간절하게 타일렀으나 따르지 않았다. 양앙은 다섯 군영의 군마를 모조리 일으켜 전진했고 약간의 군사만 남겨두어 군영을 지키게 했다. 이날은 짙은 안개가 자욱하게 깔려 얼굴을 맞대고도 알아볼 수 없을 지경이었다. 양앙의 군사들이 중간쯤에 이르렀을 때 더 이상 갈 수가 없어 잠시 행군을 멈췄다.

한편 하후연의 일군은 산 뒤로 질러가다가 짙은 안개가 꽉 드리운 데다 사람의 말소리와 말들이 울부짖는 소리가 들려 복병이 있을까 두려워하며 급히 인마를 재촉해 전진했다. 그러다가 짙은 안개 속에서 실수로 양앙의 군영 앞까지 이르고 말았다. 군영을 지키던 군사들은 말굽 소리를 듣고는 양앙의 군사가 돌아온 줄 알고 그만 군영 문을 열어 안으로 들였다. 조조군이 몰려들어 보니 빈 군영인지라 즉시 군영 안에 불을 질렀다. 다섯 군영의 군사들이 모조리 군영을 버리고 달아났다. 안개가 흩어지자 양임이 군사를 이끌고 구원하러 달려왔다. 하후연과 몇 합을 싸우지도 못했는데 등 뒤에서 장합의 군사가 당도했다. 양임은 큰길을 잡아 남정[3]으로 돌아갔다. 양앙이 돌아가려 할 때는 이미 하후연과 장합 두 사람에게 군영을 점령당한 뒤였다. 또한 등 뒤에서는 조조의 대부대 군마가 뒤를 쫓고 있었다. 양쪽에서 협공을 하자 사방으로 빠져나갈 길이 없었다. 양앙이 진을 뚫고 나가려 할 때 장합과 맞닥뜨리게 되었고 두 사람이 서로 겨루었으나 장합에게 죽임을 당하고 말았다. 패잔병들이 양평관으로 돌아와 장위를 찾았으나 당초에 두 장수가 패주한 데다 군영들도 이미 잃어버렸기에 한밤중에 관을 버리고 달아났다.

조조는 마침내 양평관과 여러 군영을 손에 넣었다. 장위와 양임이 장로를 만나 협곡의 입구를 잃었기 때문에 관을 지킬 수 없었다고 말했다. 장로가 크게 노하여 양임을 참수하려 했다. 양임이 말했다.

"제가 일찍이 양앙에게 조조군을 추격하지 말라고 간언했습니다. 그가 들으려 하지 않았으므로 이렇게 패한 것입니다. 제게 다시 일군을 주신다면 반드시 조조를 베어 죽이겠습니다. 만일 승리하지 못한다면 군령을 달게 받겠습니다."

장로가 군령장을 받았다. 양임은 말에 올라 군사 2만 명을 이끌고 남정을 떠나 군영을 세웠다.[2]

한편 조조는 군대를 이끌고 전진하면서 먼저 하후연에게 군사 5000명을 주고 남정으로 가는 길을 정찰하게 했는데 마침 양임의 군마와 마주치고 말았다. 양임이 부하 장수 창기昌奇를 출전시켜 하후연과 맞서게 했으나 3합도 싸우지 못해 한칼에 찍혀 말 아래로 떨어졌다. 양임은 직접 창을 잡고 말을 몰며 하후연과 30여 합을 싸웠으나 승부를 가리지 못했다. 하후연이 거짓으로 패한 척하며 달아나자 양임은 뒤를 쫓았고 하후연은 칼을 끌다가 상대가 준비하지 않은 틈을 이용해 불쑥 돌아서 공격하는 타도계拖刀計를 써서 양임을 베어 말 아래로 떨어뜨렸다. 양임의 군사는 대패하여 돌아갔다. 하후연이 양임을 베어 죽인 것을 알게 된 조조는 즉시 군사들을 진격시켜 곧장 남정까지 밀고 들어가 군영을 세웠다. 장로가 황급히 문무관원들을 모아놓고 대책을 상의했다. 염포閻圃가 말했다.

"제가 조조 수하의 장수들을 대적할 만한 사람 하나를 보증하겠습니다."

장로가 누구냐고 묻자 염포가 말했다.

"남안[4] 땅의 방덕으로 지난번에 마초를 따라 주공께 왔었는데 나중에 마초가 서천으로 갈 때 방덕은 병을 앓아 같이 가지 못했습니다. 지금은 주공의 은혜와 보살핌을 받고 있으니 이 사람을 보내시지요."

장로는 크게 기뻐하며 즉시 방덕을 불렀다. 그의 노고에 후하게 상을 내리고는 1만 명의 군마를 점검하여 방덕을 출전시켰다. 성에서 10여 리 떨어진 곳에서 조조군과 대치한 방덕은 말을 몰고 나가 싸움을 걸었다. 위교渭橋 싸움에서 방덕의 용맹을 잘 보았던 조조는 장수들에게 당부했다.

"방덕은 서량의 용장으로 원래 마초를 섬기다 지금은 장로에게 의지하고 있으나 그의 마음을 얻지 못하고 있다. 내 이 사람을 얻고 싶구나. 그대들은 모두 느긋하게 싸우면서 그를 지치게 한 다음에 사로잡도록 하라."

장합이 먼저 나가서 몇 합을 대적하고는 즉시 물러났다. 하후연 또한 몇 합을 싸우고는 물러났다. 서황도 3~5합을 싸우고는 역시 뒤로 물러났다. 뒤이어 허저가 50합을 싸운 다음에 또 물러났다. 방덕은 네 장수와 온 힘을 다해 싸우면서도 결코 두려워하는 기색이 없었다. 그와 싸움을 벌였던 장수들은 모두 조조 앞에서 방덕의 무예가 대단하다고 칭찬했다. 조조는 속으로 크게 기뻐하며 장수들과 상의했다.

"어떻게 해야 이 사람을 투항시킬 수 있겠는가?"

가후가 말했다.

"제가 알기로는 장로의 수하 중에 양송이라는 모사가 있는데 뇌물을 몹시 탐한다고 합니다. 지금 몰래 그에게 황금과 비단을 보내 장로에게 방덕을 험담하게 한다면 사로잡을 수 있을 것입니다."

조조가 말했다.

"어디에서 남정으로 들어갈 사람을 얻는단 말이오?"

가후가 말했다.

"내일 맞붙어 싸우다가 거짓으로 패한 척하며 군영을 버리고 달아나 방덕이 우리 군영을 차지하게 하십시오. 그러고는 우리가 심야에 군사를 이끌고 군영을 급습하면 방덕은 틀림없이 성으로 들어갈 것입니다. 그때 언변이 좋은 군사 한 명을 선발해 저들 군사로 꾸미고 진중에 섞여 들어가게 하면 성으로 들어갈 수 있을 것입니다."

조조는 그 계책을 따르기로 했다. 이에 세심한 보조 군관 한 명을 선발해 후한 상을 내리고 황금과 가슴을 보호해주는 갑옷인 엄심갑 한 벌을 건네주며 맨살에 달라붙도록 입게 했으며 겉에는 한중 군사의 호의[5]를 입힌 다음 미리 길 중간에서 기다리게 했다.

이튿날 먼저 하후연과 장합 두 부대를 선발해 멀리 나가 매복하게 한 다음, 서황을 내보내 몇 합 싸우지 않고 패한 척하며 달아나게 했다. 방덕이 군사들을 몰아 들이치자 조조군은 모조리 물러갔다. 방덕은 조조의 목책을 탈취했는데 군영 안에 군량과 마초가 지극히 많은 것을 보고는 크게 기뻐하며 즉시 장로에게 서면으로 보고했다. 그러는 한편 군영 안에서 연회를 열어 축하했다. 그날 밤 이경이 지날 무렵 별안간 세 갈래 길에서 불길이 일어났는데, 정중앙은 서황과 허저, 왼쪽은 장합, 오른쪽은 하후연이 일제히 군영을 급습했다. 미처 대비하지 못한 방덕은 어쩔 수 없이 말에 올라 적진을 뚫고 성을 향해 달아났다. 뒤에서 세 갈래 군마가 추격해왔다. 방덕은 급히 성문을 열라고 소리치고는 군사들을 통솔하며 한꺼번에 떼 지어 성으로 들어갔다.

이때 정탐꾼은 이미 그들과 섞여 성으로 들어간 후였다. 그는 곧장 양송의 부중으로 들어가 자세히 설명했다.

"위공이신 조승상께서는 공의 높은 덕을 오래전부터 듣고 계셨습니다. 이에 특별히 저를 시켜 신의의 뜻으로 황금과 갑옷을 보내고 또한 밀서를 올리라고 하셨습니다."

양송은 크게 기뻐하며 밀서의 내용을 살펴보고는 정탐꾼에게 일렀다.

"위공께 안심하시라고 알려드리게. 나에게 좋은 계책이 있으니 보답하겠네."

정탐꾼을 먼저 돌아가게 하고는 즉시 그날 밤으로 장로를 찾아가서 방덕이 조조의 뇌물을 받고 이번 싸움에 진 것이라고 말했다. 크게 노한 장로가 방덕을 불러 호되게 욕을 하고는 참수하려 했다. 염포가 간절히 타이르자 장로가 말했다.

"내일 출전해서 승리하지 못하면 반드시 목을 치겠다!"

방덕은 원한을 품고 물러났다.

이튿날 조조군이 성을 공격하자 방덕이 군사를 이끌고 돌진했다. 조조는 허저에게 그와 교전을 벌이게 했다. 허저가 거짓으로 패한 척하자 방덕이 뒤를 쫓았다. 조조는 직접 말을 타고 산비탈에서 불렀다.

"방영명龐令明(방덕의 자)은 어찌하여 일찌감치 항복하지 않는가?"

방덕은 곰곰이 생각했다.

'조조를 잡는다면 1000명의 상장과 필적할 수 있을 것이다!'

즉시 나는 듯이 말을 달려 비탈을 올라갔다. 그때 함성이 일어나면서 하늘이 무너지고 땅이 꺼지듯 사람과 말이 연이어 함정 속으로 떨어지고 말았다. 사방에서 갈고리가 일제히 군사들을 걸어 올렸고 방덕은 산 채로 잡혀 끌려왔다. 조조는 말에서 내려 큰 소리로 군사들을 물리치고는 손수 결박을 풀어주고 방덕에게 항복할 것인지 물었다. 방덕은 장로가 어질지 못함을 깊이 생각하고는 절을 올려 항복하기를 간절히 원했다. 조조는 직접 방덕을 부축해 말에 태우고는 함께 본영으로 돌아왔고 일부러 성 위의 사람들이 그런 모습을 바라보게 했다. 사람들이 장로에게 방덕이 조조와 함께 말 머리를 나란히 하며 떠났다고 보고했다. 장로는 더욱 양송의 말이 진실이라고 믿게 되었다. ❸

이튿날 조조는 삼면으로 운제[6]를 곧게 세우고 포석을 날려 공격했다. 형세가 이미 몹시 위급해진 것을 본 장로는 아우 장위와 함께 상의했다. 장위가 말했다.

"불을 놓아 식량 창고와 부고府庫(국가가 재물과 무기를 저장해둔 곳)를 모조리 태워버리고 남산으로 달아나 파중[7]을 지키는 것이 좋을 듯합니다."

양송이 말했다.

"차라리 성문을 열어 투항하는 것이 나을 듯합니다."

장로는 망설이며 결정하지 못했다. 장위가 말했다.

"불태워버리고 즉시 떠납시다."

장로가 말했다.

"내 본래 국가에 귀순하려고 했으나 그 뜻을 달성하지 못했다. 지금 어쩔 수 없이 달아나지만 식량 창고와 부고는 국가의 소유이니 없애버려서는 안 된다."

결국 모조리 봉하고 자물쇠로 채웠다. 이날 밤 이경에 장로는 온 가족을 거느리고 남문을 열어 달아났다. 조조는 뒤쫓지 말라 하고는 군사를 거느리고 남정으로 들어갔는데 장로가 창고를 봉한 것을 보고는 속으로 매우 기뻐했다. 즉시 사람을 파중으로 보내 투항하도록 권고했다. 장로는 항복하려 했으나 장위는 투항하려 들지 않았다. 양송은 밀서로 조조에게 보고하여 군사를 진격시키면 즉시 안에서 호응하겠다고 했다. 밀서를 받은 조조는 직접 군사를 이끌고 파중으로 진격했다. 장로는 아우인 장위에게 군사를 통솔하여 대적하게 했으나 허저와 맞붙어 싸우다가 장위가 말 아래로 떨어지고 말았다. 패잔병이 이를 장로에게 보고하자 장로는 굳게 지키려고만 했다. 그러자 양송이 말했다.

"지금 나가지 않으면 앉아서 죽음을 기다리는 꼴이 됩니다. 제가 성을 지킬 테니 주공께서는 친히 저들과 생사를 걸고 마지막 승부를 겨루십시오."

장로는 그 말을 따랐다. 염포가 장로에게 나가지 말라고 간언했으나 장로는 듣지 않고 마침내 군사를 이끌고 나가 맞섰다. 그러나 맞붙어 싸우기도 전에 후군이 이미 달아나고 말았다. 장로가 급히 물러나자 뒤에서는 조조군이 추격해왔다. 그가 성 아래에 이르렀으나 양송이 성문을 닫아버리고는 열어주지 않았다. 달아날 길이 없게 된 장로에게 조조가 뒤에서 쫓아오면서 크게 소리 질렀다.

"어찌하여 일찌감치 항복하지 않느냐!"

장로는 이에 말에서 내려 투항하고 절을 올렸다. 조조는 크게 기뻐하며 그가 창고를 봉한 마음을 생각해 예우했고 진남장군[8]으로 봉했다. 염포 등도 모두 열후로 봉하니 한중이 모두 평정되었다. 조조는 명령을 전달해 각 군[9]에 태수를 임명하고 도위都尉를 두었으며, 사졸들에게 큰 상을 내렸다. 오직 양송만은 주인을 팔아 영화를 구했으므로 즉시 저잣거리에서 참수하고 대중에게 보여주었다. 후세 사람이 탄식한 시가 있다.

어진이 가로막고 주인 팔아 공적 뽐내더니
쌓아놓은 금은보화 모두 헛되이 되었구나
집안이 영화 누리기도 전에 죽임을 당하니

천년이 지나도 사람들 양송을 비웃는구나

妨賢賣主逞奇功, 積得金銀總是空

家未榮華身受戮, 令人千載笑楊松 ❹

조조가 동천東川[10]을 손에 넣자 주부 사마의가 나서며 말했다.

"유비가 사기와 폭력으로 유장을 취하여 촉 사람들이 여전히 그를 받아들이지 않고 있습니다. 주공께서는 이미 한중을 손에 넣어 그 위엄으로 익주를 진동시켰습니다. 속히 군사를 진격시켜 공격한다면 그 세력은 반드시 와해될 것입니다. 지혜로운 자는 시기를 귀하게 여긴다고 하니 이때를 잃으셔서는 안 됩니다."

조조가 탄식했다.

"사람은 만족할 줄 모른다고 하더니 '이미 농隴을 취했는데 다시 촉蜀을 바란다'고 해야 하는가?" ❺

유엽이 말했다.

"사마중달司馬仲達(사마의의 자)의 말이 맞습니다. 만일 조금이라도 지체한다면 나라를 다스리는 것에 밝은 제갈량이 재상이 되고 관우, 장비 등 삼군 중에 으뜸가는 자들이 장군이 될 것입니다. 그들이 촉의 백성을 안정시키고 요충지의 험준한 곳을 점거하고 지킨다면 침범할 수 없게 됩니다."

조조가 말했다.

"사졸들이 멀리서 건너오느라 고생스러우니 그들을 자상하게 돌보고 위로해주어야 하오."

결국 군대의 행동을 멈추고 움직이지 않았다.

한편 서천의 백성은 조조가 이미 동천을 취했다는 소식을 듣고는 틀림없이 서천을 취하러 올 것이라 헤아리며 하루에도 몇 번이나 두려워했다. 현덕은 군사를 청해 이 일을 상의했다. 공명이 말했다.

"제게 한 가지 계책이 있는데 조조가 스스로 물러갈 것입니다."

현덕이 그 계책을 묻자 공명이 말했다.

"조조가 군사를 나누어 합비에 주둔시킨 것은 손권을 두려워하기 때문입니다. 이제 우리가 강하, 장사, 계양의 세 개 군을 나누어 오에게 돌려주고 언변이 좋은 인사를 파견해 이해관계를 설명한 후 오가 군대를 일으켜 합비를 기습하게 하여 그 형세를 변화시킨다면 조조는 반드시 군대를 통솔하여 남쪽으로 향할 것입니다."

현덕이 물었다.

"누구를 사자로 삼으면 좋겠소?"

이적이 말했다.

"제가 가겠습니다."

현덕이 크게 기뻐하며 즉시 편지를 써서 예물을 갖추고 이적을 먼저 형주로 보내 운장에게 알리게 한 다음 오로 들어가게 했다. 말릉秣陵[11]에 당도한 이적은 손권을 찾아가 먼저 성명을 통지했다. 손권이 이적을 불러들였다. 이적이 예를 마치자 손권이 물었다.

"그대는 무엇 때문에 이곳에 오셨소?"

이적이 말했다.

"지난번에 제갈자유(제갈근의 자)가 장사 등의 세 개 군을 찾으러 왔었는데 군사가 자리에 있지 않아 인도해드리지 못했습니다. 이제야 서신을 전해드리고자 합니다. 형주의 남군과 영릉[12]도 본래는 돌려드리려고 했는데 조조가 동천을 기습하는 바람에 관장군이 몸을 의탁할 곳이 없어졌습니다. 지금 합비가 텅 비어 있으니 바라건대 군후[13]께서 군대를 일으켜 조조를 공격하고 그가 남쪽으로 철군하게 해주십시오. 우리 주공께서는 동천을 취하게 된다면 즉시 형주의 모든 영토를 돌려드린다고 말씀하셨습니다."

손권이 말했다.

"그대는 잠시 역관으로 돌아가시오. 내 상의 좀 해봐야겠소."

이적이 물러가자 손권은 여러 모사에게 계책을 물었다. 장소가 말했다.

"조조가 서천을 빼앗을까 두려워 이런 계책을 꾸민 것입니다. 비록 그렇다고 하더라도 조조가 한중에 있기 때문에 그 기회를 틈타 합비를 취한다면 이 또한 상책이라 하겠습니다."

손권은 그 말을 따르기로 하고 이적을 촉으로 돌려보낸 다음 즉시 군대를 일으켜 조조를 공격할 일을 의논했다. 노숙에게 장사, 강하, 계양 세 개 군을 돌려받게 하고는 육구에 군사를 주둔시키게 했고, 여몽과 감녕을 돌아오게 했으며, 또 여항[14]으로 사람을 보내 능통도 불러들였다.

하루가 못 되어 여몽과 감녕이 먼저 돌아왔다. 여몽이 계책을 바쳤다.

"지금 조조가 여강廬江태수 주광朱光에게 환성皖城에 군사를 주둔시키고 벼농사 지을 논을 크게 넓혀 곡식을 합비로 보내며 군량을 충당하고 있습니다. 지금 먼저 환성을 취한 다음에 합비를 공격하셔야 합니다."

손권이 말했다.

"그 계책은 심히 내 뜻과 합치되오."

즉시 여몽과 감녕을 선봉으로, 장흠과 반장을 지원군으로 삼았으며 손권 자신은 주태, 진무, 동습, 서성을 이끌고 중군이 되었다. 이때 정보, 황개, 한당은 각처에 군대를 주둔시켜 지키느라 모두 원정에 따라가지는 못했다.

한편 군마가 강을 건너 화주[15]를 취하고 곧장 환성에 이르렀다. 환성태수[16] 주광은 즉시 합비로 사람을 보내 구원을 요청하는 한편 성을 굳게 지키며 보루를 더욱 견고히 하고 싸우러 나가지 않았다. 손권이 직접 성 아래로 가려 하니 성 위에서 화살이 빗발치듯 쏟아졌고 그중 하나가 손권의 휘개를 명중시켰다. 군영으로 돌아온 손권이 장수들에게 물었다.

"어떻게 해야 환성을 빼앗을 수 있겠소?"

동습이 말했다.

"군사들을 내보내 토산을 쌓고 공격해야 할 것 같습니다."

서성이 말했다.

"운제를 세우고 홍교[17]를 만들어 성을 내려다보며 공격하는 것이 좋겠습니다."

여몽이 말했다.

"그런 방법은 시간을 허비해야 하는 것으로 합비의 구원군이 당도하면 도모할 수 없을 것입니다. 지금 우리 군이 막 당도하여 군사들의 사기가 충천하니 바로 이런 예기를 이용하여 있는 힘을 다해 공격해야 합니다. 내일 동틀 무렵에 군사를 진격시키면 오시午時나 미시未時쯤에는 성을 깨뜨릴 수 있을 것입니다."

손권은 그 말을 따르기로 했다. 이튿날 오경에 밥을 지어 먹고 삼군이 대규모로 진격했다. 성 위에서는 화살과 돌이 일제히 쏟아졌다. 감녕이 손에 쇠사슬을 잡고 화살과 돌을 무릅쓰고 성을 기어 올라갔다. 주광은 궁노수에게 일제히 발사하라 명했고 감녕은 무수히 날아오는 화살 속을 헤치고 쇠사슬을 휘둘러 주광을 때려눕혔다. 여몽이 직접 북을 두드리자 사졸들이 한꺼번에 떼 지어 올라가 칼로 난도질하여 주광을 찍어 죽였다. 그러자 나머지 무리 대부분이 항복했다. 환성을 빼앗았을 때는 겨우 진시辰時였다. 장료가 군사를 이끌고 길 중간에 당도했을 때 정찰 기병이 돌아와 환성이 이미 함락되었다고 보고했다. 장료는 즉시 군사를 돌려 합비로 돌아갔다.

손권은 환성으로 들어갔고 능통 또한 군사를 이끌고 당도했다. 위로를 마친 손권은 삼군을 크게 대접했으며 여몽과 감녕 등 장수들에게 후한 상을 내리고 연회를 열어 축하했다. 여몽은 감녕을 공손하게 상좌에 앉히고 그 공로를 극구 칭찬했다. 술이 거나하게 취하자 능통은 감녕이 자신의 부친을 죽인 원한을 상기하고 말았는데, 또 여몽이 그를 과도하게 칭찬하는 것을 보고는 속으로 크게 노하여 눈을 부릅뜨고 한참 동안 노려보았다. 그러더니 별안간 좌우 측근들이 차고 있던 검을 뽑아 연석에 서서 말했다.

"술자리 앞에 즐길 것이 없으니 내 칼춤이나 구경하시오."

그 의도를 알아챈 감녕은 과탁[18]을 밀고 일어나 양손으로 두 자루의 극을 가져와 겨드랑이에 끼고는 성큼 나서며 말했다.

"술자리 앞에서 내가 극 쓰는 것을 구경하시오."

두 사람에게 각자 좋은 뜻이 없음을 안 여몽은 즉시 한 손에 방패를 걸고 다른 손으로는 칼을 잡고 그들 중간에 서서 말했다.

"두 공께서 비록 능숙하다고는 하지만 내 솜씨만큼은 못할 것이오."

말을 마치더니 칼과 방패를 들고 춤을 추면서 두 사람을 양쪽으로 갈라놓았다. 어느 결에 누군가 손권에게 이 사실을 보고했다. 손권은 황급히 말에 걸터앉아 곧장 술자리로 달려왔다. 손권이 온 것을 본 사람들이 그제야 각자 무기를 내려놓았다. 손권이 말했다.

"내가 항상 두 사람에게 지난 원수를 생각하지 말라고 했는데 오늘 또 어찌하여 이러시오?"

능통이 울면서 땅바닥에 엎드려 절을 했다. 손권은 거듭 만류했다. 이튿날 합비를 취하기 위해 삼군이 모조리 진군했다.

환성을 잃은 장료는 합비로 돌아왔으나 속으로 걱정하며 침울했다. 그때 별안간 조조가 설제薛悌를 시켜 목갑 하나를 보내왔다. 조조가 직접 봉했고 옆에 "적군이 오면 그때 열어보라"라고 적혀 있었다.[19] 이날 손권이 직접 10만 대군을 이끌고 합비를 공격하러 온다는 보고가 들어오자 장료는 즉시 목갑을 열어봤다.

"만일 손권이 오면 장장군과 이장군은 출전하고 악장군은 성을 지켜라."

장료는 조조의 서신을 이전과 악진에게 보여줬다. 악진이 말했다.

"장군의 뜻은 어떠하오?"

장료가 말했다.

"주공께서 밖으로 원정을 나가셨으니 오군은 우리를 반드시 깨뜨릴 수 있다고 여길 것이오. 지금 출병하여 온 힘을 다해 싸워서 그들의 예기를 꺾고 사람들의 마음을 안심시킨다면 이 성을 지킬 수 있을 것이오."❻

평소에 장료와 화목하게 지내지 못하던 이전은 장료의 말을 듣고는 묵묵히 있으면서 대답하지 않았다. 이전이 아무 말도 하지 않는 것을 본 악진이 말했다.

"적은 많고 우리는 적어 대적하기 어려우니 차라리 단단히 지키는 것이 나을 듯하오."

장료가 말했다.

"공들은 모두 사심을 가지고 공무는 돌보지 않는구려. 내 지금 혼자 나가서 적과 목숨을 걸고 싸우겠소!"

그러고는 즉시 좌우에 말을 준비시켰다. 이전이 흔쾌히 일어나며 말했다.

"장군께서 이렇게 하시는데 제가 어찌 감히 사사로운 감정으로 공무를 잊겠소? 원컨대 장군의 지휘를 받겠소."

장료는 크게 기뻐했다.

"만성曼成(이전의 자)이 도와주려 한다니, 그렇다면 내일 일군을 이끌고 소요진[20] 북쪽에 매복해 있다가 오병이 건너가고 나면 먼저 소사교小師橋를 끊으시오. 그러면 내 악문겸樂文謙(악진의 자)과 함께 그들을 공격하겠소."

이전은 명을 받들고 직접 군사를 점검한 후 매복하러 갔다.

한편 손권은 여몽과 감녕을 선봉대로 삼고 자신은 능통과 함께 중군에 있으면서 나머지 장수도 잇따라 출발시켜 합비를 향했다. 여몽과 감녕의 선봉대가 진군하다가 마침 악진과 서로 마주쳤다. 감녕이 말을 몰고 나가 악진과 맞붙었으나 몇 합을 싸우지도 못했는데 악진이 거짓으로 패한 척하며 달아났다. 감녕은 여몽을 불러 일제히 군사를 이끌고 뒤쫓았다. 제2대에 있던 손권은 선봉대가 승리를 얻었다는 소식을 듣고는 군사들을 재촉하여 소요진 북쪽까지 이르렀다. 그때 별안간 연주포連珠炮 터지는 소리가 들리더니 왼쪽에서 장료의 일군이 쏟아져 나왔고, 오른쪽에서는 이전의 일군이 몰려나왔다. 깜짝 놀란 손권이 급히 사람을 보내 여몽과 감녕을 불러 구원을 요청했으나 이미 장료의 군사들이 몰려든 상태였다. 능통의 수하에는 단지 300여 명의 기병만 있는지라 산이 무너지는 것같이 몰려드는 조조군을 당해낼 수 없었다. 능통이 크게 외쳤다.

"주공께서는 어찌하여 속히 소사교를 건너가시지 않습니까!"[21]

말을 마치기도 전에 장료가 기병 2000여 명을 이끌고 앞장서서 달려들었다. 능통은 몸을 돌려 결사적으로 싸웠다. 손권이 말고삐를 놓고 다리 위로 올라섰는데 다리 남쪽은 이미 1장이 넘게 끊어진 상태였고 판자 조각 하나 남지 않았다. 놀란 손권은 당황하여 어찌할 바를 몰라 했다. 아장[22] 곡리谷利가 크게 외쳤다.

"주공께서는 말을 뒤로 조금 물리신 다음에 다시 말을 앞으로 향해 달리며 다리를 건너뛰십시오."

손권이 말을 돌려 대략 3장 정도 멀리 물러난 다음에 말고삐를 놓고 채찍질하며 질주하자 말이 펄쩍 뛰어올라 다리 남쪽으로 건너갔다. 후세 사람이 지은 시가 있다.

유비의 적로가 그날 단계를 뛰어넘더니
또 오후가 합비에서 패하는 것 보게 되네
뒤로 물러났다 채찍질하며 준마 내달리니
소요진 위로 옥룡이 날아가듯 건너는구나
的盧當日跳檀溪, 又見吳侯敗合肥
退後着鞭馳駿騎, 逍遙津上玉龍飛 7

손권이 다리 남쪽으로 건너뛰자 서성과 동습이 배를 몰아서 맞이했다. 능통과 곡리가 장료를 막아내며 버텼다. 감녕과 여몽이 군사를 이끌고 돌아와 구원했으나 악진이 뒤를 추격한 데다 이전이 또 길을 차단하고 들이쳐 오군 태반이 꺾였다. 능통이 이끌던 300여 명도 모조리 죽임을 당하고 말았다. 몸에 여러 군데 창상을 입은 능통은 다리 가장자리까지 싸우며 왔으나 다리가 이미 끊어진 상태라 강을 돌아 달아났다. 배 안에서 멀리 바라보던 손권은 급히 동습에게 배를 저어서 능통을 맞이하게 했고 이에 그도 건널 수 있었다. 여몽과 감녕 모두 죽을힘을 다해 강을 건너 남쪽으로 도망쳤다. 한바탕 싸움으로 강남 사람들을 쳐부수자 모두 장료를 두려워했고 장료의 이름만 들어도 아이들이 감히 밤에 울지 못할 정도였다. 장수들은 손권을 보호하며 군영으로 돌아왔다. 손권은 능통과 곡리에게 후한 상을 내리고 군사를 거두어 유수로 돌아갔으며 배들을 정돈하여 수륙으로 동시에 진격할 일을 상의했다. 그러는 한편 강남으로 사람을 보내 다시 인마를 일으켜 싸움을 돕게 했다.[8]

한편 장료는 손권이 유수에 머물면서 장차 군대를 일으켜 진공해올 것이라는 소식을 듣고는 합비 군사가 적어 대적하기 어려울까 걱정했다. 그는 급히 설제를 밤새 한중으로 보내 조조에게 급히 알리고 구원병을 청하도록 했다. 조조가 여러 관원과 상의했다.

"지금 서천을 거두어들일 수 있겠소?"

유엽이 말했다.

"지금 촉중은 제법 안정되어 이미 대비하고 있을 테니 칠 수 없을 것입니다. 차라리 군대를 철군하여 합비의 위급함을 구하고 바로 강남으로 내려가는 것이 좋을 듯합니다."

조조는 이에 하후연을 남겨 한중 정군산[23]의 협곡 입구를 지키게 하고 장합은 몽두암[24] 등의 협곡 입구를 지키도록 했다. 나머지 군병은 유수오[25]로 달려가게 했다.

철갑 기병들이 방금 농우를 평정하더니[26]

지휘 깃발 또다시 강남을 가리키는구나

鐵騎甫能平隴右, 旌旄又復指江南

승부는 어떻게 날 것인가?

【 실제 역사에서는…… 】

제67회 한중의 장로를 평정한 조조

❶

『삼국지』「위서·장로전」에 따르면 "장로는 한중을 바치고 투항하려 했지만 그의 아우 장위는 수긍하지 않고 수많은 군대를 인솔하여 양평관에서 굳게 지키면서 저항했다"고 했고, 배송지 주 『세어世語』는 "장로는 오관연五官掾(관직 명칭으로 군국郡國의 속리로 공조功曹 다음 지위였으며 제사 때는 각 관리의 수장이 되었다)을 보내 투항하려 했지만 아우 장위가 산을 가로질러 양평성陽平城을 축조하고 저항했다"고 기록하고 있다. 또한 『삼국지』「위서·무제기」에 따르면 "장로는 아우 장위와 부하 장수 양앙 등을 파견하여 양평관을 지키도록 했다. 그들은 산을 가로질러 10여 리나 성을 쌓았다"고 기록하고 있는데 장로는 처음부터 조조에게 항복하려 했던 것 같다.

❷

소설에서는 조조가 철군한다는 소문을 낸 다음에 적들이 해이해져 방비하지 않는 틈을 이용해 기습 공격하는 계책을 사용한 것으로 전개하지만 역사는 이 전투에 대해 조금 다르게 기록하고 있다.

『삼국지』「위서·무제기」는 조조가 군사를 물려 적군의 수비를 느슨하게 한 다음 기습 공격했다고 기록하고 있고, 「위서·유엽전」은 유엽이 이길 수 있다고 판단해 식량 보급로를 끊게 하고 조조에게 공격을 건의하여 승리했다고 기록하고 있다.

그러나 『자치통감』 권67 「한기 59」와 「위서·장로전」 배송지 주 『위명신주魏名臣奏』에 기재된 동소董昭의 표문은 다음과 같다.

"양평산 위의 각 주둔지를 공격하는데 산세가 험준하고 오르기 어려워 일시에 함락시킬 수가 없는 데다 죽고 다치는 자가 매우 많았으며 군량마저 떨어졌다. 조조는 낙담하여 즉시 군사를 거두어 뒤를 끊고 돌아가려 했고 대장군 하후돈과 장군 허저를 보내 산 위의 군사들을 철군하게 했다. 선봉대가 밤에 길을 잃어 장위 소속의 한 군영 안으로 들어갔다. 군영 안에 있던 군사들은 크게 놀라 패했고 도망쳐 뿔뿔이 흩어졌다. 보고를 받은 조조는 군사를 진격시켜 장위를 공격했고 장위 등은 야밤에 도주했다."

또한 「위서·장로전」 배송지 주 『세어』는 "밤에 수천 마리의 노루떼가 장위의 군영을 휩쓸어버리자 군사들이 크게 놀랐다. 밤에 고조高祚 등은 잘못하여 장위의 무리와 마주쳤고 고조 등이 고각을 울려 군사를 모았다. 장위는 대군이 기습해온 것으로 여기고 마침내 항복했다"고 기록하고 있다. 어느 것이 진실인지는 명확하지 않지만 이 싸움의 승리로 조조는 한중을 취하게 된다.

❸

방덕의 투항

『삼국지』 「위서·방덕전」에 따르면 "태조가 한중을 평정하자 방덕은 사람들을 따라 투항했다"고 기록하고 있어, 조조의 계책에 걸려 방덕이 잡힌 것이 아니라 스스로 항복한 것을 알 수 있다.

❹

염포는 누구인가?

『삼국지』 「위서·장로전」은 다음과 같이 기록하고 있다.

"장로는 양평관이 이미 함락되었다는 소식을 듣고는 머리를 조아리며 투항하려고 했는데 염포가 다시 말했다.

'지금 어쩔 수 없어 투항하러 가는 것이니 공로가 반드시 작을 것입니다. 두호杜濩(후한 말 서남 지역의 소수 민족인 종인賨人 수령)의 의견대로 박호朴胡(후한 말 파군巴郡 일곱 개 성姓 부락 연맹의 추장)에게 가서 저항한 후에 투항한다면 공로가 반드시 클 것입니다.'

그리하여 장로는 즉시 남산으로 달아나 파중으로 들어갔다."

또한 『진서晉書』 「염찬전閻鑽傳」에 따르면 "염찬의 조부 염포는 장로의 공조功曹였는데 장로를 설득해 위魏에 투항하게 했으며 평락향후平樂鄉侯에 봉해졌다"고 기록하고 있다.

❺

득롱망촉得隴望蜀의 고사

원래 뜻은 이미 농우隴右를 얻었는데 서촉西蜀을 공격해 취하려 한다는 뜻으로 욕심이 한없음을 비유한 말이다. 『진서晉書』 「선제기宣帝紀」는 다음과 같이 기록하고 있다.

"[사마의가] 장로 토벌을 수행했다. 위무魏武(조조)에게 말했다.

'유비가 속임수와 무력으로 유장을 포로로 잡아 촉 사람들이 아직 귀순하지 않고 있는데도 멀리 강릉江陵을 다투고 있으니 이 기회를 놓쳐서는 안 됩니다. 지금 한중에서 군대를 정돈하고 무력을 뽐낸다면 익주가 진동할 것이며 군대를 진격시킨다면 반드시 와해될 것입니다. 이러한 형세를 보인다면 공을 이루기 쉬울 것입니다. 성인은 때를 거스르지 않고 또한 잃지도 않습니다.'

위무가 말했다.

'사람의 고통은 만족할 줄 모르는 것이라 하더니 이미 농우를 손에 넣었는데 다시 촉을 얻고자 하는구나!'

그러고는 끝내 따르지 않았다."

❻

『삼국지』「위서·장료전」은 다음과 같이 기록하고 있다.

"태조는 장료와 악진, 이전 등에게 7000여 명을 인솔하여 합비에 주둔하도록 했다. 태조가 장로를 토벌하러 가면서 호군護軍 설제에게 교教(문자로 작성된 명령서)를 주며 겉봉에 이렇게 썼다. '적이 오면 뜯어보라.' 오래지 않아 손권이 10만 대군을 이끌고 합비를 포위했으므로 장군들과 함께 교를 뜯었는데, 이렇게 쓰여 있었다.

'만일 손권이 오면, 장료와 이전 장군은 출전하고 악진 장군은 성을 지키며 호군 설제는 참전하지 마라.'"

호군 설제는 사신이 아니라 현지의 관원이었으며 그가 문관이었기 때문에 참전하지 말라고 한 것이었다. 나중에 문제(조비)는 그에게 관내후 작위를 하사한다.

❼

곡리谷利는 누구인가?

『삼국지』「오서·오주전」 배송지 주 『강표전』에 당시 상황에 대한 기록이 있다.

"손권이 준마를 타고 진교津橋를 달렸는데 다리 남쪽 부분이 끊어져 1장여 정도 판자가 없는 것이 보였다. 곡리는 말 뒤에 있었는데 손권에게 안장을 잡고 고삐를 느슨하게 잡게 한 다음에 그가 뒤에서 채찍질하여 말이 뛰쳐나가는 것을 돕자 마침내 건널 수 있었다. 위기를 모면한 손권은 즉시 곡리를 도정후都亭侯(작위 명칭으로 향후鄉侯 아래였다)에 봉했다. 곡리는 본래 좌우에서 시중들던 사람이었는데 신중하고 정직하여 손권이 친근감親近監(손권이 설치한 시종관侍從官)으로 삼았다. 그는 충성스럽고 결단력이 있으며 똑똑하고 강직하여 말할 때 적당히 얼버무리지 않아 손권이 그를 아끼고 신임했다."

❽

장료의 용맹

『삼국지』「오서·오주전」에 "합비를 함락시킬 수 없자 군대를 물려 돌아가려 했으나 장료에게 습격을 받았다. 능통 등이 죽을 각오로 손권을 보위하는 사이에 손권은 준마를 타고 진교津橋(소요진 다리)를 넘어 달아났다"고 기록되어 있다. 「위서·장료전」과 『자치통감』 권67 「한기 59」는 당시 장료의 용맹을 다음과 같이 기록하고 있다.

"장료는 그날 밤 자신을 따를 장사 800명을 얻었으며 소를 잡아 장사들을 대접하고 이튿날 있을 큰 싸움을 준비했다. 날이 밝을 무렵 장료는 갑옷을 입고 극을 잡고는 먼저 적진으로 들어가 적군 수십 명과 장수 두 명을 베었다. 그러고는 큰 소리로 자기 이름을 외치며 적의 진영을 뚫고 들어가 손권의 장수 깃발 아래까지 이르렀다. 손권은 깜짝 놀랐고 장수들은 어찌할 바를 몰라 하며 한 작은 산꼭대기로 뛰어올라가 긴 극으로 스스로를 지켰다. 장료는 맞서 싸우지 않는 손권에게 호통을 쳤으나 손권은 감히 움직이지 못했다. 장료가 이끄는 군사가 적은 것을 바라보고는 즉시 군사들을 집결시켜 장료를 몇 겹으로 포위했다. 장료는 좌우로 극을 휘두르며 포위망에 부딪쳤고 곧장 앞으로 신속하게 진격하여 포위망을 열었다. 장료가 부하 수십 명을 인솔하여 포위를 뚫고 나가려는데 남아 있던 병사들이 부르짖었다.

'장군! 우리를 버리지 마십시오!'

그러자 장료는 다시 포위망 안으로 들어가 남아 있던 병사들을 구출했다. 손권의 인마들은 혼비백산하여 흩어져 달아났고 감히 장료와 대항하려는 자가 없었다. 새벽부터 정오까지 전투를 벌이자 오군의 사기는 크게 떨어졌다. 장료는 군사를 물려 군영을 정비하고 방어했다.

장료는 각 군을 인솔하고 추격하여 거의 손권을 다시 사로잡을 뻔했다.

건안 21년(216), 태조는 또 손권을 정벌하려고 합비에 도착했는데 장료가 싸웠던 곳을 순시하고는 한참 동안 감탄했다."

「위서·장료전」에 따르면 황초黃初 6년(225), 문제(조비)는 장료와 이전이 합비에서 세운 공적을 추념하며 조서를 내렸는데, "합비 전투에서 장료와 이전은 800명의 보병으로 10만을 무찔렀으니 예로부터 용병에서 이와 같은 경우는 없었다"고 했다.

제 68 회

위왕에 등극한 조조

감녕은 100명의 기병으로 위군 군영을 기습하고,
좌자는 술잔을 내던져 조조를 희롱하다

甘寧百騎劫魏營,
左慈擲杯戲曹操

손권은 유수구에 머물며 군마를 수습하고 있었는데 별안간 조조가 한중으로부터 군사 40만 명을 이끌고 합비를 구원하러 온다는 보고가 들어왔다. 손권은 모사들과 계책을 상의하고 먼저 동습과 서성 두 사람에게 50척의 큰 배를 통솔하여 유수구에 매복하게 하고 진무에게는 인마를 이끌고 강기슭을 왕래하며 정찰하도록 했다. 장소가 말했다.

"지금 조조는 먼 길을 왔기 때문에 반드시 먼저 그 예기를 꺾어야 합니다."

손권이 이에 군막 안에서 물었다.

"조조가 멀리서 오고 있으니 누가 감히 앞장서서 적을 격파하고 그 예기를 꺾겠소?"

능통이 나서며 말했다.

"제가 가기를 원합니다."

손권이 말했다.

"군사를 얼마나 데리고 가겠소?"

"3000명이면 충분합니다."

감녕이 말했다.

"100명의 기병으로도 적을 깨뜨릴 수 있는데 무슨 3000명이 필요하단 말이오!"

능통이 크게 노했다. 두 사람이 손권 앞에서 다투기 시작했다. 손권이 말했다.

"조조의 세력이 거대하니 함부로 대적해서는 안 되오."

이에 능통에게 군사 3000명을 통솔하여 유수구에서 정찰하게 하고 조조군과 마주치면 즉시 교전하라 명했다. 명령을 받든 능통은 3000명의 인마를 이끌고 유수오로 떠났다. 먼지가 자욱하게 일어나더니 어느새 조조군이 이르렀다. 선봉인 장료가 능통과 맞붙었는데 50합을 싸워도 승부를 가리지 못했다. 손권은 능통이 실수할까 걱정되어 여몽에게 그를 도와서 군영으로 돌아오게 했다.

능통이 돌아오는 것을 본 감녕은 즉시 손권에게 고했다.

"제가 오늘 밤 100명의 인마만 데리고 조조 군영을 급습하겠습니다. 만일 사람이나 말 하나라도 꺾인다면 공으로 치지 않겠습니다."

손권은 그를 장하게 여겨 이에 부하 100명의 정예 마군을 뽑고, 또 술 50병과 양고기 50근을 군사들에게 상으로 내렸다. 군영으로 돌아온 감녕은 100명을 순서대로 모두 앉히고 은 사발에 술을 따라 자신이 먼저 두 사발을 마신 다음 100명에게 말했다.

"오늘 밤 명을 받들어 적의 군영을 기습한다. 제군들은 각자 한 잔씩 가득 마시고 노력하도록 해라."

그 말을 들은 군사들은 서로 얼굴만 쳐다보며 어리둥절해할 뿐 누구도 소리를 내지 못했다. 군사들이 얼굴에 난색을 띠고 있는 것을 본 감녕은 이에 검을 뽑아 손에 들고 성내며 크게 소리 질렀다.

"나는 상장인데도 목숨을 아끼지 않거늘 너희가 어찌 주저할 수 있단 말이냐!"

안색을 바꾸며 화를 내는 감녕을 본 군사들이 모두 일어나 절하며 말했다.

"원컨대 사력을 다하겠습니다."

감녕은 술과 고기를 100명의 군사들과 함께 모조리 먹고 마시고는 대략 이경쯤 되자 하얀 거위 깃털 100개를 투구 위에 꽂아 표시로 삼았다. 모두 갑옷을 걸치고 말에 올라 나는 듯이 조조의 군영으로 달려가 녹각을 빼서 길을 열고는 크게 함성을 지르며 군영 안으로 돌격했다. 그리고 곧장 중군으로 내달려 조조를 죽이려 했다. 그러나 중군 인마는 길을 따라 수레와 병장기를 연결시켜 철통같이 에워싸고 있어 들어갈 수 없었다. 감녕은 100명의 기병만으로 좌충우돌했다. 조조군은 놀라 허둥대며 어느 정도의 적병인지도 알지 못한 채 자기편끼리 서로 뒤죽박죽이 되었다. 감녕의 기병 100명은 군영 안에서 종횡무진 내달리며 적군을 마주치는 족족 죽였다. 각 군영에서는 횃불들이 별처럼 무수히 밝혀지고 함성이 크게 진동했다. 감녕은 군영 남문으로 뚫고 나왔는데 가로막는 자가 아무도 없었다. 손권은 주태에게 한 갈래의 군사를 이끌고 나가서 호응하도록 했고 감녕은 100명의 기병을 이끌고 유수로 돌아왔다. 조조군은 매복이 있을까 두려워 감히 추격하지 못했다. 후세 사람이 찬탄한 시가 있다.

비고[1] 소리 요란하게 땅을 진동시켜 울리니
오의 군사 이르는 곳 귀신도 슬피 우는구나

흰 깃털 꽂은 기병들 조조 군영 꿰뚫고 가니
모두 감녕을 호랑이 같은 장수라고 말하네
鼙鼓聲喧震地來, 吳師到處鬼神哀
百翎直貫曹家寨, 盡說甘寧虎將才 [1]

감녕이 100명의 기병을 이끌고 군영에 당도했는데 사람이나 말 하나 다치지 않았다. 그들이 군문에 이르렀을 때 100명에게 모두 북을 두드리고 만세를 부르게 하니 환호 소리가 크게 진동했다. 손권이 직접 나가 영접했다. 감녕은 말에서 내려 절을 올렸다. 손권이 부축해 일으키며 감녕의 손을 잡고 말했다.

"장군이 이번에 늙은 역적을 공포에 떨게 했을 것이오. 내가 장군을 버리려고 한 것이 아니라 경의 담력을 보고 싶었을 뿐이오!"

즉시 비단 1000필과 예리한 칼 100자루를 하사했다. 감녕은 절을 올리며 받고서 즉시 기병 100명에게 상으로 나눠줬다. 손권이 장수들에게 말했다.

"맹덕에게 장료가 있다면 내게는 감흥패(감녕의 자)가 있으니 족히 서로 대적할 만하오."

이튿날 장료가 군사를 이끌고 와서 싸움을 걸었다. 감녕이 공을 세운 것을 본 능통이 기세 좋게 말했다.

"제가 원컨대 장료와 대적하겠습니다!"

손권이 허락했다. 능통은 즉시 군사 5000명을 이끌고 유수를 떠났고 손권은 직접 감녕을 데리고 진영으로 나가 싸움을 구경했다. 양군 진을 원형으로 벌이자 장료가 말을 몰고 나왔는데 왼쪽에는 이전, 오른쪽에는 악진이 섰다. 능통이 칼을 잡고 말고삐를 놓으며 진 앞으로 달려나갔다. 장료가 악진을 내보내 맞서게 했다. 두 사람은 50합에 이르도록 싸웠으나 승부가 나지 않았다. 소식을 들은 조조가 직접 말을 채찍질하여 문기 아래로 달려나왔다. 그가 살펴보니 두 장수가 극렬하게 싸우고 있었는데 조휴에게 몰래 냉전冷箭(상대가 준비하지 않은 틈을 이용해 몰래 숨어서 쏘는 화살)을 쏘게 했다. 조휴는 장료의 등 뒤로 재빨리 가서 시위를 당겨 화살 한 대를 쏘았고 화살은 능통이 타고 있던 말에 정통으로 꽂혔다. 놀란 말이 두 앞발을 치켜들며 우뚝 서는 바람에 능통은 땅바닥으로 뒤집어지면서 떨어지고 말았다. 그때 악진이 재빨리 창을 잡고 찔렀으나 창이 능통에 닿기도 전에 씨잉 하는 시위 소리와 함께 화살 한 대가 악진의 얼굴에 그대로 꽂히면서 그가 말에서 굴러떨어졌다. 양군이 일제히 몰려나와 각기 자기편 장수를 구해 군영으로 돌아갔고 징을 울려 싸움을 멈췄다. 군영으로 돌아온 능통이 손권에게 절하며 감사했다. 손권이 말했다.

"화살을 쏘아 그대를 구한 사람은 감녕이오."

능통은 이에 머리를 조아리고 감녕에게 절하며 말했다.

"공이 이렇게 은혜를 드리울 줄은 생각지도 못했소!"

이때부터 감녕과 생사의 교분을 맺어 다시는 증오하지 않았다.[2]

한편 악진이 화살에 맞은 것을 본 조조는 직접 군막으로 데려와서 치료해주고 보살폈다. 이튿날 군사를 다섯 갈래로 나누어 유수를 기습하기로 했다. 조조는 직접 가운데 길을 맡았고 왼쪽 첫 번째 길은 장료, 두 번째 길은 이전이 거느렸으며, 오른쪽 첫 번째 길은 서황, 두 번째 길은 방덕이 이끌었다. 길마다 각기 1만 명의 군사를 거느리고 강변으로 쳐들어갔다. 이때 누선樓船에 있던 동습과 서성 두 장수는 군마가 다섯 갈래로 몰려오는 것을 보고 있었다. 군사들이 겁에 질려 있자 서성이 말했다.

"군주의 녹을 먹었으면 군주께서 하시는 일에 충성해야지 어찌하여 두려워한단 말이냐!"

즉시 용사 수백 명을 이끌어 작은 배를 타고 강변으로 건너가더니 이전의 군중으로 곧장 돌격했다. 배 위에 있던 동습은 군사들에게 북을 두드리고 함성을 지르게 하여 기세를 돋우었다. 그때 별안간 강물 위로 광풍이 크게 불더니 흰 파도가 하늘 높이 솟구쳤고 물결이 세차게 일어나며 출렁거렸다. 큰 배가 뒤집어지려 하자 군사들은 앞다퉈 선미에 예비용으로 묶어둔 작은 배로 목숨을 건지기 위해 달려들었다. 동습은 검을 잡고 크게 소리 질렀다.

"장수가 주군의 명령을 받아 여기에서 적을 방비하고 있는데 어떻게 감히 배를 버리고 달아난단 말이냐!"

즉시 작은 배를 탄 군사 10여 명의 목을 쳤다. 잠시 후 바람이 거세지더니 배가 그만 전복되었고 동습은 끝내 강물에 빠져 죽고 말았다. 이전의 군중에 있던 서성은 이리저리 돌아다니며 적군과 부딪쳐 싸우고 있었다.[3]

한편 강변에서 교전을 벌이는 소리를 들은 진무는 한 갈래의 부대를 이끌고 오다가 방덕과 마주치게 되어 혼전을 벌였다. 또한 유수오에 있던 손권은 조조군이 강변까지 쳐들어왔다는 소식을 듣고는 친히 주태와 함께 군사를 이끌고 달려와 싸움을 도왔다. 그때 마침 서성이 이전의 군중에서 적군과 뒤섞여 싸우고 있는 것을 보고는 즉시 군사를 휘몰아 서성을 지원하고자 들이쳤다. 그러나 손권은 도리어 장료와 서황 두 무리의 군사에게 포위되어 한가운데에 갇히고 말았다. 조조는 높은 언덕에서 손권이 포위된 것을 보고는 급히 허저에게 명했다. 그러자 허저는 칼을 잡고 말고삐를 놓은 채 군중 속으로 돌진해서 손권의 군사를 양쪽으로 갈라놓고 서로 구원할 수 없게 만들었다.

한편 주태는 군중 속에서 뚫고 나와 강변에 당도했으나 손권이 보이지 않자 고삐를 당기고 말을 돌려 다시 진중으로 돌진하여 본부 군사에게 물었다.

"주공께서는 어디에 계시느냐?"

그 군사가 병마가 뒤섞여 몰려 있는 곳을 가리키며 말했다.

"주공께서 포위되셨는데 몹시 위급합니다!"

주태는 용감하게 달려들어 손권을 찾아냈다. 주태가 말했다.

"주공께서는 저를 따라 빠져나오십시오."

이에 주태가 전면에 서고 손권은 그의 뒤를 따르면서 필사적으로 부딪쳐 뚫고 나갔다. 강변에 당도한 주태가 고개를 돌리니 또 손권이 보이지 않았다. 이에 다시 몸을 돌려 포위 속으로 뛰어들어 다시 손권을 찾아냈다. 손권이 말했다.

"활과 쇠뇌를 일제히 쏘아도 벗어날 수 없으니 어찌하면 좋겠소?"

주태가 말했다.

"주공께서 앞장서시고 제가 뒤에서 따라가면 포위를 뚫을 수 있을 것입니다."

손권이 이에 말고삐를 놓고 앞으로 달려갔다. 주태는 좌우를 막으며 손권을 보호했다. 몸에 여러 군데 창상을 입고 두꺼운 갑옷을 뚫은 화살도 맞았지만 결국 손권을 구해냈다. 강변에 이르자 여몽이 한 무리의 수군을 이끌고 다가와 호응해주어 배를 탈 수 있었다. 손권이 말했다.

"나는 주태가 세 번이나 목숨을 걸고 돌격해 들어온 덕분에 겹겹의 포위망에서 빠져나올 수 있었소. 그러나 아직도 서성이 포위되어 있으니 어떻게 탈출시키는 것이 좋겠소?"

주태가 말했다.

"제가 다시 구하러 가겠습니다."

바로 창을 돌려 다시 겹겹의 포위망 한가운데로 돌격하여 서성을 구출해냈다. 두 장수 모두 중상을 입었다. 여몽은 군사들에게 화살을 난사하여 강기슭 위의 군사들을 막게 하고는 두 장수를 구해 배에 태웠다.

한편 진무는 방덕과 치열하게 싸우던 중 뒤에 지원군이 없어지자 방덕에게 산골짜기 입구까지 추격당했다. 그곳은 숲이 울창하고 수목이 무성했다. 진무가 다시 몸을 돌려 맞붙으려 했으나 전포 소매가 나뭇가지에 걸려 적을 대적할 수 없게 되었고 결국 방덕에게 살해되고 말았다.[4]

손권이 포위망을 벗어난 것을 본 조조는 직접 말을 채찍질하며 군사들을 휘몰아 강변까지 쫓아왔다. 양군은 서로 화살을 쏘아대기 시작했다. 화살이 모두 소진되자 여몽은 당황하여 어쩔 줄을 몰랐다. 이때 별안간 강 맞은편에서 배 수십 척이 다가왔다. 앞장선 대장은 바로 손책의 사위 육손陸遜으로 직접 군사 10만 명을 이끌고 당도한 것이었다. 한바탕 화살을 쏘아 조조군을 물리치자 그 기세를 몰아 강기슭으로 올라가 조조군을 추격하며 다시 전마 수십 필을 빼앗았다. 조조군은 대패하여 돌아갔는데 다친 자가 수를 헤아릴 수 없었으며 혼란에 빠진 군사들 속에서 진무의 시신을 찾아냈다.

진무가 이미 죽었고 동습도 깊은 강물에 빠져 죽었다는 것을 알게 된 손권은 몹시 애통해하며 사람을 시켜 물속에서 동습의 시신을 찾게 했다. 그리고 진무의 시신과 함께 후하게 장사 지내주었다. 또 자신을 구해준 주태의 공로에 감동하여 주연을 베풀어 그를 대접했다. 손권은 직접 술잔을 잡고 주태의 등을 어루만지며 온 얼굴에 눈물을 흘렸다.

"경은 두 번이나 나를 구해주면서 목숨을 아끼지 않고 수십 군데의 창상을 입어 피부가 그림을 새긴 것 같구려. 내 어찌 경을 마음을 다해 혈육의 은혜로 대접하지 않으며 경에게 병마의 막중함을 맡기지 않겠소! 경은 나의 공신이니 내 마땅히 경과 영예와 치욕을 같이 겪을 것이며 기쁨과 걱정을 함께할 것이오."

말을 마치더니 주태에게 옷을 벗게 하여 여러 장수에게 몸을 보여주도록 했는데, 피부와 살이 마치 칼로 도려낸 듯 온몸에 상처가 가득했다. 손권은 손으로 그 상처들을 일일이 가리키며 물었다. 주태는 전투 때 다치게 된 상황을 자세히 이야기했고, 손권은 상처 하나에 한 굉[2]의 술을 마시게 했다. 이날 주태는 크게 취했다. 손권은 청라산[3]을 하사했고 출입할 때마다 펼쳐서 영예로움을 보이게 했다.❺

손권은 유수에서 조조와 한 달이 넘도록 서로 대치했으나 이길 수가 없었다. 장소와 고옹이 건의를 올렸다.

"조조의 세력이 거대하여 힘으로 취할 수 없는 데다, 만일 그와 오래 싸우게 된다면 사졸을 많이 잃을 것이니 차라리 화친을 요청해 백성을 안정시키는 것이 상책일 것입니다."

손권은 그 말을 따르기로 하고 보즐步騭을 조조의 군영으로 보내 화친을 요청하며 해마다 공물을 바치기로 했다. 조조도 강남을 급히 함락시킬 수 없음을 알고 이에 따르기로 했다.

"손권이 먼저 인마를 철수시킨다면 뒤이어 나도 회군하겠네."

보즐이 돌아와 말을 전하자 손권은 장흠과 주태를 유수구에 남겨두어 지키게 하고 대군을 출발시켜 배를 타고 말릉으로 돌아갔다.

조조는 조인과 장료를 합비에 주둔시키고 철군하여 허창으로 돌아갔다. 문무관원들이 모두 조조를 '위왕'으로 삼자고 의논했다. 그러나 상서 최염崔琰이 안 된다고 극력 주장했다. 그러자 관원들이 말했다.

"그대는 순문약荀文若(순욱의 자)을 보지 못했소?"

최염이 벌컥 화를 냈다.

"모든 일에는 때가 있거늘! 마땅히 변혁이 일어나겠구나! 어찌 막을 수 있겠는가!"

최염과 사이가 나쁜 자가 그 말을 조조에게 고해바치자 조조는 크게 노하여 최염을 잡아다 하옥시키고 문초했다. 최염은 호랑이 눈과 구레나룻을 치켜세우고는 조조가 황제를 기만한 간사한 역적이라며 욕설을 퍼부었다. 정위[4]가 그 일을 조조에게 보고하자 최염을 옥중에서 장살[5]로 때려죽이게 했다. 후세 사람이 찬탄한 시가 있다.

청하[6] 땅 사람 최염은 천성이 굳세고 꿋꿋했네
구레나룻 호랑이 눈 마음은 무쇠와 돌 같았네
간사한 자 물리치고 위엄과 기개 널리 떨쳤네
한나라 천자께 충성하여 이름 천고에 드날렸네
清河崔琰, 天性堅剛
虬髯虎目, 鐵石心腸
奸邪辟易, 聲節顯昂
忠於漢主, 千古名揚 [6]

건안 21년(216) 여름 5월, 군신들이 표문을 올려 헌제에게 위공 조조의 공덕을 칭송했다.

"위공 조조의 공덕은 하늘가에 이르고 땅끝에 도달하며 이윤과 주공의 공덕에 미치지 못하니 작위를 높여 왕으로 삼아야 마땅합니다."

헌제는 즉시 종요를 시켜 조서를 기안하여 조조를 위왕으로 봉했다. 조조는 글을 세 번 올려 짐짓 사양하는 척했다. 황제 또한 조서를 세 번 내려 허락하지 않자 조조는 이에 위왕의 작위를 받아들였다. 옥이 꿰어진 12줄의 면류관[7]을 쓰고 여섯 마리의 말[8]이 끄는 금근거[9]를 타며 천자의 수레 예복과 난의[10]를 사용했다. 또한 출입할 때 경계하고 나갈 때는 거리를 청소하여 행인의 통행을 금지했으며 업군에 위왕궁을 짓고 세자를 세울 일을 의논했다. 조조의 본처 정丁부인은 자식이 없었다. 첩인 유劉씨가 아들 조앙曹昂을 낳았으나 장수 정벌 때 완성宛城에서 죽었다. 변卞씨가 아들 넷을 낳았는데, 장남은 비丕라 했고, 차남은 장彰, 셋째는 식植, 넷째는 웅熊이라 했다. 이에 정부인을 쫓아내고 변씨를 위왕후魏王后로 삼았다. 셋째 아들 조식은 자가 자건子建으로 지극히 총명했고 붓을 잡기만 하면 문장을 이루어 조조가 그를 후사로 삼고자 했다. 장자인 조비는 세자가 되지 못할까 두려워 중대부[11] 가후에게 계책을 물었다. 가후가 이리이리하라고 가르쳐주었다. 조조가 출정하게 되면 자식들이 배웅했는데 조식은 그때마다 조조의 공덕을 칭송했고 말만 꺼내면 조리에 닿는 문장을 이루었다. 그러나 유독 조비만은 부친과 작별하면서 눈물을 흘리며 절만 올리니 좌우 사람들을 슬픔에 잠기게 했다. 이에 조조는 조식이 영리하기는 하나 진심이 조비에 미치지 못한다고 여겼다. 조비는 또 조조의 측근 시종들을 매수하여 모두가 자신의 덕을 말하게 했다. 조조는 후사를 세우고 싶었으나 주저하며 결정하지 못했다. 이에 가후에게 물었다.

"내 후사를 정하고자 하는데 누구를 세워야 하겠소?"

가후가 대답하지 않자 조조가 그 까닭을 물었다. 그러자 가후가 말했다.

"마침 생각나는 것이 있었기 때문에 즉시 답을 드리지 못했을 뿐입니다."

"생각난 것이 무엇이오?"

가후가 대답했다.

"원본초(원소)와 유경승(유표) 부자가 생각났습니다."

조조는 한바탕 크게 웃더니 마침내 장자 조비를 왕세자로 삼았다.

10월에 위왕궁이 완성되자 사람을 각 지역으로 보내 진귀한 꽃과 기이한 과일나무를 가져다 후원에 심고자 했다. 오 땅에 당도한 사자가 손권을 만나 위왕의 명령을 전하고 다시 온주溫州[12]로 가서 홍귤나무를 가져가려고 했다. 이때 손권은 위왕의 눈치를 보고 있었기에 즉시 사람을 시켜 건업성에서 큰 귤 40여 짐을 골라 밤새 업군으로 보냈다. 가는 도중에 짐꾼들이 피곤하여 산기슭 아래서 쉬고 있었는데 그때 외눈박이에 다리 한쪽을 절뚝거리는 한 선생이 나타났다. 머리에는 하얀 등나무 넝쿨로 엮은 관을 썼으며 몸에는 푸른색의 허름한 옷을 입었는데 짐꾼에게 다가와서는 말했다.

"짐을 지느라 노고가 많소. 빈도貧道가 자네를 대신해 멜대를 메면 어떻겠는가?"

짐꾼들이 크게 기뻐했다. 이에 선생이 한 사람마다 짐을 5리씩 져주었다. 그런데 선생이 짊어진 짐들이 모두 가벼워지자 짐꾼들이 놀라며 의아해했다. 선생은 떠나기에 앞서 귤 운반을 인솔하는 관원에게 말했다.

"나는 위왕과 고향 옛 친구로 성이 좌左이고 이름이 자慈이며 자가 원방元放으로 도호가 오각 선생烏角先生이라고 하오. 그대가 업군에 당도하면 좌자가 안부를 전한다고 말해주시오."

그러고는 즉시 옷소매를 떨치고 갔다. 귤을 가지고 온 사람이 업군에 도착해 조조를 뵙고는 귤을 바쳤다. 조조가 친히 귤을 쪼개보니 속에 알맹이가 없는 껍데기뿐이었다. 깜짝 놀란 조조가 귤을 운반해온 사람에게 물었다. 귤을 가지고 온 사람이 좌자의 일을 말했으나 조조는 믿으려 하지 않았다. 그때 문을 지키는 관리가 별안간 보고했다.

"스스로 좌자라고 하는 선생이 찾아왔는데 대왕을 뵙기를 청합니다."

조조가 불러들였다. 귤을 가지고 온 사람이 말했다.

"이 사람이 바로 도중에 만났던 사람입니다."

조조가 큰 소리로 꾸짖었다.

"너는 무슨 요술을 썼기에 내 좋은 과일의 속을 빼먹었느냐?"

좌자가 웃으면서 말했다.

"어찌 그런 일이 있겠소!"

귤을 집어 쪼개자 속에 알맹이가 있었는데 맛이 매우 달콤해 보였다. 그러나 조조가 쪼개는 것들은 모두 빈껍데기뿐이었다. 조조는 더욱 놀라 이에 좌자에게 자리를 주어 앉히고는 물었다. 좌자가 술과 고기를 달라고 하자 조조가 주도록 했다. 좌자는 술을 다섯 말이나 마시고 양 한 마리를 모조리 먹어치웠으나 배불러하지 않았다. 조조가 물었다.

"무슨 술법을 쓰기에 이런 경지에 도달할 수 있단 말인가?"

"저는 서천 가릉[13] 아미산에서 30년간 도를 익혔는데 별안간 석벽石壁 속에서 내 이름을 부르는 소리가 들리기에 돌아보니 아무것도 보이지 않았소. 그리고 그런 일이 며칠 동안 이어졌지요. 그런데 별안간 우레가 진동하더니 석벽이 부서지고 『둔갑천서遁甲天書』라는 세 권의 천서가 나왔지요. 상권은 「천둔天遁」이라 하고, 중권은 「지둔地遁」이라 하며, 하권은 「인둔人遁」이라 하지요. 천둔을 익히면 구름 위로 올라가 바람을 타며 공중으로 날아오를 수 있고, 지둔을 익히면 산을 가로지르고 돌을 뚫을 수 있으며, 인둔을 익히면 사해를 구름처럼 돌아다니며 형체를 감추고 모습을 바꿔 검을 날려 사람의 수급을 취할 수 있소. 대왕께서는 신하로서 가장 높은 지위에 오르셨으니 물러나야 마땅하니 저와 함께 아미산으로 가서 수행하지 않으시겠습니까? 그렇게 한다면 세 권의 천서를 전수해드리리다."

조조가 말했다.

"나 또한 오랫동안 세찬 물살 속에서 용감하게 적시에 물러나고자 생각했으나 뒤를 이을 사람을 얻지 못했기에 어쩔 도리가 없을 따름이네."

좌자가 웃으면서 말했다.

"익주의 유현덕이 바로 황실의 후예인데 어찌하여 그에게 자리를 양보하지 않소? 그렇게 하지 않으면 나는 검을 날려 그대의 목을 취해야겠소."

조조가 크게 화를 냈다.

"이놈이 바로 유비의 정탐꾼이었구나!"

좌우에 고함을 질러 잡으라 했다. 좌자는 껄껄 웃기만 할 뿐 웃음을 그치지 않았다. 조조는 10여 명의 옥졸들에게 명하여 그를 체포하고 고문하게 했다. 옥졸들이 힘을 다해 호되게 두들겨 패도 좌자는 도리어 드르렁드르렁 코를 골며 깊이 잠들었고 전혀 고통스러워하지 않았다. 화가 치민 조조는 큰 칼에 쇠못을 박은 다음 쇠사슬로 감아 감옥에 가두고는 그를 지키게 했다. 그런데 어느새 칼과 쇠사슬이 모두 풀어져 있고 좌자는 땅바닥에 누워 있었는데 다친 데라고는 전혀 없었다. 7일을 감금하는 동안 음식을 전혀 주지 않았다. 그러나 땅바닥에 단정하게 앉아 있는 좌자의 얼굴에는 도리어 붉은 기색이 돌았다. 옥졸이 이 사실을 조조에게 보고하자 조조는 그를 끌어내 물었다. 좌자가 말했다.

"나는 수십 년 동안 먹지 않아도 괜찮았고 하루에 천 마리의 양을 준대도 모조리 먹어치울 수 있소."

조조는 어찌해볼 도리가 없었다.

이날 관원들이 왕궁에 모여 크게 연회를 열었다. 한창 술을 마시고 있는데 좌자가 나막신을 신고 술자리 앞에 섰다. 관원들이 놀라며 괴이하게 생각했다. 좌자가 말했다.

"대왕께서 오늘 산해진미를 두루 갖추고 군신들에게 큰 주연을 베푸시는데 사방에 기이한 음식이 지극히 많으나 이 중에 부족하거나 없는 것이 있으면 내가 갖다드리겠소."

조조가 말했다.

"내가 용의 간으로 국을 끓여 먹고 싶은데 네가 가져올 수 있겠느냐?"

"무엇이 어렵겠소!"

먹과 붓을 가져다 흰 벽에 용 한 마리를 그리더니 도포 소매로 한 번 스치자 용의 배가 갈라졌다. 좌자가 용의 배 속에서 용의 간을 꺼내자 선혈이 흘러내렸다. 조조는 믿지 않고 큰 소리로 꾸짖었다.

"네가 미리 소매 속에 감춘 것이렷다!"

"지금은 날씨가 추워 초목이 말라죽었소. 대왕께서 매우 좋은 꽃을 원한다면 뜻대로 가질 수 있게 하리다."

"나는 모란꽃만 갖고 싶다."

"쉬운 일이오."

그러고는 큰 화분을 술자리 앞으로 가져다놓게 하더니 입속에 물을 머금고 뿜었다. 눈 깜짝할 사이에 모란 한 그루가 솟아나 모란꽃 두 송이가 활짝 피었다. 깜짝 놀란 관원들은 좌자를 청해 함께 앉아서 음식을 먹었다. 잠시 후 요리사가 생선회를 올렸다. 좌자가 말했다.

"회라면 송강[14]의 농어가 가장 좋지요."

조조가 말했다.

"1000리나 떨어져 있는데 어찌 가져올 수 있단 말이냐?"

"이 또한 가져오는 데 무엇이 어렵겠소!"

낚싯대를 가져오게 하더니 대청 아래에 있는 연못에서 낚시질을 했다. 순식간에 수십 마리의 큼지막한 농어를 낚아내어 전각 위에 놓았다. 조조가 말했다.

"내 연못 속에 원래 이 물고기가 있었다."

좌자가 말했다.

"대왕께서는 어찌 속이려고만 하시오? 천하의 농어는 아가미가 두 개지만 오직 송강의 농어만이 네 개의 아가미가 있어 그것으로 구별할 수 있소."

관원들이 살펴보자 과연 아가미가 네 개였다. 좌자가 말했다.

"송강의 농어를 끓일 때는 모름지기 자아강紫芽薑(줄기 껍질이 짙은 자색인 생강)을 넣어야 제맛이지요."

조조가 말했다.

"네가 그것도 가져올 수 있단 말이냐?"

"쉽지요."

좌자는 황금 화분을 하나 가져오게 하고는 옷으로 화분을 덮었다. 잠시 후 자아강이 화분에 가득해지자 이를 조조 면전에 바쳤다. 조조가 손으로 집으려 하는데 별안간 화분 안에서 『맹덕신서孟德新書』라는 책이 한 권 나왔다. 집어서 살펴보니 한 글자도 틀리지 않았다. 조조는 크게 의심이 들었다. 좌자는 탁자 위의 옥 술잔을 집어 좋은 술을 가득 따라 조조에게 올리며 말했다.

"대왕께서 이 술을 마시면 천년을 장수하실 것입니다."

조조가 말했다.

"네가 먼저 마시거라."

좌자가 쓰고 있던 관의 옥비녀를 뽑아 술잔 가운데를 한 번 그으니 술이 반으로 나뉘어졌다. 자신이 반을 마시고 나머지 반은 조조에게 바쳤다. 조조가 큰 소리로 꾸짖었다. 좌자가 술잔을 공중으로 던지자 술잔이 한 마리의 흰 비둘기로 변하더니 전각을 날아갔다. 관원들이 얼굴을 들어 새를 쳐다보는 사이 좌자는 어디로 갔는지 사라져버렸다. 좌우에서 갑자기 보고했다.

"좌자가 궁문을 나갔습니다."

조조가 말했다.

"이런 요망스러운 자는 반드시 제거해야 한다! 그렇지 않으면 틀림없이 해가 될 것이다."

즉시 허저에게 300명의 철갑군을 이끌고 쫓아가 잡아오라 명했다. 말에 오른 허저가 군사를 이끌고 뒤쫓아 성문에 이르렀는데 멀리 좌자가 나막신을 신고 앞에서 천천히 가고 있었다. 허저가 나는 듯이 말을 몰아 그를 추격했으나 따라잡을 수가 없었다. 곧장 추격해 한 산속으로 들어갔는데 목동이 한 무리의 양떼를 몰면서 나타나자 좌자가 그 양떼 속으로 들어갔다. 허저가 화살을 집어 쏘았으나 좌자는 즉시 사라져버렸다. 허저는 양떼를 모조리 죽이고 돌아갔다. 목동이 양을 지키며 울고 있는데 별안간 땅바닥에 잘려 떨어져 있던 양 머리가 사람 목소리를 내면서 목동을 불렀다.

"얘야, 양 머리를 죽은 양 몸에 붙여보거라."

깜짝 놀란 목동이 얼굴을 가리고 달아났다. 그런데 별안간 누군가 뒤에서 불렀다.

"놀라 도망칠 필요 없다. 네게 살아 있는 양을 돌려주마."

목동이 돌아보니 좌자가 이미 땅에 죽어 있던 양들을 살려내고는 몰고 있었다. 목동이 급히 물어보려 하자 좌자는 소매를 떨치더니 가버렸다. 마치 나는 듯이 빨리 걸어 순식간에 사라졌다.

목동이 돌아가 주인에게 말하자 주인은 감히 그 사실을 감출 수 없어서 조조에게 알렸다. 조조는 좌자의 형상을 그려 각지로 보내 그를 체포하게 했다. 그로부터 사흘이 못 되어 성 안팎에서 체포된 외눈박이에 절뚝거리는 발 그리고 흰 등나무 가지로 엮은 관을 쓰고 허름한 푸른색 옷에 나막신을 신은 선생이 300~400명에 이르렀는데 모두 용모가 같아 시가지는 이 일로 온통 떠들썩했다. 조조는 장수들에게 명하여 돼지와 양 피를 그들에게 붓게 하고 성 남쪽 조련장으로 압송해오도록 했다. 조조가 직접 무장 군사 500명을 이끌고 와서 에워싸고는 모조리 참수시켰다. 목이 잘린 그들의 목구멍에서 각기 한 줄기 푸른 기운이 치솟아 하늘 한곳에 모이더니 좌자 한 사람으로 변했다. 좌자는 공중을 향해 백학 한 마리를 부르더니 타고서 손뼉을 치며 껄껄 웃었다.

"흙쥐가 금호랑이[15]를 따르니 간웅이 하루아침에 끝장나리라!"

조조는 장수들에게 화살을 쏘라고 명했다. 그때 별안간 광풍이 크게 일더니 돌이 구르고 모래가 날렸다. 목 잘린 시신들이 모두 벌떡 일어나 손에 잘린 자신들의 머리를 들고는 연무청[16] 위로 내달리더니 조조를 쳤다. 이 지경에 이르자 문관과 무장들은 손으로 얼굴을 가리고 놀라 자빠지며 각기 서로를 살펴볼 겨를이 없게 되었다.

간웅의 권세는 나라를 기울게 할 수 있으나
도사의 예언과 암시는 더욱더 기이하구나

奸雄權勢能傾國, 道士仙機更異人

조조의 목숨은 어떻게 될 것인가?[7]

제68회 위왕에 등극한 조조

❶

감녕의 기습 사건

『삼국지』「오서·감녕전」에 "조공이 유수로 출병했을 때 감녕은 전부독前部督(건안 연간에 손권이 설치했으며 출정 군대의 선봉 장령이다)을 맡고 있었는데 적군의 선봉대 군영을 기습하라는 명령을 받았다. 손권은 특별히 쌀밥과 술, 각종 안주 요리를 하사했다. 감녕은 그것을 수하 100명에게 내려 먹도록 했다. (…) 이경이 되었을 때 하무(나무 막대기)를 물고 군영을 나가 적을 쳐부수러 갔다. 적들은 깜짝 놀라며 즉시 물러갔다"고 기록되어 있다. 배송지 주 『강표전』은 "손권이 은밀히 감녕에게 명을 내려 밤에 위군 군영으로 들어가게 했다. 감녕은 이에 수하의 건장한 병사 100여 명을 선발해 곧장 조공의 군영으로 가서 녹각을 뽑고 진지를 넘어 군영에서 수십 명의 머리를 베어냈다"고 기록하고 있다.

감녕이 스스로 나서서 조조의 군영을 기습하고 용맹을 뽐낸 것은 아니며 손권의 명령에 의한 것으로 전장에서 흔히 있는 기습 공격이라 하겠다.

❷

『삼국지』「오서·감녕전」은 당시 상황에 대해 "감녕은 활을 당겨 적들에게 쏘았으며 능통 등도 필사적으로 싸웠다"고만 기록하고 있다. 두 사람이 화해했다는 기록은 없으며 악진이 얼굴에 화살을 맞았다는 기록도 없다.

❸

동습의 죽음에 대해 『삼국지』 「오서·동습전」은 다음과 같이 기록하고 있다.

"조공이 유수로 출병하자 동습은 손권을 수행하며 달려갔다. 손권은 동습에게 누선樓船 다섯 척을 지휘하여 유수구에 주둔하고 방비하도록 했다. 밤에 갑자기 폭풍이 일어 누선 다섯 척이 뒤집혀 침몰하려 하자 동습 주변 사람들이 모두 큰 배로 도망치며 동습에게 탈출하기를 권했다. 동습이 성을 내며 말했다.

'나는 장군의 임무를 받아 이곳에서 적을 방비하고 있는데 어떻게 배를 버리고 달아날 수 있단 말인가? 감히 다시 이런 말을 하는 자는 참수하리라!'

이에 더 이상 권하는 자가 없었다. 그날 밤 배는 침몰하고 동습은 죽었다."

❹

진무는 방덕에게 살해당했을까?

『삼국지』 「오서·진무전」에 "건안 20년(215), 합비를 공격할 때 진무는 손권을 수행하여 목숨을 걸고 싸우다가 전사했다. 손권은 애도하며 몸소 그의 장례식에 참가했다"고 기록되어 있다. 배송지 주 『강표전』에 따르면 진무가 죽자 "손권은 명을 내려 그의 애첩을 순장殉葬하도록 하고, 또 소작인 200호의 조세와 부역을 면제해주었다"고 기록하고 있다.

이는 건안 20년(215) 8월의 일이다. 「위서·무제기」와 「위서·방덕전」의 기록을 보면 조조가 한중을 평정하자 방덕이 투항했다고 기록되어 있는데, 이는 건안 20년 11월의 일이다. 결국 방덕은 이 전쟁에 참여하지도 않았으며 당연히 진무와 싸울 일도 없었다. 진무가 합비 전투 때 전사한 것은 사실이지만 자세한 상황은 기록되어 있지 않다.

❺

손권이 주태를 격려한 이유

『삼국지』「오서·주태전」과 배송지 주『강표전』 그리고『자치통감』 권68「한기 60」의 기록에 손권이 주태를 격려한 이유가 비슷하게 설명되어 있다.『자치통감』의 내용을 보면 다음과 같다.

"주연朱然과 서성徐盛 등은 주태의 관할 아래에 있었는데 주태의 출신이 비천하다며 복종하지 않았다. 손권은 장수들을 소집해 주연을 크게 열고는 술을 마시며 즐겼다. 손권이 주태에게 옷을 벗으라고 명하더니 손으로 상처 자국들을 가리키며 상처의 내력을 묻자, 주태가 지난 전투 장면들을 회상하며 하나하나 대답했다. 대답을 마친 주태에게 다시 옷을 입게 했는데 손권은 그의 팔을 잡고 눈물을 흘리며 말했다.

'유평幼平(주태의 자), 경은 나의 형제로 전장에서는 곰과 호랑이 같았으며 자신의 목숨을 아까워하지 않아 수십 곳의 상처를 입으니 피부가 칼로 새긴 것 같소. 내 어찌 마음을 다해 경을 골육의 은혜로 대접하지 않으며 경에게 병마의 막중함을 맡기지 않겠소?'

술자리를 마치자 손권이 잠시 수레를 멈추더니 주태의 병마를 인솔하여 앞에서 길을 열게 한 후 고각을 울리고 음악을 연주하며 나가게 했다. 이에 서성 등이 비로소 복종했다."

❻

어이없는 최염의 죽음

최염은 원소 휘하에 있다가 관도전쟁 이후 조조에게 발탁된 사람이다.『삼국지』「위서·최염전崔琰傳」에 따르면 "조정의 관원들이 모두 그를 우러러봤으며 태조조차도 그를 어려워했다"고 기록하고 있다. 최염은 존경받는 인물이었으나 어이없는 사건으로 조조에게 죽임을 당한다.

사건은 최염이 추천한 양훈楊訓이라는 사람으로부터 시작되었다. 조조가 위왕이 되자 양훈은 표를 올려 조조의 성덕을 칭송했는데 당시 누군가 그를 세속에 영합하고 자만하며 위선적인 사람이라고 비난하면서 최염이 사람을 잘못 천거했다고 말했다. 그래서 최염은 양훈의 표문 초고를 받아보고는 편지를 써서 다음과 같이 말했다.

"표를 자세히 살펴보니 괜찮을 따름이오! 시대여, 시대여. 응당 변화가 있어야 할 시기요."

최염의 본래 뜻은 의론하는 자들이 견책하기만을 좋아할 뿐 도리를 따르지 않는 것을 풍자한 것이었다. 그러나 어떤 사람이 [조조에게] 최염의 이 편지는 세상 사람을 멸시하면서 원망하고 비방하는 것이라 보고했다. 태조가 화를 내며 말했다.

"속담에 '딸을 낳았을 따름이다'라는 말이 있는데, '따름이다'라는 말을 쓰는 것은 좋은 말이 아니다. '응당 변화가 있어야 할 시기요'라는 말도 공경하지 않는 것이다."

최염이 양훈에게 보낸 편지의 내용은 상당히 애매모호하다. 양훈이 올린 표문이 그런대로 괜찮다는 의미 정도로 이해할 수 있으나 결국 조조는 최염을 처벌하여 노역에 복역하게 하고 죽음을 내려 최염이 자살하고 만다. "처음에 태조는 시기하는 성격이 있어 용인하지 못한 자가 있었는데, 노국魯國의 공융孔融, 남양南陽의 허유와 누규婁圭는 모두 옛 관계에 의지하여 공경하지 않았다가 처형되었다. 그러나 최염의 죽음은 세상 사람들에게 가장 안타깝게 여겨졌고 지금까지도 그가 억울하다고 생각하고 있다"고 기록되어 있다. 최염은 어이없게 죽었다.

❼

좌자는 누구인가?

『후한서』「방술열전方術列傳 하」에 「좌자전」이 수록되어 있는데 좌자에 대해 다음과 같이 기록하고 있다.

"좌자는 자가 원방元放으로 여강군廬江郡 사람이다. 그는 어려서부터 신기한 방술을 부릴 줄 알았다. 일찍이 사공司空 조조가 거행한 연회에 참가한 적이 있었는데 조조가 빈객들에게 부드럽게 말했다.

'오늘 성대한 연회에 산해진미를 대부분 준비했으나 단지 오吳 땅 송강松江의 농어가 없을 뿐이오.'

좌자가 말석에서 응답했다.

'이것은 얻을 수 있습니다.'

구리 쟁반에 물을 가득 담아주기를 청하고는 대나무 막대에 미끼를 걸고 쟁반에서 낚시질을 하니 잠시 후에 농어 한 마리를 낚았다. 조조는 힘껏 손뼉 치며 껄껄 웃었고 좌중에 있던 사람들은 모두 놀라 어리둥절했다. 조조가 말했다.

'한 마리로는 자리에 있는 사람들이 모두 먹기에 부족하니 또 잡을 수 있는가?'

좌자가 이에 다시 미끼를 걸고 계속 낚시질하자 잠시 후 또 한 마리를 낚았고 이렇게 낚시질한 농어는 모두 3척 정도의 길이로 귀여운 생선들이었다. 조조는 사람을 시켜 그 자리에서 얇은 조각으로 썰게 하여 사람들에게 모두 나누어줬다. 조조가 다시 좌자에게 말했다.

'이미 농어를 얻었으나 촉중蜀中의 생강이 없어 유감일 따름이로다.'

좌자가 대답했다.

'이것 또한 얻을 수 있습니다.'

조조가 가까운 곳에서 가져올까 염려되어 말했다.

'내가 앞서 사람을 촉으로 보내 촉의 비단을 사오도록 했는데 사자에게 명령하는 김에 2단端(고대 비단의 길이를 세는 단위로 1단은 2장丈)을 더 사오도록 했다.'

말을 하자마자 좌자는 바로 생강을 가지고 왔으며 아울러 조조의 사자가 명령을 접수했다고 작성한 보고서도 가지고 왔다. 나중에 조조의 사자가 촉으로부터 돌아왔고 그에게 촉의 비단을 더 사게 된 상황과 시일이 언제였는지 조사해 물었는데 조금도 착오가 없었다.

이후 조조가 사대부 100여 명을 데리고 근교로 나갔다. 좌자가 그들을 위해 1승升(200밀리리터)의 술과 1근의 육포를 가지고 와서 직접 술을 따랐는데 백관 중에 취하고 배부르지 않은 자가 없었다. 기이하게 여긴 조조는 사람을 시켜 그 원인을 조사하게 했는데 각 주점을 순시해보니 술과 육포가 전부 없어졌다고 말했다. 조조는 내심 기쁘지 않았고 좌중에서 좌자를 체포하여 죽이고자 했다. 좌자는 도망쳐 담장 속으로 들어갔는데 갑자기 어디로 갔는지 알 수가 없었다. 누군가 시장에서 그를 발견하고 다시 그를 잡았는데 시장 사람들이 모두 좌자의 모습으로 변해 누가 좌자인지 알 수가 없었다. 나중에 어떤 사람이 양성산陽城山(산 이름으로 지금의 허난성 덩펑登封 북쪽) 꼭대기에서 좌자와 마주쳤고 다시 그를 체포하려 하자 바로 양떼 속으로 들어가버렸다. 조조는 그를 잡을 수 없음을 알고 사람을 시켜 양떼 속으로 들어가 좌자에게 알리게 했다.

'다시는 그대를 죽이지 않을 것이다. 내 본래는 그대의 도술을 시험해본 것뿐이로다.'

이때 별안간 수컷 산양이 앞 두 다리를 구부리고는 사람처럼 서서 말했다.

'왜 갑자기 일을 이렇게 처리하는 것이오?'

사람들이 즉시 앞다퉈 그 양을 잡았는데 수백 마리의 양이 전부 늙은 수컷 산양으로 변해버렸다. 그러고는 앞 두 다리를 구부리고는 또 사람처럼 서서 말했다.

'왜 갑자기 일을 이렇게 처리하는 것이오?'

결국 어느 늙은 수컷 산양을 잡아야 할지 아무도 몰랐다."

제 69 회

점술가 관로

관로는 주역으로 점을 쳐 기밀을 알고,
다섯 신하는 역적을 토벌하다 절개를 지켜 죽다

卜周易管輅知機,
討漢賊五臣死節

이날 조조는 검은 구름 속에서 시신들이 모두 일어나는 것을 보고는 놀라 바닥에 쓰러졌다. 잠시 후 바람이 잠잠해지자 시신들은 어디론가 모두 사라져버렸다. 좌우에서 조조를 부축해 궁으로 돌아갔으나 몹시 놀란 것이 그만 병이 되고 말았다. 후세 사람이 좌자를 칭찬한 시가 있다.

나는 듯 하늘 높이 올라 구주를 돌아다니며
홀로 둔갑술에 의지해 한가로이 노니는구나
신선들이 쓴다는 술법을 예사로이 펼쳤고
조만을 깨우쳐줬으나 생각을 바꾸지 않네
飛步凌雲遍九州, 獨憑遁甲自遨遊
等閑施設神仙術, 點悟曹瞞不轉頭

병에 걸린 조조는 약을 복용해도 전혀 나아지지 않았다. 그때 마침 태사승[1] 허지許芝가 허창에서 조조를 뵈러 왔다. 조조는 허지에게 『주역』으로 점을 치라고 명했다. 허지가 말했다.

"대왕께서는 점을 귀신같이 치는 관로管輅를 들어보신 적이 없습니까?"

조조가 말했다.

"그 명성을 오랫동안 들었으나 그 점술은 어떤지 아직 모르네. 자세하게 말해보게나."

허지가 말했다.

"관로는 자가 공명公明으로 평원[2] 사람입니다. 용모가 거칠고 추하게 생겼으며 술을 좋아하고 자유분방한 자입니다. 일찍이 그의 아비가 낭야 즉구[3]의 현장을 지냈다고 합니다. 관로는 어려서부터 하늘의 별들을 관찰하는 것을 몹시 좋아하여 밤에 잠을 자려 하지 않았고 그의 부모도 못 하게 막을 수 없었다고 합니다. 그는 항상 '집에 기르는 닭과 들판의 백조도 스스로 때를 알거늘 하물며 세상에 태어난 사람으로서 어떻게 모른단 말인가?'라고 말했으며, 이웃 아이들과 함께 놀면서도 언제나 땅바닥에 천문을 그리고 해와 달, 별들을 늘어놓았다고 합니다. 어느 정도 장성해서는 『주역』을 통달하고 바람을 관찰하여 풍각[4]을 했으며 술수에 신통했고 아울러 관상도 잘 보았다고 합니다. 낭야태수 선자춘單子春이 그의 명성을 듣고는 관로를 불러 만났습니다. 그 자리에 100여 명의 손님이 있었는데 모두 언변이 능한 인사들이었습니다. 관로가 선자춘에게 이르기를 '제 나이가 어려 담력과 용기가 아직 굳건하지 못하니 청컨대 먼저 좋은 술 3승升(600밀리리터)을 마시고 난 다음에 말씀드리겠습니다'라고 했습니다. 선자춘이 그를 기이하게 여겨 즉시 술 3승을 주었습니다. 마시고 나더니 관로가 선자춘에게 '지금 부군 주위에 앉아 계신 선비 분들이 저와 상대하고 싶어하시는 겁니까?'라고 하자 선자춘이 '내 직접 경과 맞서려고 하네'라고 했습니다. 이에 관로와 더불어 『주역』

의 이치를 토론했습니다. 관로가 지칠 줄 모르고 이야기를 하는데 하는 말마다 세밀하고 심오했습니다. 선자춘이 반복해서 어려운 문제로 따져 물었으나 관로는 물 흐르듯 막힘없이 술술 대답했습니다. 이렇게 새벽부터 시작해 저녁 무렵까지 이어지자 술과 음식이 돌지 않아 들이지도 못했습니다. 선자춘과 빈객들 가운데 탄복하지 않는 자가 없었으니 이에 천하에서 그를 '신동'이라 부르게 되었습니다. 그 후, 주민 중에 곽은郭恩이라는 자가 그의 삼형제 모두 절름발이가 되는 병을 앓게 되었으니 관로에게 점을 쳐달라고 청했습니다. 그러자 관로가 '뽑은 괘卦 중에 그대 집안의 조상 묘에 여자 귀신이 들었는데 그대의 백모가 아니면 숙모일 것이오. 이전에 기근이 든 해에 쌀 몇 승의 이익을 꾀하려다 그녀를 밀어 우물 속에 빠뜨리고 큰 돌로 그녀의 머리를 으스러뜨렸소. 그래서 의지할 곳 없는 외로운 넋이 고통스러워하며 스스로 하늘에 호소했기 때문에 그대 형제들에게 이런 응보가 있는 것이오. 액막이를 할 수 없소'라고 했습니다. 그러자 곽은 형제가 눈물을 흘리며 죄를 인정했다고 합니다. 안평[5]태수 왕기王基는 관로가 귀신같이 점을 잘 친다는 것을 알고 자기 집으로 불렀습니다. 마침 신도[6]의 현령 처가 항상 두통을, 또 그의 아들은 가슴 통증을 앓고 있었기에 관로를 청해 점을 쳤습니다. 관로가 말하기를 '이 집의 서쪽 모퉁이에 죽은 시신이 둘 있는데 한 남자는 모를 잡고 있고 다른 한 남자는 활과 화살을 들고 있는데 머리는 벽 속에 있고 다리는 벽 밖에 있습니다. 모를 잡은 자가 머리를 찔러 머리가 아픈 것이고, 활과 화살을 들고 있는 자가 가슴과 배를 찔러 가슴 통증이 있는 것입니다'라고 했습니다. 그래서 그곳을 파보았습니다. 땅속으로 8척쯤 파보니 과연 두 개의 관이 나왔습니다. 한 관에는 모가 있었고 다른 관에는 각궁[7]과 화살이 있었는데 나무는 이미 썩어 문드러졌답니다. 관로가 그 해골들을 성 밖

10리 떨어진 곳에 옮겨 매장했더니 처와 아들이 마침내 탈이 없어졌습니다. 관도[8]현령 제갈원諸葛原이 신흥[9]태수로 자리를 옮길 때 관로가 배웅하러 간 적이 있습니다. 그때 손님들이 관로가 부사[10]를 잘한다고 말했습니다. 제갈원은 믿지 않으며 몰래 제비 알, 벌집 그리고 거미 세 가지를 세 합盒에 나누어두고 관로에게 점을 치게 했습니다. 괘를 짚더니 각각 합 위에 네 구절씩 적었는데, 첫 번째 합에는 다음과 같이 적었습니다.

'기운을 머금었으니 변해야 하고 집 처마에 의지하네. 암컷과 수컷이 자라면 날개를 서서히 펼칠 것이다. 이것은 제비 알이다含氣須變, 依乎宇堂; 雌雄以形, 羽翼舒張. 此燕卵也.'

두 번째 합에는 다음과 같이 적었습니다.

'집이 거꾸로 매달리고 문들이 아주 많도다. 정기를 감추고 독을 기르니 가을이 되면 변하리라. 이것은 벌집이로다家室倒懸, 門戶衆多, 藏精育毒, 得秋乃化. 此蜂窠也.'

세 번째 합에는 다음과 같이 적었습니다.

'부들부들 떠는 긴 다리에 실을 토해 그물을 만드는구나. 그물을 찾아다니며 먹이를 구하니 어두운 밤에도 이로움이 있네. 이것은 거미다觳觫長足, 吐絲成羅; 尋網求食, 利在昏夜. 此蜘蛛也.'

자리에 있던 사람들이 몹시 놀랐습니다. 또 시골 마을에 소를 잃어버린 할멈이 그에게 점을 쳐달라고 했습니다. 관로가 판단하기를 '북쪽 개천 물가에서 일곱 명이 소를 도살해 삶고 있으니 급히 가서 찾으면 가죽과 고기는 남아 있을 거요'라고 했습니다. 할멈이 가서 찾아보니 일곱 명이 초가집 뒤편에서 소를 삶아 먹고 있는데 가죽과 고기는 아직 있었습니다. 그래서 그 할멈이 그곳 군태수 유빈劉邠에게 하소연하여 그 일곱 명을 체포하여 벌을 줬다고 합니다. 유빈이 할멈에게 '어떻게 알았느냐?'고 묻자 관로의 귀신같은 점을 이야기했습니다. 유빈이 믿지 않고 관로를 부중으로 불러 도장주머니와 꿩 털을 가져와 합 속에 감추고 관로에게 점을 치게 했습니다. 관로가 첫 번째 합을 점쳤습니다.

'속은 네모지만 겉은 둥글며 오색으로 문양을 이루었네. 보배를 머금고 신의를 지키며 나오니 법도가 있네. 이것은 도장주머니로다內方外圓, 五色成文; 含寶守信, 出則有章. 此印囊也.'

두 번째 합을 점쳤습니다.

'우뚝 솟은 바위에 새가 있으니 비단 같은 몸에 붉은 옷 입었구나. 날개는 검누런데 새벽 알림을 잊지 않고 우니, 이것은 꿩 털이로다巖巖有鳥, 錦體朱衣; 羽翼玄黃, 鳴不失晨, 此山雞毛也.'

깜짝 놀란 유빈이 마침내 그를 상빈上賓으로 대접했다고 합니다. 하루는 관로가 교외로 나가 한가롭게 거닐다가 밭을 갈고 있는 한 소년을 보게 되었습니다. 관로가 길가에 서서 한참 동안 살펴보더니 소년에게 '네 이름은 무엇이고 나이는 몇이더냐?'라고 묻자 '성이 조趙이고 이름이 안顔이며 19세입니다. 감히 묻건대 선생은 누구십니까?'라고 대답했습니다. 그러자 관로가 '나는 관로라 하네. 네 미간에 죽을 기운이 서려 있으니 사흘 안에 반드시 죽을 것이다. 네 생김새는 훤하나 수명이 짧으니 애석하구나'라고 말했습니다. 조안이 집으로 돌아가 아비에게 그 사실을 이야기했습니다. 아비가 듣고서 관로를 찾아와 땅에 엎드려 절하면서 '청컨대 제 자식 놈을 살려주십시오!'라고 하자 관로가 '이것은 천명인데 어찌 액을 쫓을 수 있겠는가?'라고 했습니다. 그 아비가 '이 늙은이에게 자식이라곤 이 녀석 하나뿐이니 바라건대 살려주소서!'라고 하소연했고, 그 아들 조안 또한 울면서 간청했습니다. 그들 부자의 간절한 정을 본 관로가 조안에게 '너는 깨끗한 술 한 병과 말린 사슴 고기 한 덩이를 준비하거라. 내일 남산으로 가면 큰 나무 아래 반석 위에서 바둑을 두는 두 사람을 보게 될 것이다. 남쪽을 향해 앉은 사람은 하얀 도포를 입고 매우 악독하게 생겼을 것이고, 북쪽을 향해 앉은 다른 한 사람은 붉은 도포를 입었는데 그 용모가 매우 아름다울 것이다. 너는 그들이 바둑 두는 데 흥이 나서 정신이 팔렸을 때 술과 말린 사슴 고기를 꿇어앉아 올리거라. 그들이 다 마시고 먹기를 기다렸다가 울면서 절하며 수명을 늘려달라고 부탁하면 반드시 수명을 더해줄 것이다. 그러나 내가 가르쳐줬다는 말은 절대로 해서는 안 된다'고 일렀습니다. 그러자 그 노인이 관로를 집에 머물게 했습니다. 이튿날 조안이 술과 말린 사슴 고기, 술잔과 쟁반을 들고 남산으로 들어갔습니다. 대략 5~6리쯤 걸어가니 과연 큰 소나무 아래 반석 위에서 두 사람이 바둑을 두고 있었는데 조안을 전혀 돌아보지 않았다고 합니다. 조안이 무릎을 꿇고 술과 말린 사슴 고기를 올렸습니다. 두 사람은 바둑

두는 데 정신이 팔려 자신들도 모르는 사이에 술을 다 마시고 말았습니다. 그때 조안이 땅에 엎드려 울면서 수명을 늘려달라고 청하자 두 사람이 깜짝 놀랐습니다. 붉은 도포를 입은 사람이 '이것은 틀림없이 관자管子(관로를 가리킴)가 말해준 것이로다. 우리 두 사람이 이미 이 사람의 술과 음식을 먹었으니 어쩔 수 없이 가엾게 여겨야겠구나'라고 말했습니다. 하얀 도포를 입은 자가 이에 몸에서 명부를 꺼내 검사해보더니 조안에게 '너는 금년에 19세이니 마땅히 죽어야 한다. 내 이제 십十 자에 구九 자 하나를 더해줄 테니 네 수명은 99세가 될 것이다. 돌아가 관로를 만나거든 다시는 천기를 누설하지 말라고 하여라. 만약 그렇지 않으면 반드시 천벌을 받게 될 것이다'라고 일렀습니다. 붉은 도포를 입은 사람이 붓을 꺼내 구九 자를 덧붙이고 나자 한바탕 향기로운 바람이 지나가더니 두 사람은 두 마리의 백학이 되어 하늘 높이 날아갔다고 합니다. 조안이 돌아와 관로에게 묻자 관로가 '붉은 도포를 입은 사람은 남두南斗이고 하얀 도포를 입은 사람은 북두北斗다'라고 말했습니다. 조안이 '제가 듣기로 북두는 별이 아홉 개인데 어찌하여 한 사람뿐입니까?'라고 하자 관로가 '흩어지면 아홉이 되나 합쳐지면 하나가 되느니라. 북두는 죽음을 주관하고 남두는 삶을 주관하네. 이미 수명이 늘어났는데 다시 무엇을 근심하는가'라고 말했고 부자가 절하며 감사했다고 합니다. 이로부터 관로는 천기를 누설할까 두려워 함부로 남을 위해 점을 치지 않는다고 합니다. 이 사람이 지금 평원에 있는데 대왕께서 길흉을 알고자 하신다면 그를 부르십시오."

조조가 크게 기뻐하며 즉시 평원으로 사람을 보내 관로를 불러오게 했다. 관로가 조조를 배알하자 조조가 그에게 좌자의 일에 대해 점을 치게 했다. 관로가 대답했다.

"그것은 마술에 불과할 뿐인데 구태여 근심하실 필요가 있겠습니까?"

조조는 안심이 되었고 병도 점점 좋아졌다. 조조가 천하의 일을 점치게 했다. 관로가 점을 치고 말했다.

"삼팔종횡三八縱橫(건안 24년, 즉 219년을 가리킴)이면 누런 돼지가 호랑이를 만나고[11] 정군定軍[12]의 남쪽에서 다리 하나가 끊어질 것입니다."

또 왕위가 후대에 대대로 전해질 수 있을지 점을 치게 했다. 관로가 점을 치고 말했다.

"사자궁獅子宮 안에 신위神位가 편안하도다.[13] 왕도가 새롭게 바뀌니 자손이 지극히 귀하게 될 것입니다."

조조가 상세하게 묻자 관로가 말했다.

"아득히 먼 운수는 미리 알 수 없는 것입니다. 훗날을 기다리시면 저절로 검증될 것입니다."

조조가 관로를 태사[14]로 봉하려고 하자 관로가 말했다.

"명이 짧고 빈천한 상이라 그런 직위가 어울리지 않으니 감히 받을 수가 없습니다."

조조가 그 까닭을 묻자 대답했다.

"저는 이마에 주골主骨[15]이 없고 눈에는 수정[16]이 없으며, 코에는 콧마루가 없고 다리에는 뒤꿈치가 없습니다. 또 등에는 삼갑三甲이 없고 배에는 삼임三壬이 없으니[17] 태산에서 귀신을 다스릴 수는 있으나 살아 있는 사람을 다스릴 수는 없습니다."

조조가 말했다.

"자네가 보기에 내 관상은 어떠한가?"

"신하로서 최고의 지위에 계신데 또 구태여 관상을 볼 필요가 있겠습니까?"

재삼 물었으나 관로는 웃기만 하고 대답하지 않았다. 조조가 문무 관료들의 상을 두루 보게 하자 관로가 말했다.

"모두가 세상을 다스릴 만한 신하입니다."

조조가 길흉을 물었으나 말하려 하지 않았다. 후세 사람이 칭송한 시가 있다.

평원 지방의 점을 귀신같이 치는 관공명은
남두와 북두성의 천문을 계산할 수 있었네
팔괘의 미묘함으로 귀신의 비결 통찰했고
육효의 심오함으로 천상의 일을 알아냈네

관상을 보고서 수명이 짧으리라 예견했고
마음의 근원이 신령함을 스스로 깨달았네
애석하구나, 당시 그의 기이한 술법들을
후세 사람 다시 물려받을 수 없게 되었네
平原神卜管公明, 能算南辰北斗星
八封幽微通鬼竅, 六爻玄奧究天庭
預知相法應無壽, 自覺心源極有靈
可惜當年奇異術, 後人無復授遺經 [1]

조조가 동오와 서촉 두 곳에 대해 점을 치게 했다. 관로가 괘를 만들고는 말했다.

"동오의 주인은 대장 한 명을 잃을 것이고 서촉의 군사가 경계를 침범하는 일이 있을 것입니다."

조조는 믿지 않았다. 그때 별안간 합비에서 보고가 들어왔다.

"동오의 육구를 지키던 노숙이 사망했습니다."❷

깜짝 놀란 조조는 즉시 한중으로 사람을 보내 소식을 알아보도록 했다. 며칠이 못 되어 유현덕이 장비와 마초를 파견해 하변[18]에 군사를 주둔시키고 관을 빼앗으려 한다는 비보가 들어왔다. 크게 화가 난 조조는 즉시 직접 대군을 이끌고 다시 한중으로 들어가는 준비를 하면서 관로에게 점을 치게 했다. 관로가 말했다.

"대왕께서는 가볍게 움직이시면 안 됩니다. 내년 봄 허도에 틀림없이 화재가 일어날 것입니다."

조조는 관로의 말이 여러 차례 맞는 것을 경험했기에 감히 가볍게 움직이지 못하고 업군에 머물러 있기로 했다. 조홍에게 군사 5만 명을 이끌어 하후연, 장합과 함께 동천을 지키게 했다. 또 하후돈에게 군사 3만 명을 인솔하여 허도를 오가며 순찰하면서 뜻밖의 일에 대비하도록 했다. 다시 장사 왕필王必에게 어림군을 총감독하게 했다. 그러자 주부 사마의가 말했다.

"왕필은 유달리 술을 좋아하고 성격이 관대하여 그 직분을 감당하지 못할까 걱정됩니다."

조조가 말했다.

"왕필은 내가 가시덤불에 덮이고 곤란하고 힘들 때 뒤따른 사람으로 충성스럽고 근면하며 마음이 철석같아 이 일을 맡기기에 적당하오."

즉시 왕필에게 어림군을 통솔하여 허도 동화문東華門 밖에 주둔하도록 했다.

이때 성이 경耿이고 이름이 기紀, 자가 계행季行인 낙양 사람이 있었는데 이전에 승상부 연[19]이었다가 시중, 소부[20]로 승진하여 사직[21] 위황韋晃과 교분이 매우 두터웠다. 그는 조조가 왕의 작위에 봉해진 데다 출입할 때 천자의 수레와 의복을 사용하는 것을 보고는 속으로 불만에 가득 차 있었다. 건안 23년(218) 봄 정월에 경기는 위황과 은밀하게 의논했다.

"역적 조조의 간악함이 날로 심해지니 머지않아 틀림없이 황제의 지위를 빼앗고 반역할 것이오. 한나라의 신하가 되어 어찌 악인을 도와 나쁜 짓을 저지르겠소?"

위황이 말했다.

"내게 성이 김金이고 이름이 의禕인 심복이 있는데 바로 한나라 재상 김일제[22]의 후손으로 평소에 조조를 토벌할 마음을 가지고 있소. 더욱이 왕필과는 교분이 무척 두터우니 만일 함께 꾀할 수 있다면 큰일을 이룰 수 있을 것이오."

경기가 말했다.

"그가 왕필과 교분이 두터운데 어찌 우리와 함께 일을 꾸미려 하겠소?"

위황이 말했다.

"우선 그와 말해보면서 어떠한지 살펴봅시다."

이에 두 사람은 함께 김의의 집으로 찾아갔다. 김의가 후당으로 맞아들이고는 자리에 앉았다. 위황이 말했다.

"덕위德偉[23]께서는 왕장사王長史(왕필)와 교분이 매우 두텁다고 하니 우리 두 사람이 특별히 부탁드릴 일이 있어 왔소."

김의가 말했다.

"무슨 일을 부탁하시겠다는 게요?"

위황이 말했다.

"위왕께서 조만간 황위를 물려받아 황제 자리에 오르신다고 하니 공과 왕

장사께서는 틀림없이 높은 지위로 승진하실 것이오. 바라건대 나를 버리지 않고 이끌어주신다면 그 은혜에 감사하리다!"

김의가 소매를 떨치며 일어났다. 마침 시종이 차를 받쳐 들고 왔는데 그만 차를 바닥에 쏟아붓고 말았다. 위황이 놀란 척하며 말했다.

"덕위는 오랜 친구인데 어찌하여 이토록 매정하게 대하시오?"

김의가 말했다.

"내가 그대와 교분이 두터운 것은 그대들이 한나라 신하의 후손들이기 때문이었는데, 지금 은혜에 보답할 생각은 하지 않고 반역을 꾀하는 자를 도우려고 하니 내 무슨 낯으로 그대를 벗으로 삼겠는가!"

경기가 말했다.

"천명이 그와 같으니 어쩔 도리가 없을 뿐이오!"

김의가 크게 노했다. 경기와 위황은 김의가 과연 충성과 의리의 마음이 있는 것을 보고는 이에 실제 사정을 이야기했다.

"본래는 역적을 토벌하고자 하여 족하께 부탁하려고 왔소. 조금 전 했던 말은 특별히 시험해본 것뿐이오."

김의가 말했다.

"우리 집안은 대대로 한나라 신하이거늘 어찌 역적을 따를 수 있겠소! 공들이 한실을 지탱하고자 한다니 무슨 고견이라도 있소?"

위황이 말했다.

"비록 나라에 보답할 마음은 있으나 아직 역적을 토벌할 계책은 없소."

김의가 말했다.

"안팎에서 서로 호응하여 내가 왕필을 죽이고 병권을 빼앗아 천자를 보좌하려고 하오. 또한 유황숙과 결맹하여 그를 외부 지원으로 삼는다면 역적 조조를 멸망시킬 수 있을 것이오."

그 말을 들은 두 사람은 손뼉을 치며 훌륭하다고 했다.

김의가 말했다.

"내게 역적 조조와 원한이 있는 심복 두 사람이 있는데 지금은 성 밖에 살고 있으니 날개로 삼을 만하오."

경기가 어떤 사람이냐고 묻자 김의가 말했다.

"태의太醫 길평吉平[24]의 아들들로 장남은 이름이 길막吉邈이며 자가 문연文然이고, 차남은 길목吉穆이며 자가 사연思然이라 하오. 조조가 이전에 동승의 옥대 속 비밀 조서 사건으로 그들의 부친을 죽였을 때, 두 아들은 먼 지방으로 도망쳐서 난을 피할 수 있었소. 지금은 이미 몰래 허도로 돌아와 있소. 서로 도와 역적을 토벌하자고 하면 반드시 따를 것이오."

경기와 위황은 크게 기뻐했다. 김의는 바로 사람을 보내 길씨 형제를 몰래 불러들였다. 잠시 후 두 사람이 이르렀다. 김의가 그 일을 자세하게 이야기하자 두 사람은 분개하며 눈물을 흘렸고 그 분노가 하늘을 찔러 국적을 죽이기로 맹세했다. 김의가 말했다.

"정월 15일 밤에 성안에서 등불을 크게 밝히고 원소절元宵節(정월 대보름)을 경축할 것이오. 경소부耿少府(경기)와 위사직韋司直(위황) 두 사람은 각자 가동家僮(노복)들을 거느리고 왕필의 군영 앞으로 달려가 있다가 군영 안에 불길이 일어나는 것이 보이면 두 갈래로 나누어 돌격하시오. 왕필을 죽이고 곧장 나를 따라 안으로 들어와서 천자를 오봉루五鳳樓에 오르시도록 청한 후 백관을 불러놓은 자리에서 역적을 토벌하라는 명령을 하달하도록 합시다. 길문연吉文然(길막의 자) 형제는 성 밖에서 쳐들어오면서 불 지르는 것을 신호로 삼아 각자 소리를 높여 백성에게 국적을 죽이라고 소리치고 성안의 구원병을 차단하시오. 천자께서 조서를 내려 반항하는 자들이 투항하고 귀순하면 바로 군사를 업군으로 진격시켜 조조를 사로잡으시오. 그다음 즉시 유황숙에게 사자를 보내 조서를 건네고 불러오도록 합시다. 약속한 대로 오늘 이경에 거사하기로 하고 동승처럼 스스로 재앙을 부르는 일은 없도록 합시다."

다섯 명은 하늘에 맹세하고 삽혈로 맹약을 맺은 후 각자 집으로 돌아가 군마와 무기를 정돈하고 기일이 되면 실행하기로 했다.

한편 경기와 위황 두 사람은 각자 집에 있는 가동 300~400명에게 무기를 준비시켰다. 길막 형제 또한 300명을 모아 포위 사냥을 핑계 삼아 준비를 마쳤다. 김의는 예정된 날짜 전에 먼저 왕필을 찾아와 말했다.

"바야흐로 지금 해내海內가 잠시 안정되었고 위왕의 위엄이 천하를 진동시키고 있소. 지금 마침 즐거운 원소절이니 등불을 밝혀 태평의 기상을 보여야 할 것이오."

왕필은 그 말을 따르기로 하고 성내의 거주민들에게 모두 등롱을 달고 오색 끈으로 장식하여 명절을 경축하게 했다. 정월 15일 밤, 하늘빛은 쾌청했고 별과 달은 서로 눈부시게 비추었으며 시내 육가삼시[25]의 번화한 거리에는 서로 앞다퉈 꽃등을 내걸었다. 정말로 금오가 야간 통행을 금하지 않았고[26] 옥루[27]가 사람들을 재촉할 필요가 없었다. 왕필은 어림군 장수들과 함께 군영 안에서 주연을 베풀어 술을 마시고 있었다. 이경이 지나자 별안간 군영 안에서 고함치는 소리가 들리더니 사람이 와서 군영 뒤쪽에 불길이 일어났다고 보고했다. 왕필이 황급히 장막을 나가 살펴보니 불빛이 어지럽게 흩날렸다. 또 죽이라는 함성이 온 하늘에 끊이지 않고 이어지자 군영 안에 변고가 발생했음을 알고 급히 말에 올라 남문을 나갔다. 마침 경기와 마주친 왕필은 경기가 쏜 화살을 어깨에 맞아 하마터면 말에서 떨어질 뻔했으나 즉시 서문을 향해 달아났다. 뒤에서 군사들이 추격해오자 왕필은 급한 나머지 말을 버리고 걸어서 달아났다. 김의의 집 문 앞에 이르러 허둥대며 문을 두드렸다. 원래 김의는 사람을 시켜 군영 안에 불을 지르게 하는 한편 직접 가동들을 이끌고 뒤따라 싸움을 돕고 있었기에 집에는 부녀자들만 남아 있었다. 이때 집안에서는 왕필이 문을 두드리는 소리를 듣고 김의가 돌아온 줄로 알았다. 김의의 처가 문을 사이에 두고 물었다.

"왕필 그놈을 죽였어요?"

깜짝 놀란 왕필은 비로소 김의가 공모했음을 깨닫고 곧장 조휴의 집으로 가서 김의와 경기 등이 함께 모반을 일으켰다고 보고했다. 조휴는 급히 갑옷을 걸치고 말에 올라 1000여 명을 이끌며 성안에서 적과 맞섰다. 성안 사방에서 불길이 일어나고 오봉루가 불에 타자 황제는 심궁[28]으로 피신했다. 조씨의 심복 수하들이 죽을힘을 다해 궁문을 지켰다. 성안에는 사람들의 고함만 들렸다.

"역적 조조의 무리를 모조리 죽이고 한실을 지탱하자!"

조조의 명을 받들어 허창을 순찰하던 하후돈은 3만 명의 군사를 이끌고 성에서 5리 떨어진 곳에 주둔하고 있었다. 이날 밤 멀리 성안에서 불길이 일어나는 것을 보고는 즉시 대군을 이끌고 달려와 허도를 에워싸고 한 무리의 군사를 성으로 들여보내 조휴와 호응하게 했다. 뒤섞여 서로 죽이는 싸움이 날이 밝을 때까지 이어졌다. 경기와 위황을 도와주는 사람이 없었는데 그때 한 사람이 김의와 두 길씨 형제가 모두 살해됐다고 보고했다. 경기와 위황은 길을 찾아 성문으로 돌진했으나 마침 하후돈의 대군에게 포위되어 사로잡히고 말았다. 수하의 100여 명도 모두 피살되었다. 하후돈은 성으로 들어가 남은 불을 끄고 반란을 일으킨 다섯 명의 집안 노인과 아이 가릴 것 없이 모두 잡아들였으며 사람을 보내 조조에게 급보를 알렸다. 조조는 경기, 위황 두 사람과 다섯 명의 집안 사람들을 노소 가리지 않고 모조리 저잣거리에서 참수하게 했고 아울러 조정의 대소 백관을 모두 체포하고 업군으로 압송하여 처분을 기다리게 했다. 하후돈이 경기와 위황 두 사람을 저잣거리에 압송했다. 경기가 엄하게 소리 질렀다.

"조아만! 내 살아서 네놈을 죽일 수 없었으나 죽어서 악귀가 되어 역적을 치겠노라!"

망나니가 칼로 그의 입을 찌르자 피가 땅에 가득 흘러내렸다. 그는 욕설을 끊임없이 퍼붓고는 죽었다. 위황은 볼을 땅바닥에 찧으며 말했다.

"분하구나! 원통하구나!"

이가 모조리 부서질 정도로 이를 악물다가 죽고 말았다. 후세 사람이 찬탄한 시가 있다.

경기는 한없이 충성스럽고 위황은 어질었으나
각자 맨주먹으로 하늘을 떠받치려 했구나
한나라 황위가 곧 다할 줄을 누가 알았으랴
원한만 가슴에 가득 품고 구천으로 떠났도다
耿紀精忠韋晃賢, 各持空手欲扶天
誰知漢祚相將盡, 恨滿心胸喪九泉 [3]

하후돈은 다섯 명의 집안사람들을 모조리 죽이고 백관을 업군으로 압송했다. 조조는 조련장의 왼쪽에 붉은 깃발, 오른쪽에는 흰 깃발을 세우고는 명령을 하달했다.

"경기와 위황 등이 반란을 일으켜 허도를 불질러 태웠다. 너희 중에 밖으로 나가 불을 끈 자도 있을 것이고 또한 문을 걸어 닫고 나가지 않은 자도 있을 것이다. 불을 끈 자는 붉은 깃발 아래에 서고 불을 끄지 않은 자는 흰 깃발 아래에 서도록 하라."

관원들은 불을 끈 자는 반드시 죄가 없을 것이라 생각하고 이에 대부분이 붉은 깃발 아래로 달려갔고 3분의 1만 흰 깃발 아래에 섰다. 조조가 붉은 깃발 아래에 선 자들을 모조리 체포하게 하자 관원들은 저마다 죄가 없다고 했다. 그러자 조조가 말했다.

"당시에 너희 마음은 불을 끄려는 데 있지 않고 사실은 역적을 도우려 했을 뿐이다."

모조리 장하漳河 가로 끌어내 참수시키니 죽은 자가 300여 명이었다. 흰 깃발 아래에 선 자들에게는 모두 상을 내리고 허도로 돌아가게 했다. 이때 화살 맞은 상처가 악화된 왕필이 죽게 되어 조조가 후하게 장사 지내주었다.❹

조휴에게 어림군을 총감독하게 했고 종요를 상국相國으로 삼았으며 화흠을 어사대부로 임명했다. 마침내 후侯의 작위를 6등 18급,[29] 관중후[30]의 작위를 17급으로 정하여 모두 황금 인장과 자줏빛 인끈을 하사했고, 또 관내외후[31] 16급을 설치하여 은도장[32]과 거북 모양의 인장 손잡이와 검은 인끈을 하사했으며, 오대부[33] 15급에게는 구리 도장과 고리 모양 손잡이에 검은 인끈을 하사했다. 작위를 정하고 관직을 봉하자 조정은 다시 구성원들이 바뀌게 되었다. 조조는 비로소 화재가 일어날 것이라는 관로의 말을 깨닫고는 그에게 후한 상을 내렸으나 그는 받지 않았다.

한편 조홍은 군사를 거느리고 한중에 당도하여 장합과 하후연에게 각기 요충지를 지키게 하고는 자신은 군사를 진격시켜 적과 대적했다. 이때 장비는 뇌동과 함께 파서를 지키고 있었다. 마초군은 하변에 이르자 오란을 선봉으로 삼아 군사를 이끌고 정찰을 나가게 했는데 마침 조홍군과 맞닥뜨렸다. 오란은 물러나려 했으나 아장牙將 임기任夔가 말했다.

"적병이 이제 막 당도했는데 먼저 그 예기를 꺾지 않으면 무슨 얼굴로 맹기(마초의 자)를 뵙겠습니까?"

그러고는 창을 잡고는 말을 타고 달려나가 조홍에게 싸움을 걸었다. 조홍이 직접 칼을 잡고 말에 박차를 가하며 임기와 맞붙었는데 3합 만에 임기를 베어 말 아래로 떨어뜨렸다. 기세를 몰아 들이치니 오란은 대패하고 돌아와 마초를 만났다. 마초가 그를 꾸짖었다.

"너는 내 명을 따르지 않고 무슨 까닭으로 함부로 대적하다 패했단 말이냐?"

오란이 말했다.

"임기가 제 말을 듣지 않아 이렇게 패했습니다."

마초가 말했다.

"협곡 입구를 단단히 지키고 맞붙어 싸우지 말거라."

그러는 한편 성도에 서면으로 보고하고 지시를 기다리게 했다. 마초가 여러 날 계속 나오지 않는 것을 본 조홍은 간계가 있지 않을까 걱정되어 군사를 물려 남정으로 돌아갔다. 장합이 조홍을 찾아와 물었다.

"장군께서는 이미 적장을 베었는데 어째서 군사를 물리셨습니까?"

조홍이 말했다.

"내 마초가 나오지 않는 것을 보니 다른 계책이 있을까 두렵소. 게다가 내가 업도鄴都에 있을 때 점을 귀신같이 친다는 관로가 이곳에서 대장 한 명이 죽는다고 했다는 말을 들었소. 내 그 말이 의심스러워 감히 가볍게 나가지 못하고 있소."

장합이 껄껄 웃었다.

"장군께선 반평생을 군대를 거느리고 부리셨거늘 이제 와서 어찌 점쟁이가 하는 말을 믿어 그 마음이 미혹되셨단 말씀이십니까! 제가 비록 재주는 없으나 원컨대 본부의 군사를 이끌고 파서를 취하겠습니다. 파서만 손에 넣는다면 촉군은 격파하기 쉬울 것입니다."

조홍이 말했다.

"파서를 지키고 있는 장비는 평범한 인물이 아니니 함부로 대적해서는 안 되오."

"사람들 모두 장비를 두려워하는데 제가 보기에는 어린아이에 불과할 따름입니다. 이번에 가서 반드시 그놈을 사로잡겠습니다."

"만일 일이 잘못된다면 어떻게 하겠소?"

"기꺼이 군령을 받겠습니다."

조홍이 군령장을 받자 장합이 군사를 진격시켰다.

예로부터 교만한 군대는 패배를 당한 적이 많았고
지금까지 적을 가볍게 보아 성공한 적이 드물었네
自古驕兵多致敗, 從來輕敵少成功

승부는 어떻게 될 것인가?

제69회 점술가 관로

❶

관로가 조조와 만나 점을 쳤을까?

『삼국지』「위서·방기전」에 따르면 관로는 정원正元 3년(256) 2월, 48세로 죽었다고 했으니, 건안 14년(209) 출생이다.「위서·무제기」에 따르면 조조가 위왕이 된 해는 건안 21년(216)이고, 건안 25년(220)에 사망했다. 계산해보면 조조가 위왕이 된 당시 관로는 8세에 불과했다. 관로가 조조에게 점을 봐줬다는 역사 기록도 없지만 조조가 8세 아이를 불러 점을 쳤다는 것 자체가 상식적으로 말이 되지 않는다.

❷

『삼국지』「오서·노숙전」에 따르면 "건안 22년(217), 노숙은 46세로 세상을 떠났다. 손권은 그를 위해 애도했고 장례식에 참석했다. 제갈량 또한 조문했다"고 기록하고 있다.

주유는 죽기 전에 노숙을 자신의 계승자로 추천했지만 노숙은 후계자를 유언으로 남기지 않았다.「오서·엄준전嚴畯傳」에 따르면 "횡강장군橫江將軍 노숙이 죽은 후 손권은 엄준에게 노숙을 대신하여 군사 1만 명을 육구陸口에 주둔하게 했다. 사람들은 모두 엄준이 임명된 것을 기뻐했지만 엄준은 연달아 단호하게 사양했다. 손권은 이에 그의 뜻을 받아들였다"고 기록하고 있다. 결국은 여몽이 노숙을 계승한다.

❸

길평의 반란 사건

제23회에 소개된 동승 사건 때 길평이 등장하는데 사실 길평과 동승 사건은 아무런 관련이 없다. 지금에 이르러 길평이 등장했다.

『삼국지』「위서·무제기」에 "건안 23년(218) 봄 정월, 한나라 태의령太醫令 길본吉本이 소부少府 경기耿紀, 사직司直 위황韋晃 등과 반란을 일으켜 허도를 공격하고 승상장사丞相長史 왕필王必의 군영을 불태웠다. 왕필은 영천潁川 전농중랑장典農中郎將 엄광嚴匡과 함께 그들을 토벌하여 죽였다"고 기록되어 있다. 『후한서』「경엄전耿弇傳」에 따르면 "건안 23년(218), 태사령 길비吉丕, 승상사직丞相司直 위황韋晃 등이 모의하여 군사를 일으켜 조조를 죽이려 했으나 이기지 못하고 삼족이 몰살당했다"고 기록하고 있다. 이현李賢 주석에 따르면 비丕는 평平이라고도 했다. 이 기록에서 '길평吉平'이라는 이름을 볼 수 있는데, 바로 앞 「위서·무제기」의 '길본吉本'과 같은 사람임을 알 수 있다.

❹

『삼국지』「위서·무제기」 배송지 주 『산양공재기山陽公載記』는 다음과 같이 기록하고 있다.

"위왕(조조)은 왕필이 죽었다는 소식을 듣고는 크게 노하여 백관을 소집했고 그들 모두 업성으로 갔다. 불을 끈 자는 왼쪽에 서게 하고 불을 끄지 않은 자는 오른쪽에 서게 했다. 사람들은 불을 끈 자는 틀림없이 죄가 없을 것이라 여겨 모두 왼쪽으로 붙었다. 위왕은 '불을 끄지 않은 자는 난을 돕지 않은 것이고 불을 끈 자는 실로 역적'이라고 여기며 그들을 모두 죽였다."

제 70 회

지혜로운 장비와 노장 황충의 지략

사나운 장비는 지혜로 와구관을 취하고,
노장 황충은 계책으로 천탕산을 빼앗다

猛張飛智取瓦口隘,
老黃忠計奪天蕩山

장합은 본부 군사 3만 명을 나누어 세 군영에 배치하고 각기 산세가 험준한 곳에 자리잡게 했는데, 하나는 탕거채宕渠寨[1]이고, 다른 하나는 몽두채蒙頭寨, 또 다른 하나는 탕석채蕩石寨[2]였다. 그날 장합은 세 군영의 군사를 각기 절반씩 나누어 파서를 취하러 떠났고 나머지 절반은 군영을 지키게 했다. 일찌감치 정찰 기병이 파서에 당도하여 장합이 군사를 이끌며 오고 있다고 보고했다. 장비가 급히 뇌동을 불러 상의했다. 뇌동이 말했다.

"낭중[3]의 환경은 척박하고 산세가 험준하니 군사를 매복시킬 만합니다. 장군께서는 군사를 이끌고 출전하시고 저는 기습 부대로 장군을 돕는다면 장합을 사로잡을 수 있을 것입니다."

장비는 정예병 5000명을 선발해 뇌동에게 주고는 출발하게 했다. 장비 자신은 군사 1만 명을 이끌고 낭중에서 30리 떨어진 곳에서 장합군과 마주했다. 양군이 진을 벌이자 장비가 말을 몰고 나가 단독으로 장합에게 싸움을 걸었다. 장합도 창을 잡고 말고삐를 놓은 채 달려나왔다. 20여 합을 싸웠을 때 별안간 장합의 후군이 크게 소리쳤다. 알고 보니 멀리 산 뒤쪽에서 촉병의 깃발들이 보여 어수선해진 것이었다. 장합은 감히 싸울 마음이 없어져 말을 돌려 달아났다. 장비가 뒤로부터 들이쳤고 전면에서는 뇌동이 또 군사를 이끌고 달려들었다. 양쪽에서 협공하자 장합군은 대패하고 말았다. 장비와 뇌동은 밤새도록 추격하며 곧장 탕거산[4]까지 이르렀다. 장합은 예전대로 군사를 나누어 세 군영을 지켰는데 뇌목과 포석을 많이 설치하고 굳게 지키기만 하면서 싸우러 나오지 않았다. 장비는 탕거에서 10리 떨어진 곳에 군영을 세우고 이튿날 군사를 이끌고 와서 싸움을 걸었다. 그러나 장합은 산 위에서 악기를 연주하며 요란하게 떠들면서 술을 마실 뿐 결코 산을 내려오지 않았다. 장비가 군사들을 시켜 욕설을 퍼붓게 했지만 장합은 내려오려 하지 않았다. 장비는 어쩔 수 없이 군영으로 돌아갈 수밖에 없었다. 이튿날 뇌동이 다시 산 아래로 가서 싸움을 걸었으나 장합은 또 나오지 않았다. 뇌동이 군사를 몰아 산으로 올라가자 산 위에서 뇌목을 굴리고 포석을 산 아래로 날려 뇌동이 급히 물러났다. 탕석채와 몽두채 양쪽 군영에서 군사들이 뛰쳐나와 뇌동을 격퇴시켰다. 이튿날 다시 장비가 가서 싸움을 걸었으나 장합은 또 싸우러 나오지 않았다. 장비가 군사를 시켜 온갖 악독한 욕설을 퍼붓게 했으나 산 위에 있는 장합 또한 욕을 해대며 맞받아쳤다. 장비는 여러모로 궁리해봤으나 손쓸 방도가 없었다. 서로 대치한 지 50여 일이 지나자 장비는 산 앞에 큰 군영을 세우고는 매일 술을 마셨고 만취하면 산 앞에 앉아서 욕설을 퍼부어 장합에게 모욕을 주었다.

현덕이 사람을 보내 군사들을 위로하게 했는데 장비가 종일 술을 마시는 것을 본 사자가 현덕에게 보고했다. 깜짝 놀란 현덕이 황급히 공명에게 물었다. 공명이 웃으면서 말했다.

"원래 그랬군요! 전장에는 아마도 좋은 술이 없을 것입니다. 성도에 좋은 술이 지극히 많으니 항아리 50개를 세 대의 수레에 실어서 전장으로 보내 장군더러 마시도록 하시지요."

현덕이 말했다.

"내 아우는 원래 술을 마시면 일을 그르치는데 군사는 무슨 까닭으로 도리어 술을 그에게 보내라고 하시오?"

공명이 웃으면서 말했다.

"주공께서는 익덕과 오랜 세월 동안 형제로 지내시면서 아직도 그 사람됨을 모르십니까? 익덕은 원래 굳세고 강직하기만 했으나 이전에 서천을 거둘 때 의리로 엄안을 풀어주었습니다. 이는 용감하기만 한 사람이 할 수 있는 일이 아닙니다. 지금 장합과 서로 대치한 지 50여 일이 지났는데 술 취한 다음에 산 앞에 앉아서 욕설을 퍼붓고 모욕을 주면서 주위에 사람이 없는 것처럼 제멋대로 행동하는 것은 술을 탐하는 것이 아니라 바로 장합을 패배시킬 계책일 뿐입니다."

현덕이 말했다.

"비록 그렇다 하더라도 자신감이 지나쳐 대의를 소홀히 해서는 안 되오. 위연을 보내 그를 돕도록 해야겠소."

공명이 위연에게 술을 전장으로 호송하게 했고 수레 위에 각기 황색 깃발을 꽂고 깃발에 '전장에서 공용으로 쓸 좋은 술軍前公用美酒'이라고 크게 적었다. 위연은 명을 받들어 술을 군영까지 호송한 후 장비를 만나 주공께서 술을 하사했다고 전했다. 장비는 절하며 술을 받고는 위연과 뇌동에게 각자 한 갈래의 군사를 이끌고 좌우 날개를 맡게 했으며 군중에서 붉은 깃발이 세워지는 것이 보이거든 즉시 군사를 진격시키라고 분부했다. 그러고는 술을 군막 한가운데에 늘어놓고 군사들에게 깃발을 펼치고 북을 치면서 술을 마시게 했다. 정탐꾼이 산 위에 이 사실을 보고하자 장합이 직접 산꼭대기에서 내려와 살펴보았다. 장비가 군막 가운데에 앉아 술을 마시며 두 졸개에게 상박[5]을 시키면서 놀고 있었다. 장합이 말했다.

"장비가 나를 너무 심하게 깔보는구나!"

그날 밤 산을 내려가 나는 듯이 군영을 기습하라는 명을 전하고는 몽두채와 탕석채 두 군영의 군마들을 모두 나오게 하여 좌우에서 지원하게 했다.

그날 밤 장합은 희미한 달빛을 틈타 군사를 이끌고 산 측면으로 내려와 곧장 군영 앞으로 달려갔다. 멀리 바라보니 장비가 등촉을 환하게 밝히고 군막 안에서 술을 마시고 있었다. 장합은 앞장서서 크게 고함을 질렀고 산꼭대기에서는 북을 두드리며 기세를 돋우었다. 곧장 중군으로 쳐들어갔으나 장비는 단정하게 앉아 꿈쩍도 하지 않았다. 장합이 말을 질주하며 바로 눈앞에서 그대로 찔렀으나 그것은 사람이 아닌 짚으로 만든 허수아비였다. 급히 말을 멈추어 세우고 돌아가려 할 때 군막 뒤에서 연주포가 터졌다. 한 장수가 앞장서서 가는 길을 가로막고선 고리눈을 둥그렇게 뜨고 우레같이 고함을 지르는데 다름 아닌 장비였다. 모를 잡고 말에 박차를 가하며 곧장 장합에게 달려들었다. 두 장수가 불빛 속에서 30~50합을 싸웠다. 장합은 두 군영의 구원병이 오기만을 기다렸으나 이들이 이미 위연과 뇌동 두 장수에게 격퇴당하고 군영을 빼앗긴 다음이라는 것을 누가 알았겠는가. 구원병이 보이지 않자 장합은 어찌해볼 도리가 없어 우왕좌왕하는데 또 산 위에서 불길이 일어나는 것이 눈에 들어왔다. 장비의 후군이 이미 군영을 탈취한 것이었다. 세 군영을 순식간에 모두 잃은 장합은 하는 수 없이 와구관[6]으로 달아났다. 크게 승리한 장비는 성도로 승전보를 알렸다. 현덕은 크게 기뻐했으며 비로소 장비가 술을 마신 것은 단지 장합을 유인하여 산에서 내려오게 하려던 계책임을 알게 되었다.

한편 대패한 장합은 와구관으로 물러나 지켰으나 3만 명의 군사들 중에 2만 명을 잃은 후였다. 조홍에게 사람을 보내 구원을 요청했다. 조홍이 크게 화를 냈다.

"네가 내 말을 듣지 않고 억지로 군사를 진격시키더니 중요한 협곡의 입구를 빼앗기고 도리어 구원을 요청하러 왔단 말이냐!"

결국은 군사를 보내주지 않고 사람을 시켜 장합에게 출전하도록 독촉했다. 당황한 장합은 하는 수 없이 계책을 정하고 군사를 두 갈래로 나누어 관 입구 앞 후미진 산속에 매복시키고는 군사에게 분부했다.

"내가 거짓으로 패한 척하면 장비가 틀림없이 뒤를 쫓아올 테니 너희는 즉시 그 퇴로를 차단하도록 하라."

그날 장합은 군사를 이끌고 전진하다가 마침 뇌동과 맞닥뜨렸다. 몇 합을 싸우지도 않았는데 장합이 패한 척하며 달아났고 뇌동은 그 뒤를 쫓았다. 그때 양쪽에서 군사들이 쏟아져 나와 길을 차단했다. 장합이 다시 말 머리를 돌리더니 그대로 뇌동을 찔러 말 아래로 떨어뜨렸다.❶

패잔병이 장비에게 보고하자 장비가 직접 달려와 장합에게 싸움을 걸었다. 장합이 또 거짓으로 패한 척하며 달아났으나 장비는 더 이상 추격하지 않았다. 장합이 다시 돌아오더니 몇 합을 싸우지 않고 또 패하여 달아났다. 계책임을 안 장비는 군사를 거두어 군영으로 돌아와서는 위연과 상의했다.

"장합이 매복 계책을 써서 뇌동을 죽이고 또 나까지 속이려 하니 어찌 그놈의 계책을 역이용하는 장계취계를 쓰지 않겠는가?"

위연이 물었다.

"어떻게 하려 하시오?"

"내가 내일 먼저 일군을 이끌고 앞장서서 나아갈 테니 자네는 정예병을 이끌고 뒤에 있다가 복병이 나타나면 군사를 나누어 치도록 하게. 각기 땔나무를 담은 수레 10여 승으로 오솔길을 막고 불을 놓아 태워버리게. 내가 그 틈을 타서 장합을 사로잡고 뇌동의 원수를 갚겠네."

위연이 계책을 받아들였다. 이튿날 장비가 군사를 이끌고 전진했다. 장합이 군사를 이끌고 또 달려와서 장비와 맞붙어 싸웠다. 10합을 싸웠을 때 장합이 또 패한 척하며 달아났다. 장비는 마보군을 이끌며 뒤쫓았고 장합은 싸우면서 달아났다. 장비를 유인하여 산골짜기 입구를 지나자 장합은 후군을 전군으로 삼아 다시 진을 벌이더니 장비와 또 싸우면서 양쪽에서 매복군이 나와 그를 겹겹이 포위하여 곤경에 빠뜨리기만을 기다렸다. 그런데 생각지도 못하게 복병들이 도리어 위연의 정예병에게 쫓겨 산골짜기로 들어가버렸다. 위연이 수레로 산길을 가로막고 불을 질러 모두 불태우자 산골짜기 초목들로 모조리 불이 옮겨 붙었다. 그 자욱한 연기가 오솔길을 가려 군사들이 나올 수 없었다. 장비는 군사들을 이끌고 돌격했고 장합은 대패하여 죽을힘을 다해 한 갈래 길을 열어 달아나더니 와구관으로 올라가서는 패잔병을 긁어모아 성을 단단히 지키면서 나오지 않았다.

장비는 위연과 함께 연일 요충지를 공격했으나 함락시키지 못했다. 공격만으로는 소용없음을 안 장비는 군사를 20리 뒤로 물리고 위연과 함께 수십 명의 기병을 이끌며 직접 와구관 양쪽 오솔길을 정찰했다. 그때 별안간 남녀 몇 사람이 각자 등에 작은 보따리를 지고 후미진 길에서 등나무를 잡아당기고 칡덩굴을 붙들며 가는 모습이 보였다. 장비가 말 위에서 채찍으로 가리키며 위연에게 말했다.

"와구관을 빼앗을 방법은 저기 몇 명의 백성에게 달려 있네."

즉시 군사를 불러 분부했다.

"저들을 놀라게 하지 말고 좋게 말해서 몇 명만 불러 데리고 오너라."

군사가 얼른 불러다 말 앞으로 데리고 왔다. 장비가 좋은 말로 마음을 안정시킨 다음에 그들에게 어디에서 오느냐고 물었다. 백성이 고했다.

"저희는 모두 한중에 사는 사람들인데 지금 고향으로 돌아가려고 합니다. 대군이 쳐들어와서 낭중의 관도[7]가 막혔다는 소리를 듣고는 지금 창계[8]를 지나 재동산梓潼山 회근천檜釿川을 따라 한중의 집으로 돌아가는 중입니다."

장비가 말했다.

"이 길로 가면 와구관까지 거리가 얼마나 되느냐?"

"재동산 오솔길로 가면 바로 와구관 뒤쪽이 나옵니다."

장비가 크게 기뻐하며 백성을 데리고 군영으로 들어가 술과 음식을 주고는 위연에게 분부했다.

"자네는 군사를 이끌고 관문을 두드리며 공격하도록 하고, 나는 직접 가볍게 무장한 기병을 이끌고 재동산을 나가 관 뒤쪽을 공격하겠네."

즉시 백성에게 길을 인도하게 하고 가볍게 무장한 기병 500명을 뽑아 오솔길로 나아갔다.

한편 장합은 구원군이 당도하지 않자 내심 답답해하고 있었다. 그때 위연이 관 아래서 공격한다는 보고가 들어왔다. 장합이 갑옷을 걸치고 말에 올라 막 산을 내려가려고 하는데 별안간 보고가 들어왔다.

"관 뒤쪽 네댓 길에서 불길이 일어나는데 어느 군사들이 오는지 모르겠습니다."

장합이 직접 군사를 거느리고 맞이하러 나갔다. 그런데 깃발이 갈라서는 곳에 장비가 보였다. 깜짝 놀란 장합이 급히 오솔길로 달아났으나 길이 좁고

험해 말이 달릴 수가 없었다. 뒤에서 장비가 바짝 추격하자 장합은 어쩔 수 없이 말을 버리고 산으로 올라갔다. 길을 찾아 달아나서야 비로소 벗어날 수 있었는데 따르는 자는 10여 명에 불과했다. 장합은 걸어서 남정으로 들어가 조홍을 만났다. 조홍은 장합에게 겨우 10여 명만 남아 있는 것을 보고는 크게 노했다.

"내가 너에게 나가지 말라고 했는데 군령장까지 가져가더니, 오늘 대군을 모조리 잃고도 스스로 죽지 않고 돌아와서는 무엇을 하겠다는 말이냐!"

좌우에 소리 질러 당장 끌어내 목을 치라고 명했다. 행군사마 곽회郭淮가 간언했다.

"'삼군을 얻기는 쉬워도 장수 한 명을 구하기는 어렵다'고 했습니다. 장합이 비록 죄가 있다고는 하나 위왕께서 심히 아끼시는 자이니 바로 죽여서는 안 됩니다. 다시 5000명의 군사를 주어 곧장 가맹관을 빼앗고 각처의 군사들을 끌어내 농요시킨다면 한중은 저절로 안성될 것입니나. 성공하지 못한다면 그때 두 가지 죄로 벌하셔도 될 것입니다."

조홍은 그 말을 따르기로 하고 다시 군사 5000명을 주어 장합에게 가맹관을 빼앗도록 했다. 장합은 명령을 받들고 떠났다.❷

한편 가맹관을 지키고 있는 맹달과 곽준은 장합의 군사가 쳐들어온다는 소식을 듣자 곽준은 굳게 지키려고만 하고 맹달은 맞서 싸우고자 했다. 맹달이 군사를 이끌고 관을 내려가 장합과 맞붙어 싸웠으나 대패하여 돌아왔다. 곽준은 급히 성도로 문서를 보내 보고했다. 소식을 들은 현덕은 군사를 청해 상의했다. 공명은 대청에 장수들을 모아놓고 물었다.

"지금 가맹관이 긴급하게 되었으니 반드시 낭중에 있는 익덕을 데려와야만 비로소 장합을 물리칠 수 있을 것이오."

법정이 말했다.

"지금 익덕은 와구에 군대를 주둔시키고 낭중을 지키고 있으니 이 또한 중요한 곳입니다. 그를 돌아오게 해서는 안 됩니다. 군막 안의 장수들 중 한 사람을 선발해 장합을 격파해야 합니다."

공명이 웃으면서 말했다.

"장합은 위의 명장이니 어찌 평범한 자들이 미칠 수 있겠소. 익덕이 아니라면 감당할 사람이 없소."

그때 한 사람이 나서면서 엄하게 말했다.

"군사께서는 어찌하여 여기 있는 사람들을 가볍게 보시오! 내 비록 재주는 없으나 원컨대 장합을 베어 그 수급을 휘하에 바치리다."

사람들이 보니 바로 노장 황충이었다. 공명이 말했다.

"한승漢升(황충의 자)께서는 비록 용맹하나 싸우기에는 연로하시어 장합의 적수가 되지 못할까 염려되오."

그 말을 들은 황충이 백발을 곧추세우고는 말했다.

"내가 비록 늙었다고는 하지만 양어깨로 3석의 활을 당길 수 있고 온몸에는 아직도 1000근의 힘이 있는데 어찌 장합 따위의 필부를 대적하지 못한다고 하시오!"

공명이 말했다.

"장군의 연세가 일흔에 가까우니 어떻게 늙지 않았다고 하겠소?"

황충이 성큼 대청을 내려가더니 걸개 위에 있는 대도를 집고는 나는 듯이 돌렸고, 벽에 걸려 있는 강궁을 내리더니 연거푸 두 개를 힘껏 부러뜨렸다. 공명이 말했다.

"장군께서 가고자 하신다면 누구를 부장으로 삼겠소?"

"노장 엄안이 함께할 만하오. 일이 잘못된다면 먼저 이 흰머리를 바치리다."

현덕이 크게 기뻐하며 즉시 엄안과 황충에게 장합과 맞서 싸우라고 명했다. 조운이 간언했다.

"지금 장합이 직접 가맹관을 공격하고 있으니 군사께서는 어린애 장난처럼 하지 마십시오. 가맹관을 잃으면 익주가 위태로워질 것입니다. 무슨 까닭으로 두 노장군에게 이런 큰 적을 감당하게 하십니까?"

공명이 말했다.

"그대는 두 분이 늙어서 일을 이룰 수 없을 것이라고 여기는 모양인데, 내가 생각하기에는 한중은 반드시 이 두 분의 손으로 얻을 수 있을 것이오."

조운 등은 제각기 비웃으며 물러갔다.

한편 황충과 엄안이 관 위에 당도하자 맹달과 곽준도 속으로 공명이 사람 배치를 잘못했다고 여겼다.

"이런 중요한 곳에 어쩌자고 두 늙은이를 보냈단 말인가?"

황충이 엄안에게 일렀다.

"그대는 사람들의 동정을 보았소? 저들이 우리 두 사람을 늙었다고 비웃고 있으니 이제 기이한 공로를 세워 사람들 마음을 복종시킵시다."

엄안이 말했다.

"원컨대 장군의 명을 따르리다."

두 사람은 상의하여 결정했다. 황충은 군사를 이끌고 관을 내려가 장합과 대치했다. 장합이 말을 몰고 나와서는 황충을 비웃으며 말했다.

"너는 그렇게 늙어빠진 주제에 부끄러운 줄도 모르고 싸우러 나왔단 말이냐!"

황충이 노해서 말했다.

"새파랗게 어린놈이 내가 늙었다고 업신여기는 것이냐! 내 수중에 있는 보검은 아직 늙지 않았다!"

즉시 말에 박차를 가하며 앞으로 달려가 장합과 결전을 벌였다. 두 말이 서로 엎치락뒤치락하여 대략 20여 합쯤 싸웠을 때 별안간 뒤쪽에서 함성이 일어났다. 알고 보니 엄안이 샛길을 통해 장합의 군대 뒤쪽으로 질러간 것이었다. 양쪽에서 협공하자 장합은 대패하고 말았다. 밤새도록 추격하자 장합의 군대는 80~90리나 물러났다. 황충과 엄안은 군사를 거두어 군영으로 들어갔고 각기 군사 행동을 멈추고 움직이지 않았다.

장합이 한바탕 싸움에 졌다는 소리를 들은 조홍은 다시 벌을 내리려 했다. 곽회가 말했다.

"장합을 핍박하면 반드시 서촉에 투항할 것이니, 지금은 장수를 보내 그를 도우면서 다른 마음이 생기지 않도록 감독해야 합니다."

조홍은 그 말을 따르기로 하고 즉시 하후돈의 조카 하후상夏侯尙과 항복한 장수 한현의 아우 한호韓浩를 파견하기로 하고는 두 사람에게 각자 군사 5000명을 거느려 싸움을 돕도록 했다. 두 장수가 즉시 출발하여 장합의 군영에 당도했다. 군사 상황을 묻자 장합이 말했다.

"노장 황충은 대단한 영웅인 데다 더욱이 엄안이 돕고 있어 함부로 대적할 수 없소."

한호가 말했다.

"내가 장사에 있어봐서 이 늙은 도적이 얼마나 상대하기 어려운지 알고 있소. 그놈이 위연과 함께 성을 바치고 내 친형을 해쳤는데 이제 맞닥뜨렸으니 반드시 원수를 갚겠소!"

즉시 하후상과 함께 새로 온 군사들을 이끌고 군영을 떠나 전진했다. 원래 황충은 연일 정탐하여 이미 그곳의 경로를 잘 알고 있었다. 엄안이 말했다.

"이쪽으로 가면 천탕산[9]이라 불리는 산이 있는데 바로 조조가 군량을 비축하고 마초를 쌓아둔 곳입니다. 그곳으로 가서 군량과 마초를 끊는다면 한중을 손에 넣을 수 있을 것입니다."

황충이 말했다.

"장군의 말씀이 내 뜻에 부합하오. 나를 위해 이렇게 저렇게 해주시오."

엄안은 계책에 따라 군사 한 무리를 이끌고 떠났다.

한편 황충은 하후상과 한호가 온다는 소식을 듣고는 즉시 군마를 이끌고 군영을 나갔다. 한호가 진 앞에서 황충에게 욕설을 퍼부었다.

"의리도 없는 늙은 도적놈아!"

말에 박차를 가하며 창을 잡고 황충에게 달려들었다. 하후상도 즉시 달려나와 협공했다. 황충은 온 힘을 다해 두 장수와 싸웠으나 각기 10여 합을 싸우다가 패하여 달아났다. 두 장수가 20여 리를 뒤쫓아 황충의 군영을 빼앗자 황충이 다시 군영 하나를 새로 세웠다. 이튿날 하후상과 한호가 추격해오자 황충은 또 진을 나가 몇 합을 싸웠으나 다시 패하여 달아났다. 두 장수가 다시 20여 리를 쫓아 황충의 군영을 빼앗았고 장합을 불러 뒤쪽 군영을 지키게 했다. 장합이 앞쪽 군영으로 와서 간언했다.

"황충이 연거푸 이틀을 퇴각했는데 틀림없이 간계가 있을 것이오."

하후상이 큰 소리로 장합을 꾸짖었다.

"그대가 이토록 겁을 내니 싸움에서 여러 차례 패한 것이오! 다시는 여러 말하지 말고 우리 두 사람이 공을 세우는 것이나 구경하시오!"

장합은 부끄러워 얼굴을 붉히며 물러갔다. 이튿날 두 장수가 다시 싸움을 걸자 황충은 또 패하여 20리를 물러났고, 두 장수는 구불구불한 길을 따라 뒤쫓았다. 이튿날 두 장수의 군사가 진을 나오자 황충은 동정을 살피다 그대로 달아났고 수차례나 패하여 곧장 관 위로 퇴각했다. 두 장수가 관 가까이 붙여 군영을 세웠으나 황충은 굳게 지키기만 하고 나오지 않았다. 맹달은 몰래 서신을 보내 현덕에게 보고했다.

"황충이 몇 번의 싸움에서 연거푸 패해 지금은 관 위에 물러나 있습니다."

현덕이 황급히 공명에게 묻자 공명이 말했다.

"이것은 바로 노장의 '교병지계'[10]입니다."

조운 등은 믿지 않았다. 현덕이 유봉을 관 위로 보내 황충을 지원하게 했다. 황충이 유봉을 만나 물었다.

"젊은 장군이 싸움을 도우러 온 것은 무슨 뜻이오?"

유봉이 말했다.

"아버님께서 장군이 여러 번 패하셨다는 것을 아시고 저를 보내셨습니다."

황충이 웃으면서 말했다.

"이것은 이 늙은이의 교병지계요. 오늘 밤 한바탕 잃었던 모든 군영을 회수하고 양식과 마필을 빼앗을 테니 지켜보시오. 이것은 군영을 빌려주어 저들에게 물자 수송 수레를 쌓게 한 것일 뿐이오. 오늘 밤 곽준을 남겨두어 관을 지키게 하고 맹장군은 나와 함께 군량과 마초를 옮기고 마필을 빼앗을 것이니 젊은 장군은 내가 적들을 깨뜨리는 것을 구경이나 하시오!"

그날 밤 이경, 황충은 군사 5000명을 이끌고 관을 열어 곧장 내려갔다. 하후상과 한호 두 장수는 황충이 연일 관 위에서 나오지 않는 것을 보고는 태만해져 있었다. 그때 황충이 군영을 곧장 쳐들어오자 미처 갑옷을 입고 말에 안장을 얹을 틈도 없이 어지러워졌다. 두 장수는 각자 목숨을 건지기 위해 달아났으며 전열은 점점 오합지졸이 되어가니 죽은 자가 셀 수 없을 정도였다. 황충은 날이 밝아올 무렵까지 연이어 세 개의 군영을 빼앗았다. 군영 안에는 내버리고 간 무기, 안장과 말이 무수히 많았고 모조리 맹달을 시켜 관으로 옮기게 했다. 황충이 군마를 재촉해 적을 뒤따라 진격하려 하자 유봉이 말했다.

"군사들이 피곤하니 잠시 쉬시지요."

황충이 말했다.

"호랑이 굴에 들어가지 않고 어찌 호랑이 새끼를 잡겠소?"

말에 채찍질하며 먼저 나아가자 사졸들이 모두 힘써 앞으로 진격했다. 장합의 군병들은 도리어 자기편 패잔병들에게 밀려서 멈추지도 못하고 뒤만 바라보며 도망쳤고, 허다한 목책을 모조리 내버리고 곧장 한수와 인접한 곳까지 달아났다. 장합이 하후상과 한호를 찾아가 상의했다.

"이곳 천탕산은 바로 군량과 마초가 있는 곳이며, 더욱이 여기와 인접한 미창산[11] 역시 군량을 비축해둔 곳으로 한중 군사들의 목숨을 보양하는 근원이오. 만일 이곳을 잃는다면 한중이 없어지는 것이오. 마땅히 보존할 방법을 생각해야 하오."

하후상이 말했다.

"미창산은 내 숙부이신 하후연께서 군사를 주둔시켜 수호하고 계시고 그곳은 바로 정군산과 접하고 있어 걱정할 필요가 없소. 그리고 천탕산은 내 형님인 하후덕夏侯德께서 방어하고 있으니 우리는 그곳으로 가서 그 산을 보호해야 하오."

이에 장합과 두 장수는 밤새 천탕산으로 향했다. 그리고 하후덕을 만나 있었던 일을 구체적으로 이야기했다. 하후덕이 말했다.

"내가 이곳에서 10만 명의 군사를 주둔시키고 있으니 그대들은 군사를 이끌고 가서 원래의 군영을 다시 취하시오."

장합이 말했다.

"단단히 이곳을 지키기만 해야지 경솔하게 행동해서는 안 됩니다."

그때 별안간 산 앞에서 징소리, 북소리가 크게 진동하더니 황충의 군사가 왔다는 보고가 들어왔다. 하후덕이 껄껄 웃었다.

"늙은 도적놈이 병법은 모르고 용기만 믿을 뿐이로구나!"

장합이 말했다.

"황충은 용맹만 있는 것이 아니라 지모도 있소."

하후덕이 말했다.

"서천의 군사들은 멀리서 왔기에 연일 피곤할 터인데 전장 깊숙이 들어왔으니 이것은 지모가 없는 것이로다!"

장합이 말했다.

"그래도 가볍게 대적해서는 아니 되니 단단히 지켜야 합니다."

한호가 말했다.

"원컨대 정예병 3000명만 빌려주시오. 저들을 이기지 못할 리가 없소."

하후덕은 즉시 군사를 나누어 한호에게 주고 산을 내려가도록 했다. 멀리서 이를 본 황충도 군사를 정돈하여 나가 맞서려 했다. 유봉이 간언했다.

"해는 이미 서쪽으로 기울었고 군사들도 모두 먼 길을 오느라 피곤하니 잠시 쉬어야 하오."

황충이 웃으면서 말했다.

"그렇지 않소. 이것은 하늘이 내려준 기회이니 공을 취하지 않는 것은 하늘을 거스르는 것이오."

말을 마치더니 북을 두드리고 함성을 질러 기세를 올리며 대대적으로 진격했다. 한호가 군사를 이끌고 싸우러 나왔다. 황충은 칼을 휘두르며 곧장 한호에게 달려들었고 단 1합 만에 한호를 베어 말 아래로 떨어뜨렸다. 촉병은 크게 고함을 지르며 산으로 올라갔다. 장합과 하후상이 급히 군사를 이끌고 나와 맞섰다. 그때 별안간 산 뒤쪽이 크게 떠들썩하더니 붉은빛이 하늘로 솟구쳐 올라 산골짜기를 환하게 비췄다. 하후덕이 군사를 거느리고 불을 끄러 가다가 마침 노장 엄안과 마주쳤고 엄안이 손을 번쩍 들어올려 하후덕을 칼로 내리쳐 말 아래로 떨어뜨렸다. 알고 보니 황충이 미리 엄안에게 산 후미진 곳에 군사를 매복하게 한 다음 황충의 군마가 당도하기만을 기다렸다가 쌓아놓았던 땔나무에 일제히 불을 지른 것이었다. 맹렬한 불길이 솟구쳐 산골짜기를 환하게 비췄다. 하후덕을 베어버린 엄안은 산 뒤에서부터 돌격했다. 장합과 하후상은 앞뒤가 막힌 처지에 놓이자 하는 수 없이 천탕산을 버리고 정군산을 바라보며 하후연에게 달아났다.[3]

황충과 엄안은 천탕산을 지키면서 성도에 승전보를 알렸다. 소식을 들은 현덕은 장수들을 모아놓고 축하했다. 법정이 말했다.

"지난날 조조가 장로를 항복시키고 한중을 평정했을 때 그 기세로 파와 촉을 도모하지 않고 하후연과 장합 두 장수를 남겨두어 지키게 하고 자신은 대군을 이끌고 북으로 돌아가는 실책을 범했습니다. 지금 장합이 막 패한 데다 천탕산까지 잃었으니 주공께서 이때를 이용하여 대군을 일으켜 친히 정벌하신다면 한중을 평정할 수 있을 것입니다. 한중을 평정한 다음에 군사를 조련하며 곡식을 비축해두고 적의 빈틈을 엿보며 적절한 시기를 노린다면 나아가서는 역적을 토벌할 수 있고 물러나서는 스스로를 지킬 수 있을 것입니다. 이것은 하늘이 내려주신 때이니 이 기회를 잃어서는 안 됩니다."

현덕과 공명 모두 대단히 옳다 여겼다. 마침내 명령을 전달하여 조운과 장비를 선봉으로 삼고 현덕은 공명과 함께 직접 군사 10만 명을 이끌고 날을 잡아 한중을 도모하기로 했다. 각처에 격문을 전달하여 더욱 엄격하게 방비하도록 했다.

이때는 건안 23년(218) 7월 길일이었다. 현덕의 대군은 가맹관을 나와 군영을 세웠고 황충과 엄안을 군영으로 불러 후한 상을 내렸다. 현덕이 말했다.

"사람들이 장군께 늙었다고 말했는데 오직 군사만이 장군의 능력을 알고 있었소. 과연 지금 훌륭한 공을 세웠구려. 그러나 한중의 정군산은 바로 남정을 보호하고 군량과 마초를 저장해둔 곳으로, 만일 정군산을 얻는다면 양평陽平으로 가는 길은 걱정하지 않아도 될 것이오. 장군께서 감히 정군산을 취하실 수 있겠소?"

황충이 흔쾌히 응낙하고 바로 군사를 인솔하여 떠나려 했다. 공명이 급히 그를 말리며 말했다.

"노장군께서는 비록 용맹하시나 하후연은 장합 같은 무리와는 비할 수가 없소. 하후연은 병법에 정통한 데다 군사를 부리는 데 임기응변의 전략을 잘 갖추고 있소. 조조가 그에게 기대어 서량의 보호벽으로 삼고 있으니, 지난번에는 장안에 군대를 주둔시켜 마맹기를 막아냈고 지금은 또 한중에 군사를 주둔시키고 있소. 조조가 다른 사람에게 의지하지 않고 유독 하후연에게 맡긴 것은 그에게 장수의 재질이 있기 때문이오. 지금 장군께서 비록 장합에게 승리를 거두었다 할지라도 하후연에게 승리할 수 있을 거라고 예견하기는 어렵소. 내가 헤아리건대 관장군을 대신할 사람을 형주로 보내고 그를 돌아오게 해야 비로소 대적할 수 있을 것이오."

황충이 기세 좋게 웃으며 대답했다.

"옛날에 염파廉頗는 나이 여든에도 1두斗(2리터)의 쌀과 10근의 고기를 먹었는데 제후들이 그 용맹을 두려워하여 감히 조나라 경계를 침범하지 못했다고 하오. 하물며 이 황충은 아직 일흔도 되지 않았는데 어떻겠소? 군사께서는 늙었다고 말씀하시는데 내 이제 부장도 쓰지 않고 본부 군사 3000명만 데리고 가서 즉시 하후연의 수급을 잘라 휘하에 바치겠소."

공명이 거듭 허락하지 않자 황충은 굳이 가려고 했다. 공명이 말했다.

"장군께서 가시겠다면 내 한 사람을 감군監軍으로 삼아 같이 가도록 하겠소. 그럼 어떻겠소?"

장수를 기용할 때 격장법[12] 쓸 필요가 있으니
젊은 사람보다는 늙은 사람 쓰는 편이 낫다네
請將須行激將法, 少年不若老年人

그 사람은 누구일까?[4]

【 실제 역사에서는…… 】

제70회 지혜로운 장비와 노장 황충의 지략

❶

뇌동雷銅과 오란吳蘭의 죽음

뇌동이 장합에게 죽임을 당했는지는 확실하지 않다. 『삼국지』 「촉서·선주전」에 "건안 23년(218), 선주는 장수들을 인솔하여 한중으로 나아갔다. 장군 오란과 뇌동 등을 보내 무도武都(군 명칭, 치소는 지금의 간쑤성 청현成縣 서쪽)로 진입하게 했는데 두 사람 모두 조공 군대에 전멸되었다. 선주는 양평관陽平關(지금의 산시성陝西省 몐현勉縣 서쪽 바이마白馬강이 한수이漢水강으로 유입되는 곳)에 주둔하여 하후연, 장합등과 대치했다"고 기록되어 있다. 「위서·무제기」는 "건안 23년(218) 3월, 장비와 마초는 한중으로 달아났다. 음평도陰平道의 저족氐族 수령 강단強端이 오란을 참수하여 그의 수급을 보내왔다"고 기록하고 있다.

오란은 저족의 강단에게 살해당했지만 뇌동의 사망과 관련된 정확한 내용은 알 수가 없다.

음평도陰平道는 도 명칭으로 광한廣漢 속국에 속했다. 한대에 소수 민족 취락 지구의 군郡을 속국屬國이라 칭했고 현縣을 도道라 칭했다. 치소는 지금의 간쑤성 원현文縣 서북쪽이다.

❷

장합을 격퇴한 장비

장비가 장합을 격파한 일을 역사는 다음과 같이 기록하고 있다. 『삼국지』「촉서·장비전」에 따르면 "조공은 장로를 쳐부수고 하후연과 장합을 남겨 한천漢川(한중군漢中郡)을 지키도록 했다. 장합은 별도로 각 군을 통솔하여 파서군巴西郡으로 남하해서 그곳 백성을 한중으로 옮기려고 준비했고 탕거현宕渠縣 몽두蒙頭, 탕석蕩石 일대까지 진군하여 장비와 50여 일 동안 대치했다. 장비는 1만여 명의 정예병을 이끌고 다른 길에서 장합을 차단하고 교전을 벌였는데 산길이 좁아 장합 군대의 앞뒤가 서로 구원할 수 없으므로 장비는 마침내 장합을 격파할 수 있었다. 장합은 말을 버리고 산을 올랐는데 휘하에 단지 10여 명만이 남았다. 장합이 오솔길로 물러나 군사를 인솔하여 남정南鄭으로 돌아가니 파서 지역은 안정을 되찾을 수 있었다"고 기록하고 있다.

❸

한호韓浩는 누구인가?

소설에서는 유비가 형주 남쪽 네 군을 점령할 당시 장사長沙태수 한현韓玄의 아우로 한호를 소개했는데 그는 한현과 관련 없는 사람이다. 더욱이 황충의 손에 죽지도 않았다.

『삼국지』「위서·하후돈전」 배송지 주 『위서魏書』에 따르면 한호는 하내河內(지금의 허난성 우즈武陟) 사람으로 자가 원사元嗣다. 하내河內태수 왕광王匡의 종사로 있으면서 왕광을 따라 동탁에 대항했고 원술로 인해 기도위로 임명된다. 이후에 하후돈이 그의 명성을 듣고 만나기를 청했고 이에 군사를 이끌고 정벌에 나서게 되었다고 기록하고 있다.

또한 「위서·무제기」에 "건안 원년(196), 조지棗祗, 한호 등의 건의를 받아들여 둔전제를 실시하기 시작했다"고 기록되어 있어 둔전제를 건의한 당사자이기도 하다.

「위서·하후돈전」에 따르면 "한호는 충성스럽고 용맹하기로 명성을 날렸고 관직이 중호군中護軍(경사의 금위군을 관장하는 관직으로 중요한 군사 장관이며 대부분 신임하는 자에게 맡겼다)에 이르렀으며 열후에 봉해졌다"고 기록하고 있다.

조조는 한호를 상당히 신임했으며 그는 황충에게 죽은 것이 아니라 병사했다. 그가 죽었을 때 조조는 안타까워했으며 자식은 없었다고 역사는 전하고 있다.

또한 하후덕은 소설에만 등장하는 허구의 인물로 역사 기록에서 찾아볼 수 없다.

❹

유비의 한중 공략

배송지는 촉과 한중을 입술과 이 같은 사이라고 했다. 유비에게 한중 공략을 적극적으로 제안한 사람은 법정과 황권이었다.

『삼국지』「촉서·법정전」은 다음과 같이 기록하고 있다.

"건안 22년(217), 법정은 선주를 설득했다.

'조조가 일거에 장로를 투항시키고 한중을 평정했으나 그는 이 기세를 틈타 파巴와 촉蜀을 취하지 않고 도리어 하후연과 장합을 남겨 한중에 주둔시키고 자신은 급히 북방으로 돌아갔습니다. 이것은 조조의 지모가 미치지 못하고 역량이 부족해서가 아니라 틀림없이 내부에 우환이 있어 그를 그렇게 재촉하게 한 것입니다. 지금 하후연과 장합의 재능과 모략을 헤아려보건대 장수들보다 낫지 못하니 우리가 대군을 일으켜 그들을 토벌한다면 반드시 한중을 점령할 수 있을 것입니다. 한중을 점령한 다음 농업 생산을 확대하고 양식을 쌓아두며 적들의 빈틈을 관찰하면서 시기를 기다리십시오. 상上으로는 적군을 소멸시켜 왕실을 높이 받들 수 있고, 중中으로는 옹주雍州와 양주涼州를 병탄하여 강토를 확장시킬 수 있으며, 하下로는 요충지를 굳게 지켜 적들과 오래도록 대치할 수 있습니다. 이것은 하늘이 우리에게 내려준 좋은 기회이니 놓쳐서는 안 됩니다.'

선주는 법정의 계책을 칭찬하며 즉시 장수들을 인솔하여 한중으로 진군했고 법정 또한 선주를 수행했다."

「촉서·황권전」에 "조공이 장로를 격파하자 장로는 파중으로 도망쳐 들어갔는데,

이때 황권이 진언했다. '만일 한중을 잃게 된다면 삼파三巴(익주 동북부의 파동군巴東郡, 파서군巴西郡, 파군巴郡) 지구가 약해질 것이니 이것은 익주의 수족을 자르는 일이 됩니다.' 선주는 끝내 두호杜濩와 박호朴胡(두 사람 모두 서남 소수 민족의 수령이다)를 격파하고 하후연을 죽여 한중을 점거했는데, 이것은 모두 황권의 책략이었다"고 기록되어 있다.

결국 유비는 이듬해인 건안 23년(218), 장수들을 인솔하여 한중으로 진군한다.

제갈량은 한중 정벌에 유비와 동행하지 않았다

소설처럼 제갈량은 유비가 한중 정벌에 나섰을 때 유비와 동행하지 않았다. 당시 유비를 따라 한중 정벌에 나선 사람은 법정이었다. 『삼국지』「촉서·제갈량전」에 "선주가 출정할 때 제갈량은 항상 성도를 지키면서 식량과 병력을 충족시켜줬다"고 기록되어 있다.

또한 「촉서·양홍전楊洪傳」은 다음과 같이 기록하고 있다.

"선주가 [조조와] 한중을 차지하려고 다툴 때 긴급 문서를 보내 제갈량에게 군사를 증원하라고 요구했다. 군사장군軍師將軍 제갈량이 이 문제를 양홍에게 묻자 양홍은 말했다.

'한중은 익주의 목구멍이라 존망의 관건이 되는 곳입니다. 만일 한중을 잃는다면 익주는 존재하지 않을 것이고 이것은 각 가문의 재앙입니다. 지금 남자는 싸워야 하고 여자는 운반해야 하는데 병사를 파견하는 것에 무엇을 망설이십니까?'

그때 촉군태수 법정은 선주를 따라 북쪽으로 갔다."

무슨 이유에서인지 이때 다급하게 증원을 요청하는 유비의 요구에 제갈량은 머뭇거리며 결정하지 못했다.

제 71 회

정군산에 떨친 상산 조자룡의 위용

맞은편 산을 차지한 황충은

쉬면서 적이 피로하기를 기다리고,

한수를 점거한 조운은 적은 군사로 많은 적을 이기다

占對山黃忠逸待勞,

據漢水趙雲寡勝衆

공명이 황충에게 분부했다.

"군이 가시겠다면 내 법정을 시켜 장군을 돕게 하겠소. 어떤 일이든 상의하여 실행하시오. 내 인마를 선발해 뒤따라 호응하러 가리다."

황충은 응낙하고 법정과 함께 본부 군사를 인솔하여 떠났다. 공명이 현덕에게 고했다.

"저 노장을 말로 자극시키지 않으면 가더라도 성공하지 못할 것입니다. 그가 지금 떠났으니 인마를 선발해서 도와줘야 합니다."

이에 조운을 불렀다.

"한 무리의 인마를 이끌고 오솔길을 따라 진군하여 기습 부대로 황충을 지원하시오. 만약 황충이 이긴다면 나가 싸울 필요가 없지만 황충에게 무슨 일이라도 생기면 즉시 나가 구원하시오."

또 유봉과 맹달을 파견했다.

"3000명의 군사를 이끌고 산속 험준한 곳으로 가서 깃발을 많이 꽂아 세우고 우리 군의 위엄과 기세를 드러내 적들을 놀라게 하시오."

세 사람은 각자 군사를 거느리고 떠났다. 또 하변下辨으로 사람을 보내 마초에게 이러이러하게 움직이도록 계책을 일러주었다. 다시 엄안을 파서巴西 낭중閬中으로 보내 요충지를 지키게 하고 대신 장비와 위연을 불러와 함께 한중을 취하라고 시켰다.

한편 장합과 하후상은 하후연을 만나 설명했다.

"천탕산[1]은 이미 잃었고 하후덕과 한호는 죽었습니다. 지금 듣자 하니 유비가 직접 군사를 거느리고 한중을 빼앗으러 온다고 하는데 속히 위왕께 아뢰어 조기에 정예병과 맹장을 지원받아 서로 호응하여 협동 작전을 짜야 합니다."

하후연은 즉시 조홍에게 사람을 보내 상황을 알렸고 조홍은 밤새 허창으로 달려가[2] 조조에게 아뢰었다. 깜짝 놀란 조조는 급히 문무관원들을 모아놓고 한중으로 군사를 보내 구원할 일을 상의했다. 장사 유엽이 나서며 말했다.

"한중을 잃으면 중원이 흔들릴 것입니다. 대왕께서는 반드시 친히 정벌하셔야 합니다."

조조는 후회했다.

"한스럽게도 그때 경의 말을 듣지 않아 이 지경에 이르게 되었소!"

서둘러 명령을 전달하여 40만 명의 군사를 일으키고 친히 정벌에 나섰다. 이때가 건안 23년(218) 7월이었다. 조조는 군사를 세 갈래로 나누어 진격했는데, 선봉대의 선두는 하후돈이 맡고 조조 자신은 중군을 직접 거느렸으며 조휴에게 후군을 이끌게 하여 삼군이 잇따라 출발했다. 조조는 황금 안장의 백마를 타고 옥대와 비단옷을 입었다. 무사들은 커다란 붉은 비단에 금실을 박아넣은 산개[3]를 들었고 좌우에는 금과,[4] 은월銀鉞(은도끼), 등봉,[5] 과모戈矛와 일월용봉日月龍鳳의 깃발을 들어올렸다. 호위하는 용호관군龍虎官軍 2만 5000명은 다섯 부대로 나누고 부대마다 5000명씩 배치하여 청, 황, 적, 백, 흑 다섯 가지 색으로 구분했다. 깃발, 갑옷, 전마를 소속 부대의 색깔과 맞추니 눈부시게 찬란했고 대단히 웅장했다.

군사가 동관潼關을 나가자 말을 타고 있던 조조가 멀리 무성한 숲을 바라보며 근시近侍에게 물었다.

"여기는 어디냐?"

"이곳은 남전[6]이라고 합니다. 저 숲속에 채옹의 장원이 있습니다. 지금은 채옹의 딸인 채염蔡琰이 그의 남편 동사董祀와 함께 살고 있습니다."

조조는 평소에 채옹과 서로 사이가 좋았다. 채옹의 딸 채염은 바로 위중도衛仲道의 처였는데 나중에 북방으로 잡혀가 그곳에서 아들 둘을 낳았고 그녀가 지은 『호가십팔박』[7]이 중원으로 흘러들어오게 되었다. 그 곡조를 들은 조조는 그녀를 몹시 가엾게 여겨 사람을 시켜 천금을 가지고 북방으로 들어가서 그녀에게 자유를 되찾게 했다. 좌현왕[8]은 조조의 세력을 두려워하여 채염을 한나라로 돌려보냈고 조조는 채염을 동사와 혼인시켜주었다.❶ 그날 장원 앞에 당도한 조조는 지난날 채옹과 친하게 지냈던 일이 생각나 군마를 먼저 보내고 근시 100여 기를 데리고 장원 문 앞에 이르러 말에서 내렸다. 이때 동사는 관리가 되어 외지에 나가 있었고 채염만 집에 있었다. 조조가 왔다는 말을 들은 채염은 서둘러 나와 영접했다. 조조가 대청에 오르자 채염이 문후를 올리고 곁에 시립했다. 우연히 비문의 족자 하나가 벽에 걸려 있는 것을 발견한 조조는 자리에서 일어나 살펴봤다. 채염에게 묻자 그가 대답했다.

"이것은 바로 조아曹娥(후한後漢 때의 효녀)의 비에 있는 문장입니다. 옛날 화제和帝[9] 때 상우[10]에 조우曹盱라는 박수무당이 있었는데 춤추는 자태가 하늘하늘하여 귀신을 즐겁게 할 수 있었다고 합니다. 어느 해 5월 5일, 술에 취해 배 안에서 춤을 추다가 강물(지금의 차오어曹娥강)에 빠져 죽었습니다. 그때 그의 딸이 14세였는데 7일 밤낮으로 강을 맴돌며 목놓아 울다가 물속으로 뛰어들었습니다. 닷새가 지난 다음 그 아비의 시신을 업고 강물 위로 떠올랐는데 마을 사람들이 강변에 묻어주었다고 합니다. 상우현령 도상[11]이 이 일을 조정에 아뢰어 그녀를 효녀의 본보기로 삼은 다음 한단순邯鄲淳을 시켜 비석에 문장을 새겨 그 일을 기록하게 했습니다. 그 당시 한단순은 13세에 불과했는데 한 글자도 수정할 필요 없이 단번에 문장을 완성하여 무덤 곁에 비석을 세우자 사람들이 기이하게 여겼다고 합니다. 첩의 아비인 채옹[12]이 그 사실을 듣고 가서 살펴보았는데 마침 날이 이미 저물었기에 어둠 속에서 손으로 비문을 더듬어 읽고는 붓을 찾아 그 비석 뒷면에 여덟 글자를 큼지막하게 적었습니다. 그 후에 사람들이 이 여덟 글자도 비석에 새겼습니다."

조조가 그 여덟 글자를 읽었다.

"황견유부黃絹幼婦, 외손제구外孫齏臼."[13]

조조가 채염에게 물었다.

"너는 이 글자의 뜻을 아느냐?"

채염이 말했다.

"비록 선친께서 남기신 필적이기는 하지만 진실로 그 뜻을 이해하지 못합니다."

조조가 여러 모사를 돌아보며 말했다.

"그대들은 알겠는가?"

모두 대답하지 못했다. 그때 무리 속에서 한 사람이 나오며 말했다.

"제가 이미 그 뜻을 이해했습니다."

조조가 보니 바로 주부 양수楊修였다. 조조가 말했다.

"경은 잠시 말하지 말거라. 내 생각 좀 해보겠네."

곧 채염과 작별하고는 무리를 이끌고 장원을 나왔다. 말에 올라 3리쯤 가다가 문득 깨닫고는 웃으며 양수에게 일렀다.

"경이 말해보시오."

양수가 말했다.

"그것은 은어입니다. '황견黃絹'은 바로 물감을 들인 실이니, 빛깔 색色 옆에 실 사絲를 더하면 '절絕' 자가 됩니다. '유부幼婦'는 젊은 여자이니, 여女 옆에 소少 자를 붙이면 바로 '묘妙' 자가 됩니다. '외손外孫'은 바로 딸의 아들이니, 여女 자 옆에 자子 자를 붙이면 '호好'가 됩니다. '제구齏臼'는 오신[14]을 담는 그릇이니, 수受 자 곁에 신辛 자를 더해주면 '사辤'(=辭)가 됩니다. 결론적으로 이 글자들을 모두 합치면 '절묘호사絕妙好辭(절묘하게 좋은 글)'라는 네 글자가 됩니다."

조조가 깜짝 놀라며 말했다.

"바로 내 뜻과 부합되는구려!"

모두 양수의 재능과 식견을 찬탄하며 부러워했다.❷

하루가 못 되어 군사들이 남정에 당도했다. 조홍이 맞아들이며 장합의 일을 구체적으로 이야기했다. 조조가 말했다.

"장합의 죄가 아니다. 이기고 지는 것은 병가에 흔히 있는 일일 따름이다."

조홍이 말했다.

"현재 유비가 황충을 시켜 정군산을 공격하는데 하후연이 대왕의 군대가 도착할 것을 알고서 굳게 지키기만 하고 아직은 나가 싸우지 않고 있습니다."

조조가 말했다.

"나가 싸우지 않는다면 그것은 나약함을 보여주는 것이다."

즉시 사람에게 부절符節을 가지고[15] 정군산에 가서 하후연에게 군사를 진격시키게 했다. 유엽이 간언했다.

"하후연의 성격이 지나치게 강직하여 간계에 빠질까 걱정됩니다."

조조가 이에 손수 글을 써서 사자에게 전달했다. 명령을 받든 사자는 부절을 지니고 하후연의 군영에 당도했다. 사자가 글을 꺼내자 하후연이 뜯어 보았다.

> "무릇 장수된 자는 마땅히 강함과 부드러움이 서로 조화를 이루어야 하니 용맹에만 의지해서는 안 된다. 단지 용맹만 믿는다면 한 사람만 대적할 수 있을 뿐이다. 내 지금 대군을 남정에 주둔시키고 있어 경의 '묘재'[16]를 보고자 하니 이 두 글자를 욕되게 하지 말거라."❸

글을 읽고 난 하후연은 크게 기뻐했다. 명령을 받든 사자를 돌아가게 하고 장합과 상의했다.

"지금 위왕께서 대군을 인솔하여 남정에 주둔하고 계시니 유비를 토벌할 수 있을 것이오. 내가 그대와 함께 오랫동안 이곳을 지키고만 있는데 어찌 공을 세울 수 있겠소? 내일 내가 출전하여 황충을 사로잡도록 힘쓰겠소."

장합이 말했다.

"황충은 지모와 용맹을 겸비했을 뿐만 아니라 더군다나 법정까지 도와주고 있어 함부로 대적해서는 안 됩니다. 이곳 산길이 험준하니 단단히 지키기만 해야 합니다."

"다른 사람이 공을 세우기라도 한다면 나와 그대가 무슨 면목으로 위왕을 뵐 수 있겠소? 그대는 산을 지키기만 하시오. 나는 나가서 싸우리다."

그러고는 마침내 명령을 하달했다.

"누가 감히 나가서 정탐하고 적을 유인하겠는가?"

하후상이 말했다.

"원컨대 제가 가겠습니다."

하후연이 말했다.

"너는 나가서 정탐하되 황충과 교전을 벌이게 되면 지기만 하고 이겨서는 안 된다. 내게 묘한 계책이 있는데 이러이러하다."

명을 받은 하후상은 군사 3000명을 이끌고 정군산 본부 군영을 떠나 전진했다.

한편 황충은 법정과 함께 군사를 이끌고 정군산 입구에 주둔하면서 여러 차례 싸움을 걸었으나 하후연은 굳게 지키기만 하고 나오지 않았다. 진격하려 했으나 산길이 위험한 데다 적을 헤아리기 어려워 어쩔 수 없이 주변을 점거하고 지키고만 있었다. 이날 별안간 산 위의 조조군이 내려와 싸움을 걸고 있다는 보고가 들어왔다. 황충이 군사를 이끌고 나가 맞서려 하는데 아장牙將 진식陳式이 말했다.

"장군께서는 움직이지 마십시오. 제가 맡기를 원합니다."

황충이 크게 기뻐하며 즉시 진식에게 군사 1000명을 이끌고 산 입구를 나가 진을 벌이게 했다. 하후상의 군사가 이르렀고 마침내 맞붙어 싸움을 벌였다. 몇 합을 싸우지도 않았는데 하후상이 패한 척하며 달아났다. 진식이 그 뒤를 쫓았으나 도중에 양쪽 산 위에서 뇌목이 굴러 내려오고 포석이 날

아들자 더 이상 전진할 수가 없었다. 막 돌아가려 할 때 배후에서 하후연이 군사를 이끌고 돌격했다. 진식은 당해내지 못하고 결국 하후연에게 사로잡혀 군영으로 끌려갔으며 많은 부하 졸개가 항복하고 말았다. 패한 군사가 목숨을 건져 도망쳐서 황충에게 진식이 생포되었다고 보고했다. 황충이 황급히 법정과 상의하자 법정이 말했다.

"하후연은 사람됨이 경망스럽고 성격이 성급한 데다 용맹에만 의지하여 꾀가 적습니다. 사졸들에게 용기를 북돋아주고 군영을 정리한 후 전진하십시오. 가는 곳마다 군영을 세워 하후연을 싸우도록 유인하면 그를 사로잡을 수 있을 것입니다. 이를 바로 주객이 전도되는 '반객위주反客爲主'라고 합니다."

황충은 그 계책을 쓰기로 하고 가지고 있는 물건을 모조리 삼군에게 상으로 주니 계곡 가득 환호성이 울려 퍼지며 죽을힘을 다해 싸우기를 원했다. 황충은 그날로 군영을 거두어 전진하면서 가는 곳마다 군영을 세웠고, 군영을 세울 때마다 며칠 묵고는 다시 전진했다. 그 소식을 들은 하후연은 나가 싸우려고 했다. 그러자 장합이 말했다.

"이는 바로 '반객위주'의 계책이니 출전해서는 안 됩니다. 싸우면 일이 생길 것입니다."

하후연은 그 말을 따르지 않고 하후상에게 수천 명을 이끌고 나가 싸우라 명했다. 하후상은 곧장 황충의 군영 앞까지 이르렀다. 황충은 말에 올라 칼을 잡고 맞서러 나갔는데 말이 엎치락뒤치락하자마자 단 1합 만에 하후상을 사로잡아 군영으로 돌아갔다. 남은 무리는 모조리 패하여 달아났고 하후연에게 돌아와 보고했다. 하후연은 급히 황충의 군영으로 사람을 보내 진식을 하후상과 교환하고 싶다는 말을 전했다. 황충은 내일 진 앞에서 서로 교환하기로 약속했다. 이튿날 양군이 모두 산골짜기 넓은 곳으로 나와 진을 벌였다. 황충과 하후연은 각자 본진 문기 아래에 말을 몰고 나와 섰다. 황충은 하후상을 데리고 나왔고 하후연은 진식을 데리고 나왔는데 두 사람 모두 전포와 갑옷 없이 단지 몸을 가릴 수 있는 얇은 홑옷만 입고 있었다. 북소리가 울리자 진식과 하후상은 각자 자신의 본진을 향해 미친 듯이 뛰었다. 하후상이 진문에 거의 이르렀을 때 황충이 쏜 화살을 등 복판에 정통으로 맞아 화살이 꽂힌 채 자기 진으로 돌아올 수밖에 없었다. 크게 노한 하후연은 말을 내달리며 곧장 황충에게 달려들었다. 황충은 하후연을 흥분시켜 싸우고자 했던 것이다. 두 장수의 말이 뒤섞여 20여 합을 싸웠는데 조조군 군영 안에서 별안간 군사를 거두는 징소리가 울렸다. 하후연이 말을 돌려 물러나자 황충이 기세를 몰아 한바탕 무찔렀다. 진으로 돌아온 하후연이 진의 대열을 감독하는 관리에게 물었다.

"왜 징을 울렸느냐?"

"산이 움푹 들어간 곳에 촉병의 깃발이 여러 곳에 꽂혀 있는 것을 보고 복병일까 걱정되어 급히 장군을 돌아오시라고 한 것입니다."

하후연은 그 말을 믿고 마침내 굳게 지키면서 싸우러 나오지 않았다.❹

황충은 정군산 아래까지 추격한 다음 법정과 상의했다. 법정이 손으로 가리키며 말했다.

"정군산 서쪽[17]에 우뚝 솟아오른 높은 산이 하나 있는데 사방이 모두 험한 길이오. 저 산에 올라가면 정군산의 허실을 볼 수 있을 것이오. 만약 저 산을 손에 넣을 수 있다면 정군산은 손바닥 안에 있게 될 것이오."

황충이 고개를 들어 산꼭대기를 쳐다보니 조금 평평했으며 산에 약간의 인마가 있었다. 이날 밤 이경, 황충은 군사를 이끌어 징을 울리고 북을 두드리며 곧장 산꼭대기로 밀고 올라갔다. 이 산에는 하후연의 부하 장수 두습杜

襲이 방비하고 있었는데 단지 수백여 명에 불과했다. 두습은 이때 황충의 대부대가 산을 에워싸며 올라오는 것을 보고 어쩔 수 없이 산을 버리고 달아났다. 산꼭대기를 손에 넣은 황충이 살펴보니 바로 정군산과 마주보고 있었다. 법정이 말했다.

"장군은 산 중간을 지키시오. 나는 산꼭대기에 있겠소. 하후연의 군사가 이르면 내가 흰 깃발을 들어올려 신호를 보낼 테니 군사 행동을 잠시 멈추고 계시오. 그들이 나른해져 방비가 없을 때를 기다렸다가 내가 붉은 깃발을 들어올리면 장군은 즉시 산을 내려가 공격하시오. 쉬면서 힘을 비축했기에 피로한 적군을 맞서면 반드시 승리할 수 있을 것이오."

황충은 크게 기뻐하며 그 계책을 따르기로 했다.

한편 두습은 군사를 이끌고 도망쳐 하후연을 만나 황충에게 맞은편 산을 빼앗겼다고 보고했다. 하후연이 크게 화를 냈다.

"황충이 맞은편 산을 점령했으니 내가 나가서 싸우지 않을 수 없게 되었구나."

장합이 간언했다.

"이것은 법정의 꾀입니다. 장군은 싸우러 나가시면 안 됩니다. 굳게 지키기만 해야 합니다."

"맞은편 산을 점령하여 우리 허실을 보고 있는데 어떻게 나가 싸우지 않는단 말이오?"

장합이 간절히 타일렀으나 듣지 않았다. 하후연은 군사를 나누어 맞은편 산을 에워싸고 욕설을 퍼부으며 싸움을 걸었다. 법정이 산 위에서 흰 깃발을 들어올리자, 황충은 하후연이 온갖 욕설을 퍼부어도 내버려두고 싸우러 나가지 않았다. 오시午时가 지나자 조조군이 나른해졌다. 예기는 이미 떨어졌으며 대부분 말에서 내려 쉬고 있는 것을 본 법정이 붉은 깃발을 흔들어 펄럭였다. 그러자 고각[18]이 일제히 울리고 함성이 크게 진동했다. 황충이 앞장서서 말을 몰아 산 아래로 질주하는데 마치 하늘이 무너지고 땅이 꺼질 듯한 기세였다. 하후연이 어찌할 바를 몰라 당황하고 있는 사이 황충이 어느새 휘개 아래까지 달려와 크게 호통을 치는데 마치 우레와 같았다. 황충이 보도를 내리치자 하후연은 미처 맞서지도 못하고 머리부터 어깨까지 찍혀 두 동강으로 쪼개지고 말았다. 후세 사람이 황충을 찬탄한 시가 있다.

반백이 된 연로한 나이에도 강적에 맞서서
흰 머리카락 날리며 기이한 위력 과시했네
온 힘을 다하여 문양 새긴 강궁을 당기고
바람 가르며 빛나는 예리한 도검 휘두르네

우람하고 힘찬 목소리는 범이 포효하는 듯하고
재빠른 준마는 마치 용이 날아가는 듯하네
적들 베어내어 세운 공훈[19] 대단히 무거우니
강토 개척하여 촉한의 판도를 확장시켰네
蒼頭臨大敵, 皓首逞神威
力趁雕弓發, 風迎雪刃揮
雄聲如虎吼, 駿馬似龍飛
獻馘功勳重, 開疆展帝畿[5]

황충이 하후연을 베어 죽이자 조조군의 대열은 크게 붕괴되었고 각자 죽음에서 벗어나고자 도망쳤다. 황충이 기세를 몰아 정군산을 빼앗으러 가자 장합이 군사를 이끌며 맞섰다. 황충이 진식과 함께 양쪽에서 협공하며 한바탕 혼전을 벌였고 장합은 패하여 달아났다. 그때 별안간 산 측면에서 한 무리의 인마가 나타나더니 장합이 도망가는 길을 막아섰다. 앞장선 대장이 크게 소리 질렀다.

"상산 조자룡이 여기 있노라!"

깜짝 놀란 장합은 패잔병을 이끌고 길을 찾아 정군산을 향해 달아났다. 앞쪽에서 또 한 무리의 군사가 나와 맞이했다. 바로 두습이었다. 두습이 말했다.

"지금 정군산은 이미 유봉과 맹달에게 빼앗겼습니다."

깜짝 놀란 장합은 결국 두습과 함께 패잔병을 이끌고 한수로 가서 군영을 세웠다. 그러고는 사람을 보내 조조에게 급보를 알렸다.

하후연이 죽었다는 소식을 들은 조조는 대성통곡했다. 관로가 말한 '삼팔종횡三八縱橫'은 바로 건안 24년(219)이었고, '황저우호黃豬遇虎'는 기해년 정월(건안 24)을 가리키며, '정군지남定軍之南'은 정군산의 남쪽이고, '상절일고傷折一股'는 바로 하후연이 조조와 형제지간의 정이 있다는 뜻임을 비로소 깨달았다. 조조가 사람을 시켜 관로를 찾게 했으나 어디로 갔는지 알 수가 없었다. 조조는 황충을 깊이 증오하며 마침내 친히 대군을 정군산으로 통솔하여 하후연의 원수를 갚고자 했다. 그는 서황을 선봉으로 삼았다. 한수에 이르자 장합과 두습이 조조를 영접했다. 두 장수가 말했다.

"지금 정군산은 이미 잃었으니 미창산[20]의 군량과 마초를 북산의 군영으로 옮겨 쌓아놓은 다음에 군사를 진격시키는 것이 좋을 듯합니다."

조조가 이를 허락했다.❻

한편 황충은 하후연의 수급을 잘라 가맹관으로 가서 현덕에게 바치고 공적을 보고했다. 현덕은 크게 기뻐하며 황충에게 정서대장군[21]의 직책을 더해주고 주연을 베풀어 경축했다. 그때 별안간 아장 장저張著가 와서 보고했다.

"조조가 직접 20만 대군을 인솔하여 하후연의 원수를 갚겠다며 오고 있습니다. 그리고 지금 장합은 미창산에서 군량과 마초를 한수 북산 기슭으로 옮기고 있습니다."

공명이 말했다.

"지금 조조가 대군을 이끌고 이곳에 이르렀으나 군량과 마초가 부족하여 군대를 진격하지 못하고 있습니다. 만일 누군가가 그들의 경계로 깊숙이 들어가 군량과 마초를 불태우고 그 물자 수레들을 빼앗는다면 조조의 예기는 꺾일 것입니다."

황충이 말했다.

"이 늙은이가 원컨대 그 임무를 맡겠습니다."

공명이 말했다.

"조조[22]는 하후연에 비할 바가 아니니 함부로 대적해서는 곤란하오."

현덕이 말했다.

"하후연이 비록 총수[23]였다고는 하나 용맹한 사내에 불과할 뿐이니 어찌 장합에 미치겠소? 만약 장합을 베어 죽일 수 있다면 하후연을 베어낸 것보다 10배는 큰 승리가 될 것이오."❼

황충이 힘차게 말했다.

"원컨대 제가 가서 그를 베어 죽이겠습니다."

공명이 말했다.

"조자룡과 함께 한 무리의 군사를 인솔하여 가시오. 무슨 일이든 서로 상의해서 행동하시오. 누가 공을 세우는지 보겠소."

황충은 승낙하고 바로 떠났다. 공명이 장저에게 부장이 되어 함께 가도록 했다. 조운이 황충에게 일렀다.

"지금 조조는 군사 20만 명을 이끌고 와서 10개의 군영에 나누어 주둔시키고 있습니다. 장군께서는 주공 앞에서 군량을 빼앗는다고 했는데 이는 작은 일이 아닙니다. 무슨 계책을 쓰실 생각이십니까?"

황충이 말했다.

"내가 먼저 가는 것은 어떻소?"

"제가 먼저 가겠습니다."

"나는 주장이고 그대는 부장인데 어떻게 먼저 가겠다고 다투시오?"

"저도 장군과 마찬가지로 주공을 위해 진력할 뿐입니다. 우리끼리 계산하고 따질 필요가 있겠습니까? 우리 두 사람이 제비를 뽑아 이긴 사람이 먼저 가도록 하시지요."

황충이 그렇게 하기로 응낙했다. 황충이 제비를 뽑아 먼저 가기로 했다. 조운이 말했다.

"이미 장군께서 먼저 가기로 했으니 제가 마땅히 도와드리겠습니다. 약속 시간을 정하여 장군께서 그 시각에 맞춰 돌아오시면 저는 군사 행동을 멈추고 움직이지 않겠으나, 만일 장군께서 시간이 지나도 돌아오지 않으시면 제가 즉시 군사를 이끌고 가서 지원하겠습니다."

"공의 말씀이 옳소."

이에 두 사람은 약속 시각을 오시로 정했다. 조운은 본영으로 돌아와 부하 장수 장익에게 일렀다.

"황한승黃漢升(황충의 자)이 내일 군량과 마초를 빼앗으러 가는데 만일 오시가 되도록 돌아오지 않으면 내가 가서 돕기로 약속했네. 우리 군영 앞은 한수를 끼고 있어 지세가 위험하네. 내가 만약 가게 되면 자네는 목책을 신중하게 지키되 절대로 함부로 움직여서는 안 되네."

장익이 응낙했다.

한편 군영으로 돌아온 황충은 부장 장저에게 일렀다.

"내가 하후연을 베어 죽였으니 장합은 간담이 서늘할 걸세. 내가 내일 명을 받들어 군량과 마초를 강탈하러 갈 텐데 군사 500명을 남겨두어 군영을 지키도록 하겠네. 자네가 나를 도와줘야 하네. 오늘 밤 삼경에 모두 배불리 먹고 사경에 군영을 떠나 북산 기슭으로 쳐들어가서 먼저 장합을 사로잡고 그다음에 군량과 마초를 강탈하도록 하세."

장저가 명을 따랐다. 그날 밤 황충은 인마를 이끌며 앞장서고 장저는 뒤에 있다가 남몰래 한수를 건너가 곧장 북산 아래로 갔다. 동쪽에서 해가 떠오를 무렵 산처럼 쌓아놓은 군량이 눈에 들어왔다. 몇 안 되는 군사가 지키고 있었는데 촉병이 온 것을 보고는 모조리 군량을 버리고 달아났다. 황충은 마군들에게 일제히 말에서 내려 장작을 가져와 군량 위에 쌓도록 했다. 막 불을 지르려는 순간 장합의 군사가 달려와 황충과 혼전을 벌였다. 소식을 들은 조조는 급히 서황을 보내 지원하도록 했다. 서황의 군사가 전진하여 황충을 포위하고 가두자 장저가 300명의 군사를 이끌고 포위를 풀었다. 막 군영으로 돌아가려 하는데 별안간 한 무리의 군사가 돌진하더니 가는 길을 가로막았다. 앞장선 대장은 다름 아닌 문빙이었다. 그 뒤로 조조군이 또 몰려와 장저를 에워쌌다.

한편 군영 안에 있던 조운은 오시가 되었는데도 황충이 돌아오지 않자 급히 갑옷을 걸치고 말에 올라 3000명의 군사를 이끌며 호응하러 나아갔다. 조운이 출발을 앞두고 장익에게 일렀다.

"자네는 군영을 단단히 지켜야 하네. 양쪽 벽에 활과 쇠뇌를 많이 설치하여 대비하고 있게."

장익은 연거푸 "예, 예" 하면서 대답했다. 조운은 창을 잡고 말을 질주해 곧장 앞으로 내달렸다. 정면에서 한 장수가 길을 차단했는데 바로 문빙의 부하 장수 모용렬慕容烈이었다. 그는 말에 박차를 가하며 칼을 춤추듯 휘두르면서 조운에게 맞섰다. 그러나 조운의 손이 들리는가 싶더니 한 창에 찔려 죽임을 당했다. 조조군은 패하여 달아났다. 조운이 겹겹의 포위망을 돌격해 들어가는데 또 한 무리의 군사가 저지했다. 앞장선 장수는 위의 장수 초병焦炳이었다. 조운이 소리쳐 물었다.

"촉병은 어디에 있느냐?"

초병이 말했다.

"이미 모조리 죽였다!"

크게 화가 난 조운은 말을 질주해 한 창에 또 초병을 찔러 죽이고 나머지 군사를 흩어버렸다. 곧장 북산 아래에 이르니 장합과 서황 두 사람이 황충을 에워싸고 있는 것이 보였는데 군사들은 곤경에 빠진 지 오래된 상태였다. 조운이 큰 소리로 고함을 지르면서 창을 잡고 말을 질주하여 겹겹의 포위 속으로 돌진해 들어갔다. 좌충우돌하는 모습이 마치 무인지경에 들어간 듯했다. 온몸으로 창을 휘두르니 마치 배꽃이 춤추는 듯했고, 전신이 쉴 사이 없이 어지러이 움직이는 모습은 눈발이 바람에 흩날리는 것 같았다. 장합과 서황은 심장이 벌렁거리고 담이 떨려 감히 대적하지 못했다. 조운이 황충을 구출해 싸우면서 달아났는데 이르는 곳마다 누구도 감히 막아서지 못했다. 높은 곳에서 바라보고 있던 조조가 깜짝 놀라 장수들에게 물었다.

"저 장수는 누구냐?"

조운을 알아본 누군가가 고했다.

"저자는 바로 상산의 조자룡입니다."

조조가 말했다.

"지난날 당양 장판의 영웅이 아직도 건재하구나!"

급히 명을 전달했다.

"저자가 이르는 곳에는 함부로 대적하지 말거라."

조운이 황충을 구원해 겹겹의 포위망을 뚫고 나오자 어떤 군사가 한곳을 가리키며 말했다.

"동남쪽에 포위된 사람은 필시 부장 장저일 것입니다."

조운은 본영으로 돌아가지 않고 즉시 동남쪽을 향해 내달렸다. 이르는 곳마다 '상산 조운'이라는 네 글자가 적혀 있는 깃발이 보였다. 일찍이 당양 장판에서 그의 용맹을 본 자들이 서로 말을 전하면서 모두 도망쳐 숨느라 정신이 없었다. 조운은 또 장저까지 구출했다.

조조는 조운이 동으로 부딪쳤다 서로 돌격하며 이르는 곳마다 당해낼 자도, 감히 맞서 대적하는 자도 없을뿐더러 황충을 구출하고 또 장저마저 구원하는 것을 보고는 격분했다. 이에 직접 좌우 장수들을 인솔하여 조운의 뒤를 쫓았으나 조운은 이미 본영으로 돌아간 뒤였다. 부하 장수 장익은 조운을 맞이하면서 멀리 뒤쪽에 먼지가 일어나는 것을 보고는 조조군이 추격해온다는 것을 즉시 조운에게 일렀다.

"추격병이 점점 다가오니 군사들에게 군영 문을 닫게 하고 적루에 올라 방어해야겠습니다."

조운이 소리쳤다.

"군영 문을 닫지 마라! 자네는 어찌 내가 지난날 당양 장판에서 한 자루의 창과 필마단기로 조조의 83만 대군을 초개와 같이 본 일을 모른단 말이냐! 지금은 군사와 장수까지 있는데 또 무엇을 두려워한단 말이냐!"

즉시 궁노수를 선발해 군영 밖 도랑 속에 매복시켰다. 군영 안의 깃발과 창을 모조리 쓰러뜨렸으며 징과 북도 울리지 못하게 했다. 그러고는 필마단기에 창 한 자루를 손에 쥐고 군영 문밖에 섰다.

한편 장합과 서황은 군사를 이끌고 촉의 군영까지 이르렀으나 날은 이미 저물어가고 있었다. 군영 안에서는 깃발을 내리고 북소리를 멈춘 상태였고 조운은 홀로 군영 밖에 서 있었다. 군영 문은 활짝 열려 있었으나 두 장수는 감히 전진하지 못했다. 한창 의심하고 있는데 조조가 친히 당도해서는 급히 군사들을 재촉해 전진하도록 했다. 명령을 들은 군사들이 크게 함성을 지르며 군영 앞까지 달려갔지만 조운이 미동도 하지 않는 것을 보고는 조조군은 바로 몸을 돌렸다. 그때 조운이 창을 한 번 흔들자 도랑 속에 매복해 있던 궁노수들이 활과 쇠뇌를 일제히 발사했다. 이미 날이 어두컴컴해져 어느 정도의 촉병이 있는지 알 수가 없었다. 조조가 먼저 말을 돌려 달아나는데 뒤에서 함성이 크게 진동하고 고각이 일제히 울리면서 촉병들이 추격하기 시작했다. 조조군의 전열이 점점 흐트러지면서 한수 강변까지 한꺼번에 밀려드니 물속에 빠져 죽은 자가 셀 수 없을 정도로 많았다. 조운, 황충, 장저는 각자 한 무리의 군사를 이끌고 몹시 다급하게 추격하며 들이쳤다. 조조가 한창 달아나고 있는데 별안간 유봉과 맹달이 두 무리의 군사를 인솔하여 미창산 길로부터 쳐들어오더니 쌓아놓은 군량과 마초에 불을 질렀다. 조조는 북산의 군량과 마초를 포기하고 급히 남정으로 돌아갔다. 서황과 장합 역시 버텨내지 못하고 본영을 버린 채 달아났다. 조운은 조조의 군영을 점령했고 황충은 군량과 마초를 빼앗았으며 한수에서 획득한 무기는 셀 수 없이 많았다. 대승을 거두자 사람을 보내 현덕에게 승전보를 보고했다. 현덕은 즉시 공명과 함께 한수까지 와서 조운의 사병에게 물었다.

"자룡이 어떻게 싸웠느냐?"

군사들은 자룡이 황충을 구하고 한수에서 적들을 저지했던 일을 두루 자세하게 이야기했다. 현덕은 크게 기뻐하며 산 앞뒤의 험준한 길을 살펴보고는 즐거워하며 공명에게 일렀다.

"자룡의 온몸은 담덩어리구려!"

후세 사람이 찬탄한 시가 있다.

지난날 장판에서 용감하게 싸울 때
떨친 그 위풍 여전히 줄지 않았네
적진 돌파하여 영웅 모습 드러내니
포위를 당했어도 용맹을 떨치는구나

귀신이 통곡하고 신령이 울부짖고
하늘이 놀라고 땅이 어두어둑해지네
상산 땅에서 태어난 장수 조자룡은
그 온몸이 전부 담덩어리로구나
昔日戰長坂, 威風猶未減
突陣顯英雄, 被圍施勇敢
鬼哭與神號, 天驚幷地慘
常山趙子龍, 一身都是膽[8]

이에 현덕은 자룡을 호위장군[24]이라 불렀고 장수와 사졸들을 크게 위로하며 잔치를 열어 늦게까지 즐겼다.

그때 별안간 조조가 다시 대군을 파견해 야곡[25] 오솔길로 한수를 빼앗으러 온다는 보고가 들어왔다. 현덕이 웃으면서 말했다.

"조조가 또 와도 별수 없을 것이오. 내가 틀림없이 한수漢水[26]를 손에 넣을 것이오."

이에 군사를 인솔하여 한수의 서쪽에서 맞섰다. 조조는 서황을 선봉으로 삼으며 앞으로 나아가 결전을 벌이라 명했다. 군막 앞에서 한 사람이 나서며 말했다.

"제가 지리를 잘 아니 원컨대 서장군을 도와 함께 촉을 깨뜨리겠습니다."

조조가 보니 바로 파서 탕거宕渠 사람으로 성이 왕王이고 이름이 평平이며 자가 자균子均으로 아문장군牙門將軍[27]을 맡고 있었다. 조조가 크게 기뻐하며 즉시 왕평을 부선봉으로 삼아 서황을 돕게 했다. 조조는 군사를 정군산 북쪽에 주둔시켰다. 서황과 왕평이 군사를 이끌고 한수에 이르자 서황은 선봉대에게 강을 건너 진을 벌이라 명했다. 왕평이 말했다.

"군사들이 강을 건넜다 급히 물러나야 하는 상황이 오면 어떻게 합니까?"

서황이 말했다.

"옛날에 한신韓信이 배수진을 쳤는데 이는 바로 '사지에 이른 다음에야 살 수 있다'고 하는 이치라네."

왕평이 말했다.

"그렇지 않소. 옛날에 한신은 적에게 계책이 없음을 헤아려 그 계책을 썼던 것이오. 지금 장군께서는 조운과 황충의 의도를 추측하실 수 있습니까?"

"자네는 보군을 이끌고 적을 저지하면서 내가 마군을 거느리며 적을 깨뜨리는 것을 구경이나 하게."

결국 부교를 가설하게 하고는 이어서 강을 건너 촉병과 싸우러 갔다.

위나라 사람 내키는 대로 한신을 본받지만
촉의 승상이 자방[28]인 줄 어찌 알았으랴
魏人妄意宗韓信, 蜀相那知是子房

승부는 어떻게 될 것인가?

제71회 정군산에 떨친 상산 조자룡의 위용

❶

『후한서』「열녀전列女傳 · 동사처전董祀妻傳」은 다음과 같이 기록하고 있다.

"진류군陳留郡 동사董祀의 처는 같은 군 사람인 채옹의 딸로 이름이 염琰이고 자가 문희文姬다. 그녀는 박학하며 말재주가 있었고 또 음악에 정통했다. 하동군河東郡 위중도衛仲道의 처가 되었으나 중도가 세상을 떠나자 자식도 없던 문희는 친정으로 돌아갔다. 흥평興平 연간(194~195)에 천하가 크게 어지러워졌고 그녀는 호인胡人(북방 서방 각 민족의 호칭) 기병에게 사로잡혀 남흉노南匈奴(흉노는 종족 명칭으로 호胡라고 부르기도 한다. 전국시대 때 연燕, 조趙, 진秦 이북 지구에서 활동했다. 후한 광무제 건무 24년인 48년에 두 지역으로 분열되었는데 남쪽은 한나라에 붙어 남흉노라 했고 나머지는 한나라 북쪽에 거주했기 때문에 북흉노라 불렀다) 좌현왕左賢王에게 들이게 되었고 그곳에서 12년을 생활하면서 아들 둘을 낳았다. 조조는 평소에 채옹과 관계가 좋았는데 그에게 후사가 없음을 안타까워하여 사자를 남흉노에 보내 금과 옥으로 문희를 되찾아왔고 다시 그녀를 동사에게 시집보냈다."

❷

조조와 양수의 지혜 대결

역사 기록에는 소설의 내용이 없지만 『세설신어』 「첩오제십일捷悟第十一」에 소개되어 있다. 소설과 다른 점은 조조가 채염의 집이 아닌 조아曹娥의 비석 아래를 지나다가 비석 뒷면에 적힌 황견黃絹, 유부幼婦, 외손外孫, 제구齏臼 여덟 글자를 보고 양수와 함께 풀이한 것으로 기록되어 있다.

❸

소설처럼 조조가 하후연에게 편지를 보낸 것은 아니었다. 평소에 하후연을 경계하여 보낸 것이었는데, 그 내용 또한 역사 기록과는 다르다. 『삼국지』 「위서·하후연전」은 조조의 경계를 다음과 같이 기록하고 있다.

"당초 하후연이 비록 여러 차례 승리를 거두었지만 태조는 항상 그를 경계했다. '장수가 된 자는 응당 겁이 많고 연약한 때가 있어야 하니 용맹에만 의지해서는 안 되오. 장수는 마땅히 용맹을 근본으로 삼아야 하나 지모와 계략을 써서 발휘해야 하오. 용맹만 뽐낼 줄 안다면 일개 필부의 적수에 지나지 않을 뿐이오.'"

❹

포로로 잡힌 진식陳式과 하후상夏侯尙을 서로 교환했다는 역사 기록은 없다

진식은 소설 100회에서 제갈량에게 참수당하는 것으로 나오는데 이것 또한 역사적 사실이 아닌 허구의 이야기다. 진식은 정사 『삼국지』를 편찬한 진수陳壽의 부친이며 결코 형편없는 장수는 아니었다. 하후상은 하후연의 조카이면서 하후현夏侯玄의 부친이다. 또한 하후상은 문제(조비)와는 절친한 사이였다. 『삼국지』 「위서·하후상전」은 다음과 같이 기록하고 있다.

"하후상에게는 심히 총애를 받는 애첩이 있었는데 그 총애가 본처를 뛰어넘었다. 하후상의 본처가 조씨의 딸이므로 문제(조비)는 사람을 보내 애첩을 교살했다. 하후상은 비통해하며 상심하다가 병이 나서 정신이 혼미해졌다. 애첩을 이미 매장했으나 보고 싶은 마음을 이기지 못하고 묘를 파서 관을 열어 그녀를 보았다. 문제(조비)는 이 소식을 듣고는 노해서 말했다.

'두습杜襲이 하후상을 경박하게 보는 데는 확실히 그 근거가 있구나.'

그러나 하후상은 구신舊臣이었으므로 그에 대한 은총을 줄이지는 않았다."

❺

하후연은 황충에게 죽지 않았다

하후연의 사망에 관한 내용은 여러 역사 기록에서 볼 수 있지만 황충에게 죽임을 당하지는 않은 듯하다. 하후연이 전사하는 과정을 역사는 다음과 같이 기록하고 있다.

『삼국지』「위서·하후연전」에 "건안 23년(218), 유비가 군대를 양평관에 주둔시키자 하후연은 장수들을 인솔하여 유비를 막았고 1년이 넘도록 대치했다. 건안 24년(219) 정월, 유비가 밤을 틈타 하후연 군영 밖에 둘러싼 녹각에 불을 질렀다. 하후연은 장합에게 규영의 동쪽 주변을 보호하게 하고 자신은 가볍게 무장한 기병을 이끌고 남쪽 주변을 수호했다. 유비가 장합에게 싸움을 걸자 장합군이 불리해졌다. 하후연은 자신의 병력을 반으로 나누어 장합을 돕게 했으나 유비의 습격을 받아 전사하고 말았다. 하후연의 아내는 조조의 처제다"라고 기록되어 있다.

「위서·장합전」은 "유비는 양평관에 주둔했고 장합은 광석廣石(지금의 산시陝西성 몐현勉縣 경계로 양평관과 가깝다)에 주둔했는데, 유비가 정예병 1만여 명을 열 개 부대로 나누어 야간에 장합을 급히 공격했다. 장합은 호위병을 이끌고 필사적으로 싸웠으므로 유비는 이길 수가 없었다. 그 후에 유비는 주마곡走馬谷(노필의 『삼국지집해』에 의하면 정군산의 골짜기로 의심됨)에서 하후연 군영 주변의 보루에 불을 질렀고 하후연은 불을 끄려다가 다른 길에서 유비와 맞닥뜨려 백병전을 벌였다. 결국 하후연은 전사했고 장합은 양평관으로 돌아갔다"고 기록하고 있다.

그러나 「촉서·선주전」에는 "건안 24년 봄, 선주는 황충에게 명하여 높은 곳에 머물면서 북을 두드리고 함성을 지르며 하후연을 진공하게 했고, 하후연군을 대파하여 하후연과 조공이 임명한 익주자사 조옹趙顒 등을 참수했다"고 했고, 「촉서·황충전」은 "건안 24년, 황충은 한중 정군산定軍山(산시陝西성 몐현勉縣 남쪽)에서 하후연을 공격했다. 하후연은 정예한 부대를 통솔했지만 황충 병력의 예기를 저지할 수 없었다. 황충은 부하들을 격려하면서 직접 장사들을 인솔하니 전고가 하늘을 흔들고 환호 소리가 산골짜기를 진동시켰다. 한 번의 싸움으로 하후연을 죽였고 하후연군은 대패했다"고 기록하고 있다. 그렇지만 황충이 직접 하후연을 죽였는지는 명확하지가 않다.

그리고 「위서·하후연전」 배송지 주 『위략』에 따르면 나중에 하후연의 둘째 아들 하후패가 촉으로 들어갔을 때 유선과 만났는데 유선이 하후패에게 "경의 부친은 군중에서 해를 입은 것뿐이지 내 선친의 손에 죽은 것은 아니오"라고 말한 기록이 있다.

여러 기록을 종합해보면 하후연은 황충의 손에 죽은 것이 아니라 전투 중에 사망한 것으로 판단된다.

전투의 승리자는 유비였다

『삼국지』 「촉서·법정전」은 다음과 같이 기록하고 있다.

"건안 24년, 선주는 군대를 인솔하여 양평관에서 남쪽으로 면수沔水(고대에 한수이漢水강을 면수라 불렀다)를 건너 산을 따라 점차 전진했고 정군산, 흥세興勢(산시陝西성 양현洋縣 북쪽)에 군영을 구축했다. 하후연은 군사들을 이끌고 나와 그 땅을 두고 쟁탈했다. 법정이 말했다.

'출격할 만합니다.'

선주는 황충에게 명하여 높은 곳에 올라 아래를 굽어보면서 북을 두드리고 함성을 지르며 공격하도록 했고 하후연의 군대를 대파하여 하후연 등이 죽임을 당했다. 조공은 서쪽으로 정벌을 나갔다가 법정의 계책을 듣고서는 말했다.

'나는 본래 현덕이 이러한 계획을 세우지 못한다는 것을 안다. 틀림없이 다른 사람의 가르침을 받은 것이다.'"

그러나 주석에서 배송지는 "촉과 한중은 입술과 치아의 관계다. 유비의 지혜로움이 어찌 이것에 미치지 못하겠는가? 계략을 펼치기 전에 법정이 먼저 그것을 말했을 뿐이다. 무릇 패자나 왕이 된 군주 누구나 훌륭한 책략을 듣고 이를 사용하여 공업을 이루지 않았던가? 위무魏武(조조)가 만약 유비가 다른 사람의 가르침을 받았다고 여겼다면 이는 변변치 못한 것이다! 이것은 부끄러워 원망하는 부차적인 언사이지 진실의 말이 아닐 것이다!"라고 평가했다. 법정의 계책과 황충의 용맹보다는 유비의 계책 운용이 전투에서 승리를 이끈 것으로 보인다.

❻

두습杜襲은 누구인가?

소설에서 두습은 하후연의 일개 부하 장수로 등장하여 짤막하게 소개되지만 사실 두습은 조조를 수행하여 장로를 토벌하고 한중의 군사를 통솔한 인물이었다. 하후연이 죽은 뒤에는 장합, 곽회와 함께 각 군의 사무를 통솔했고, 나중에 제갈량이 진천秦川(관중關中을 말함)으로 출병했을 때 조진의 군사軍師로 임명되었으며 조진이 죽은 다음 사마의가 직무를 대행했을 때도 군사로 임명되었다. 그 후 병으로 그만두고 궁에 들어가 태중대부太中大夫가 되었다. 배송지는 두습을 온화하고 순수하며 전체 국면과 관련된 중요한 이치를 파악할 수 있는 사람으로 평가했다.

❼

『삼국지』「위서·장합전」 배송지 주 『위략』에 따르면 "하후연이 비록 도독都督(여기서의 도독은 군대의 통수를 말한다)이 되었지만 유비는 장합만 꺼렸을 뿐 하후연은 하찮게 생각했다. 하후연을 죽였을 때 '이런 우두머리를 손에 넣었다고 해서 무엇에 쓸 수 있겠는가!'라고 말했다"고 기록하고 있다.

또한 「위서·장합전」은 다음과 같이 기록하고 있다.

"당시 [조조군은] 막 총사령관을 잃었으므로 유비에게 공격을 당하지 않을까 걱정하여 삼군이 모두 두려워하며 얼굴이 새파랗게 질렸다. 하후연의 사마 곽회郭淮가 즉시 명령을 내렸다.

'장합 장군은 나라의 명장이며 유비가 두려워하는 사람이다. 지금 사태가 위급해졌으니 그가 아니면 군심을 안정시킬 수가 없다.'

그리하여 장합을 추천하여 군의 책임자로 삼았다. 장합은 나와서 대오를 정돈하고 진영을 안정시켰으며 장수들은 장합의 지휘와 통제를 받으니 군심이 비로소 안정을 되찾았다. 장안에 있던 태조는 사신을 파견해 장합에게 부절을 보냈다. 태조가 친히 한중으로 오자 유비는 높은 산에서 지키기만 하여 감히 나와 싸우지 못했다."

❽

이때 조운의 활약상은 『삼국지』 본문에는 기록되어 있지 않고 「촉서·조운전」 배송지 주 『운별전』과 『자치통감』 권68 「한기 60」에 소설과 비슷한 내용으로 비교적 상세히 기록되어 있다. 그리고 유비가 "자룡의 온몸은 담덩어리로다"라고 말한 대목도 기록되어 있다.

제 72 회

계륵

제갈량은 지혜로 한중을 취하고,
조아만은 야곡으로 군사를 물리다

諸葛亮智取漢中,
曹阿瞞兵退斜谷

서황은 군사를 이끌고 한수를 건너려 했다. 왕평이 간절히 말렸으나 듣지 않고 결국 한수를 건너가 군영을 꾸렸다. 황충과 조운이 현덕에게 고했다.

"저희가 각자 본부 군사를 이끌고 가서 조조군에게 맞서겠습니다."

현덕이 승낙했다. 두 사람은 군사를 거느리고 떠났다. 황충이 조운에게 일렀다.

"지금 서황이 용맹만 믿고 왔으니 잠시 대적하지 말고 날이 저물어 병사들이 피로할 때를 기다렸다가 그대와 내가 군사를 두 갈래로 나누어 그들을 공격하는 것이 좋겠소."

조운은 그렇게 하기로 하고 각자 한 부대씩 이끌고 목책에 의지하며 머물렀다. 서황이 군사를 이끌고 와서 진시辰時부터 싸움을 걸었으나 신시申時에 이르렀는데도 촉군은 움직이지 않았다. 서황은 궁노수를 전진시켜 촉의 군영을 향해 활과 쇠뇌를 쏘게 했다. 황충이 조운에게 일렀다.

"서황이 궁노수를 시켜 쏘게 하는 것은 틀림없이 군사를 물리려는 것이니 그 틈을 이용해 저들을 칩시다."

말을 마치기도 전에 별안간 조조군의 후군이 과연 물러나기 시작했다는 보고가 들어왔다. 이에 촉의 군영에서 북소리가 크게 진동하더니, 황충이 군사를 이끌고 왼쪽으로 나가고 조운이 오른쪽으로 뛰쳐나가 양쪽에서 협공했다. 결국 서황은 대패했고 군사들은 한수로 몰려 빠져 죽은 자가 무수히 많았다. 서황은 죽을힘을 다해 싸워서 겨우 벗어날 수 있었다. 군영으로 돌아온 서황은 왕평을 꾸짖었다.

"너는 나의 군사 상황이 위급한 것을 보고도 어찌하여 구하러 오지 않았느냐?"

왕평이 말했다.

"제가 만약 장군을 구하러 갔다면 이 군영 또한 보전할 수 없었을 것이오. 공께 가지 말라고 간언했는데 들으려 하지 않아 이렇게 패한 것이오."

서황은 버럭 화를 내며 왕평을 죽이려 했다. 왕평은 그날 밤 본부의 군사를 이끌고 군영 안에 불을 질렀다. 조조군은 크게 어지러워졌으며 서황은 군영을 버리고 달아났다. 왕평은 한수를 건너 조운에게 투항했고 조운은 그를 현덕에게 인도했다. 왕평은 한수의 지리를 모조리 말해주었다. 현덕이 크게 기뻐하며 말했다.

"내가 왕자균王子均(왕평의 자)을 얻었으니 한중을 얻는 것은 의심할 여지가 없도다."

즉시 왕평을 편장군[1]으로 임명하고 길을 안내하도록 했다.❶

한편 도망쳐 돌아온 서황은 조조를 만나 말했다.

"왕평이 배반하여 유비에게 항복했습니다!"

크게 화가 난 조조는 직접 대군을 통솔하여 한수의 목책을 빼앗으러 왔다. 조운은 군대가 고립무원이 될까 두려워 즉시 한수의 서쪽으로 물러났다.

양군이 강을 사이에 두고 대치하자 현덕은 공명과 함께 와서 형세를 살펴보았다. 공명이 보니 한수 상류 일대에 1000여 명을 매복시킬 만한 토산이 있었다. 이에 군영으로 돌아와 조운을 불러 분부했다.

"그대는 500명을 이끌고 전부 고각을 챙겨 토산 아래에 매복해 있다가, 한밤중 혹은 해질 무렵에 우리 군영 안에서 포 소리가 들리거든 소리 한 번에 고각을 한 번 울리되 나가서 싸우지는 마시오."

자룡이 계책을 받고 떠났다. 공명은 높은 산 위로 올라가 몰래 살폈다. 이튿날 조조군이 와서 싸움을 걸었으나 촉 군영에서는 한 명도 나가지 않았고 활과 쇠뇌 또한 발사하지 않았다. 조조군은 그대로 돌아갔다. 그날 한밤중이 되자 조조 군영 안의 등불이 꺼지고 군사들이 쉬는 것을 본 공명은 마침내 신호포를 쏘았다. 포 소리를 들은 자룡이 일제히 고각을 울리게 했다. 조조군은 놀라 허둥대며 군영을 기습하러 오는 것으로 의심했다. 군영 밖으로 나갔으나 단 한 명의 적군도 보이지 않았다. 막 군영으로 돌아와 쉬려고 하는데 포 소리가 또 났고 고각이 다시 울리며 땅을 진동하는 함성이 산골짜기에 울려 퍼졌다. 조조군은 밤새 불안해했다. 연이어 사흘 밤 동안 이런 상황이 지속되자 의심이 들었고 겁이 난 조조는 군영을 정리하여 30리를 물러나 넓은 벌판에 군영을 세웠다. 공명이 웃으면서 말했다.

"조조가 병법을 안다고는 하지만 이런 간계는 모르는구나."

마침내 현덕에게 친히 한수를 건너가 물을 등지고 군영을 세우라고 청했다. 현덕이 계책을 묻자 공명이 말했다.

"이렇게 저렇게 하시면 됩니다."

조조는 현덕이 물을 등지고 군영을 세우는 것을 보고는 속으로 의혹이 생겨 사람을 시켜 전서[2]를 보냈다. 공명에게 알렸다.

"내일 결전을 벌입시다."

이튿날 양군이 길 중간인 오계산五界山[3] 앞에서 만나 진을 벌였다. 조조가 말을 몰고 나와 문기 아래에 서자 양쪽으로 용과 봉황의 깃발들이 늘어섰고 전고를 세 번 울리며 이야기나 나누자고 현덕을 불렀다. 현덕이 유봉과 맹달 그리고 서천의 여러 장수를 거느리고 나왔다. 조조가 채찍을 휘두르며 욕설을 퍼부었다.

"유비, 이 은혜를 잊고 의리도 저버린 조정을 배반한 역적 놈아!"

현덕이 말했다.

"나는 대한의 종친으로 조서를 받들어 역적을 토벌하노라. 네놈은 위로는 모후母后[4]를 시해하고 제멋대로 왕이 되어 분수도 모른 채 천자의 수레를 타고 있으니 반역이 아니고 무엇이란 말이냐?"

성난 조조가 서황에게 달려나가 싸우라 명하자 유봉이 나와 맞섰다. 두 사람이 맞붙을 때 현덕은 먼저 진 안으로 들어갔다. 유봉이 서황을 대적하지 못하고 말을 돌려 달아나자 조조가 명을 내렸다.

"유비를 사로잡는 자는 즉시 서천의 주인으로 삼으리라."

대군이 일제히 함성을 지르며 유비의 진으로 쳐들어갔다. 촉병들은 한수를 바라보며 군영을 모조리 버리고 도망쳤다. 내던진 마필과 무기가 길바닥에 가득했는데 조조군은 그것들을 줍느라 다투기 바빴다. 조조가 급히 징을 울려 군사를 거두었다. 장수들이 말했다.

"저희가 막 유비를 사로잡으려 하는데 대왕께서는 무슨 까닭으로 군사를 거두셨습니까?"

조조가 말했다.

"내가 보니 첫째, 촉병이 한수를 등지고 군영을 설치한 것과 둘째, 마필과 무기를 많이 버린 것이 의심스럽네. 급히 군사를 뒤로 물리고 옷가지나 물품들을 줍지 못하게 하는 것이 좋겠네."

즉시 명령을 하달했다.

"단 하나의 물건이라도 함부로 줍는 자는 즉시 참수하리라. 속히 군사들을 물리거라."

조조군이 이제 막 뒤로 돌아가려는데 공명이 신호기를 들어올렸다. 그러자 현덕이 중군의 군사들을 인솔하여 달려나왔고 황충은 왼쪽, 조운은 오른쪽에서 돌격했다. 조조군은 크게 어지러워지며 도망쳤고 공명은 밤새 추격했다. 조조가 군사들에게 명을 전달하여 남정으로 돌아가는데 다섯 갈래의 길에서 불길이 치솟는 것이 눈에 들어왔다. 알고 보니 위연과 장비가 엄안에게 낭중을 대신 지키게 하고는 군사를 나누어 쳐들어와서 이미 남정을 손에 넣은 다음이었다. 조조는 속으로 놀라 양평관陽平關을 향해 달아났다. 현덕의 대군은 조조를 쫓으며 남정 포주褒州[5]까지 이르렀다. 백성을 안정시킨 다음 현덕이 공명에게 물었다.

"조조가 이번에는 어찌하여 그렇게 빨리 패했소?"

공명이 말했다.

"조조는 평소에 의심이 많은 사람이라 비록 용병에 능숙하다 하더라도 의심하면 패하는 일도 많습니다. 그래서 제가 의병[6]으로 이긴 것입니다."

현덕이 말했다.

"지금 조조가 물러나 양평관을 지키고 있는데 그 형세가 이미 고립되었소. 선생께선 무슨 계책으로 그를 물리칠 생각이오?"

"제가 이미 헤아려 계책을 결정해두었습니다."

그러고는 바로 장비와 위연에게 군사를 두 길로 나누어 조조의 군량 운송로를 끊게 했고 황충과 조운에게는 역시 군사를 두 갈래로 나누어 산을 불태우게 했다. 네 장수는 각기 길을 안내하는 관리와 군사들을 이끌고 떠났다.

한편 조조는 물러나 양평관을 지키면서 군사들을 시켜 정탐했다. 그들이 돌아와 보고했다.

"지금 촉병이 멀고 가까운 오솔길을 전부 차단했고 나무를 베어내 불을 질러 모조리 태웠습니다. 그런데 군사들이 어디에 있는지 알 수가 없습니다."

조조가 한창 의심하고 있는데 또 장비와 위연이 군사를 나누어 군량을 강탈한다는 보고가 들어왔다. 조조가 물었다.

"누가 감히 장비를 대적하겠는가?"

허저가 말했다.

"제가 가기를 원합니다!"

조조는 허저에게 1000명의 정예병을 이끌고 양평관으로 들어오는 군량과 마초를 호송해오라고 명했다. 군량을 호송하는 관리가 허저를 기쁘게 맞이하며 말했다.

"장군께서 오시지 않았다면 군량을 양평까지 운반하지 못했을 것입니다."

즉시 수레 위의 술과 고기를 가져다 허저에게 바쳤다. 실컷 마신 허저는 자신이 만취한지도 모른 채 주흥이 올라 군량 수레를 재촉해 가게 했다. 군량을 호송하는 관리가 말했다.

"날이 이미 저문 데다 앞쪽 포주 땅은 산세가 험악하여 지나갈 수가 없습니다."

허저가 말했다.

"내게 만 명을 당해낼 만한 용기가 있거늘 어찌 다른 사람을 두려워하겠느냐! 오늘 밤은 달빛도 환하니 군량 수레를 몰고 길을 가기가 아주 좋구나."

앞장선 허저는 칼을 비껴들고 말고삐를 놓은 채 군사를 이끌며 앞으로 나아갔다. 이경이 지나서 포주로 가는 길에 올랐다.[7] 반쯤 갔을 때 별안간 움푹 들어간 산속에서 고각 소리가 날카롭게 진동하더니 한 무리의 군사가 길을 막아섰다. 앞장선 대장은 바로 장비였다. 장비는 모를 잡고 말고삐를 놓으며 곧장 허저에게 달려들었다. 허저도 칼을 춤추듯 휘두르며 나와 맞섰으나 술에 취한 상태라 장비를 대적하지 못했다. 몇 합을 싸우지도 못해 장비가 휘두른 모에 어깨를 찔려 말 아래로 굴러떨어졌다. 군사들이 급히 구해 일으키자 뒤로 물러나더니 이내 달아났다. 장비는 군량과 마초를 실은 수레를 모조리 빼앗아 돌아갔다.

한편 장수들이 허저를 보호하며 조조에게 돌아갔다. 조조는 의원을 불러 찔린 상처를 치료하게 하고는 직접 군대를 거느리고 촉군과 결전을 벌이고자 나왔다. 현덕도 군사를 이끌고 나와 맞섰다. 양쪽의 진이 원형으로 펼쳐지자 현덕은 유봉에게 나가 싸우라고 명했다. 그러자 조조가 욕을 했다.

"짚신이나 삼아 팔던 보잘것없는 놈이 언제나 가짜 아들놈만 시켜 적을 막게 하는구나! 내 황수아[8]를 불러오면 네놈의 가짜 아들은 잘게 다진 고기가 될 것이다!"

크게 성난 유봉이 창을 잡고 말을 타고는 곧장 조조에게 달려들었다. 조조가 서황에게 나가 맞서게 하자 유봉은 거짓으로 패한 척하며 달아났다. 조조는 군사를 이끌고 유봉의 뒤를 쫓았다. 그때 촉군 군영 안에서 사방으로 포가 터지면서 고각 소리가 일제히 울렸다. 조조는 복병이 있을까 염려되어 급히 군사들을 뒤로 물렸으나 혼란스러운 조조군은 자기편끼리 서로 짓밟아 죽은 자가 매우 많았다. 양평관으로 도망쳐 비로소 숨을 돌리는데 촉병들이

성 아래까지 추격해왔다. 동문에 불을 지르고 서문에서 함성을 질렀으며, 남문에도 불을 질렀고 북문에서는 전고를 두드렸다. 몹시 두려워진 조조는 양평관을 버리고 달아났다. 촉병들이 뒤를 쫓으며 들이쳤다. 조조가 한창 달아나고 있는데 앞에서 장비가 한 무리의 군사를 이끌고 가는 길을 차단했다. 조운 또한 뒤에서 한 무리의 군사를 거느리고 쳐들어왔으며 황충도 군사들을 이끌고 포주로부터 짓쳐 들어왔다. 조조는 대패하고 말았고 장수들은 조조를 보호하며 길을 찾아 달아났다. 겨우 도망쳐 야곡 경계 입구에 이르렀는데 앞쪽에서 먼지가 일어나더니 한 무리의 군사가 달려왔다. 조조가 말했다.

"저 군사들이 복병이라면 나는 끝장이다!"

군사들이 가까이 이르러 보니 다름 아닌 조조의 차남 조창曹彰이었다.

조창은 자가 자문子文이고 어려서 말타기와 활쏘기를 잘했으며 체력이 남보다 뛰어나 맨손으로 맹수를 때려잡았다. 조조가 일찍이 그에게 훈계하며 말했다.

"너는 독서는 하지 않고 활 쏘고 말 타는 것을 좋아하니 이것은 한낱 필부의 용맹을 기르는 것일 뿐이다. 어찌 귀하다 할 수 있겠느냐?"

조창이 말했다.

"대장부는 위청[9]과 곽거병[10]을 배워 사막에서 공을 세우고 수십만 명의 무리를 휘몰아 천하를 종횡해야 할 것입니다. 어찌 박사[11]를 할 수 있겠습니까?"

조조가 일찍이 아들들에게 각자의 뜻을 물은 적이 있었다. 그러자 조창이 말했다.

"장수가 되고 싶습니다."

조조가 물었다.

"장수가 되어 어떻게 할 것이냐?"

"갑옷을 입고 예리한 무기를 들어 위험과 재난을 만나도 자신을 돌보지 않고 병사들보다 앞장서며, 공이 있는 자에게는 반드시 상을 주고 죄가 있는 자에게는 반드시 벌을 주어 신의를 기를 것입니다."

조조가 껄껄 웃었다. 건안 23년(218), 대군[12]의 오환烏桓이 반란을 일으키자 조조는 조창에게 군사 5만 명을 이끌고 토벌하게 했다. 조조가 출발하기에 앞서 훈계했다.

"집안에서는 부자 관계지만 직무를 맡아서는 군신 관계니라. 법은 인정에 얽매이지 않으니 너는 아주 깊이 경계해야 하느니라."

대군 북쪽에 당도한 조창은 앞장서서 싸우며 곧장 상건[13]까지 쳐들어가 북방 지역을 모두 평정했는데 조조가 양평관에서 패했다는 소식을 듣고는 싸움을 도우러 온 것이었다. 조창이 온 것을 본 조조는 크게 기뻐하며 말했다.

"내 황수아가 왔으니 유비를 반드시 격파할 것이다!"

즉시 군대를 통솔하여 다시 되돌아가 야곡 경계 입구에 군영을 꾸렸다. 어떤 사람이 현덕에게 조창이 왔다고 보고했다. 현덕이 물었다.

"누가 감히 조창과 싸우러 가겠는가?"

유봉이 말했다.

"제가 가겠습니다."

맹달도 가고 싶다고 하자 현덕이 말했다.

"자네 두 사람이 함께 가겠다니 누가 공을 세우는지 보겠다."

각자 군사 5000명을 이끌고 나가 맞섰다. 유봉이 앞에 서고 맹달은 뒤쪽에 있었다. 조창이 말을 몰고 나와 유봉과 맞붙었는데 단 3합 만에 유봉이 대패하여 돌아갔다. 맹달이 군사들을 이끌고 전진하여 막 맞붙으려는데 조조군이 크게 어지러워지는 것이 보였다. 알고 보니 마초와 오란의 양군이 쳐들어와 시끄러웠던 것이다. 맹달은 군사를 이끌고 협공했다. 마초의 사졸들은 오랫동안 날카로운 기세를 축적해왔던 터라 이곳에 이르러 무용을 뽐내고 위엄을 과시하니 그 기세를 감당할 수 없었다. 결국 조조군은 패하여 달아났다. 조창이 마침 오란과 맞닥뜨려 맞붙었는데 몇 합 만에 극으로 오란을 찔러 말 아래로 떨어뜨렸다. 삼군이 혼전을 벌였고 조조는 군사를 거두어 야곡 경계 입구에 주둔했다.❷

군사를 주둔시킨 지 오래 지나자 조조는 군사를 진격시키고 싶어했다. 그러나 마초의 방어에 막힌 데다 군사를 거두어 돌아가자니 촉병에게 웃음거리가 될까 걱정되어 속으로 망설이며 결정을 내리지 못하고 있었다. 때마침 포관[14]이 닭백숙을 바치자 조조는 그릇 안에 있는 계륵雞肋(닭갈비)을 보고는 마음에 느끼는 바가 있었다. 한창 깊이 생각하고 있는데 하후돈이 군막 안으로 들어와 암구호를 알려달라고 청했다. 조조가 아무 생각 없이 입에서 나오는 대로 말했다.

"계륵! 계륵으로 하거라!"

하후돈이 관원들에게 명을 전달했고 모두 '계륵'을 암구호로 불렀다. 행군주부行軍主簿 양수는 '계륵'이라는 두 글자를 전해 듣고는 즉시 수행 군사들에게 각자 행장을 수습해 돌아갈 준비를 하도록 했다. 누군가 이 사실을 하후돈에게 보고했다. 깜짝 놀란 하후돈은 즉시 양수를 군막으로 청해 물었다.

"공은 어찌하여 행장을 수습하시오?"

양수가 말했다.

"오늘 밤 군호로 위왕께서 며칠 안에 군대를 물려 돌아갈 것임을 알았소. 계륵이라는 것은 먹기에는 먹음직한 고기가 없으나 그냥 버리자니 아깝지요. 지금 나아간다고 이길 수도 없고 물러나자니 사람들이 비웃을까 두려운 것입니다. 여기 있어봐야 이로울 게 없으니 차라리 일찌감치 돌아가는 것이 낫지요. 내일 위왕께서는 틀림없이 회군하실 것입니다. 그래서 먼저 행장을 수습해 출발에 앞서 허둥거리는 것을 면해보자는 것이지요."

하후돈이 말했다.

"공은 참으로 위왕의 속마음을 잘 알고 계시오!"

마침내 하후돈 역시 행장을 수습했다. 이에 군영 안의 장수들은 모두 돌아갈 준비를 했다. 그날 밤 조조는 마음이 어수선해져 편안하게 잠을 이룰 수가 없어 손에 쇠도끼를 들고 군영을 돌며 둘러보았다. 문득 하후돈의 군영 안에 있는 군사들이 각자 행장을 꾸리고 있는 것을 보았다. 깜짝 놀란 조조가 급히 군막으로 돌아와서 하후돈을 불러 그 까닭을 물었다. 하후돈이 말했다.

"주부 양덕조楊德祖(양수의 자)가 대왕께서 돌아가고자 하신다는 뜻을 먼저 알고 있었습니다."

조조는 양수를 불러 물었고 양수는 계륵의 의미에 대해 대답했다. 조조가 버럭 성을 냈다.

"네가 어떻게 감히 말을 날조하여 나의 군심을 어지럽힌단 말이냐!"

도부수에게 고함을 질러 그를 끌어내 목을 치게 했고 그 수급을 원문轅門 밖에 걸어 사람들에게 보이게 했다.

원래 양수는 자기 재주만 믿고 제멋대로 행동하다가 여러 번 조조가 꺼리는 일을 범했다. 조조가 일찍이 한곳에 화원을 만든 적이 있었는데 화원이 완성되자 가서 구경하고는 좋고 나쁨을 평가하지도 않고 다만 붓을 집어 문 위에 '활活' 자 한 글자만 적고는 가버렸다. 모두가 그 의미를 이해하지 못했다. 그러자 양수가 말했다.

"'문門' 안에 '활活' 자를 붙이면 바로 '활闊(넓다)'이 됩니다. 승상께서는 화원의 문이 넓은 것이 마음에 들지 않는 것뿐입니다."

이에 담장 둘레를 다시 쌓고 알맞게 개조하여 조조를 청해 살펴보게 했다. 그러자 조조가 크게 기뻐하며 물었다.

"누가 내 뜻을 알아챘는가?"

좌우에서 말했다.

"양수입니다."

조조는 비록 훌륭하다고 칭찬했지만 마음속으로는 그를 몹시 싫어했다. 또 하루는 북쪽 변방에서 수酥(치즈, 유제품) 한 합을 보냈다. 조조는 합 위에 직접 '일합수一合酥' 세 글자를 적고는 책상머리에 두었다. 양수가 들어와 그것을 보고는 숟가락을 가져와 사람들과 나누어 먹었다. 조조가 그 까닭을 묻자 양수가 대답했다.

"합 위에 '한 사람이 한 입씩 수를 먹으라一人一口酥(합合 자를 나누면 人一口)'고 명백하게 적어놓으셨는데 어찌 감히 승상의 명을 어기겠습니까?"

조조는 비록 기뻐하며 웃었지만 속으로는 그를 증오했다. 조조는 남이 비밀리에 모략을 써서 자신을 해칠까 두려워 항상 좌우에 분부했다.

"내가 꿈속에서 사람 죽이기를 좋아하니, 무릇 내가 잠을 자거든 너희는 절대로 가까이 오지 말거라."

어느 날 장막 안에서 낮잠을 자는데 덮었던 이불이 바닥에 떨어지자 한 근시가 황급히 이불을 주워 덮어주었다. 그러자 조조가 벌떡 일어나서는 검을 뽑아 그 근시를 죽이고는 다시 침상에 올라 잠을 잤다. 한나절이 지나서 일어나더니 놀란 척하며 물었다.

"누가 내 근시를 죽였느냐?"

사람들이 사실대로 대답했다. 조조는 통곡하며 그를 후하게 장사 지내주라고 명했다. 사람들은 모두 조조가 참으로 꿈속에서 사람을 죽였다고 여겼다. 오직 양수만이 그 뜻을 알고 그 근시를 장사 지낼 때 이렇게 탄식했다.

"승상께서 꿈속에 있었던 것이 아니라 그대가 바로 꿈속에 있었을 따름이네!"

그 말을 들은 조조는 더욱 그를 미워했다. 조조의 셋째 아들 조식은 양수의 재주를 아껴 항상 그를 청해 담론을 나누었는데 밤이 새도록 쉬지 않았다. 조조가 사람들과 상의하여 조식을 세자로 세우려 하자 조비가 이를 알고는 은밀하게 조가[15]의 현장 오질吳質을 부중으로 불러들여 상의하려 했다. 그는 사람들이 알아챌까 두려워 커다란 광주리 속에 오질을 숨기고 안에 비단이 들어 있다고 말하고는 부중으로 실어오도록 했다. 그런데 양수가 그 사실을 알고 곧장 조조에게 가서 고했다. 그러자 조조가 사람을 시켜 조비의 부문府門에 가서 살펴보게 했다. 당황한 조비가 오질에게 알리자 오질이 말했다.

"걱정하지 마십시오. 내일 커다란 광주리에 비단을 넣어 다시 들여와 그들을 현혹시키면 됩니다."

조비는 그 말에 따라 큰 광주리에 비단을 실어 들여왔다. 조조의 명을 받아 파견된 사람이 광주리 안을 수색해보았는데 과연 비단이라 조조에게 돌아가 보고했다. 조조는 양수가 조비를 모함하여 해치려 한다고 의심하여 더욱 그를 미워했다. 조조가 조비와 조식의 재능을 시험해보고자 어느 날 각기 업성 문밖으로 나가라고 해놓고는 몰래 사람을 시켜 문을 지키는 관리에게 분부하여 그들을 나가지 못하게 했다. 조비가 먼저 성문에 이르렀으나 문을 지키는 관리가 나가지 못하게 막자 조비는 하는 수 없이 물러나 돌아왔다. 소식을 들은 조식이 양수에게 묻자 양수가 말했다.

"왕명을 받들고 나가는 것이니 만일 가는 길을 막는 자가 있다면 목을 치면 됩니다."

조식은 그 말을 옳게 여겼다. 성문 앞에 이르자 문을 지키는 관리가 막아섰다. 조식이 큰 소리로 꾸짖었다.

"내가 왕명을 받들었는데 누가 감히 막는단 말이냐!"

그 자리에서 목을 쳤다. 그리하여 조조는 조식에게 능력이 있다고 여기게 되었다. 그러나 나중에 누군가 조조에게 고했다.

"그것은 양수가 가르쳐준 것입니다."

조조는 크게 노했고 이 때문에 조식을 좋아하지 않게 되었다. 양수는 또 일찍이 조식을 위해 조조가 질문할 만한 문제에 대한 예상 답안 10여 조목을 만들어 가르쳐주었는데 조조가 묻기만 하면 조식은 즉시 그 답안에 따라 대답했다. 조조는 매번 군대를 통솔하고 나라를 다스리는 일에 관한 질문을 던졌고 조식이 물 흐르듯 유창하게 대답하자 속으로 몹시 의심했다. 나중에 조비가 조식의 좌우 측근들을 은밀하게 매수하여 그 답안을 훔쳐 조조에게 고했다. 그 답안을 본 조조는 크게 노했다.

"필부 따위가 어찌 감히 나를 기만한단 말이냐!"

이때부터 이미 양수를 죽일 마음을 품고 있었으니, 지금 군심을 미혹시켰다는 죄로 그를 죽인 것이었다. 양수가 죽었을 때 그의 나이 34세[16]였다. 후세 사람이 지은 시가 있다.

총명하고 영리하며 사리에 밝은 양덕조는

대대로 고관대작을 지낸 명문가 후예라네

붓만 들면 용과 뱀이 날듯 생동감 넘쳤고
흉중에는 아름답고 화려한 문체 이루었네

입을 열면 주위 사람들 깜짝 놀라게 했고
민첩한 대답 뛰어난 인물 중에 으뜸이었네
그가 죽은 것은 재능을 잘못 보인 것이지
군사를 물리려 한 것과는 상관없는 일이네
聰明楊德祖, 世代繼簪纓
筆下龍蛇走, 胸中錦繡成
開談驚四座, 捷對冠群英
身死因才誤, 非關欲退兵[3]

양수를 이미 죽여버린 조조는 성난 척하며 하후돈의 목 또한 치려고 했다. 관원들이 죄를 용서해달라고 빌었다. 조조는 이에 큰 소리로 하후돈을 꾸짖어 물리치고는 내일 군사를 진격시킨다는 명령을 하달했다. 이튿날 군사들이 야곡 경계 입구로 나가니 앞에서 한 부대가 맞서 나왔는데 앞장선 대장은 바로 위연이었다. 조조가 위연에게 투항을 권유하자 위연이 욕설을 퍼부었다. 조조가 방덕에게 출전을 명했다. 두 장수가 한창 싸우고 있는데 조조 군영 안에서 불길이 일어났다. 그때 누군가가 마초가 중간과 뒤쪽 두 군영을 기습했다고 보고했다. 조조가 검을 뽑아 손에 들고 말했다.

"뒤로 물러나는 장수가 있으면 참수하리라!"

장수들은 힘을 다해 앞으로 나아갔다. 위연이 패한 척하며 달아나자 조조는 비로소 군사를 되돌려 마초와 싸우게 하고 자신은 높은 언덕에 올라 말을 세우고는 양군이 싸우는 것을 살펴보았다. 그때 별안간 한 무리의 군사가 앞으로 돌진해오면서 크게 소리 질렀다.

"위연이 여기 있도다!"

활을 집어 화살을 얹고는 조조에게 그대로 쏘자 조조의 몸이 뒤집히며 말에서 떨어졌다. 위연은 활을 버리고 칼을 움켜쥐고는 조조를 죽이려고 말을 질주하며 산비탈 위로 올라왔다. 그때 측면에서 한 장수가 번개같이 달려오며 큰 소리로 외쳤다.

"우리 주공을 다치게 하지 마라!"

위연이 보니 다름 아닌 방덕이었다. 방덕은 필사적으로 앞으로 달려와 싸워서 위연을 물리치고 조조를 보호하며 앞으로 달려갔다. 마초는 이미 물러간 다음이었다. 조조는 부상을 입고 군영으로 돌아갔다. 위연이 쏜 화살이 인중에 꽂혀 앞니가 두 개나 부러졌고 급히 의원에게 치료하도록 했다. 그제야 조조는 양수가 했던 말을 생각하고는 양수의 시신을 거두어 후하게 장사 지냈으며 바로 회군을 명한 뒤 방덕에게 뒤를 끊게 했다. 조조는 양털로 만든 두꺼운 편직물로 덮은 수레에 누워 좌우에 호분군虎賁軍의 호위를 받으며 길을 떠났다. 그때 별안간 야곡의 산 위 양쪽에서 불길이 일어나며 복병이 뒤를 쫓아온다는 보고가 들어왔다. 조조군은 저마다 놀라 두려워했다.

지난날 동관에서의 재난이 어렴풋하고
그 당시 적벽의 위급함과 비슷하다네
依稀昔日潼關厄, 仿佛當年赤壁危

조조의 목숨은 어떻게 될 것인가?[4]

제72회 계륵

❶

왕평은 누구인가?

『삼국지』「촉서·왕평전」은 왕평에 대해 다음과 같이 기록하고 있다.

"왕평은 본래 외가인 하씨何氏 집안에서 자랐는데 나중에 왕씨王氏 성을 회복했다. 두호杜濩와 박호朴胡를 따라 낙양으로 가서 교위 관직을 대리했고 조공을 수행하여 한중 정벌에 나섰으며 그때 선주에게 항복하여 아문장牙門將, 비장군裨將軍으로 임명되었다.

왕평은 군대에서 성장하여 글자를 쓸 수 없었고 그가 아는 것이라고는 열 글자에 불과했지만 구술로 작성한 서신에는 모두 문장의 의미가 있었고 또 조리에 닿았다.

왕평은 사람들에게 『사기』와 『한서』 각 편의 본기와 열전을 읽도록 하여 이를 들은 후 그 속의 대의를 완전히 이해했으며 이따금 논설하는 가운데 그 요지를 잃지 않았다. 왕평은 평소에 법도를 준수하고 말할 때는 농담을 하지 않았으며 아침부터 저녁까지 온종일 단정하게 앉아 있었으므로 이와 상반되는 무장다운 모습은 없었다. 그리고 성품이 편협하고 좁으며 쉽게 의심하고 사람들이 자신을 경시한다고 여겼기 때문에 손해를 입었다."

❷

조창과 유봉은 맞붙어 싸운 적이 없다

『삼국지』「위서·임성위왕창전任城威王彰傳」 배송지 주 『위략』은 다음과 같이 기록하고 있다.

"태조는 한중에 있었고 유비는 산꼭대기(정군산을 가리킨다)에 머물고 있었는데 유봉에게 내려가서 싸움을 걸게 했다. 그러자 태조가 욕설을 퍼부었다.

'짚신 팔아 기른 가짜 자식 놈에게 대항하란 말이더냐! 내 황수黃須(누런 수염, 조창)를 불러 쳐부수게 하겠노라.'

그러고는 조창을 불렀다. 조창이 밤낮으로 길을 달려 서쪽으로부터 장안에 당도했으나 태조는 이미 한중에서 돌아온 뒤였다. 조창의 수염이 누렇기 때문에 황수라 불렸다."

이때 조창은 대군代郡, 상곡군上谷郡의 오환이 반란을 일으켜 토벌하고 있었고 조창이 달려왔을 때는 한중에서 조조가 철군한 뒤였다. 당연히 유봉과 맞붙어 싸울 수가 없었다.

또한 「위서·무제기」에 "건안 23년(218) 3월, 장비와 마초는 한중으로 달아났다. 음평도陰平道의 저족氐族 수령 강단強端이 오란을 참수하여 그의 수급을 보내왔다"고 기록되어 있어 오란도 조창에게 죽임을 당한 것은 아니었다.

❸

『삼국지』「위서·진사왕식전陳思王植傳」 배송지 주 『세어』에 조비가 오질을 광주리 속에 숨겨 불러들인 일과 조조가 조비와 조식의 재능을 알아보기 위해 업성의 문을 통과시킨 일, 그리고 양수가 조식을 위해 예상 답안을 만들어준 일 등이 소설과 같은 내용으로 기록되어 있다. 그리고 본문에 "조식이 일찍이 수레를 타고 천자의 거마만 다니는 치도馳道로 통행하여 사마문司馬門(왕궁의 정문으로 일반인은 출입이 허가되지 않았고 황제가 전례를 거행할 때만 개방했다)을 열고 궁을 나갔다. 태조는 매우 노하여 궁문을 관리하는 공거령公車令(공거사마령으로 황궁의 사마문을 경호했으며 야간에는 궁중의 순찰을 관장했다)을 사형에 처했다. 이 일로 제후의 법령 금지가 더욱 강화되었고 조식의 총애는 나날이 줄어들었다. 태조는 나중에 변고가 발생할 것을 걱정했는데, 양수는 재간과 책략이 있었으나 원씨의 외조카인 점을 들어 죄를 꾸며서 양수를 주살했다. 조식은 내심 더욱 불안해했다"고 기록되어 있다.

❹

계륵鷄肋과 양수의 죽음

『삼국지』「위서·무제기」 배송지 주 『구주춘추』에 양수와 계륵에 관한 기록이 실려 있다.

"이때 위왕이 돌아가고자 영을 내리며 '계륵(닭갈비)'이라고 말했으나 관원들은 의미를 알지 못했다. 주부 양수가 즉시 행장을 정리하자 사람들이 놀라 물었다.

'어떻게 그것을 아셨소?'

양수가 말했다.

'무릇 닭의 갈빗대는 버리기에는 아깝고 그렇다고 먹자니 먹을 것이 없습니다. 그것을 한중에 비교한 것으로 위왕께서 돌아가시고자 한 것임을 알았습니다.'"

소설에서는 이 일로 인해 조조가 즉시 양수를 죽인 것으로 나오지만 사실 양수는 이때 죽지 않는다. 『후한서』「양진전楊震傳」에 따르면 "양수는 일찍이 외출할 때 사전에 조조가 묻고자 하는 일들을 추산하여 미리 좋은 답안을 준비해 기록해뒀고 집안 하인에게 '만약 국가 대사를 묻는 영이 떨어지거든 너희는 즉시 기록한 순서대로 통보하거라'라고 했다. 오래지 않아 과연 그렇게 되었다. 이와 같은 일이 세 차례나 이루어지자 조조는 그가 신속하게 대답하는 것을 기괴하게 여겨 사람을 보내 조사시켰고 이내 그 내막을 알게 되었다. 이에 양수를 미워하게 되었다. 아울러 양수가 원술의 생질이었기 때문에 조조는 끝내 후환이 될 것이라 여겨 이를 핑계 삼아 그를 죽였다"고 기록되어 있다. 「위서·진사왕식전」 배송지 주 『전략』에 따르면 "건안 24년에 이르러 공은 양수가 국가 공문의 내용을 누설하고 제후들과 친분을 맺고 결탁했다고 여겨 그를 죽였다. 양수가 죽음에 임박할 즈음 친구들에게 '나의 죽음이 늦었다고 여긴다'고 말했는데 그 의미는 조식과 연루된 것으로 여겨진다. 양수가 죽은 후 100여 일이 지나고 태조가 사망했다"고 기록하고 있다. 또한 『후한서』「양진전」 이현 주 「속한서續漢書」는 소설처럼 34세가 아닌 45세로 죽었다고 기록하고 있다.

건안 24년(219) 여름 5월에 조조가 군대를 이끌고 장안으로 돌아왔다고 기록되어 있어 이때 유비와의 한중 전쟁이 종결되었다고 할 수 있으며, 조조가 사망(건안 25년 1월)하기 100여 일 전에 양수가 죽임을 당했다고 기록되어 있으니 아마도 양수는 건안 24년 9월에 죽임을 당한 것으로 판단된다. 결국 양수는 소설처럼 한중 전쟁 도중에 '계륵' 사건으로 죽은 것이 아니라는 결론을 얻을 수 있다.

양수가 조조에게 죽임을 당한 원인은 상당히 복잡하고, 많은 기록이 일관되지 않다. 양수는 조비와 조식 간의 후계자 갈등 문제에 연루되었고 원술의 생질이며 그가 조조의 미움을 사는 행동을 했다고 한 기록도 여럿 찾아볼 수 있다. 양수의 죽음을 단지 특정 사건에 국한시키기에는 무리가 있으며 상당히 복잡한 정치적 문제가 얽혀 있다고 판단할 수 있다.

제 73 회

한중왕에 오른 유비

현덕은 한중왕의 지위에 오르고,
운장은 양양군을 공격해 빼앗다

玄德進位漢中王,
雲長攻拔襄陽郡

조조가 군사를 물려 야곡에 이르자 공명은 그가 틀림없이 한중을 버리고 달아날 것이라 헤아리고 마초 등 장수들을 열 갈래로 나누어 수시로 공격하게 했다. 이 때문에 조조는 오래 머물 수가 없었고, 위연이 쏜 화살에 맞은 데다 다급하게 회군하느라 삼군의 예기가 다 떨어져 소진되고 말았다. 선봉대가 막 떠나려 하는데 양쪽에서 불길이 일어나며 마초의 복병이 뒤를 추격해왔다. 조조군은 저마다 간담이 서늘해졌다. 조조는 군사들에게 급히 행군하라 명했고 밤낮없이 멈추지 않고 달아나 경조京兆에 이르러서야 비로소 안심할 수 있었다.

한편 현덕은 유봉, 맹달, 왕평 등에게 명하여 상용[1]의 각 군을 공격해 빼앗도록 했다.[2] 신탐申耽 등은 조조가 이미 한중을 버리고 달아났다는 소식을 듣고는 마침내 모두 투항했다. 현덕이 백성을 안정시키고 삼군을 크게 포상하자 사람들이 크게 기뻐했다. 그리하여 장수들은 모두 현덕을 추대하고 황제로 존숭할 마음을 갖게 되었다. 그러나 감히 직접 아뢰지 못하고 제갈 군사에게 와서 보고했다. 공명이 말했다.

"내 뜻은 이미 결정되었소."

법정 등을 거느리고 들어가서 현덕을 알현했다.

"지금 조조가 권력을 독점하고 있어 백성에게 주인이 없는 상황입니다. 주공께서는 천하에 인의를 드러내신 데다 지금 이미 양천(동천과 서천)[3]의 땅을 어루만지고 계십니다. 천명에 순응하고 인심에 부합하도록 황제의 자리에 오르셔야 명분이 정당하고 순리에 맞는 주장으로 나라의 역적을 토벌하실 수 있습니다. 일이 지체되어서는 안 되니 바로 길일을 택하시기를 청합니다."

현덕이 깜짝 놀랐다.

"군사의 말씀은 틀렸소. 내가 비록 한나라 황실의 종친이기는 하지만 바로 신하올시다. 만일 그런 일을 한다면 그것은 한나라를 배반하는 것이오."

공명이 말했다.

"아닙니다. 바야흐로 지금 천하는 분열되어 뿔뿔이 흩어졌고 영웅들이 도처에 출현하여 각자 세력에 의지해 한 지방씩 패권을 차지하고 있습니다. 사해의 재능과 덕행을 갖춘 인사들이 삶을 돌보지 않으며 그 윗사람을 섬기는 것은 모두가 용의 비늘을 잡아당기고 봉황의 날개에 붙듯이 제왕에 빌붙어 공적과 명성을 세우고자 하는 것입니다. 지금 주공께서 의심을 피하고 도의를 지키시려다 사람들의 기대를 잃을까 두렵습니다. 주공께서는 심사숙고하시기 바랍니다."

현덕이 말했다.

"본분을 뛰어넘는 제위에 앉히려고 하나 나는 감히 그렇게 할 수 없소. 다시 원대한 책략을 상의해봅시다."

장수들이 일제히 말했다.

"주공께서 만일 거절하신다면 사람들 마음이 분열될 것입니다."

공명이 말했다.

"주공께서는 평생 의리를 근본으로 삼으셨으니 바로 황제를 칭하려 하시지는 않을 것입니다. 지금 형양荊襄과 양천[4]의 땅을 갖고 계시니 잠시 한중왕이 되시는 게 좋겠습니다."

현덕이 말했다.

"그대가 비록 나를 왕으로 높이려고 하나 천자의 영명한 조서를 얻지 못한다면 이것도 본분을 뛰어넘는 것이오."

공명이 말했다.

"지금은 임기응변의 방식을 취하셔야지 상식적인 이치를 고집해서는 안 됩니다."

장비가 고함을 질렀다.

"성이 다른 놈들도 모두 임금이 되려고 하고 있소. 더군다나 형님은 바로 한나라 종친이 아니시오! 한중왕은 말할 필요도 없이 황제를 칭한들 안 될 것이 무에 있겠소!"

현덕이 큰 소리로 꾸짖었다.

"너는 여러 말 말거라!"

공명이 말했다.

"주공께서 임기응변으로 먼저 한중왕에 오르신 다음에 천자께 표문을 올려도 늦지 않을 것입니다."

현덕이 두 번 세 번 거절했으나 하는 수 없이 따르기로 했다.

건안 24년(219), 면양[5]에 둘레 9리의 단을 쌓고 오방[6]으로 나누어 각기 깃발과 의장을 설치했다. 군신들이 모두 서열에 따라 정렬했다. 허정과 법정이 현덕을 단에 오르도록 청했고 면류관과 옥새를 바치자 현덕은 남쪽을 향해 앉아 문무관원들의 경하를 받으며 한중왕이 되었다. 또한 아들 유선을 왕세자로 세웠다. 허정을 태부로 봉하고 법정은 상서령으로 임명했으며,[7] 제갈량을 군사로 삼아 군대를 통솔하고 나라를 다스리는 중요한 사무를 총관하게 했다.[8] 관우, 장비, 조운, 마초, 황충을 오호대장으로 삼고 위연을 한중태수[9]로 임명했다. 나머지 사람도 각기 공훈에 따라 작위를 결정했다.❶

한중왕이 된 현덕은 즉시 표문을 지어 사람을 허도로 파견해 바치게 했다. 표문은 다음과 같았다.

"저는 자격 없이 자리만 차지하는 신하의 재주로 상장上將의 직무를 맡아 삼군을 총감독하며 외지에서 폐하의 엄정한 말씀을 받들었으나 도적들의 환란을 일소하고 평정해 왕실을 안정시키지 못했습니다. 오래도록 폐하의 성교[10]가 쇠퇴하고 육합六合(천하)이 동요하고 불안해졌으니, 이리저리 뒤척이며 잠 못 이루고 걱정하여 열병을 앓는 듯 두통이 심하고 근심으로 비통합니다.

예전에 동탁이 재난과 변란의 근본을 조성한 이후로 흉포한 무리가 종횡하여 나라 안을 해치고 빼앗았습니다. 폐하의 성덕과 위세에 기대어 신하[11]들이 함께 화합하니 혹자는 충의로 힘차게 일어나 토벌했고, 혹자는 하늘이 천벌을 내려 포악한 역적들이 점차 얼음 녹듯이 사라졌습니다. 오직 조조만이 오래도록 소멸되지 않았고 그가 국권을 침탈하고 독점하며 제멋대로 하여 지극히 어지러워졌습니다. 신이 예전에 거기장군 동승과 함께 계획하여 조조를 토벌하고자 했으나 기밀이 누설되어 동승이 모함을 당했습니다. 신은 도망 다니며 의지할 곳을 잃었고 충성과 의리도 실현하지 못했습니다. 마침내 조조가 흉악하고 잔인한 반란을 일으켜 황후를 시해하고 황자皇子까지 짐주로 독살했습니다. 비록 동맹을 규합하여 있는 힘을 다하고자 했으나, 모두 나약할 뿐 용맹스럽지 못해 여러 해가 지나도 성과가 없습니다. 항상 이러다가 죽어서 나라의 은혜를 헛되이 저버릴까 두려워, 자나 깨나 길게 탄식하며 아침저녁으로 신중하게 경계하고 감히 태만에 빠지지 않고 있습니다.

지금 신의 백관은 옛날 『우서』[12]에서 '구족[13]에게 화목하고 순종하면 덕과 재능을 겸비한 이들이 힘써 보좌할 것이다'라고 한 말을 새기고 있습니다. 제왕이 대대로 이 도리를 버리지 않아서 주나라는 하와 상 2대의 경험을 본보기로 삼아 허다한 동성인 희姬씨를 제후로 분봉하여 진실로 진晉나라와 정鄭나라가 보좌하는 힘에 의지했고, 고조께서 흥기하시어 왕실을 존숭하여 아들과 아우로 아홉 나라를 크게 열었기에 마침내 여呂씨들을 베어내고 대종[14]을 안정시킬 수 있었다고 여기고 있습니다. 지금 조조는 곧은 것을 미워하고 바른 것을 싫어하며 실제로 적지 않은 무리가 나쁜 마음을 먹고 권력을 빼앗고 제위를 훔치려는 의도를 이미 드러냈습니다. 이미 종실은 미약하고 황제의 일족은 지위가 없으므로 옛 제도를 고려하여 잠시나마 임시변통으로 신을 대사마大司馬, 한중왕漢中王으로 세웠습니다.

신이 엎드려 스스로 세 번 성찰하건대, 나라의 두터운 은혜를 입어 한 지방을 다스리는 직무를 맡아 온 힘을 다했으나 성과가 아직 없으니, 받은 것이 이미 지나친데 다시 높은 지위를 더하여 죄과와 비방을 거듭해서는 마땅치 않습니다. 그러나 백관이 호되게 독촉하고 신을 의리로 내세우며 억지로 시키기에, 신이 물러나 생각해보니 도적들을 효수하지 않으면 국난이 그치지 않을 것이고, 종묘가 위태롭게 기울어 사직이 장차 추락할 것이니, 진실로 마음속의 근심으로 머리가 산산이 부서지는 것 같은 날들이었습니다. 만일 시의적절한 대책에 따라 임기응변을 강구하여 조정을 평온하게 할 수 있다면 비록 끓는 물에 뛰어들고 타는 불을 밟는 한이 있더라도 사양할 수 없었습니다. 바로 사람들의 의론을 좇아 삼가 옥새를 받아서 나라의 위세를 높이고자 합니다.

우러러 작위의 칭호를 생각하니 지위는 높고 영예는 두터워지며, 숙여 은혜를 갚기 위해 충정을 바쳐 진력할 것을 생각하니 근심은 깊고 책임은 막중해집니다. 또한 놀랍고 두려워 심장이 뛰고 숨이 가쁜 것이 마치 골짜기의 궁지에 서 있는 듯합니다. 감히 힘을 다하여 성심으로 육사[15]를 장려하며 의로운 무리를 통솔하여 천명에 부합하고 시세에 순응하여 사직을 평온하게 하려 합니다. 삼가 표문을 바쳐 알립니다."

표문이 허도에 당도했고 업군[16]에 있던 조조는 현덕이 스스로 한중왕이 되었다는 소식을 듣고는 버럭 성을 내며 말했다.

"돗자리나 짜던 미천한 놈이 어찌 감히 이럴 수 있단 말이냐! 내 맹세코 그놈을 없애버리리라!"

즉시 명령을 전달하여 군사를 모조리 일으켜 양천兩川으로 달려가서 한중왕과 자웅을 겨룰 기세였다. 그때 한 사람이 대열에서 나오더니 간언했다.

"대왕께서는 잠시의 분노 때문에 친히 원정에 나설 필요가 없습니다. 신에게 한 가지 계책이 있는데 화살 하나 쏘지 않고도 유비 스스로 촉에서 화를 당하게 할 수 있으니 그들의 병사가 쇠약해지고 힘이 다할 때를 기다렸다가 한 장수를 보내 정벌하시면 바로 성공할 수 있을 것입니다."

조조가 보니 바로 사마의였다. 조조가 기뻐하며 물었다.

"중달仲達(사마의의 자)에게는 무슨 고견이 있는가?"

사마의가 말했다.

"강동의 손권이 누이동생을 유비에게 시집보냈는데 빈틈을 타서 몰래 데려갔고, 유비는 또 형주를 차지하고는 돌려주지 않아 그들 피차 모두 이를 가는 깊은 원한이 있습니다. 지금 언변이 좋은 인사를 파견하여 서신을 가지고 손권을 설득하여 군대를 일으켜서 형주를 빼앗도록 하십시오. 그러면 유비는 틀림없이 양천의 군사를 일으켜 형주를 구원할 것입니다. 그때 대왕께서 군대를 일으켜 한천漢川을 취하신다면 유비의 군대는 머리와 꼬리가 서로 구원할 수 없게 되어 형세가 반드시 위태로워질 것입니다."

조조는 크게 기뻐하며 즉시 편지를 써서 만총滿寵을 사자로 삼아 밤새 강동으로 가서 손권을 만나게 했다. 손권은 만총이 왔다는 소식을 듣고는 즉시 모사들과 상의했다. 장소가 나서며 말했다.

"위와 오는 본래 원수진 일이 없으나, 이전에 제갈량의 말만 듣고 두 집안이 여러 해 계속 출정을 그치지 않는 바람에 백성이 도탄에 빠졌습니다. 지금 만백녕滿伯寧(만총의 자)이 온 것은 틀림없이 강화의 뜻이 있을 것이니 예로써 그를 대접하십시오."

손권은 그 말에 따라 여러 모사에게 만총을 성으로 들이게 하고는 만났다. 예를 마치자 손권이 귀빈의 예로 만총을 대접했다. 만총이 조조의 서신을 올리며 말했다.

"오와 위는 원래 원수진 일이 없었는데 모두 유비 때문에 틈이 생기게 되었습니다. 위왕께서 저를 이곳으로 보낸 것은 장군께서 형주를 공격해 취하시라는 뜻입니다. 위왕께서는 한천으로 군사를 보내 머리와 꼬리를 협공하고자 합니다. 유비를 깨뜨린 다음에는 함께 강토를 나누고 서로 침범하지 않기로 맹세하자고 하십니다."

편지를 읽고 난 손권은 주연을 베풀어 만총을 대접하고 관사로 돌려보내 쉬게 했다.

손권은 여러 모사와 상의했다. 고옹이 말했다.

"그 말이 비록 설득하려는 언사이나 그 속에 이치에 맞는 것이 있습니다. 지금 만총을 돌려보내 조조에게 머리와 꼬리를 서로 공격하자고 약속하고, 다른 한편으로는 사람을 강 건너로 보내 운장의 동정을 살펴본 다음에 일을 진행하는 것이 좋을 듯합니다."

제갈근이 말했다.

"제가 듣기로 운장은 형주로 온 이후로 유비가 장가를 들여주어 먼저 아들 하나를 낳고 다음에 딸 하나를 낳았다고 합니다. 그 딸이 아직 어려 혼인을 허락하지 않고 있는데 제가 그에게 가서 주공의 세자와 청혼해보겠습니다. 운장이 허락하면 즉시 그와 협의하여 함께 조조를 깨뜨리고 만일 허락하지 않는다면 조조를 도와 형주를 취하는 것이 좋을 듯합니다."

손권은 그 계책을 쓰기로 하고 먼저 만총을 허도로 돌려보낸 후 제갈근을 사자로 삼아 형주[17]로 보냈다. 제갈근이 성으로 들어가 운장을 만나서 예를 마쳤다. 운장이 말했다.

"자유子瑜(제갈근의 자)께서는 이번에 무슨 일로 오셨소?"

제갈근이 말했다.

"특별히 양쪽 집안을 좋게 맺어주려고 왔소. 우리 오후께 아드님 한 분이 계신데 대단히 총명하십니다. 듣자 하니 장군께 따님 한 분이 계시다고 하여 특별히 혼인을 청하러 왔습니다. 양가가 좋은 관계를 맺고 힘을 합쳐 조조를 깨뜨리도록 합시다. 이것은 진실로 아름다운 일이니 청컨대 군후께서 한번 생각해보십시오."

운장은 발끈 크게 화를 내며 말했다.

"호랑이 딸을 어찌 개의 자식에게 시집보낸단 말이냐! 네 아우의 얼굴을 보지 않았다면 당장 네 목을 쳤을 것이다! 다시는 여러 말 하지 말거라!"

그러고는 즉시 좌우를 불러 제갈근을 쫓아냈다. 제갈근은 머리를 감싸고 쥐새끼처럼 달아나 오후를 만났다. 그는 감히 감추지 못하고 마침내 사실대로 고했다. 손권은 크게 노했다.

"어찌 그리 무례하단 말이냐!"[2]

즉시 장소 등 문무관원들을 불러 형주를 빼앗을 계책을 상의했다. 보즐이 말했다.

"조조가 오래전부터 한나라를 찬탈하려 했으나 이를 두려워한 것은 유비 때문입니다. 지금 사자를 보내 오에게 군대를 일으켜 촉을 삼키려 하는 것은 저희 오에다 죄를 덮어씌우려고 하는 것입니다."

손권이 말했다.

"나 또한 형주를 빼앗으려 한 지 오래되었소."

보즐이 말했다.

"지금 조인이 군사를 양양과 번성에 주둔시키고 있는데 장강의 험준한 물줄기가 없어 육로로 형주를 취할 수 있습니다. 그런데 어째서 자기들이 형주를 취하지 않고 도리어 주공께 군대를 움직이게 하겠습니까? 이것만으로도 그 속셈을 뻔히 알 수 있습니다. 주공께서 사자를 허도로 보내 조조에게 조인을 시켜 육로로 먼저 군대를 일으켜 형주를 공격하게 하면 운장은 틀림없이 형주의 군사를 일으켜 번성을 취하러 쏜살같이 갈 것입니다. 운장이 움직일 때 주공께서는 장수 한 명을 보내 몰래 형주를 치게 하십시오. 그러면 단번에 형주를 얻을 수 있을 것입니다."

손권은 그 의견을 따르기로 하고 즉시 강 건너로 사자를 보내 조조에게 글을 올리고 이 일을 설명하게 했다. 조조는 크게 기뻐하며 사자를 먼저 돌려보내고 뒤이어 만총을 번성으로 보내 조인을 돕게 하고는 참모관으로 삼아 출병시킬 일을 상의하게 했다. 그러는 한편 동오에 격문을 띄워 군사를 이끌고 수로로 호응하며 형주를 취하게 했다.

한편 한중왕은 위연에게 군마를 총감독하게 하는 동시에 동천[18]을 방어하도록 했다. 그러고는 즉시 백관을 이끌고 성도로 돌아와 관원들을 파견해 궁전을 짓고 또 역관을 설치하게 했으며 성도에서 백수白水에 이르기까지 모두 400여 곳에 관사와 정우[19]를 세우게 했다. 또한 군량과 마초를 비축하고 군용 기구를 많이 제조하여 중원을 도모할 수 있도록 준비시켰다. 정탐꾼이 조조가 동오와 연합하여 형주를 취하려 한다는 소식을 탐문해 알아내고는 즉시 촉으로 들어와 급보를 올렸다. 한중왕은 서둘러 공명을 청해 상의했다. 공명이 말했다.

"조조가 틀림없이 이런 계책을 세울 것이라 이미 짐작하고 있었습니다. 오에는 모사가 지극히 많으니 반드시 조조에게 조인을 시켜 먼저 군대를 일으키게 할 것입니다."

한중왕이 말했다.

"일이 그와 같다면 어떻게 해야 좋겠소?"

"명을 받든 사자를 파견하여 운장에게 관고[20]를 보내고 먼저 군대를 일으켜 번성을 취하게 한 후 적군의 간담을 서늘하게 한다면 저절로 와해될 것입니다."

한중왕은 크게 기뻐하며 즉시 전부사마[21] 비시費詩를 사자로 삼아 고명[22]을 받들고 형주로 가게 했다.

운장이 곽을 나와 영접한 후 성으로 들어갔다. 관서에 이르러 예를 마치자 운장이 물었다.

"한중왕께서 나를 무슨 작위[23]에 봉하셨소?"

시비가 말했다.

"오호대장五虎大將의 수령이 되셨습니다."

"오호장은 누구요?"

"장군과 장비, 조운, 마초, 황충 장군 다섯 분입니다."

운장이 노했다.

"익덕은 내 아우고, 맹기(마초의 자)는 대대로 명문가이며, 자룡은 오래도록 내 형님을 따랐기에 곧 내 아우라 할 수 있으니 지위를 나와 나란히 해도 괜찮소. 그런데 황충은 어떤 작자이기에 감히 나와 동등한 지위란 말이오? 대장부가 노졸과 같은 대오에 있을 수는 없소!"

결국 인수를 받으려 하지 않았다. 비시가 웃으면서 말했다.

"장군께서 틀렸소. 옛날에 소하蕭何와 조참曹參은 고조와 함께 큰일을 일으킨 가장 친근한 사이였으나 한신韓信은 초나라에서 도망쳐 온 장수였소. 그러나 한신을 왕으로 세워 소하와 조참보다 높은 자리에 두었는데도 그들이 그것을 원망했다는 소리는 들어본 적이 없소. 지금 한중왕께서 비록 '오호장'을 봉하셨으나 장군과는 형제의 의리가 있어 한 몸처럼 보고 계시오. 그러니 장군이 바로 한중왕이고 한중왕이 바로 장군인데 어찌 다른 사람과 같겠소? 장군께서는 한중왕의 두터운 은혜를 입고 계시니 마땅히 기쁨과 걱정을 함께하고 화와 복을 같이하셔야지 관직의 높고 낮음을 따지고 비교해서는 안 됩니다. 원컨대 장군께서는 심사숙고하시지요."

운장은 크게 깨닫고 이에 두 번 절하며 말했다.

"내가 사람됨이 밝지 못해 족하의 가르침이 아니었더라면 큰일을 그르칠 뻔했소."

즉시 절하며 인수를 받았다.[3]

비시는 비로소 한중왕의 뜻을 전하며 운장에게 군사를 거느리고 가서 번성을 취하게 했다. 명을 받은 운장은 즉시 부사인傅士仁[24]과 미방 두 사람을 선봉으로 삼고 먼저 일군을 이끌어 형주성[25] 밖에 주둔시키는 한편 성안에서 연회를 열어 비시를 대접했다. 술을 마시고 있는데 별안간 성 밖의 군영 안에서 불길이 일어났다는 보고가 들어왔다. 운장이 급히 갑옷을 걸치고 말에 올라 성을 나가 살펴보니 부사인과 미방이 술을 마시다가 군막 뒤에 실수로 불이나 불이 화포에 옮겨붙은 것이었다. 화포가 터지면서 온 군영을 뒤흔들었고 군용 기구와 군량, 마초가 모조리 불에 탔다. 운장이 병사들을 이끌고 불을 껐으나 사경이 되어서야 겨우 진화되었다. 성으로 들어온 운장이 부사인과 미방을 불러 꾸짖었다.

"내가 너희 두 놈에게 선봉을 맡겼는데 출병도 하기 전에 먼저 허다한 군용품과 군량, 마초를 태워먹은 데다 화포가 터져 본부의 군인마저 목숨을 잃었다. 이토록 일을 그르치고 말았으니 너희 두 놈을 어디에 쓴단 말이냐!"

좌우에 참수하라 호통을 쳤다. 비시가 고했다.

"출병도 하지 않았는데 먼저 대장을 참수하는 것은 군에 이롭지 못합니다. 잠시 그 죄를 용서해주십시오."

노기가 가시지 않은 운장은 두 사람을 큰 소리로 꾸짖었다.

"내가 비사마費司馬의 낯이 아니었다면 틀림없이 너희 두 놈의 목을 쳤을 것이다!"

이에 무사를 불러 각기 몽둥이로 40대를 때리게 하고 선봉 인수를 거두고는 벌로 미방은 남군[26]을 지키게 하고 부사인은 공안을 지키게 했다. 그리고 덧붙였다.

"만약 내가 승리를 거두고 돌아오는 날까지 조금이라도 잘못이 있으면 두

가지 죄를 모두 벌하겠다!"

두 사람은 얼굴 가득 부끄러운 빛을 띠고 물러갔다. 운장은 즉시 요화를 선봉, 관평을 부장으로 삼았고 자신은 중군을 총괄하며 마량, 이적을 참모로 삼아 함께 군대를 진격시켜 정벌에 나섰다. 이에 앞서 호화胡華의 아들 호반胡班이 형주로 와서 관공에게 투항했는데 공은 지난날 자신을 구해준 정을 생각하여 그를 몹시 아꼈다. 이에 비시를 따라 서천으로 들어가서 한중왕을 뵙고 작위를 받도록 했다. 비시는 관공과 하직하고 호반을 데리고 촉중으로 돌아갔다.

한편 관공은 이날 '수帥' 자의 큰 깃발에 제기[27]하고 군막에서 옷을 벗지 않은 채 쪽잠을 잤다. 그때 별안간 소처럼 커다란 시커먼 돼지 한 마리가 군막 안으로 곧장 달려 들어오더니 운장의 다리를 콱 물어버렸다. 크게 성이 난 운장이 급히 검을 뽑아 그 돼지를 베어버렸는데 그 소리가 마치 비단을 찢는 듯했다. 깜짝 놀라서 깨어보니 한바탕 꿈이었다. 그런데 돼지에게 물린 왼쪽 발이 약간 아파오기 시작했고 내심 크게 의심이 들어 관평을 불러 꿈 이야기를 했다. 관평이 대답했다.

"돼지 또한 용의 상을 가지고 있습니다. 용이 발에 붙은 것은 바로 높이 솟아오를 징조이니 의심하거나 걱정하실 필요가 없습니다."

운장은 많은 관원을 군막에 모아놓고 꿈자리에 대해 이야기했다. 길조라고 말하는 사람도 있고 상서롭지 못하다고 말하는 사람도 있어 의견이 모아지지 않았다. 운장이 말했다.

"대장부 나이가 예순에 가까운데 당장 죽는다 해도 무엇이 유감이겠는가!"

한창 말하는 사이에 촉에서 사자가 당도했다. 운장을 전장군에 봉하고 가절월[28]을 내리며 형양 아홉 개 군[29]의 일을 통솔하라는 한중왕의 뜻을 전달했다. 운장이 명을 받자 관원들이 경하했다.

"이것은 돼지 용의 길조가 드러난 것입니다."

이에 운장은 편안한 마음으로 더 이상 의심하지 않고 마침내 군대를 일으켜 양양 큰길로 달려나갔다.

성안에 있던 조인은 별안간 운장이 직접 군사를 거느리고 온다는 보고를 받았다. 깜짝 놀란 조인이 성을 단단히 지키면서 나가려 하지 않자 부장 적원翟元이 말했다.

"지금 위왕께서 동오와 약속하고 장군께 형주를 취하라고 하셨습니다. 오늘 저들이 자진해서 오고 있으니 스스로 죽을 길을 택하는 것인데 무슨 까닭으로 피하려고 하십니까?"

참모 만총이 간언했다.

"나는 평소에 운장이 용맹하고 지모가 있다고 알고 있소. 가볍게 움직여서는 안 되오. 견고하게 지키는 것이 상책일 듯하오."

용장 하후존夏侯存이 말했다.

"그것은 서생의 말에 불과하오. '홍수가 밀려오면 흙담으로 막고 장수가 오면 군사로 맞선다'라는 말도 듣지 못했소? 우리 군은 쉬면서 힘을 비축해두었으니 피로한 적과 맞서 싸우는 것에서 승리할 수 있소."

조인은 그 말을 따르기로 하고 만총에게 번성을 지키게 하고는 자신은 군사를 거느리고 운장에게 맞서고자 나갔다. 운장은 조조군이 온다는 것을 알고는 관평과 요화 두 장수를 불러 계책을 일러주고 가게 했다. 양쪽 진이 원형을 이루자 요화가 말을 몰고 나가 싸움을 걸었다. 그러자 적원이 나와 맞섰다. 두 장수가 싸운 지 얼마 되지 않아 요화가 거짓으로 패한 척하며 말을 돌려 이내 달아났다. 적원이 그 뒤를 쫓자 형주병은 20리나 물러났다. 이튿날 또 나와서 싸움을 걸었다. 하후존과 적원이 일제히 달려나와 맞서자 형주병은 다시 패했고 또 20리를 추격당했다. 그때 별안간 등 뒤에서 함성이 크게 진동하면서 고각이 일제히 울렸다. 조인이 급히 전군에게 속히 돌아오라 명했으나 배후에서 관평과 요화가 쳐들어오자 조조군은 크게 어지러워졌다. 계책에 걸려든 것을 알게 된 조인은 먼저 한 부대를 빼내 양양으로 나는 듯이 달아났다. 성에서 몇 리 떨어진 곳에 이르렀는데 전면에 수놓은 깃발이 바람에 나부끼고 있었다. 운장이 말을 멈추어 세우고 큰칼을 비껴들고는 가는 길을 막아섰다. 조인은 담이 떨리고 심장이 놀라 감히 맞붙지 못하고 양양으로 향하는 큰길을 벗어나 샛길로 달아났다. 운장은 그 뒤를 쫓지 않았다. 잠시 후 하후존의 군대가 당도했다. 운장을 보더니 벌컥 화를 내며 바로 맞붙어 싸웠으나 단 1합 만에 운장에게 찍혀 죽임을 당했다. 적원은 바로 달아났지만 관평이 쫓아와 한칼에 베어버렸다. 기세를 떨치며 몰아붙이니 조조군 태반이 양강[30]에 빠져 죽었다. 조인은 물러나 번성을 지켰다.

양양을 손에 넣은 운장은 군사들을 포상하고 백성을 어루만졌다.[4] 수군사마隨軍司馬 왕보王甫가 말했다.

"장군께서 북 한 번 두드리고 양양을 점령하여 조인의 군사가 비록 간담이 서늘해졌으나 제 어리석은 생각으로는 지금 동오의 여몽이 육구陸口에 군사를 주둔시키고 항상 형주를 집어삼킬 뜻을 보이고 있으니 만약 그들이 군사를 이끌어 곧장 형주를 빼앗는다면 어떻게 하시겠습니까?"

운장이 말했다.

"나 또한 그것을 생각하고 있네. 자네가 즉시 그 일을 책임지고 지휘하게. 강 상류와 하류까지 연안을 따라 20리 혹은 30리 간격으로 높은 언덕을 골라 봉화대를 설치하고 봉화대마다 군사 50명을 배치해 지키게 하게. 만일 오병이 강을 건너오면 밤에는 불을 밝히고 낮에는 연기를 피어 신호로 삼게. 그러면 내 직접 가서 그들을 공격하겠네."

왕보가 말했다.

"미방과 부사인이 두 협곡의 입구를 지키고 있으나 전력을 기울이지 않아 걱정되니, 다시 다른 사람으로 형주를 총감독하게 해야 할 것 같습니다."

"내 이미 치중治中 반준潘濬을 보내 지키게 했는데 무슨 근심이 있겠는가?"

"반준은 평소에 시기심이 많고 이익을 좋아하는 자라 임용해서는 안 됩니다. 군전도독양료관軍前都督糧料官 조루[31]를 보내 대신하게 하십시오. 조루는 사람됨이 충성스러운 데다 청렴하고 바르기 때문에 이 사람을 쓰신다면 만에 하나의 실수도 없을 것입니다."

"나도 평소에 반준의 사람됨을 알고 있네. 그러나 지금 이미 파견하기로 결정했으니 변경할 필요는 없네. 조루가 현재 관장하는 군량과 마초 또한 중요한 일이니 자네는 더 이상 여러 말 말고 가서 봉화대나 쌓게나."

왕보는 불만족스러웠으나 작별을 고하고 떠났다. 운장은 관평에게 명하여 양강을 건널 배들을 준비시켰고 번성을 공격하려고 했다.

한편 두 장수를 잃은 조인은 물러나 번성을 지키면서 만총에게 일렀다.

"공의 말씀을 듣지 않다가 병사는 패하고 장수도 잃었으며 양양마저 빼앗겨버렸으니 어떻게 해야 하오?"

만총이 말했다.

"운장은 호랑이 같은 장수인 데다 지혜가 풍부하고 꾀도 많아 함부로 대적해서는 안 됩니다. 그저 단단히 지키기만 해야 합니다."

한창 이야기하고 있는 사이에 운장이 강을 건너와서 번성을 공격하려 한다는 보고가 들어왔다. 조인이 깜짝 놀라자 만총이 말했다.

"견고하게 지켜야만 합니다."

부장 여상呂常이 기세 좋게 말했다.

"제게 수천 명의 군사를 주신다면 양강 안쪽에서 오는 군사들을 저지하겠습니다."

만총이 간언했다.

"안 됩니다."

여상이 성을 냈다.

"그대 문관들은 견고하게 지키기만 해야 한다고 하니 어찌 적을 물리칠 수 있겠소? 병법에 '적군이 강을 반쯤 건넜을 때 쳐야 한다'고 한 것을 어찌 듣지 못했소. 지금 운장의 군대가 양강을 반쯤 건넜는데 어찌하여 치지 않는 것이오? 적군이 성 아래에 임박하여 장차 해자 주위에까지 이른다면 급히 막아내기 어려울 것이오."

조인은 즉시 여상에게 군사 2000명을 주어 번성을 나가 맞서 싸우게 했다. 여상이 강어귀에 이르자 앞쪽에 수놓은 깃발이 양쪽으로 벌어지더니 운장이 대도를 비껴들고 말을 몰며 나왔다. 여상이 나가 맞서려 하는데 후미에 있던 군사들이 운장의 위력이 대단한 것을 보고는 싸우지도 않고 지레 달아나버렸다. 여상이 고함을 질러 멈추게 하려 했으나 저지할 수가 없었다. 운장이 마구 들이닥치자 조조군은 대패했고 마보군의 태반이 꺾였다. 무참히 패한 군사들은 번성으로 줄행랑쳤다. 조인은 급히 사람을 보내 구원을 요청했다. 명을 받든 사자가 밤새 장안으로 달려 조조에게 서신을 바치며 아뢰었다.

"운장이 양양을 깨뜨리고 지금은 번성을 포위하고 있어 사태가 매우 급박합니다. 바라건대 대장을 보내 구원해주십시오."

조조가 반열 속에서 한 사람을 가리키며 말했다.

"자네가 가서 번성의 포위를 풀도록 하게."

그 사람이 대답하며 나왔다. 사람들이 보니 다름 아닌 우금이었다. 우금이 말했다.

"제게 장수 한 사람을 선봉으로 삼도록 해주시면 군사를 거느리고 함께 가겠습니다."

조조가 또 사람들에게 물었다.

"누가 감히 선봉을 맡겠는가?"

한 사람이 기세 좋게 나오며 말했다.

"제가 원컨대 개나 말의 조그만 힘이라도 보태 관우를 생포하여 휘하에 바치겠습니다."

조조는 그 사람을 보더니 크게 기뻐했다.

> 동오는 아직 틈을 엿보지 않고 있는데
>
> 먼저 북쪽의 위가 군사를 더 보태주는구나
>
> 未見東吳來伺隙, 先看北魏又添兵

이 사람은 누구일까?

【 실제 역사에서는…… 】

제73회 한중왕에 오른 유비

❶

의외의 인사, 한중태수가 된 위연

『삼국지』「촉서·위연전」은 다음과 같이 기록하고 있다.

"선주는 자신을 한중왕으로 칭하고 치소를 성도成都로 옮기려는데 마땅히 한 중요한 장수를 파견하여 한천(한중)을 지켜야 했다. 모두 반드시 장비가 되어야 한다고 의논했고 장비도 속으로 자신이 될 것이라 여겼다. 그런데 선주가 도리어 위연을 뽑아 한중의 군사를 감독하는 진원장군鎭遠將軍(신나라 때 왕망이 설치하기 시작했고 건안 말년에 유비가 다시 설치했는데 권력이 막강했다)으로 삼고 한중태수를 겸하게 하자 전군이 모두 놀랐다. 그는 군신들을 모아놓고 위연에게 물었다.

'지금 경에게 중요한 임무를 맡겼는데 경은 이런 위치에서 어떻게 준비를 할 것이오?'

위연이 대답했다.

'만일 조조가 모든 천하의 군대를 통솔하여 공격해온다면 대왕을 위해 그를 막을 것입니다. 그가 편장偏將(부장副將)을 파견해 10만 대군을 인솔하여 쳐들어온다면 대왕을 위해 그들을 삼켜 없애버리겠습니다.'

선주는 그를 매우 칭찬했고 모든 사람이 그의 대답에 탄복했다."

위연이 배신의 대명사로 전해 내려오지만 사실은 유비에게 상당한 신임을 받았다.

❷

손권의 청혼

『삼국지』「촉서·관우전」에 "손권은 아들을 관우의 딸과 결혼시키려고 사자를 파견해 요청했는데 관우가 그 사자를 모욕하고 혼사를 허락하지 않아 손권은 크게 분노했다"고 기록되어 있고, 또 이후에 "손권이 이미 강릉을 점령하고 관우의 수하 군사와 처자식을 모두 포로로 붙잡았으므로 관우의 군대는 흩어지고 말았다"고 기록되어 있다.

손권의 청혼은 사실이나 이후에 관우 딸의 행적은 어떻게 됐는지 역사는 기록하지 않고 있다. 그리고 청혼을 위해 파견된 사자가 누구였는지도 기록하지 않았는데 제갈근은 아니었을 것이다.

❸

오호장군

『삼국지』「촉서·황충전」은 다음과 같이 기록하고 있다.

"선주는 한중왕이 되자 황충을 후장군으로 임명하려 했다. 그러자 제갈량이 선주를 설득했다.

'황충의 명망은 평소 관우나 마초에 비할 수 없는데 지금 그를 같은 반열에 두려 하십니다. 마초와 장비는 가까이 있으면서 황충의 공로를 직접 보았으므로 이해할 수 있으나 관우는 멀리서 이 소식을 들으면 틀림없이 기뻐하지 않을까 걱정되니, 이렇게 처리하는 것은 그다지 좋지 않습니다!'

선주가 말했다.

'내가 직접 그를 타이르겠소.'"

사실 역사 기록에 '오호장군'이라는 말은 존재하지 않는다. 진수 『삼국지』에 관우, 장비, 마초, 황충, 조운을 묶어 '관장마황조전關張馬黃趙傳'이라 이름 붙였는데, 이것을 응용하여 조운을 포함해 '오호장군'이라 부른 것 같다. 이때 역사에서는 조운을 '익군장군翊軍將軍(5품)'으로 임명했다고 기록하고 있다. 익군장군은 잡호장군雜號將軍(대장군大將軍, 표기장군驃騎將軍, 거기장군車騎將軍, 위장군衛將軍, 좌우전후장군左右前後將軍을 중호장군重號將軍이라 하고 나머지를 잡호장군이라 한다)의 하나로 결코 나머지 네 명(전후좌우장군, 3품)과 같은 반열에 둘 수는 없다. 결론적으로 조운을 제외하고 '사호장군'이라 부를 수는 있어도 '오호장군'은 없다고 하겠다.

관우	전장군前將軍, 가절월假節鉞
장비	파서태수, 우장군, 가절假節
마초	좌장군, 가절
황충	후장군
조운	익군장군翊軍將軍(잡호장군)
제갈량	군사장군軍師將軍(잡호장군), 좌장군부사左將軍府事(좌장군 부서 사무) 대리

*건안 24년, 유비가 한중왕이 되었을 당시 주요 인물의 직급

이 기록을 보면 제갈량이 관우, 장비보다 직급이 낮았음을 알 수 있다.

❹

관우는 양양襄陽을 점령하지 못했다

관우가 양양을 점령했다는 소설의 내용은 역사와 다르다.

『삼국지』「오서·오주전」은 다음과 같이 기록하고 있다.

"건안 24년(219), 관우가 양양에서 조인을 포위하자 조공은 좌장군 우금을 파견해 조인을 구원하도록 했다. 때마침 한수가 불었기 때문에 관우는 수군을 이용하여 우금 등의 보병과 기병 3만 명을 모조리 포로로 잡아 강릉으로 압송했다. 양양성만은 함락시키지 못했다. 손권은 내심 관우가 두려웠지만 겉으로는 자신의 공을 드러내고 싶어서 조공에게 서신을 써서 관우를 공격할 때 자신이 힘을 다하기를 청했다."

제 74 회

관을 메고 출전한 방덕

방영명은 관을 들고 결사전을 벌이고,
관운장은 강물을 터뜨려 칠군을 수몰시키다

龐令明擡櫬決死戰,
關雲長放水淹七軍

조조는 우금을 번성으로 보내 구원하도록 하면서 여러 장수에게 누가 감히 선봉을 맡겠냐고 물었다. 한 사람이 대답하며 가기를 원했다. 조조가 보니 바로 방덕이었다. 조조가 크게 기뻐하며 말했다.

"관우가 화하[1]에 위세를 떨치면서 아직 적수를 만나지 못했는데, 이제 영명令明(방덕의 자)을 만나게 되었으니 진실로 강적이 되겠구나."

즉시 우금에게 정남장군征南將軍의 벼슬을 더해주고 방덕에게는 정서도선봉征西都先鋒[2]을 더해줘 칠군七軍[3]을 크게 일으켜 번성으로 진군하게 했다.❶

이 칠군은 모두 북방의 강건한 군사였다. 두 명의 장교가 군대를 통솔했는데, 한 명은 동형董衡이고 다른 한 명은 동초董超였다. 이날 각자 두목을 이끌고 와서 우금을 예로써 찾아뵈었다. 동형이 말했다.

"지금 장군께서는 일곱 갈래의 막강한 군대를 일으켜 번성의 곤궁함을 풀기 위해 가면서 필승을 바라고 계십니다. 그러나 방덕을 선봉으로 삼았으니 어찌 일을 그르치지 않겠습니까?"

우금이 놀라 그 까닭을 물었다. 동형이 말했다.

"방덕은 원래 마초의 수하 부장이었는데 어쩔 수 없이 위[4]에 항복한 사람입니다. 지금 그의 옛 주인은 촉에 있으며 직책이 '오호상장五虎上將'인 데다, 그 친형[5]인 방유龐柔 또한 서천에서 관리를 하고 있습니다. 지금 그를 선봉으로 삼는 것은 불을 끄겠다고 하면서 기름을 붓는 것과 같습니다. 장군께서는 어찌하여 위왕께 말씀드리고 다른 사람으로 바꾸시지 않습니까?"

그 말을 들은 우금은 그날 밤 즉시 부중으로 들어가 조조에게 아뢰었다. 문득 깨달은 조조는 방덕을 불렀고 방덕이 계단 아래에 이르자 먼저 선봉의 인수를 반납하게 했다. 방덕이 깜짝 놀랐다.

"제가 대왕을 위해 온 힘을 다하고자 하는데 무슨 까닭으로 저를 쓰지 않으십니까?"

조조가 말했다.

"내 본래 근거 없이 의심하는 것이 아니라 지금 마초가 서천에 있고 자네 형 방유 또한 서천에서 함께 유비를 보좌하고 있으니, 내가 설령 의심하지 않는다 하더라도 사람들의 입을 어찌하겠는가?"

그 말을 들은 방덕은 관을 벗더니 머리를 땅바닥에 짓찧어 얼굴 가득 피를 흘리면서 고했다.

"제가 한중에서 대왕께 투항한 이래로 매번 두터운 은혜에 감사하고 있습니다. 비록 간장과 뇌수가 땅에 널린다 하더라도 보답할 수 없을 터인데, 대왕께서는 어찌하여 저를 의심하십니까? 제가 옛날 고향에 있을 때 형과 함께 살았는데 형수가 몹시 어질지 못하여 술 취한 김에 형수를 죽였습니다. 저에 대한 형의 원한이 골수에 사무쳐 다시는 보지 않겠다고 맹세했으니 형제의 정은 이미 끊긴 지 오래입니다. 옛 주인인 마초도 용맹은 있으나 지모가 없어 군사는 패하고 땅을 잃어 혼자 서천으로 들어갔고 지금은 서로 각기 다른 주인을 섬기고 있어 옛 의리도 이미 단절된 상태입니다. 제가 대왕의 극진한 대우에 감복하고 있는데 어찌 감히 다른 뜻이 생기겠습니까? 대왕께서는 살펴주십시오."

조조가 이에 방덕을 부축해 일으키고 위로했다.

"내가 평소에 경의 충의를 알고 있으나 앞서 한 말은 일부러 사람들의 마음을 안심시키려고 한 것뿐이오. 경은 노력하여 공을 세워야 하오. 경이 나를 저버리지 않는다면 나 또한 결코 경을 버리지 않을 것이오."

방덕은 예를 갖추어 감사드리고 집으로 돌아와 장인을 시켜 관 하나를 짜게 했다. 이튿날 여러 벗을 연회에 청하고는 대청에 관을 내놓았다. 그것을 본 벗들이 모두 놀라며 물었다.

"장군은 출병하면서 이런 상서롭지 못한 물건을 무엇에 쓰려 하오?"

방덕이 잔을 들어 그들에게 일렀다.

"나는 위왕의 두터운 은혜를 입었기에 맹세컨대 죽음으로 보답할 것이오. 이제 번성으로 가서 관우와 결전을 벌이려는데 내가 만일 그를 죽이지 못하면 반드시 그자에게 죽임을 당할 것이오. 그에게 죽임을 당하지 않더라도 나 역시 자살할 것이오. 그래서 미리 이 관을 준비하여 빈손으로 돌아오지 않겠다는 뜻을 보여주는 것이오."

사람들 모두 감탄해 마지않았다. 방덕은 처인 이씨李氏와 아들 방회龐會를 불러놓고는 처에게 일렀다.

"내 이제 선봉이 되었으니 마땅히 전쟁터에서 목숨을 돌보지 않고 진력해야 할 것이오. 내가 만일 죽으면 부인이 내 아들을 잘 양육하시오. 아들의 용모가 비범하니 장성하면 틀림없이 내 원수를 갚아줄 것이오."

아내와 아들은 통곡하며 배웅했고 방덕은 수하들에게 관을 메고 가도록 했다. 떠나기에 앞서 부하 장수에게 일렀다.

"내 이제 가게 되면 관우와 목숨을 걸고 싸울 것이니 내가 만일 그에게 죽임을 당하면 너희는 즉시 내 시신을 거두어 이 관 속에 넣도록 하라. 내가 관우를 죽인다면 나 또한 즉시 그 머리를 가져다 관 안에 넣고 돌아와 위왕께 바칠 것이다."

부하 장수[6] 500명이 모두 말했다.

"장군께서 이렇게 충성스럽고 용감하신데 저희가 어찌 있는 힘을 다해 돕지 않겠습니까!"

이에 군사를 이끌고 앞으로 나아갔다. 어떤 사람이 이 말을 조조에게 보고했다. 조조가 기뻐하며 말했다.

"방덕의 충성과 용맹이 이와 같으니 내 무엇을 근심하리오!"

가후가 말했다.

"방덕이 혈기왕성한 용맹만 믿고 관우와 결전을 벌이려 하니 신은 삼가 걱정이 됩니다."

그 말을 옳게 여긴 조조는 급히 사람을 방덕에게 보내 명을 전달했다.

"관우는 지혜와 용맹을 겸비하고 있으니 절대로 함부로 대적하지 마라. 취할 수 있으면 취하되 취할 수 없으면 신중하게 지키도록 하라."

명령을 들은 방덕은 장수들에게 일렀다.

"대왕께서는 어찌하여 관우를 중시하시는가? 내 이번에 관우의 30년 명성과 지위를 꺾고야 말 것이오."

우금이 말했다.

"위왕의 말씀이니 따르지 않을 수 없소."

방덕은 기세 좋게 군사를 재촉하며 번성으로 향하니 무용을 뽐내고 위엄

을 과시하며 징을 울리고 북을 두드렸다.[2]

한편 관공이 군막 안에 앉아 있는데 별안간 정찰 기병이 나는 듯이 보고했다.

"조조가 우금을 장수로 삼아 파견했는데 일곱 갈래의 정예병을 이끌고 쳐들어오고 있습니다. 선봉대의 선두는 방덕인데 군대 앞에 관 하나를 메고는 입으로 맹세코 장군과 생사를 걸고 마지막 승부를 벌이겠다는 불손한 말을 내뱉고 있습니다. 군사들이 벌써 성에서 30리 떨어진 곳까지 이르렀습니다."

그 말을 들은 관공은 벌컥 화를 내며 안색이 변하더니 아름다운 수염을 나풀거리며 크게 성냈다.

"천하의 영웅들은 내 이름만 들어도 두려워하며 복종하지 않는 자가 없는데, 방덕 같은 하찮은 놈이 어찌 감히 나를 업신여긴단 말이냐! 관평은 번성을 공격하고 있으니 내 직접 가서 이 필부 놈을 베어 한을 씻겠노라!"

관평이 말했다.

"아버님께서는 태산같이 중하신 분이니 그런 하찮은 돌멩이 따위와 승부를 다투셔서는 안 됩니다. 소자가 원컨대 아버님을 대신해 방덕과 싸우겠습니다."

관공이 말했다.

"그럼 네가 한번 가보도록 하거라. 내 뒤따라가서 호응하겠느니라."

군막을 나간 관평은 칼을 잡고 말에 올라 군사를 거느리며 방덕과 맞섰다. 양쪽 진이 원형을 이루었는데 위의 군영 한쪽에 꽂힌 검은 깃발에 흰색으로 '남안南安 방덕'이라는 네 글자가 크게 적혀 있었다. 방덕은 푸른 전포에 은빛 갑옷을 입고 강철 칼에 백마를 타고는 진 앞에 섰다. 그 뒤에 500명의 군병들이 바싹 뒤따르고 있는데 보졸 몇 명이 어깨에 관을 메고 나왔다.

관평이 방덕에게 욕설을 퍼부었다.

"주인을 배반한 도적놈아!"

방덕이 부하 졸개에게 물었다.

"저놈은 누구냐?"

누군가 대답했다.

"저자는 관공의 양아들 관평입니다."

방덕이 소리 질렀다.

"나는 위왕의 명령을 받들어 네 아비의 머리를 가지러 왔노라! 너는 옴이나 걸린 추한 어린놈이니 내 너를 죽이지는 않겠다! 네 아비나 불러와라!"

크게 화가 난 관평이 말고삐를 놓고 칼을 춤추듯 휘두르며 방덕에게 달려들었다. 방덕도 칼을 비껴들고 나와 맞섰다. 30여 합을 싸워도 승부를 가리지 못하자 두 사람은 각자 쉬었다.

어느 결에 누군가 이 사실을 관공에게 보고했다. 크게 노한 관공이 요화에게 번성을 공격하게 하고는 자신이 직접 방덕을 대적하러 왔다. 관평이 방덕과 맞붙어 싸웠으나 승부를 가리지 못했다고 말하자 관공은 즉시 칼을 비껴들고 말을 몰며 크게 소리 질렀다.

"관운장이 여기 있노라. 방덕은 어찌하여 어서 와서 죽음을 받지 않느냐!"

북소리가 울리는 곳에서 방덕이 말을 몰아 나왔다.

"내 위왕의 명령을 받들어 특별히 네놈의 머리를 가지러 왔노라! 네놈이 믿지 않을까 걱정되어 여기에 관을 준비했도다. 네놈이 만일 죽음을 두려워한다면 어서 말에서 내려 항복하거라!"

관공이 욕설을 퍼부었다.

"너 같은 일개 필부 놈이 무엇을 할 수 있겠느냐! 내 청룡도가 너 같은 쥐새끼 도적놈을 베기에는 아깝도다!"

말고삐를 놓고 칼을 춤추듯 휘두르며 방덕에게 달려들었다. 방덕도 칼을 돌리며 달려나가 맞섰다. 두 장수가 100여 합을 싸웠는데도 정신은 오히려 맑고 새로워졌다. 양군은 두 사람의 싸우는 모습을 멍하니 바라만 봤다. 위군은 방덕이 실수하지 않을까 염려되어 급히 징을 울려 군사를 거두었다. 관평도 부친이 연로한 것이 걱정되어 역시 징을 울렸고 두 장수는 각자 자신의 진으로 물러갔다. 군영으로 돌아온 방덕이 사람들에게 말했다.

"사람들이 관공이 영웅이라고 말하는 것을 오늘에서야 비로소 믿게 되었소."

한창 말하고 있는데 우금이 왔다. 서로 인사를 마치자 우금이 말했다.

"듣자 하니 장군이 관공과 100합 이상을 싸우고도 이기지 못했다고 하던데 어찌하여 잠시 군사를 물려 피하지 않소?"

방덕이 분연히 말했다.

"위왕께서 장군을 대장으로 삼으셨는데 어찌하여 그토록 나약하시오? 내 내일은 관우와 목숨을 걸고 일전을 벌일 것이니 맹세코 물러나지 않을 것이오!"

우금은 감히 막지 못하고 돌아갔다.

한편 군영으로 돌아온 관공이 관평에게 일렀다.

"방덕의 칼 쓰는 법이 숙련되어 진정 나의 적수로구나."

관평이 말했다.

"속담에 '갓 태어난 송아지는 호랑이를 두려워하지 않는다初生之犢不懼虎'고 했습니다. 아버님께서 설령 이자를 베어 죽인다 하더라도 단지 서강[7]의 졸개 한 명을 죽인 것에 불과할 뿐입니다. 만일 일이 잘못되기라도 한다면 백부님의 부탁을 중히 여기는 것이 아닐 것입니다."

관공이 말했다.

"내가 이자를 죽이지 않고 어찌 한을 씻겠느냐? 내 뜻은 이미 결정되었으니 다시는 여러 말 하지 말거라!"

이튿날 말에 올라 군사를 이끌고 나아갔다. 방덕 또한 군사를 거느리고 나와 맞섰다. 양쪽 진이 원형을 이루자 두 장수가 일제히 달려나왔고 아무 말도 하지 않은 채 말을 몰고 나와 맞붙었다. 50여 합을 싸웠을 때 방덕이 말을 돌리더니 칼을 끌고 달아났다. 관공이 뒤를 쫓았다. 관평은 관공이 잘못될까 두려워 역시 뒤따라 쫓아갔다. 관공이 입으로 욕설을 퍼부었다.

"방덕, 이 도적놈아! 타도계[8]를 쓰려는 모양인데 내 어찌 네놈을 두려워하겠느냐?"

방덕은 타도계를 쓰는 척하며 칼을 안장 턱에 걸고는 슬그머니 조궁雕弓(각종 도안과 무늬를 그려 새긴 활)을 잡아당겨 화살을 얹더니 시위를 당겼다. 눈치가 빠른 관평은 방덕이 활을 끌어당기는 것을 보고는 크게 소리 질렀다.

"적장은 냉전冷箭(상대가 준비하지 않은 틈을 이용해 몰래 숨어서 쏘는 화살)을 쏘지 마라!"

관공이 급히 눈을 크게 뜨고 보는 순간 어느새 씨잉 하는 활시위 소리와 함께 화살이 날아와 관공이 몸을 피할 겨를도 없이 왼쪽 팔에 정통으로 꽂히고 말았다. 그때 관평이 달려와 부친을 구하고 군영으로 돌아갔다. 방덕이 고삐를 당겨 말을 돌리고는 칼을 휘두르며 쫓아가는데 별안간 본영에서 징소리가 크게 진동했다. 방덕은 후군에 일이 생겼을까 두려워 급히 말고삐를 당겨 돌아갔다. 알고 보니 방덕이 화살을 쏘아 관공을 맞히는 것을 본 우금이 그가 큰 공을 세워 자신의 위엄을 떨어뜨릴까 두려워 징을 울려 군사를 거둔 것이었다. 말을 돌려 돌아온 방덕이 물었다.

"무슨 까닭으로 징을 울렸소?"

우금이 말했다.

"위왕께서는 관공이 지혜와 용맹을 겸비한 자라고 경계하셨소. 그가 비록 화살에 맞았다고는 하나 속임수가 있을까 두려워 징을 울려 군사를 거둔 것이오."

"군사를 거두지 않았다면 내 이미 그자를 베었을 것이오."

"빠른 걸음으로 급히 간다고 해서 좋은 것은 아니니 천천히 도모해야 하오."

방덕은 우금의 뜻을 알지 못하고 낙심해 마지않았다.[3]

한편 군영으로 돌아온 관공은 화살촉을 뽑았다. 다행히 화살이 깊이 박히지 않아 금창약을 바르기만 해도 괜찮아졌다. 관공이 방덕을 몹시 증오하며 장수들에게 일렀다.

"내 맹세코 이 화살 맞은 원한을 갚겠노라!"

장수들이 말했다.

"잠시 며칠 편안히 쉬신 다음에 싸워도 늦지 않을 것입니다."

이튿날 어떤 사람이 방덕이 군사를 이끌고 와서 싸움을 걸고 있다고 보고했다. 관공이 바로 나가 싸우려고 하자 장수들이 만류했다. 방덕은 졸개들을 시켜 욕설을 퍼부으며 모욕을 주게 했으나 관평이 협곡의 입구를 막고는 관공에게 보고하지 못하도록 장수들에게 분부했다. 방덕이 10여 일 동안이나 싸움을 걸었으나 나와 맞서는 자가 아무도 없었다. 이에 우금과 상의했다.

"보아하니 관공이 화살에 맞은 상처가 심해져 움직일 수 없는 것 같소. 이 기회를 이용해 일곱 갈래의 군마를 통솔하여 한꺼번에 군영 안으로 들이치면 번성의 포위를 풀 수 있을 것이오."

방덕이 공을 세울까 두려운 우금은 경계하라는 위왕의 당부를 핑계로 군사를 움직이려 하지 않았다. 방덕이 여러 차례 군사를 움직이려 했으나 우금이 허락하지 않았고 일곱 갈래의 군마를 이동시켜 산어귀를 돌아가 번성 북쪽에서 10리 떨어진 곳에 산을 의지하여 군영을 세웠다. 우금 자신은 군사를 이끌고 큰길을 차단하는 동시에 방덕을 골짜기 뒤에 주둔시켜 공을 세울 수 없게 했다.

한편 관평은 관공의 화살 맞은 상처가 아물자 몹시 기뻐했다. 그때 별안간 우금이 일곱 갈래의 군마를 이동시켜 번성 북쪽에 군영을 세웠다는 소식을 듣고는 그것이 무슨 의도의 계책인지 알지 못하여 즉시 관공에게 보고했다. 관공이 즉시 말에 올라 몇 명의 기병만을 이끌고 높은 언덕에 올라 살펴보았다. 번성 위에 꽂혀 있는 깃발들은 정연하지 않았고 군사들이 허둥거리고 있었으며 성 북쪽에서 10리 떨어진 산골짜기 안에 군마가 주둔해 있는 것이 보였다. 또 몹시 빠른 양강의 물살도 눈에 들어왔다. 한참 동안 살펴보던 관공이 길을 안내하는 향도관을 불러 물었다.

"번성 북쪽으로 10리 떨어진 산골짜기를 뭐라 부르느냐?"

"증구천[9]입니다."

관공이 기뻐하며 말했다.

"우금이 틀림없이 내게 사로잡히겠구나."

장수들이 물었다.

"장군께서는 어찌 그것을 아십니까?"

"물고기(어魚)[10]가 '증구罾口(어망의 주둥이)'에 들어갔으니 어찌 오래 버틸 수 있겠느냐?"

장수들은 믿지 않았다. 관공이 본영으로 돌아왔다. 때는 마침 8월이라 소나기가 여러 날 동안 쏟아졌다. 관공은 사람들을 시켜 배와 뗏목을 준비시키고 물에서 사용하는 도구들을 수습하게 했다. 관평이 물었다.

"육지에서 대치하고 있는데 물에서 쓰는 도구들은 어디에 쓰려고 하십니까?"

관공이 말했다.

"너는 모를 것이다. 우금은 넓고 평평한 땅에 일곱 갈래의 군마를 주둔시키지 않고 험하고 좁은 증구천에 모아놓았다. 지금 가을비가 그치지 않고 내렸으니 양강의 물은 분명히 수위가 올라 넘칠 것이다. 내 이미 방죽으로 사람을 보내 각처의 수구水口를 막게 했으니 물이 넘칠 때를 기다렸다가 높은 곳으로 올라가 배를 타고 둑을 터뜨려 범람시킨다면 번성과 증구천의 병사들은 모조리 물고기와 자라 신세가 되지 않겠느냐."

관평이 우러러 탄복했다.

한편 연일 큰비가 그치지 않자 증구천에 주둔해 있는 위군 중 독장[11] 성하成何가 우금을 찾아와 말했다.

"대군이 강어귀에 주둔하고 있으나 지세가 매우 낮은 데다, 비록 토산이 있다고는 하나 군영과는 멀찍이 떨어져 있습니다. 지금 가을비가 그치지 않고 있어 군사들이 무척 고생스럽습니다. 근자에 형주 군사들이 높은 언덕으로 이동했으며 또 한수 어귀에 전투용 뗏목을 준비한다고 보고했는데, 만일 강물이 넘쳐 범람한다면 우리 군은 위태로워질 것입니다. 빨리 계책을 세우셔야 합니다."

우금이 큰 소리로 꾸짖었다.

"필부 놈이 우리 군심을 현혹시키는구나! 다시 여러 말 하는 자가 있다면 목을 치리라!"

창피를 당한 성하는 물러났고 방덕을 찾아와 그 일을 이야기했다. 방덕이 말했다.

"자네의 소견이 지극히 타당하네. 대군을 이동시키려 하지 않으니 어쩔 수 없으나 내일 내 군사만이라도 이동시켜 다른 곳에 주둔시키겠네."

상의하여 결정했으나 그날 밤 비바람이 크게 일어났다. 방덕이 군막 안에 앉아 있는데 천군만마가 앞다퉈 내달리는 소리가 들리더니 출정의 북소리가 땅을 진동했다. 깜짝 놀란 방덕이 급히 군막을 나가 말에 올라 살펴보니 사면팔방에서 큰물이 쏟아지고 칠군은 어지럽게 마구 뛰어다니며 달아나는데 물결에 휩쓸려 떠내려가는 자가 헤아릴 수 없을 정도였다. 평지의 수심도 1장이 넘어 우금과 방덕은 장수들과 함께 각기 작은 산으로 올라 물을 피했다. 새벽녘에 관공과 장수들이 모조리 깃발을 내젓고 북치고 함성을 질러 기세를 떨치며 큰 배를 타고 몰려왔다. 우금이 사방을 둘러보았으나 길은 없고 좌우에는 단지 50~60명만 있어 달아날 수 없음을 알고는 "항복하겠소"라고 말했다. 관공은 모조리 갑옷을 벗기고 배 안에 가두게 한 다음 방덕을 사로잡으러 갔다.

이때 방덕은 두 동씨와 성하, 보졸 500명과 함께 갑옷도 입지 못한 채 둑 위에 서 있었다. 관공이 오는 것을 보았으나 방덕은 전혀 두려워하지 않고 기세 좋게 접전을 벌이려 앞으로 나아갔다. 관공이 사방을 배로 포위하고 군사들로 하여금 일제히 화살을 쏘게 하자 위군의 태반이 화살에 맞아 죽었다. 형세가 이미 위태로워진 것을 본 동형과 동초가 방덕에게 고했다.

"군사 태반을 잃은 데다 사방에 길도 없으니 차라리 투항하는 것이 좋겠습니다."

방덕이 크게 노했다.

"내가 위왕의 두터운 은혜를 입었는데 어찌 남에게 절개를 굽히려 하겠는가!"

즉시 직접 동형과 동초를 앞에서 베어버리고는 엄하게 말했다.

"다시 항복을 말하는 자는 이 두 놈처럼 될 것이다!"

이에 모두 필사적으로 적을 막아냈다. 새벽녘에 시작하여 한낮까지 싸웠지만 용기와 힘은 배로 증가되었다. 관공은 군사들을 재촉하여 사면으로 급히 공격했고 화살과 돌을 비 오듯 쏟아부었다. 방덕은 군사들에게 도검 등 짧은 병기를 사용하여 근거리에서 육박전을 벌이도록 했다. 방덕이 성하를 돌아보며 말했다.

"내가 듣자 하니 '용장은 죽음이 두려워 구차하게 모면하려 하지 않고, 장사는 절개를 굽히며 살길을 구하지 않는다'고 했네. 오늘이 바로 내가 죽는 날이네. 자네도 목숨 걸고 싸우도록 노력해주게."

성하는 명에 따라 앞으로 향했으나 관공이 쏜 화살에 맞아 물속으로 떨어졌다. 군사들은 모두 항복했으나 방덕 혼자서만 필사적으로 싸웠다. 마침 형주 군사 수십 명이 작은 배를 타고 둑 가까이 오자 방덕이 칼을 잡고 나는 듯이 몸을 날려 작은 배에 뛰어올랐고 그 자리에서 10여 명을 죽였다. 나머지는 모두 배를 버리고 물로 뛰어들어 목숨을 건졌다. 방덕은 한 손으로 칼을 잡고 다른 손으로는 짧은 노를 저어 번성을 향해 달아나려 했다. 그때 상류 쪽에서 한 장수가 큰 뗏목을 저어오더니 방덕의 작은 배로 돌진해 들이받았다. 배가 뒤집히면서 방덕은 그만 물속에 빠지고 말았고 배 위에 있던 그 장수가 물속으로 뛰어들어 방덕을 배[12] 위로 올렸다. 방덕을 사로잡은 자는 바로 주창이었다. 주창은 본래 물을 잘 아는 데다 형주에서 몇 년을 사는 동안 수전에 더욱 숙련되었다. 게다가 힘까지 장사였기 때문에 방덕을 쉽사리 사로잡을 수 있었다. 우금이 통솔했던 칠군은 모조리 물에 빠져 죽었다. 그중 수영을 할 줄 아는 자들도 빠져나갈 길이 없다고 헤아려 역시 모두 투항하고 말았다. 후세 사람이 지은 시가 있다.

한밤중에 출정의 북소리 하늘을 진동하니
양번[13] 지구의 평지가 깊은 연못이 되었네
관공의 신묘한 책략 누가 미칠 수 있으리
중원에 떨친 그의 명성 만고에 전하는구나
夜半征鼙響震天, 襄樊平地作深淵
關公神算誰能及, 華夏威名萬古傳 [4]

관공은 높은 언덕으로 돌아와 군막 안에서 부하들을 소집하고 앉았다. 도부수들이 우금을 끌고 왔다. 우금이 땅바닥에 엎드려 절을 올리더니 목숨을 살려달라 애걸했다. 관공이 말했다.

"너는 어째서 감히 나에게 대항했느냐?"

우금이 말했다.

"상급의 명령을 받아 파견된 것으로 제 뜻대로 할 수 없었습니다. 바라건대 군후께서 가엾게 여기신다면 맹세코 목숨으로써 보답하겠습니다."

관공이 수염을 움켜쥐고 웃으면서 말했다.

"내가 너를 죽이는 것은 개와 돼지를 죽이는 것과 마찬가지일 뿐이니 공연히 칼과 도끼를 더럽히는 것이로다!"

사람을 시켜 묶어서 형주로 압송하여 감옥에 감금하고 심문을 기다리게 했다.

“내 돌아가서 별도로 처리하겠노라.”⑤

처분을 끝내자 관공은 다시 방덕을 끌고 오게 했다. 방덕은 눈을 부라리며 똑바로 서서 무릎을 꿇지 않았다. 관공이 말했다.

“네 형은 지금 한중에 있고 네 옛 주인인 마초 또한 촉중에서 대장을 맡고 있다. 너는 어째서 일찌감치 항복하지 않았느냐?”

방덕이 크게 노했다.

“내 차라리 칼 아래 죽을지언정 어찌 네게 항복하겠느냐!”

방덕은 입에서 욕설을 그치지 않았다. 크게 노한 관공은 도부수들에게 끌어내 목을 치라고 호령했다. 방덕은 목을 늘어뜨리고 형을 받았다. 관공은 그를 가엾게 여겨 묻어주었다. 그러고는 물살이 약해지기 전에 다시 전선에 올라 대소장교들을 이끌고 번성을 공격하러 갔다.

한편 번성 주위에는 흰 파도가 하늘을 덮을 듯했고 물살은 더욱 거세져 성벽이 점점 물에 잠기며 무너지려고 했다. 백성이 흙을 지고 벽돌을 날랐으나 틀어막을 수가 없었다. 조조의 장수들은 간담이 서늘해져 두려워하지 않는 자가 없었고 황망히 조인에게 와서 고했다.

“오늘의 위태로움은 힘으로 구할 수 있는 것이 아닙니다. 적군이 아직 이르지 않은 틈을 이용해 배를 타고 밤중에 달아나야 합니다. 비록 성은 잃겠지만 목숨은 보전할 수 있을 것입니다.”

조인은 그 말을 따르기로 하고 배를 준비하여 달아나려고 했는데 만총이 간언했다.

“나가서는 안 됩니다. 산에서 흘러내리는 물이 갑자기 밀려든 것인데 어찌 길게 가겠습니까? 열흘도 못 되어 저절로 빠져나갈 것입니다. 관공이 성을 공격하지 않고 있고 이미 다른 장수를 겹하[14]로 파견했습니다. 그가 감히 가볍게 진격하지 못하는 것은 우리 군이 그 배후를 기습할까 걱정해서입니다. 지금 만약 성을 버리고 간다면 황하 이남은 나라의 소유가 되지 못할 것입니다. 원컨대 장군께서는 이 성을 굳게 지켜 군사 보루로 삼으셔야 합니다."

조인이 두 손을 맞잡고 감사하며 말했다.

"백녕伯寧(만총의 자)의 가르침이 아니었다면 큰일을 그르칠 뻔했소."

그러고는 백마를 타고 성에 올라 장수들을 모아놓고 맹세했다.

"나는 위왕의 명을 받아 이 성을 지키고 있으니 성을 버리고 도망가자는 말을 하는 자는 참수하리라!"

장수들이 말했다.

"저희가 원컨대 죽음으로써 성을 지키겠습니다!"

조인은 크게 기뻐하며 바로 성에 올라 활과 쇠뇌 수백 개를 설치했고 군사들은 밤낮으로 방호하며 감히 태만하지 않았다. 노인과 어린아이들도 흙을 지고 돌을 메워 성벽을 틀어막았다. 열흘도 되지 않아 물살이 점점 약해지더니 물이 빠져나갔다.

관공이 위의 장수 우금 등을 사로잡은 이후로 위세가 천하를 진동하며 놀라 두려워하지 않는 자가 없었다. 그때 별안간 둘째 아들 관흥關興이 군영으로 문안을 왔다. 관공은 관흥에게 여러 관원의 공이 적힌 문서를 건네주며 성도로 가서 한중왕을 뵙고 각기 진급을 요청하게 했다. 관흥은 부친과 작별하고 곧장 성도로 떠났다.

한편 관공은 군사를 절반으로 나누어 곧장 겹하로 보내 막도록 했고 자신은 군사를 이끌고 사면으로 번성을 공격했다. 그날 관공이 북문에 이르러서는 말을 세우고 채찍을 휘둘러 가리키며 말했다.

"너희 쥐새끼 같은 무리는 일찌감치 와서 항복하지 않고 언제까지 기다릴 작정이냐?"

한창 말하고 있는데 적루에 있던 조인은 관공이 몸에 엄심갑만 걸치고 있는 데다 녹색 전포가 비스듬히 열려 몸이 드러난 것을 보고는 급히 500명의 궁노수들에게 일제히 화살을 쏘게 했다. 관공이 말고삐를 당겨 돌아가려는 순간 오른팔에 쇠뇌의 살이 꽂히니 몸이 뒤집어지면서 그대로 말 아래로 떨어졌다.

칠군을 물속에 빠뜨려 간담을 서늘하게 했는데
성안에서 날아온 화살 한 대 몸을 상하게 했네
水裏七軍方喪膽, 城中一箭忽傷身

관공의 목숨은 어떻게 됐을까?

【 실제 역사에서는…… 】

제74회 관을 메고 출전한 방덕

❶

우금과 방덕은 같이 출발하지 않았다

『삼국지』「위서·방덕전」에 "후음侯音과 위개衛開 등이 완성宛城을 점거하고 반란을 일으키자, 방덕은 부하를 인솔해 조인과 함께 완성을 공격하여 그들을 참수했다. 또한 남하하여 번성에 주둔하면서 관우를 토벌했다"고 기록되어 있고, 「위서·우금전」에 "건안 24년(219), 태조는 장안에 머물면서 조인에게 번성에서 관우를 토벌하도록 하고, 또 우금을 보내 조인을 돕게 했다"고 기록되어 있다.

역사 기록을 보면 우금과 방덕은 같이 출발하지 않았으며 소속 자체도 달랐다. 방덕은 조인의 군대 소속이었다.

❷

방덕이 정말 관을 메고 출전했을까?

『삼국지』「위서·방덕전」의 기록을 보면 방덕은 항상 다음과 같이 말했다고 한다.

"나는 나라의 은혜를 입었으므로 의리상 나라를 위해 죽는 것이 마땅하오. 나는 몸소 관우를 공격할 생각이오. 올해 내가 관우를 죽이지 못하면 그가 나를 죽일 것이오."

방덕의 결연한 의지를 표현하기 위해 관을 메고 출전했다고 이야기를 꾸민 것으로 방덕이 관을 메고 전쟁터에 나갔다는 기록은 어디에도 없다.

❸

『삼국지』「위서·방덕전」에 "방덕은 직접 관우와 교전하다 화살을 쏘아 관우의 이마를 맞혔다. 당시 그는 항상 백마를 탔으므로 관우의 군대는 그를 백마장군白馬將軍이라고 불렀으며 모두 두려워했다"고 기록되어 있다. 방덕이 관우와 직접 교전을 벌여 활로 관우의 이마를 맞혔다고 했는데, 그 이후 별다른 기록이 없는 것과 관우의 활약을 봐서는 큰 부상은 아니었던 것 같다.

❹

『삼국지』「위서·방덕전」은 방덕이 싸웠던 상황과 사로잡히게 되는 과정을 다음과 같이 기록하고 있다.

"열흘 넘게 큰비가 쏟아져 한수가 불어나더니 번성 주변의 평지 수심이 5~6장이나 되어 방덕과 장수들이 물을 피해 제방으로 올라갔다. 관우가 배를 타고 공격해 왔는데 큰 배가 사면에서 제방 위로 화살을 쏘았다. 방덕은 몸소 갑옷을 입고 활을 잡고는 화살을 쏘았는데 빗나가는 것이 하나도 없었다. 장군 동형董衡과 부곡部曲의 장수 동초董超 등이 투항하려 하자 방덕은 그들을 잡아 죽였다. 동이 틀 때부터 해가 중천에 뜰 때까지 싸웠지만 관우의 공세는 더욱 맹렬했고, 방덕은 화살이 다 떨어지자 짧은 병기를 들고 접전을 벌였다.

싸움은 더욱 격렬해졌고 씩씩한 기개를 더욱 떨쳤으나 물이 점점 더 불어나자 관리와 병사가 모두 투항했다. 방덕은 부하 장수 한 명, 오백五伯(오백伍伯이라고도 하며, 형 집행을 책임지는 아전) 두 명과 함께 활을 당겨 화살을 시위에 걸고 작은 배를 타고는 조인의 군영으로 돌아가려고 했다. 그러나 물살이 거세 배가 뒤집어지면서 활과 화살을 모두 잃었다. 홀로 배를 껴안고 물 위에서 표류하다 관우에게 붙잡혔다."

소설에서는 관우가 계책을 써서 둑을 터뜨려 범람시키는 것으로 나오는데, 역사는 큰비가 내려 한수가 범람했다고 기록하고 있으며 관우가 계책을 썼다는 기록은 찾아볼 수 없다. 이것은 관우의 계책이 아니라 순전히 자연재해였다.

또한 소설에서 "방덕은 두 동씨와 성하, 보졸 500명과 함께 갑옷도 입지 못한 채 둑 위에 서 있었다"고 했는데, 소설에서의 '오백인五百人'이 역사에서의 '오백五伯(伍伯)'을 잘못 인용한 것은 아닌지 의심된다.

❺

『삼국지』「위서·우금전」은 우금의 항복에 대해 다음과 같이 기록하고 있다.

"건안 24년(219), 가을에 비가 오랫동안 내려 한수가 범람하자 평지의 물이 몇 장이나 되고 우금 등 칠군이 모두 물에 잠겼다. 우금과 장수들은 높은 곳으로 올라가 물살을 살펴보았는데 피할 곳이 없었다. 관우가 그 기회를 틈타 큰 배를 타고 우금 등을 공격하니 결국 우금이 투항했는데, 오직 방덕만이 절개를 굽히지 않다가 죽임을 당했다. 그 소식을 들은 태조는 오랫동안 애통해하다가 말했다.

'내가 우금을 안 지 30년이 되었는데 어찌 어려움에 직면하여 도리어 방덕만도 못한 짓을 했단 말인가!'"

제 75 회

함락된 형주

관운장은 뼈를 긁어내 독을 치료하고,
여자명은 흰옷을 입고 강을 건너다

關雲長刮骨療毒,
呂子明白衣渡江

관공이 말에서 떨어지는 것을 본 조인은 즉시 군사를 이끌고 성 밖으로 돌격했으나 관평에게 한바탕 싸움에 지고 도로 성으로 돌아갔다. 관평은 관공을 구해 군영으로 돌아와서 팔에 꽂힌 화살을 뽑아냈으나 화살촉에 묻은 독이 이미 뼛속으로 들어가 오른팔이 검푸르게 멍이 들어 움직일 수 없었다. 관평은 당황하여 장수들과 상의했다.

"아버님께서 팔을 잃으시면 어찌 나가서 대적할 수 있으시겠소? 차라리 형주로 돌아가 몸조리하는 것이 나을 듯하오."

이에 장수들이 군막으로 들어가 관공을 만났다. 관공이 물었다.

"그대들은 무슨 일로 왔는가?"

장수들이 대답했다.

"저희는 군후께서 적과 맞서다가 오른팔의 상처가 심해져 싸우기 불편할까 걱정됩니다. 저희 생각으로는 잠시 회군하여 형주로 돌아가 조리하시는 것이 좋을 듯합니다."

관공이 성을 냈다.

"내가 번성 점령을 목전에 두고 있다. 번성을 빼앗는 즉시 군사들을 신속하게 곧장 허도로 진격시켜 역적 조조를 섬멸하고 한실을 안정시킬 것이다. 어찌 작은 상처 때문에 큰일을 그르칠 수 있겠느냐? 너희가 감히 우리 군심을 나태하게 만들 작정이냐!"

관평 등은 묵묵히 말도 못 하고 물러났다. 관공이 군사를 물리려 하지 않는 데다 상처가 낫지도 않는 것을 본 장수들은 단지 사방으로 명의를 찾아다니는 수밖에 없었다.

그러던 어느 날, 어떤 사람이 강동으로부터 작은 배를 타고 오더니 곧장 군영 앞까지 이르렀다. 하급 무관이 그를 인도하여 관평을 만나게 했다. 관평이 그 사람을 보니 방건을 쓰고 널찍한 의복을 입었으며[1] 팔에 푸른 주머니를 걸고 있었다. 그 스스로 자신의 성명을 밝혔다.

"나는 패국 초군[2] 사람으로 성이 화華, 이름이 타佗이며 자가 원화元化라고 합니다. 천하의 영웅이신 관장군께서 지금 독화살에 맞으셨다는 소리를 듣고는 특별히 치료해드리러 왔습니다."

관평이 말했다.

"혹시 옛날에 동오의 주태를 치료해주신 분이 아니십니까?"

화타가 말했다.

"그렇습니다."

관평이 크게 기뻐하며 즉시 장수들과 함께 화타를 인도하여 장막으로 들어가 관공을 만나게 했다. 이때 관공은 본래 팔의 통증이 심했지만 군심을 흐트러뜨릴까 걱정되어 고민이나 풀고 마음을 달래고자 마량과 바둑을 두고 있었다. 그는 의원이 왔다는 소리를 듣고는 즉시 불러들여 예를 마치고 자리에 앉게 했다. 차를 마시고 나자 화타가 팔을 보여달라고 청했다. 관공이 도포를 벗고 팔을 뻗어 화타에게 보여줬다. 화타가 말했다.

"이것은 쇠뇌 살에 의해 난 상처로 살촉에 오두[3]의 독이 묻어 있어 바로 뼛속까지 침투했을 겁니다. 빨리 치료하지 않으면 이 팔은 쓸 수 없을 것입니다."

관공이 말했다.

"무엇으로 치료할 것이오?"

"제게 치료법이 있기는 하나 군후께서 두려워하실까 걱정될 뿐입니다."

관공이 웃으면서 말했다.

"나는 죽는 것을 집으로 돌아가는 것처럼 여기는데 무엇이 두렵겠소?"

화타가 말했다.

"조용한 곳에 높은 기둥을 하나 세우고 큰 고리를 못질해 박은 다음 군후께서 팔을 고리에 끼우시면 밧줄로 묶고 그런 연후에 머리를 이불로 덮을 것입니다. 제가 끝이 뾰족한 칼로 피부와 살을 절개하여 뼈까지 이르러 뼈에 퍼진 화살 독을 긁어내고 약을 바른 다음 실로 꿰매면 무사하실 것입니다. 다만 군후께서 두려워하실까 걱정될 뿐입니다."

관공이 웃으면서 말했다.

"그렇다면 쉽구려! 기둥과 고리가 무슨 소용 있겠소?"

그러고는 술자리를 마련해 화타를 대접하게 했다.

술 몇 잔을 마신 관공은 여전히 마량과 바둑을 두면서 팔을 뻗어 화타에게 절개하게 했다. 화타는 끝이 뾰족한 칼을 손에 쥐더니 한 하급 무관을 시켜 팔 아래에 큰 대야를 받치고 피를 받게 했다. 화타가 말했다.

"제가 바로 손을 쓸 것이니 군후께서는 놀라지 마십시오."

관공이 말했다.

"그대는 치료나 하시오. 내 어찌 세간의 속인처럼 아픔을 두려워하겠소!"

화타가 이에 칼을 써서 피부와 살을 갈랐고 뼈에 이르렀는데 뼈가 이미 퍼렇게 변해 있었다. 화타가 칼로 뼈를 긁어내며 삭삭 소리를 냈다. 군막 안팎에서 그 광경을 보고 있던 자들이 모두 얼굴을 가린 채 새파랗게 질렸다. 관공은 술을 마시고 고기를 먹으면서 담소하며 바둑을 두는데 고통스러워하는 기색이 전혀 없었다.

잠시 후 선혈이 대야를 가득 채웠다. 화타는 독을 모두 긁어내고 약을 바른 다음 실로 꿰맸다. 관공이 껄껄 웃으며 일어나 장수들에게 일렀다.

"이 팔을 전처럼 편안하게 펼 수 있고 아프지도 않구나. 선생은 참으로 신의요!"

화타가 말했다.

"제가 일생 동안 의원 노릇을 했지만 일찍이 이런 경우는 본 적이 없습니다. 군후께서는 진실로 천신天神이십니다!"

후세 사람이 지은 시가 있다.

병 치료하는 데 내과와 외과로 구분하지만
세간에 신기한 기예 많지 않아 고생스럽네
신비한 위력으로는 관운장 미칠 자 드물고
의술에 능숙한 성수[4]로는 화타뿐이구나
治病須分內外科, 世間妙藝苦無多
神威罕及惟關將, 聖手能醫說華佗 ❶

관공은 화살 맞은 상처가 치유되자 술자리를 베풀어 화타를 정성껏 대접하고 감사를 표했다. 화타가 말했다.

"화살 맞은 상처가 비록 치료되었지만 잘 보호하셔야 합니다. 절대로 화를 내서 상처를 건드리시면 안 됩니다. 100일이 지난 다음에야 예전처럼 회복될 것입니다."

관공이 황금 100냥으로 보답하려 하자 화타가 말했다.

"군후의 높은 의리를 들어 특별히 치료해드리러 온 것이니 어찌 보답을 바라겠습니까!"

굳이 사양하며 받지 않았고 터진 자리에 바를 약 한 첩만 남기고 작별했다.

한편 관공이 우금을 사로잡고 방덕을 참수하자 그 명성이 크게 떨쳤고 중원이 모두 놀랐다. 정찰 기병이 허도에 보고하자 조조가 깜짝 놀라 문무 관원들을 모아놓고 대책을 상의했다.

"평소에 운장의 지혜와 용맹이 당대의 으뜸이라는 것을 알고 있는데 이제 형양을 차지했으니 그야말로 호랑이가 날개를 단 격이오. 우금이 사로잡히고 방덕이 참수당하여 우리 위군[5]의 예기가 꺾이고 말았으니, 만일 그자가 군사를 거느리고 곧장 허도로 쳐들어온다면 어떻게 해야 하겠소? 내가 천도하여 그를 피할까 하오."

사마의가 간언했다.

"안 됩니다. 우금 등은 물에 잠긴 것이지 싸워서 진 것이 아니기에 국가의 대계에는 본래 아무런 손실도 없습니다. 지금 손권과 유비가 서로 신뢰를 잃은 데다 운장이 뜻을 이루었으니 손권은 틀림없이 기뻐하지 않을 것입니다. 대왕께서는 동오로 사자를 파견하여 이익과 손해를 설명하시고 손권에게 은밀히 군사를 일으켜 운장의 뒤를 치게 하십시오. 이와 같은 상황이 평정되는 날에는 강남의 땅을 분할하여 손권에게 봉한다고 하시면 번성의 위기는 저절로 해결될 것입니다."

주부 장제蔣濟가 말했다.

"중달(사마의의 자)의 말이 맞습니다. 지금 즉시 동오로 사자를 보내십시오. 천도 때문에 사람들을 움직일 필요는 없을 것입니다."

조조는 그 말을 따르기로 하고 마침내 천도는 하지 않기로 했으나 장수들에게 탄식하며 일렀다.

"우금이 30년이나 나를 따랐는데 위기에 직면해서 도리어 방덕만도 못할 줄이야 생각지도 못했소! 이제 사자를 파견해 동오에 서신을 전하는 한편 반드시 대장 하나를 뽑아 운장의 예리함을 막아야 하오."❷

미처 말을 끝내기도 전에 계단 아래에서 한 장수가 대답하며 나왔다.

"제가 가기를 원합니다."

조조가 보니 바로 서황이었다. 조조는 크게 기뻐하며 즉시 정예병 5만 명을 선발하고 서황을 장수로, 여건을 부장으로 삼았다. 그러고는 기한을 정해 군대를 일으켜 양릉파陽陵坡[6]로 나아가 주둔하고, 동남쪽에서 호응하면 진군하여 정벌에 나서게 했다.❸

한편 조조의 서신을 접수한 손권은 읽고 나서 흔쾌히 응낙하고 즉시 편지를 써서 사자에게 건네 먼저 돌아가게 하고는 이에 문무관원들을 모아놓고 상의했다. 장소가 말했다.

"근래에 듣자 하니 운장이 우금을 사로잡고 방덕을 참수하여 그 위세가 중원에 떨쳤기에 조조가 그 예기를 피하고자 천도까지 생각했다고 합니다. 지금 번성이 위급해지자 사자를 보내 구원을 요청하는 것으로 사태가 평정되면 말을 뒤집을까 걱정됩니다."

손권이 미처 말을 꺼내기도 전에 별안간 보고가 들어왔다.

"여몽이 작은 배를 타고 육구에서 왔는데 직접 만나 뵙고 아뢸 일이 있다고 합니다."

손권이 불러들여 그에게 묻자 여몽이 말했다.

"지금 운장이 군사를 일으켜 번성을 포위하고 있으니 그가 멀리 원정에 나선 틈을 이용해 형주를 기습해 빼앗으십시오."

손권이 말했다.

"내가 북쪽으로 서주徐州를 취하고자 하는데 어떻소?"

여몽이 말했다.

"지금 조조는 멀리 하북에 있어 동쪽을 돌아볼 겨를이 없는 데다 서주에는 지키는 병사도 많지 않으니 가면 이길 수 있을 것입니다. 그러나 육전에는 유리한 지세이나 수전에는 불리하기에 설령 서주를 손에 넣는다 하더라도 지키기는 어려울 것입니다. 차라리 먼저 형주를 취하여 장강을 완전히 점거한 다음에 따로 좋은 계책을 도모하는 것이 좋을 듯합니다."

"나도 본래는 형주를 취하고 싶었소. 앞서 말한 것은 경을 시험해본 것뿐이오. 경은 속히 가서 나를 위해 형주를 도모해주시오. 내 뒤따라 즉시 군대를 일으키겠소."[4]

여몽이 손권과 작별하고 육구로 돌아오자 어느새 정찰 기병이 보고했다.

"강을 따라 위아래로 20리 혹은 30리 간격으로 높은 언덕에 각기 봉화대가 설치되어 있습니다."

또 형주의 군마가 정돈되고 미리 준비를 하고 있다는 소식도 들리자 여몽은 깜짝 놀랐다.

"만일 상황이 이렇다면 급히 도모하기 어렵겠구나. 내 오후 면전에서 형주를 취하라고 권했는데 이제 어떻게 처리해야 좋단 말인가?"

여러모로 궁리를 해봐도 아무런 계책이 없자 이에 병을 핑계로 나오지 않고 사람을 시켜 손권에게 병이 생겼다고만 보고했다. 여몽이 병을 앓고 있다는 소식을 들은 손권은 마음이 몹시 우울했다. 그때 육손이 나서며 말했다.

"여자명呂子明(여몽의 자)의 병은 속임수일 뿐, 진짜로 병이 난 것이 아닙니다."

손권이 말했다.

"백언伯言(육손의 자)이 속임수라는 것을 알고 있다니 가서 한번 살펴보시오."

육손은 명을 받들어 밤새 육구 군영으로 가서 여몽을 만났는데 과연 병색이 조금도 없었다. 육손이 말했다.

"제가 오후의 명령을 받들어 자명의 병환을 살피러 왔소."

여몽이 말했다.

"비천한 몸이 공교롭게도 병이 들었거늘 수고롭게 무슨 문안까지 오셨는지요."

육손이 말했다.

"오후께서 공께 중임을 맡기셨는데 공은 기회를 틈타 움직이지 않고 헛되이 울적해하시니 무엇 때문입니까?"

여몽은 육손을 쳐다보기만 하고 한참 동안 말이 없었다. 육손이 또 말했다.

"어리석은 제게 장군의 병을 치료할 작은 처방이 하나 있는데 쓰시지 않겠습니까?"

여몽이 이에 좌우를 물리치고 물었다.

"백언에게 좋은 처방이 있다고 하니 어서 가르쳐주시오."

육손이 웃으면서 말했다.

"자명의 병은 형주의 병마가 정돈되어 있고 강을 따라 봉화대가 준비되었기에 생긴 병에 불과할 뿐이오. 내게 한 가지 계책이 있는데 강가의 관리들은 봉화대에 불을 붙이지 못하고 형주 군사들은 손이 묶여 항복할 것이오. 그러면 할 만하겠소?"

여몽이 놀라 감사하며 말했다.

"백언의 말씀은 마치 나의 폐부를 들여다보는 것 같소. 원컨대 좋은 계책을 들려주시오."

육손이 말했다.

"운장은 자신을 영웅이라 믿고 스스로 대적할 자가 없다고 생각하면서도 오직 장군만을 걱정하고 있습니다. 장군께선 이 기회를 이용해 병을 핑계로 사직하시고 육구를 지키는 소임을 다른 사람에게 양보하십시오. 그러고는 그 사람을 시켜 겸손한 말로 관공을 칭송하여 그의 마음을 교만하게 만들게 하십시오. 그럼 그자는 틀림없이 형주의 군사를 모조리 철수시켜 번성으로 향할 것입니다. 만일 형주에 방비가 없어지면 1여[7]의 군사만 일으켜 별도로 기묘한 계책을 내어 기습할 수 있습니다. 그렇게 되면 형주는 우리 손안에 들어올 것입니다."

여몽이 크게 기뻐하며 말했다.

"참으로 좋은 계책이오."

이로부터 여몽은 병을 핑계로 자리에서 일어나지 않았고 글을 올려 사직을 청했다.[5]

육손은 돌아와서 손권을 만나 계책을 구체적으로 이야기했다. 손권은 이에 여몽을 불러 건업으로 돌아가 요양하게 했다. 여몽이 손권을 알현하자 손권이 물었다.

"육구의 소임은 예전에 주공근(주유의 자)이 노자경(노숙의 자)을 천거하여 자신을 대신하게 했고 이후 자경이 또 경을 추천하여 자신을 대신하게 했소. 지금 경 또한 재능과 명망이 높은 자를 추천해서 경을 대신하게 하는 편이 좋을 것이오."

여몽이 말했다.

"만약 명망이 높은 사람을 쓴다면 운장은 틀림없이 방비를 할 것입니다. 육손은 뜻이 깊고 명성이 아직 널리 퍼지지 않아 운장이 꺼리는 사람이 아니니 신의 소임을 대신하게 한다면 반드시 일을 성취할 것입니다."

손권이 크게 기뻐하며 그날로 육손을 편장군, 우도독[8]으로 임명하고 여몽을 대신해 육구를 지키게 했다. 육손이 말했다.

"저는 나이가 어리고[9] 배운 것이 없어 막중한 소임을 감당하지 못할까 염려됩니다."

손권이 말했다.

"자명이 경을 보증했으니 틀림없이 착오가 있지는 않을 것이오. 경은 거절하시 마시구려."

육손은 이에 삼가 절하며 인수를 받고 그날 밤으로 육구로 가서 마군, 보군, 수군 삼군을 인계받았다. 그러고는 즉시 편지 한 통을 써서 명마, 기이한 비단, 술과 예물 등을 갖추어 사자를 번성으로 보내 관공을 만나 바치게 했다.[6]

이때 관공은 마침 화살 맞은 상처 때문에 쉬느라 잠시 군사 행동을 멈추고 움직이지 않고 있었다. 그때 별안간 보고가 들어왔다.

"강동의 육구를 지키던 장수 여몽의 병세가 위독하여 손권이 그를 소환하여 조리하도록 했습니다. 근래에 육손을 장수로 임명하여 여몽을 대신해 육구를 지키게 했습니다. 지금 육손이 보낸 사자가 서신과 예물을 갖추고 특별히 알현하러 왔습니다."

관공이 불러들이고는 사자에게 손가락질하며 말했다.

"중모(손권의 자)가 식견이 얕아 이런 어린아이를 장수로 쓰는구나!"

사자가 땅바닥에 엎드려 고했다.

"육장군이 서신을 올리고 예물을 준비한 것은 첫째 군후께 축하를 드리는 것이고, 둘째 양쪽 집안이 화목하게 지내자는 뜻을 구하는 것입니다. 웃으면서 거두어주시면 좋겠습니다."

관공이 편지를 뜯어보니 지극히 자신을 낮추고 공손한 어조로 쓰여 있었다. 읽고 난 관공은 고개를 젖히고 껄껄 웃으며 좌우에 예물을 받아들이게 하고는 사자를 돌려보냈다. 사자가 돌아와서 육손을 만나 말했다.

"관공이 즐거워했습니다. 다시는 강동을 우려할 일이 없을 듯합니다."

육손은 크게 기뻐하며 은밀하게 사람을 보내 사정을 알아보게 했다. 관공이 과연 형주 군사 태반을 번성으로 파견 보내 지시를 기다리게 하고 화살 맞은 상처가 나으면 즉시 군대를 진격시키고자 한다는 보고가 들어왔다. 육손은 자세한 정황을 살핀 다음 즉시 사람을 보내 밤새 달려가 손권에게 보고하도록 했다. 손권이 여몽을 불러 상의했다.

"지금 운장이 과연 형주의 군사를 철수시켜 번성을 공격하려 한다니 즉시 계책을 세워 형주를 기습해 취해야겠소. 경이 내 아우인 손교孫皎와 함께 대군을 이끌고 나아가는 것은 어떻소?"

손교는 자가 숙명叔明으로 손권의 숙부인 손정의 차남이었다.[10] 여몽이 말했다.

"주공께서 만일 저를 쓰겠다면 저 혼자만 쓰시고, 숙명을 쓰고자 한다면 숙명만 쓰십시오. 이전에 주유와 정보를 좌우도독으로 삼으셨을 때 비록 주유가 일을 결정했으나 스스로를 오랜 신하로 여겼던 정보는 주유의 아래에 있어 자못 화목하게 지내지 못했습니다. 그러다 나중에 주유의 재주를 보고서야 비로소 존경하여 복종했던 일을 어찌 듣지 못하셨습니까? 지금 제 재주는 주유에 미치지 못하는 데다 숙명은 정보보다 주공과의 관계가 더 밀접하니 서로 조화를 이루지 못할까 염려됩니다."

손권은 크게 깨닫고 여몽을 대도독으로 임명하여 강동의 각 갈래의 군마를 통솔하게 했고, 손교는 뒤에서 군량과 마초를 지원하게 했다.

여몽은 예를 갖추어 감사드리고 3만 명의 군사와 빠른 배 80여 척을 점검하여 수영에 능숙한 자들을 선발했다. 그들을 장사꾼으로 꾸며 모두 흰옷을 입고 배에서 노를 젓게 했으며 정예병은 구록[11]이라는 큰 배 안에 엎드려 있게 했다. 다음으로 한당, 장흠, 주연, 반장, 주태, 서성, 정봉 일곱 명의 대장들을 이동시켜 줄지어 전진하게 하고 나머지는 오후를 수행하며 엄호하고 지원하도록 했다. 조조에게 사신을 통해 서신을 전달하여 군대를 진격시켜 운장의 뒤를 기습하게 하는 한편 육손에게 이 일을 미리 통보했다. 그런 다음에 흰옷 입은 사람들[12]을 빠른 배를 타고 심양강[13]으로 가게 했다. 밤낮으로 서둘러 노를 저어 곧장 북쪽 기슭에 당도했다. 강변 봉화대를 지키는 군사들이 꼬치꼬치 따져 묻자 오 사람들이 대답했다.

"우리는 모두 행상들로 강 한가운데서 바람을 만나 이곳으로 피신해 왔습니다."

이어서 봉화대를 지키는 군사들에게 재물을 바쳤다. 군사들은 그 말을 믿어 결국 배들을 강변에 정박하도록 내버려뒀다. 이경쯤에 큰 배인 구록 안에 숨어 있던 정예병들이 일제히 뛰쳐나왔고 봉화대의 군사들을 묶고는 외마디

암호 소리를 내자 80여 척의 정예병이 모두 일어났다. 중요한 곳인 돈대[14]의 군사를 모조리 잡아다 배 안으로 끌고 오니 한 사람도 달아나지 못했다. 이에 형주[15]를 취하고자 신속하게 군사들을 진격시켰으나 아무도 알아채지 못했다. 형주에 이르자 여몽은 강을 끼고 있던 돈대에서 사로잡은 군사들을 좋은 말로 위로하고 각기 후한 상을 내렸다. 그러고는 성문을 지키는 군사들을 속여 성문을 열고 불을 놓아 신호를 보내게 했다. 그 군사들이 명을 받들자 여몽은 즉시 길잡이로 삼았다. 한밤중에 성 아래에 이르러 문을 열라고 소리쳤다. 문을 지키던 관리는 형주의 군사임을 알아보고 성문을 열었다. 그러자 돈대의 군사들이 성문 안으로 들어가 불을 질러 신호를 보냈다. 오병들이 일제히 몰려 들어가더니 형주를 기습했다. 여몽은 즉시 군중에 명령을 전달했다.

"군중에 만일 한 사람이라도 함부로 살육하거나 민간의 물건을 단 하나라도 멋대로 빼앗는 자가 있다면 군법에 따라 처리하겠노라."

그러고는 원래 담당했던 관리들을 이전 직책 그대로 직무를 수행하게 했다. 관공의 가솔들은 별택別宅(본가 이외에 따로 지은 주택)에 따로 지내게 하고 관계없는 사람이 소란 피우는 것을 허락하지 않았다. 그러는 한편 사람을 보내 손권에게 서면으로 상황을 보고했다.

어느 날 큰비가 내렸는데 여몽이 말에 올라 몇 명의 기병을 거느리고 네 성문을 둘러보았다. 그때 별안간 한 사람이 백성의 약립[16]을 가져다 갑옷을 덮는 것을 보자 여몽이 좌우에 소리쳐 그자를 잡아오라 명했다. 그에게 물었더니 바로 여몽과 같은 고향 사람이었다. 여몽이 말했다.

"네가 비록 나와 동향이라 하더라도 내 이미 명령을 발포했고 네가 그것을 범했으므로 마땅히 군법에 따라야 한다."

그 사람이 울면서 고했다.

"나라의 갑옷이 비에 젖는 것이 두려워 가져다 덮은 것이지 사사로이 사용한 것은 아닙니다. 장군께서는 한 고향의 정을 생각하여 용서해주십시오!"

여몽이 말했다.

"나도 네가 나라의 갑옷을 덮으려 한 것은 알지만 결국은 명을 따르지 않고 백성의 물건을 취한 것이다."

좌우에 호통치고 끌어내 목을 치게 했다. 효수하여 사람들에게 알린 다음 그 시신을 거두어 울면서 묻어주었다. 이로부터 삼군이 그 매서운 정사를 무서워하며 풍기를 바로잡을 수 있었다.

하루가 못 되어 손권이 군사를 이끌고 당도했다. 여몽은 곽을 나가 영접하고 관아로 맞아들였다. 위로를 마친 손권은 이전처럼 반준을 치중으로 삼아 형주의 일을 관장하게 했고, 감옥에 수감되어 있던 우금을 석방하여 조조에게 돌려보냈으며, 백성을 안정시키고 군사들에게 상을 내린 다음 연회를 베풀어 경축했다.❼

손권이 여몽에게 일렀다.

"이제 형주를 손에 넣었으나 공안의 부사인과 남군의 미방이 남아 있소. 두 곳은 어떻게 해야 수복할 수 있겠소?"

말을 마치기도 전에 별안간 한 사람이 나서며 말했다.

"활을 당겨 한 대의 화살을 쏠 필요도 없이 제가 이 세 치의 혀로 공안의 부사인을 설득하여 항복하게 만들겠습니다. 어떻습니까?"

사람들이 보니 바로 우번虞翻이었다. 손권이 말했다.

"중상仲翔(우번의 자)에게 무슨 좋은 계책이 있기에 부사인을 항복하게 할 수 있다고 하오?"

우번이 말했다.

"저는 어려서부터 부사인과 교분이 두터우니, 지금 이해득실로 그를 설득한다면 틀림없이 투항할 것입니다."

손권이 크게 기뻐하며 즉시 우번에게 군사 500명을 이끌고 공안으로 달려가게 했다.

한편 형주를 잃었다는 소식을 들은 부사인은 급히 성을 닫고 굳게 지키고 있었다. 공안에 당도한 우번은 성문이 굳게 닫혀 있는 것을 보고는 즉시 편지를 써서 화살에 묶어 성안으로 쏘아 보냈다. 군사가 주워 부사인에게 바쳤다. 부사인이 편지를 뜯어보니 바로 투항을 권하는 내용이다. 편지를 읽은 부사인은 관공이 지난날 자신을 적대시했던 일이 생각나 차라리 일찌감치 항복하는 것이 나을 것이라 여겼다. 그러고는 즉시 성문을 활짝 열어 우번을 청해 성으로 들였다. 두 사람이 예를 마치고는 각자 옛정을 이야기했다. 우번이 오후가 관대하여 재주와 덕이 있는 인사를 예로써 대접한다고 설득하자 부사인은 크게 기뻐하며 바로 우번과 함께 형주[17]로 와서 인수를 바치고 투항했다. 손권은 크게 기뻐하며 이전처럼 부사인에게 돌아가서 공안을 지키게 했다. 여몽이 은밀히 손권에게 일렀다.

"지금 운장을 잡지 못했으니 부사인을 공안에 남겨두었다가는 오래 지나지 않아 반드시 변고가 생길 것입니다. 차라리 남군으로 보내서 미방을 투항시키게 하는 것이 좋을 듯합니다."

손권은 이에 부사인을 불러 일렀다.

"미방과 경은 교분이 두터우니 경이 가서 미방을 투항시킨다면 내 마땅히 무거운 상을 내리겠소."

부사인은 흔쾌히 승낙하고는 즉시 10여 명의 기병을 이끌고 미방을 투항시키고자 곧장 남군[18]으로 향했다.

오늘날 공안을 지킬 뜻이 없으니
이전에 왕보가 옳은 말을 했구나
今日公安無守志, 從前王甫是良言

이번에 가면 어떻게 될 것인가?[8]

제75회 함락된 형주

❶

『삼국지』「촉서·관우전」에 관우가 화살 맞은 팔을 치료했다는 기록이 있다.

"관우는 일찍이 날아오는 화살에 왼쪽 팔이 꿰뚫린 적이 있었다. 나중에 상처는 비록 치유되었으나 매번 날이 흐리거나 비가 내리면 뼈까지 통증이 왔다. 의원이 말했다.

'이것은 화살촉에 독이 있었기 때문에 그 독이 뼛속까지 들어간 것입니다. 지금 치료하려면 팔을 절개하고 살을 벌려 뼈에 있는 독을 제거해야만 통증이 비로소 사라질 것입니다.'

관우는 즉시 팔을 펴고 의원에게 수술하여 치료하게 했다. 그때 관우는 마침 장수들을 초청하여 연회를 열어 함께 술을 마시고 있었다. 팔에서 선혈이 줄줄 흘러 쟁반을 가득 채웠지만 관우는 여전히 구운 고기를 자르고 술을 따르며 마시고 평소처럼 담소했다."

역사 기록에는 이때 관우를 치료한 사람이 누구였는지 밝히지 않고 있다. 건안 13년(208)에 화타가 조조에게 죽임을 당한 것으로 기록되어 있는데, 관우가 언제 화살 맞은 상처를 치료받았는지는 명확하지 않지만 소설에서의 배경은 화타가 죽은 지 11년 후인 건안 24년(219)이다. 역사 기록의 정황을 본다면 관우를 치료한 사람은 화타가 아닌 것이 분명하다. 그리고 소설에서는 오른팔에 화살을 맞았다고 했지만 실제로는 왼팔에 맞은 것으로 기록되어 있다.

❷

조조가 천도까지 고려한 관우의 위력

『삼국지』「촉서·관우전」에 "조공은 허도를 떠나 도읍을 옮겨서 관우의 예봉을 피할 방법을 상의했는데 사마선왕司馬宣王(사마의)과 장제蔣濟 두 사람은 손권이 틀림없이 관우가 뜻을 이루는 것을 원하지 않을 테니 사람을 보내 손권을 설득하여 관우의 후방을 기습하게 하고 장강 이남 지구를 할양해 그를 봉해준다면 번성의 포위는 저절로 해결될 것이라고 했다. 조공은 그들의 의견을 따랐다"고 기록되어 있다.

『자치통감』 권68 「한기 60」과 『삼국지』「위서·장제전」은 다음과 같이 기록하고 있다.

"관우가 번성과 양양을 포위하자 태조는 한나라 헌제가 적과 가까운 허현에 있어 천도를 하려고 했다. 사마선왕과 장제가 태조에게 권하며 말했다.

'우금 등은 큰물에 수몰된 것이지 결코 진공하여 싸운 실수가 아니므로 국가 대계에는 어떠한 손해도 없습니다. 유비와 손권은 표면적으로는 친근하지만 실제로는 소원하니 관우가 뜻하는 바를 얻는 것을 손권은 결코 원하지 않을 것입니다. 사람을 보내 손권에게 관우의 후방을 습격하도록 하고 장강 이남을 분할하여 손권을 봉해준다면 번성의 포위는 저절로 풀릴 것입니다.'

태조는 그들의 말을 따랐다."

관우의 위력 때문에 조조가 천도까지 생각했다는 것은 믿기 어렵지만 어쨌든 상당한 충격을 받은 것은 사실인 듯하다.

❸

『삼국지』「위서·서황전」에 따르면 "서황을 파견하여 조인을 도와 관우를 토벌하게 하고 완성에 주둔시켰다. 마침 한수가 갑자기 불어났으므로 우금 등의 부대가 수몰되었다"고 했고, 「위서·조인전」은 "오래지 않아 서황의 구원병이 도착했고, 물살도 점점 줄어들었다. 서황이 성 밖에서 관우를 습격하고 조인이 겹겹의 포위망을 뚫고 나가려 하자 관우는 퇴각했다"고 기록하고 있다. 기록을 보면 우금이 사로잡히고 방덕이 죽임을 당한 이후에 서황의 구원병을 파견한 것이 아니라 이미 전장에 파견되어 주둔해 있었던 것 같다.

❹

『삼국지』 「오서·여몽전」에서 손권이 서주를 공격해 취할 생각을 드러내자 여몽은 이렇게 대답했다.

"'지금 조조는 멀리 황하 북쪽에 있으며 방금 여러 원씨(원소의 아들 원담과 원상을 말한다)를 격파한 데다 유주를 평정하고 어루만지느라 동쪽을 돌아볼 틈이 없습니다. 서주를 방비하는 병력은 언급할 가치도 없으니 군대를 진격시키기만 해도 이길 수 있을 것입니다. 그러나 지세가 육로와 통하고 정예 기병이 질주하는 곳이라 지존께서 오늘 서주를 얻는다 해도 열흘이 못 되어 조조가 반드시 달려와 다툴 것이니 7~8만 명으로 방비한다 하더라도 걱정될 것입니다. 관우를 취해 장강 유역을 모조리 점유하여 유리한 형세를 확대하는 것만 못합니다.'

손권은 여몽의 이러한 분석이 타당하다고 여겼다."

❺

여몽은 원래 아팠다

소설은 여몽이 병에 걸린 것으로 가장했지만 원래부터 건강하지 못했던 것 같다. 『삼국지』 「오서·여몽전」은 다음과 같이 기록하고 있다.

"여몽은 상소를 올려 이렇게 말했다.

'관우가 번성을 토벌하러 가면서 많은 병력을 남겨 방비하게 한 것은 반드시 이몽이 그의 후방을 도모할까 두려워했기 때문입니다. 저는 항상 병에 걸려 있으니 병을 치료한다는 명분으로 군사들을 나누어 건업으로 돌아가고자 합니다. 관우가 이 소식을 들으면 틀림없이 방비하던 병력을 철수시켜 전부 양양으로 가도록 할 것입니다. 우리 대군이 장강을 따라 밤낮으로 쉬지 않고 거슬러 올라가서 빈틈을 이용해 기습한다면 남군을 점령하고 관우 또한 사로잡을 수 있을 것입니다.'

마침내 그는 병이 위중한 것으로 가장했고 손권은 이에 공개적으로 격문을 내려 여몽을 건업으로 돌아오도록 불러들인 다음 비밀리에 그와 계책을 도모했다. 관우는 과연 이 소식을 믿고는 남군의 병력을 점차적으로 철수시켜 번성으로 가게 했다."

또한 『삼국지』「오서·육손전」도 다음과 같이 기록하고 있다.

"여몽이 병을 구실로 건업으로 돌아오자 육손은 그를 찾아가서 말했다.

'관우와 경계를 접하고 있으면서 이렇게 멀리 내려왔소? 나중에 걱정할 만한 것이 없겠소?'

여몽이 말했다.

'그대 말과 같으나 내 병이 매우 엄중하오.'

육손이 말했다.

'관우는 용맹을 과시하며 다른 사람을 업신여기고 있소. 처음으로 큰 공을 세워 거만하고 자만하고 있으며 오직 북쪽 진군에만 힘쓰면서 우리에게는 경계심이 없소. 또 그대가 병에 걸렸다는 소식을 들으면 틀림없이 더욱 방비하지 않을 것이오. 우리가 불시에 행동을 취한다면 그를 사로잡을 수 있을 것이오.'"

❻

『삼국지』「오서·육손전」은 다음과 같이 기록하고 있다.

"여몽이 도성에 당도하자 손권이 물었다.

'누가 그대를 대신할 수 있겠소?'

여몽이 대답했다.

'육손은 사려가 깊은 데다 중임을 담당할 만한 재능을 갖추었으며 그의 모략과 사고를 살펴보건대 최종적으로 대임을 계승할 만합니다. 그리고 명성이 아직 널리 전파되지 않아 관우가 꺼리는 자가 아니므로 그보다 적합한 자는 없습니다. 만일 그를 임용한다면 응당 표면적으로 예기를 감추고 안으로는 은밀하게 유리한 형세를

관찰하게 해야 비로소 승리할 수 있습니다.'

손권은 이에 육손을 불러 편장군偏將軍, 우부독右部督으로 임명하고 여몽을 대리하게 했다."

❼

반준潘濬은 누구인가?

소설 제73회에서 왕보가 "미방과 부사인이 두 협곡의 입구를 지키고 있으나 전력을 기울이지 않아 걱정되니, 다시 다른 사람으로 형주를 관할하게 해야 할 것 같습니다"라고 하자 관우가 "내 이미 치중治中 반준을 보내 지키게 했는데 무슨 근심이 있겠는가?"라고 했다. 그러자 왕보가 "반준은 평소에 시기심이 많고 이익을 좋아하는 자라 임용해서는 안 됩니다"라고 말하는 대화가 나온다.

소설의 내용과 달리 반준은 학문이 깊고 충성스러운 신하였다. 『삼국지』 「오서·반준전」에 따르면 "유비가 형주자사를 겸임할 때 반준을 임명하여 주부의 치중종사治中從事(문서와 서류 관장, 별가종사別駕從事와 함께 주부의 내외를 총관했다)로 삼았다. 유비는 촉으로 들어가면서 반준을 남겨 형주의 사무를 관장하도록 했다"고 기록하고 있고, 배송지 주 『강표전』에 따르면 "손권이 형주를 함락시키자 장수와 관리 모두가 귀순했지만 반준만 홀로 병을 핑계로 손권을 만나지 않았다. 손권은 그의 집으로 사람을 보내 평상에 그를 태워 오도록 했다. 반준은 얼굴을 가린 채 일어나지 않고 눈물만 흘렸는데 슬픔에 목이 메어 이기지 못했다. 손권이 측근에게 수건으로 그의 얼굴을 닦아주라고 하자 반준은 일어나 엎드려 감사를 드렸다. 손권은 즉시 반준을 치중으로 삼고 그에게 형주의 모든 군사 일에 대한 자문을 구했다"고 기록하고 있다.

「촉서·장비전」에 "관우는 사졸들에게는 잘 대해줬지만 사대부들에게는 매우 오만했다"는 기록이 있는데 자세한 역사 기록은 없지만 관우는 반준을 중용하지는 않는 듯하다.

❽

우번은 누구인가?

『삼국지』「오서·우번전」은 다음과 같이 기록하고 있다.

“우번은 여러 차례 간언하고 손권을 거슬렀으므로 손권은 매우 기뻐하지 않았다. 또 우번은 세속을 따르지 않았기 때문에 항상 비방을 받았고 결국 죄를 얻어 단양군丹陽郡 경현涇縣(지금의 안후이성 징현涇縣 서쪽)으로 좌천되었다. 여몽은 비밀리에 관우를 취할 계획을 세우고 병을 구실로 건업으로 돌아왔는데 우번이 의술에도 정통했으므로 자신을 수행할 수 있도록 요청했고 또한 이번 기회를 이용해 우번을 죄에서 벗어날 수 있도록 하려 했다. 나중에 여몽이 군대를 이끌고 서쪽으로 향하자 남군태수 미방이 성문을 열고 나와 투항했다. 여몽은 아직 군의 성을 점령하지 않았는데도 성 밖 모래섬에서 축하하며 즐겼는데 우번이 여몽에게 말했다.

‘현재 우리와 한마음 한뜻은 미장군뿐입니다. 어찌 성안 사람들을 모두 믿을 수 있겠습니까? 어찌 서둘러 입성하여 관건이 되는 요충지를 통제하지 않으십니까?’

여몽은 즉시 그의 의견을 따랐다. 당시 성안에서 음모가 있었는데, 전부 우번의 계책에 따랐으므로 실현되지 못했다.”

여몽의 형주 점령 과정에 대해 실제 역사는 소설과 다르게 기록하고 있다.

『삼국지』「오서·오주전」과 「오서·여몽전」, 『자치통감』 권68 「한기 60」의 기록을 참고하여 형주 점령 과정을 간단하게 정리하면 아래와 같다.

소설: 심양강潯陽江 – 강변 봉화대 군사 제압 – 형주 습격(관우 가족을 별택에 지내게 함) – 공안 탈취(부사인 투항) – 남군 탈취(미방 투항)

역사: 심양尋陽 당도 – 강변 초병 제압 – 공안 습격(장군 사인 체포) – 강릉(남군) 탈취(미방 투항, 우금 석방, 관우 가족 구금)

형주는 주州 명칭이고 남군은 형주에 소속된 군郡 명칭(17개 현 관할)이다. 강릉은 형주 남군에 속해 있으며 남군의 치소였다.

형주란 무엇인가?

일반적으로 후한 시기에 형주는 군郡이 일곱 개였으나 후한 말에 두 개 군이 분리되어 아홉 개 군이 되었으며 '형양구군荊襄九郡'이라 불렸다.

『한서』「지리지」와 『후한서』「군국지」에 따르면 전한과 후한의 형주는 군이 일곱 개였는데, 장강 이북의 남군南郡, 강하군江夏郡, 남양군南陽郡과 장강 이남의 장사군長沙郡, 무릉군武陵郡, 영릉군零陵郡, 계양군桂陽郡으로 기재되어 있다. 그러나 후한 말년에 유표가 형주자사를 담당했을 때 형주는 이미 군이 여덟 개가 되어 있었다. 남양군 장릉현章陵縣에 장릉군章陵郡을 설치했다.(치소治所는 장릉현, 지금의 후베이성 짜오양棗陽 남쪽) 장릉군은 조조가 형주를 취한 후 남양군에 편입시켰다. 조조는 다시 남양군의 일부분을 떼어내어 양양군襄陽郡(치소는 양양현襄陽縣으로 지금의 후베이성 샹양襄陽)을 설치하면서 형주는 모두 아홉 개 군이 되었다. 이것이 바로 '형양구군'의 유래다.

소설에서 형주라는 명칭이 끊임없이 등장하는데 형주는 본래 주州 명칭이지 어떤 한 성의 명칭을 가리키는 것은 아니다. 삼국 시기에 형주라 칭한 것은 주 명칭인 형주를 나타내는 것이 아니라 바로 강릉江陵(남군의 치소)을 말한다. 유비가 형주를 빌린다고 말한 것은 남군의 치소인 강릉을 말하는 것이지 주 전체인 형주를 말하는 것은 아니며, 또한 관우가 잃은 형주도 사실은 강릉을 말한다. 강릉을 습관적으로 형주라 말하는 것은 삼국시대 이후 서진西晉, 수隋, 당唐, 송宋, 원元, 명明, 청淸이 모두 강릉을 형주의 치소로 삼았기 때문이다.

소위 형주의 치소라는 것은 형주 주부州府의 소재지를 말한다. 유표가 관할하던 시기에 형주 치소는 남군의 양양襄陽이었지 강릉은 아니었다. 적벽대전 이후에 유비가 형주목에 천거되어 공안公安에 있다가 나중에 비로소 강릉으로 옮기게 된다.

소설 『삼국지』에서 말하는 '형주성荊州城'은 두 가지 의미가 있는데, 적벽대전 이전 유표의 관할에 있었던 형주성은 양양을 가리키고, 적벽대전 이후의 형주성은 통상적으로 강릉을 가리킨다.

제 76 회

맥성에 갇힌 관운장

서공명은 면수에서 크게 싸우고,
관운장은 패해 맥성으로 달아나다

徐公明大戰沔水,
關雲長敗走麥城

형주[1]를 잃었다는 소식을 들은 미방은 어찌해볼 도리가 없었다. 그때 별안간 공안을 지키던 장수 부사인이 왔다는 보고가 들어왔다. 미방은 황급히 맞이해 성으로 들이고는 그 까닭을 물었다. 부사인이 말했다.

"내가 불충한 것이 아니오. 형세는 위태롭고 힘이 곤궁하여 더 이상 견뎌낼 수 없어 내 동오에 항복한 것이오. 장군 또한 일찌감치 항복하는 것이 차라리 나을 듯하오."

미방이 말했다.

"우리가 한중왕의 두터운 은혜를 입었는데 어찌 차마 배신할 수 있겠소?"

부사인이 말했다.

"관공이 떠나던 날 우리 두 사람을 몹시 미워했으니 승리를 얻고 돌아오는 날에는 틀림없이 가볍게 용서하지 않을 것이오. 공은 깊이 헤아려주시오."

"우리 형제가 오랫동안 한중왕을 섬겼는데 어찌 하루아침에 배신할 수 있겠소?"

한창 망설이고 있는데 별안간 관공이 사자를 보냈다는 보고가 들어왔고 이에 사자를 맞아들여 대청에 올랐다. 사자가 말했다.

"관공의 군중에 군량이 떨어져 특별히 남군과 공안 두 곳에서 쌀 10만 석을 가져오라 하셨습니다. 두 장군께서 밤새 운반하여 전장에 인도하셔야 합니다. 만일 지체된다면 즉시 참수하겠다고 하셨습니다."

깜짝 놀란 미방이 부사인을 돌아보며 일렀다.

"지금 형주가 이미 동오에 넘어갔는데[2] 그 군량을 어떻게 가져간단 말이오?"

부사인이 엄하게 말했다.

"더 이상 의심할 필요 없소!"

즉시 검을 뽑더니 대청 위에서 사자를 베어버렸다. 미방이 놀라 말했다.

"공은 어쩌려고 그러시오?"

부사인이 말했다.

"관공의 뜻은 바로 우리 두 사람을 죽이려는 것에 있소. 우리가 어찌 속수무책으로 죽임을 당할 수 있겠소? 공은 이제 일찌감치 동오에 항복하지 않으면 틀림없이 관공에게 살해되고 말 것이오."

한창 이야기하고 있는데 별안간 여몽이 군사를 이끌고 성 아래까지 쳐들어왔다는 보고가 들어왔다. 깜짝 놀란 미방은 이에 부사인과 함께 성을 나가 투항했다. 여몽은 크게 기뻐하며 손권에게 인도했다. 손권은 두 사람에게 후한 상을 내렸고, 백성을 안정시킨 다음 삼군을 크게 위로하고 대접했다.❶

이때 허도에 있던 조조는 여러 모사와 함께 형주의 일을 의논하고 있었는데 별안간 동오의 사자가 서신을 받들고 왔다는 보고가 들어왔다. 조조가 불러들이자 사자가 서신을 바쳤다. 뜯어보니 오의 군대가 장차 형주를 기습할 것이라는 자세한 내용과 조조에게 운장을 협공해달라는 요청이었다. 그리고 덧붙여 당부했다.

"누설하지 마십시오. 그리되면 운장의 대비가 있을 것입니다."

조조가 여러 모사와 상의하자 주부 동소가 말했다.

"지금 번성이 곤궁에 빠져 있어 목을 길게 빼고 구원을 바라고 있을 것이니 사람을 시켜 이 편지를 번성 안으로 보내 군심을 느긋하게 하고, 동오가 장차 형주를 기습할 것이라는 사실을 관공이 알게 하는 것이 좋을 듯합니다. 그는 형주를 잃을까 두려워 반드시 신속하게 군대를 물릴 것이고 그 기회를 이용해 서황으로 하여금 들이치게 한다면 완전무결한 공업을 이룰 수 있을 것입니다."

조조는 그 계책을 따르기로 하고 사람을 보내 서황에게 급히 싸우라고 재촉하는 한편, 직접 대군을 통솔하여 곧장 낙양의 남쪽 양릉파陽陵坡[3]로 가서 조인을 구하기로 했다.

한편 서황이 군막 안에 앉아 있는데 별안간 위왕의 사자가 왔다는 보고가 들어왔다. 서황이 맞아들이고 오게 된 까닭을 묻자 사자가 말했다.

"지금 위왕께서 이미 군사를 이끌고 낙양을 지나가셨습니다. 장군께 급히 관공과 싸워 번성의 곤란함을 해결하라고 하셨습니다."

한창 이야기하고 있는데 정찰 기병이 보고했다.

"관평이 언성[4]에 군사를 주둔시켰고 요화는 사총[5]에 군사를 주둔시키고 있는데 앞뒤로 열두 개의 군영이 잇닿아 연결되어 있습니다."

서황은 즉시 부장인 서상徐商과 여건呂建을 내보내 가짜 서황의 깃발을 내걸고 언성으로 달려가 관평과 교전을 벌이게 했다. 서황 자신은 500명의 정예병을 이끌고 면수를 돌아 언성의 배후를 기습하러 갔다.

한편 서황이 직접 군사를 이끌고 왔다는 소식을 들은 관평은 즉시 본부 군사를 거느리고 맞서러 나왔다. 양쪽 진이 둥그렇게 원형을 이루자 관평이 말을 몰고 나와 서상과 맞붙었는데 서상은 3합 만에 대패하여 달아났다. 여건이 출전했지만 역시 5~6합 만에 패해서 달아났다. 관평이 기세를 몰아 20여 리를 뒤쫓았을 때 별안간 성안에서 불길이 일어났다는 보고가 들어왔다. 계책에 빠진 것을 알게 된 관평이 군대를 통솔하여 언성을 구하러 돌아가려 했다. 그때 한 무리의 군사가 늘어섰다. 서황이 문기 아래에 말을 몰고 나와 세우고는 크게 소리 질렀다.

"관평 조카님은 죽는 것도 모르고 있구나! 이미 형주를 동오에 빼앗겼는데 아직도 여기에서 발광하고 있느냐!"

크게 성난 관평이 말고삐를 놓고 칼을 돌리며 곧장 서황에게 달려들었다. 3~4합도 싸우지 못했는데 삼군이 아우성치는 소리가 들리더니 언성 안에서 불길이 크게 치솟았다. 관평은 감히 싸울 마음이 없어져 큰길을 뚫고 사총의 군영으로 달아났다. 요화가 그를 맞아들이고 말했다.

"사람들이 형주가 이미 여몽에게 습격당했다고 말하고 있고 그 바람에 군사들이 놀라 허둥대고 있소. 이를 어찌하면 좋겠소?"

관평이 말했다.

"그 말은 필시 헛소문일 것이오. 군사들 가운데 다시 그런 말을 하는 자는 목을 치시오."

그때 느닷없이 유성마[6]가 달려와 북쪽의 첫 번째 주둔지가 서황이 이끄는 군사들에게 공격당하고 있다고 보고했다. 관평이 말했다.

"첫 번째 주둔지를 잃게 되면 여러 다른 군영이 어찌 안전할 수 있겠소? 이곳은 모두 면수에 의지하고 있어 적병이 감히 오지 못할 것이오. 그대는 나와 함께 첫 번째 주둔지를 구하러 갑시다."

요화가 부하 장수들을 불러 분부했다.

"너희는 군영을 굳게 지키고 있다가 만일 적이 오면 즉시 불을 붙여 신호를 보내거라."

부하 장수가 말했다.

"사총의 군영에 녹각[7]을 열 겹으로 묻어놓아 비록 새들이라 할지라도 들어올 수 없으니 어찌 적병을 염려하겠습니까!"

그리하여 관평과 요화는 사총 군영의 정예병을 모조리 일으켜 첫 번째 주둔지로 달려갔다. 위의 군사들이 낮은 산 위에 주둔해 있는 것을 본 관평은 요화에게 일렀다.

"서황이 군사를 지리적으로 불리한 곳에 주둔시켰으니 오늘 밤 군사를 이끌고 군영을 급습하면 좋을 것 같소."

요화가 말했다.

"장군은 군사를 반으로 나누어 앞으로 가시오. 나는 본영을 신중하게 지키겠소."

그날 밤 관평은 한 갈래의 군사를 이끌고 위의 군영을 들이쳤으나 단 한 명의 군사도 보이지 않았다. 계책에 빠진 것을 안 관평이 화급하게 물러나려 할 때 왼쪽에서는 서상, 오른쪽에서는 여건이 양쪽으로 협공해왔다. 관평이 대패하여 군영으로 돌아가자 위군이 승세를 몰아 추격해왔고 사면으로 에워쌌다. 관평과 요화는 견뎌내지 못하고 첫 번째 주둔지를 버리고는 곧장 사총의 군영으로 달아났다. 그러나 어느 결에 군영 안에서 불길이 솟구치는 것이 멀리 보였다. 급히 군영 앞으로 달려와보니 온통 위군의 깃발밖에 안 보였다. 관평 등은 군사를 물려 황급히 번성으로 통하는 큰길로 달아났다. 그런데 한 부대가 앞을 막아섰으니 앞장선 대장은 바로 서황이었다. 관평과 요화 두 사람은 죽을힘을 다해 싸워 간신히 길을 찾아 달아났다. 그들이 본부 군영으로 돌아와 관공을 찾아뵙고 말했다.

"지금 서황이 언성 등지를 빼앗은 데다 조조가 직접 대군을 이끌고 세 갈래 길로 나누어 번성을 구하러 오고 있습니다. 그리고 여러 사람이 말하기를 형주가 이미 여몽에게 습격당했다고 합니다."

관공이 고함을 질렀다.

"그것은 적들이 헛소문을 퍼뜨려 우리 군심을 어지럽게 하려는 것뿐이다! 동오의 여몽은 병이 위독해 어린아이 같은 육손으로 대신하게 했으니 걱정할 필요가 없다!"

말을 마치기도 전에 별안간 서황의 군사가 이르렀다는 보고가 들어왔다. 관공이 말을 준비시키자 관평이 말했다.

"아버님께서는 몸이 아직 낫지 않으셨으니 적과 싸우시면 안 됩니다."

관공이 말했다.

"서황은 나와 오랜 친분이 있어 그 능력을 잘 알고 있다. 그가 물러나지 않으면 내 먼저 그를 베어버리고 위나라 장수들을 깨우쳐줄 것이다."

즉시 갑옷을 입고 칼을 잡고는 말에 올라 기세 좋게 달려나갔다. 그를 본 위군들 가운데 놀라 두려워하지 않는 자가 없었다. 관공이 고삐를 당겨 말을 세우고는 물었다.

"서공명徐公明(서황의 자)은 어디에 있는가?"

위의 군영 문기가 열리더니 서황이 말을 몰고 나왔다. 그가 몸을 조금 숙여 인사를 하고는 말했다.

"군후와 헤어진 이래로 벌써 몇 해 동안 보지 못했는데 군후의 머리카락과 수염이 희끗희끗해지리라고는 생각도 못했구려! 지난날 장년[8] 때 따르면서 많은 가르침을 받은 것을 회상하면 감사함을 잊을 수가 없소. 이제 군후의 높은 명망을 중원에 떨치고 있으니 찬탄과 부러움을 이길 수 없구려! 다행히 여기서 만나게 되어 애타게 그리워하던 마음이 깊이 위로가 되었소."

관공이 말했다.

"나와 공명의 친분은 심히 두터워 다른 사람과 비할 바가 아닌데, 지금 무슨 까닭으로 내 아들을 누차 곤궁에 빠뜨려 핍박했소?"

서황이 장수들을 돌아보며 엄하게 소리 질렀다.

"운장의 수급을 취하는 자에게는 천금으로 큰 상을 내리겠노라!"

관공이 놀라 말했다.

"공명은 어찌하여 그런 말씀을 하시오?"

서황이 말했다.

"오늘은 나라의 일이니 내가 감히 사사로운 정으로 공무를 저버릴 수는 없소."

말을 마치더니 큰 도끼를 휘두르며 곧장 관공에게 달려들었다. 관공도 크게 노하여 역시 칼을 휘두르며 맞섰다. 80여 합을 싸웠는데 관공이 비록 무예에 뛰어나다 하더라도 결국은 오른팔에 힘이 빠지기 시작했다. 관평은 관공이 잘못될까 두려워 화급하게 징을 울렸고 이에 관공은 말을 돌려 군영으로 돌아갔다.❷

그때 별안간 사방에서 함성이 크게 진동했다. 알고 보니 번성에 있던 조인이 조조의 구원병이 도착했다는 소식을 듣고는 군사를 이끌고 성을 뛰쳐나와 서황과 힘을 합친 것이었다. 양쪽에서 협공하자 형주의 군사들은 크게 흐트러졌다. 관공이 말에 올라 장수들을 거느리고 급히 양강 상류로 달아나자 위병이 뒤를 추격해왔다. 관공은 급히 양강을 건너 양양을 향해 달아났다.

그때 느닷없이 유성마가 당도하여 보고했다.

"형주[9]는 이미 여몽에게 빼앗겼고 가솔들도 적의 수중에 떨어졌습니다."

관공은 크게 놀랐다. 감히 양양으로 달아나지 못하고 군사를 거느리고 공안을 향해 떠났다. 정찰 기병이 또 보고했다.

"공안 부사인이 이미 동오에 항복했습니다."

관공은 크게 노했다. 그때 갑자기 군량을 재촉하러 갔던 사람이 당도하여 보고했다.

"공안 부사인이 남군으로 가서 공의 명을 받든 사자를 죽이고 미방을 끌어들여 같이 동오에 항복했습니다."

그 말을 들은 관공은 노기가 가슴을 꽉 막아 결국 화살 맞은 상처가 파열되면서 땅바닥에 혼절하고 말았다. 장수들이 소생시키자 관공은 사마 왕보를 돌아보며 일렀다.

"족하의 말을 듣지 않아 오늘 결국 이런 일이 생겼으니 후회막급이오!"

그러고는 물었다.

"강변 위아래로 설치한 봉화대에서는 어찌하여 불을 올리지 않았는가?"

정찰 기병이 대답했다.

"여몽이 수군들에게 모두 흰옷을 입히고 행상으로 꾸며 강을 건너게 했는데 큰 배 안에 숨어 있던 정예병들이 먼저 봉화대를 지키던 사졸들을 사로잡아 불을 붙일 수 없었습니다."

관공이 발을 동동 구르며 한탄했다.

"내가 간사한 적의 꾀에 걸려들었구나! 무슨 면목으로 형님을 뵙는단 말인가!"

군량을 관리하는 도독 조루趙累가 말했다.

"지금 일이 위급하니 사람을 성도로 보내 구원을 요청하는 한편 육로로 가셔서 형주를 취하십시오."

관공은 그 말에 따라 마량, 이적에게 편지 세 통을 건네고 밤새 성도로 달려가 구원을 요청하도록 했다. 그러는 한편 군사를 이끌고 형주를 치러 가면서 자신은 선봉대를 이끌고 먼저 가고 요화와 관평을 남겨두어 뒤를 끊게 했다.

한편 번성의 포위가 풀리자 조인은 장수들을 이끌고 조조를 찾아뵙고는 울면서 절하며 죄를 청했다. 조조가 말했다.

"이것은 하늘이 정한 운수지 너희의 죄가 아니니라."

조조는 삼군에게 후한 상을 내리고 직접 사총 군영으로 가서 주위를 시찰하고는 장수들을 돌아보며 일렀다.

"형주 군사들이 둘레에 도랑을 파고 녹각을 여러 겹 설치했는데도 서공명은 그 한가운데로 깊이 들어가 결국은 완전한 공적을 세웠네. 내가 30여 년 동안 군사를 부렸어도 감히 신속하게 적의 포위를 곧장 뚫고 들어가본 적이 없었소. 공명은 진정 담력과 식견을 겸비한 훌륭한 장수일세!"

사람들이 탄복했다. 조조는 군대를 철수시켜 마피로 돌아가 주둔했다. 서황의 군대가 이르자 조조가 친히 군영을 나가 맞이했는데 군사 모두가 대오에 따라 행군하며 조금의 착오도 없이 질서 정연했다. 조조가 크게 기뻐하며 말했다.

"서장군은 참으로 주아부[10]의 풍모가 있도다!"

즉시 서황을 평남장군平南將軍으로 봉하고 하후상과 함께 양양을 지키면서 관공의 군대를 방어하도록 했다. 조조는 형주가 아직 안정되지 않았기 때문에 여전히 마피에 군대를 주둔시키고 소식을 기다렸다. ❸

한편 형주의 노상에서 나아가지도 물러나지도 못한 채 진퇴양난에 빠진 관공은 조루에게 일렀다.

"지금 앞에는 오군이 있고 뒤에는 위군이 있네. 우리는 그 가운데에 갇혀 있는 데다 구원병도 오지 않으니 어찌하면 좋겠는가?"

조루가 말했다.

"지난날 여몽이 육구에 있을 때 일찍이 군후께 서신을 보내 두 집안이 우호 관계를 맺고 함께 역적 조조를 죽이자고 약속했습니다. 그러나 지금 도리어 조조를 도와 우리를 기습했으니 이것은 맹약을 저버린 것입니다. 군후께서는 잠시 이곳에 군사를 주둔시키고 사람을 시켜 여몽에게 편지를 보내 따지시고 그가 어떻게 대답하는지 보도록 하시지요."

관공은 그 말에 따라 즉시 편지를 써서 형주로 사자를 보냈다.

한편 형주에 있던 여몽은 명령을 발포하여 관공을 따라 출정한 형주 각 군의 장수와 사졸의 집에 오병이 폐를 끼치는 것을 불허했고 달마다 양식을 대주었으며, 병을 앓는 자가 있으면 의원을 보내 치료해주었다. 장수와 사졸 집안사람들은 그 은혜에 감복하여 편안하게 지내며 동요하지 않았다. 그때 별안간 관공의 사자가 당도했다는 보고가 들어오자 여몽은 곽을 나가 영접해 성으로 들이고는 귀빈의 예로 대접했다. 사자가 여몽에게 서신을 올렸다. 글을 읽고 난 여몽이 사자에게 일렀다.

"내가 지난날 관장군과 좋은 관계를 맺었던 것은 나 한 사람의 사견이었소. 오늘의 일은 주공의 명령으로 파견된 것이라 내 마음대로 할 수가 없소. 번거롭겠지만 사자께서는 장군께 돌아가 좋은 말로 내 뜻을 전달해주시오."

즉시 연회를 열어 관대하게 대접하고 역관으로 보내 쉬게 했다. 이에 출정한 장수와 사졸의 집안사람이 모두 와서 안부를 물었다. 가서家書를 동봉하는 사람도 있었으며 말로 소식을 전해달라는 자들도 있었는데 모두가 집안은 무탈하고 의복과 음식이 부족하지 않다고 말했다.

사자가 여몽과 작별하자 여몽은 직접 성 밖으로 나가 전송했다. 관공에게 돌아간 사자는 여몽이 했던 말을 구체적으로 전한 다음 말했다.

"형주성 안에 계시는 군후의 가솔들과 장수들의 식구들은 모두 무사합니다. 의복과 음식도 부족하지 않게 제공해준다고 합니다."

관공이 버럭 화를 냈다.

"이것은 간사한 도적의 계책이다! 내가 살아서 이 도적놈을 죽이지 못하면 죽어서라도 반드시 죽여 내 한을 씻겠노라!"

고함을 질러 사자를 물리쳤다. 사자가 군영을 나가자 장수들이 몰려와 각기 집안의 사정을 물었다. 그는 집안이 모두 무사하며 여몽이 지극히 은혜를 베풀며 돌봐주고 있다고 자세히 말하고는 받아온 가족의 편지들을 각 장수에게 전달해줬다. 그러자 장수들은 각기 기뻐하며 싸울 마음이 없어졌다.

관공이 군사들을 인솔하여 형주를 빼앗으러 가는데 행군 도중에 도망쳐서 형주로 돌아가는 장수와 사졸이 많았다. 관공은 더욱 격노하며 군사를 재촉해 앞으로 나아갔다. 그때 별안간 함성이 크게 진동하더니 한 무리의 군사가 가는 길을 가로막았다. 앞장선 장수는 바로 장흠이었다. 그가 고삐를 당겨 말을 세우고는 창을 잡고 크게 소리 질렀다.

"운장은 어찌하여 일찌감치 항복하지 않는가!"

관공이 욕설을 했다.

"나는 한나라의 장수이거늘 어찌 역적에게 항복하겠느냐?"

말에 박차를 가하고 칼을 춤추듯 휘두르며 곧장 장흠에게 달려들었다. 3합도 못 되어 장흠이 패해 달아났다. 관공이 칼을 쥐고 20여 리쯤 뒤쫓았을 때 별안간 함성이 일어나더니 왼쪽 산골짜기에서 한당이 군사를 이끌며 돌격했고 오른쪽 산골짜기에서는 주태가 군사를 이끌고 쏟아져 나왔다. 장흠도 말 머리를 돌려 다시 싸우러 오니 세 갈래 길로 관공을 협공했다. 관공은 급히 군사를 돌려 왔던 길로 달아났다. 몇 리를 달아나지 못했는데 남쪽 산언덕 위에 사람이 구름처럼 모여 있는 것이 눈에 들어왔다. 그들은 한 폭의 흰 깃발을 흔들고 있었는데 깃발에는 '형주토인荊州土人(형주 원주민)'이라는 네 글자가 적혀 있었다. 그들 모두가 한목소리로 외쳤다.

"형주 본토 사람들은 속히 투항하라!"

크게 노한 관공은 언덕으로 올라 그들을 죽이려고 했다. 그러나 산간 평지 안에서 또 양쪽으로 군사들이 돌진했는데 왼쪽은 정봉, 오른쪽은 서성이었다. 그들이 장흠 등의 세 갈래 군마와 합세하자 함성이 땅을 진동하고 고각 소리가 요란하게 울렸으며 관공을 에워싸며 곤경에 빠뜨렸다. 수하의 장수와 사졸들은 점점 흩어지며 줄어들었고 해질 무렵까지 싸우다가 멀리 사방을 바라보았는데 산 위의 사람들은 모두 형주의 사병들로 형을 부르고 아우를 외쳤으며 아들을 찾고 아비를 구하는 함성이 끊이지 않았다. 그러자 군사들은 마음이 변해 부르는 소리에 대답하며 모두 떠나버렸다. 관공이 고함을 지르며 가지 못하도록 만류했으나 그들을 멈추게 할 수 없었다. 결국 따르는 자는 겨우 300여 명에 불과했다.

삼경까지 싸우고 있는데 마침 동쪽에서 함성이 일어나더니 관평과 요화 두 갈래 길의 군사들이 포위를 뚫고 들어와 관공을 구출했다. 관평이 보고했다.

"군사들의 마음이 이미 어지러워졌으니 반드시 적당한 성을 찾아 잠시 주둔한 뒤 구원병이 오기를 기다려야 합니다. 맥성[11]은 비록 작지만 군사를 주둔시킬 만합니다."

관공은 그 말을 따르기로 하고 남은 군사를 재촉해 맥성으로 향했다. 군사를 나누어 네 개 문을 단단히 지키게 하고는 장수들을 모아놓고 대책을 상의했다. 조루가 말했다.

"이곳은 상용上庸과 가까운데 현재 그곳을 유봉과 맹달이 지키고 있으니 속히 사람을 보내 구원병을 요청하십시오. 그곳에서 한 갈래의 군마를 원조해주고 서천[12]의 대군이 오기를 기다린다면 군심이 저절로 안정될 것입니다."

한창 상의하고 있는데 느닷없이 오군이 이르러 성의 사면을 포위했다는 보고가 들어왔다. 관공이 물었다.

"누가 감히 포위를 뚫고 상용으로 가서 구원을 청하겠는가?"

요화가 말했다.

"제가 가기를 원합니다."

관평이 말했다.

"내가 겹겹의 포위를 뚫고 나갈 수 있도록 호위하겠소."

관공은 즉시 편지를 써서 요화에게 건네주었다. 요화는 편지를 지니고는 배불리 먹고 말에 올라 성문을 열고 달려나갔다. 마침 오의 장수 정봉이 가는 길을 막아서자 관평이 있는 힘을 다해 들이쳤고 정봉은 패해서 달아났다. 요화는 그 틈을 이용해 겹겹의 포위망을 뚫고 나가 상용을 향해 내달렸다. 관평은 성안으로 돌아와 굳게 지키면서 싸우러 나가지 않았다.

이전에 유봉과 맹달이 상용을 치러 갔을 때 태수 신탐申耽이 무리를 인솔하여 항복했기 때문에 한중왕은 벼슬을 더해주어 유봉을 부장군副將軍[13]으로 삼고 맹달과 함께 상용을 지키게 했다. 이날 두 사람은 관공의 군대가 패했다는 소식을 탐지하고는 한창 대책을 상의하고 있었는데 갑자기 요화가 왔다는 보고가 들어왔다. 유봉이 청해 들이고는 돌아가는 상황을 묻자 요화가 말했다.

"관공의 군사가 패하여 맥성에서 곤란한 지경에 빠진 데다 포위까지 당해 지극히 다급한 상황입니다. 촉중의 구원병이 단시간에 올 수 없어 특별히 제게 명하여 포위를 뚫고 나와 이곳으로 구원을 요청하게 하셨습니다. 바라건대 두 장군께서는 속히 상용의 군대를 일으켜 위급함을 구원해주십시오. 조금이라도 지체했다가는 맥성이 틀림없이 함락될 것입니다."

유봉이 말했다.

"장군은 잠시 쉬고 계시오. 내가 계책을 상의해보겠소."

요화는 이에 역관에서 편히 쉬면서 오로지 출병하기만을 기다렸다. 유봉이 맹달에게 일렀다.

"숙부께서 곤란한 지경에 빠지셨으니 어찌하면 좋겠소?"

맹달이 말했다.

"동오의 병사들은 날래고 장수들은 용맹하오. 게다가 형주의 아홉 개 군[14]이 모조리 저들에게 귀속되어 이제 맥성 하나만 남아 있으나 그야말로 탄궁에 사용하는 탄환만큼 협소한 땅이오. 또 듣자 하니 조조가 친히 40~50만 명의 대군을 감독하며 마피에 주둔하고 있다는데 우리 산성山城의 무리로 어찌 두 집안의 강병을 대적할 수 있겠소? 함부로 대적해서는 안 되오."

유봉이 말했다.

"나 또한 그것을 알고 있소. 그러나 관공은 나의 숙부님이신데 어찌 차마 앉아서 구경하면서 구원하지 않을 수 있겠소?"

맹달이 웃으면서 말했다.

"장군은 관공을 숙부로 여기지만 아마도 관공은 장군을 조카로 여기지 않을 것이오. 내가 듣자 하니 한중왕께서 처음에 장군을 양자로 들였을 때 관공이 기뻐하지 않았다고 하오. 그 후 한중왕께서 왕위에 오르신 다음에 후계자를 세우려고 하자 공명이 '이것은 집안일이니 관우와 장비에게 물어 보시지요'라고 했다고 하오. 그래서 한중왕께서 즉시 형주로 사람을 보내 관공에게 물었는데 관공이 장군은 양자이니 본분을 뛰어넘어 후계자로 세울 수 없고 장군을 멀리 상용의 산성에 두어 후환을 방비하라고 한중왕께 권했다고 하오. 이 일은 사람들이 모두 알고 있는 사실인데 어찌 장군만 모른단 말씀이오? 어찌하여 오늘 숙부와 조카의 의리를 자부하다 위험을 무릅쓰고 함부로 행동하려 하시오?"

"그대의 말씀이 비록 맞기는 하나 어찌 거절할 수 있겠소?"

"산성이 우리에게 귀속된 지 얼마 되지 않아 민심이 안정되지 않았으니 감히 경솔하게 군대를 일으켰다가 잃을까 걱정된다고 말씀하십시오."

유봉은 그 말을 따르기로 했다.

이튿날 요화를 청하고는 말했다.

"이 산성이 귀속된 지 오래되지 않아 군사를 나누어 도와주기 어렵소."

요화는 깜짝 놀라 땅바닥에 머리를 찧으며 말했다.

"그렇게 한다면 관공께서는 끝장날 것입니다!"

맹달이 말했다.

"우리가 지금 즉시 간다고 해도 한 잔의 물로 어찌 수레 한 량의 땔감에 붙은 불을 끌 수 있겠소? 장군은 속히 돌아가 촉병이 이르기만을 조용히 기다리는 것이 좋을 것이오."

요화는 크게 통곡하며 구원해달라고 애걸했으나 유봉과 맹달 두 사람은 옷소매를 뿌리치고 일어나 들어가버렸다. 요화는 일이 틀어졌다는 것을 알아챘다. 여러모로 궁리해봐도 한중왕께 구원을 요청할 수밖에 없다고 생각한 요화는 즉시 말에 올라 욕설을 퍼붓고는 성도로 향해 내달렸다.❹

한편 맥성에 갇혀 있는 관공은 상용의 군사들이 오기만을 간절히 바랐으나 아무런 움직임도 보이지 않았다. 수하에는 500~600명만이 남아 있었는데 그나마 태반은 상처를 입었으며, 성안에는 먹을 양식도 없어 몹시 고통스러웠다. 그때 별안간 성 아래서 한 사람이 군후께 드릴 말씀이 있으니 화살을 쏘지 말라고 요청한다는 보고가 들어왔다. 관공이 그 사람을 들이라고 명하고는 누구인지 물어보니 다름 아닌 제갈근이었다. 예를 마치고 차를 마시고 나서 제갈근이 말했다.

"지금 오후의 명을 받들어 특별히 장군께 투항을 권유하러 왔소. 예로부터 '당면한 정세와 조류를 정확하게 파악하는 자가 준걸이다'라고 했소. 장군께서 통솔하던 한상漢上의 아홉 개 군[15]은 이미 모두 다른 사람 수중에 들어갔소. 오직 이곳에 외로운 성 하나만 남았으나 이 또한 안으로는 먹을 양식과 마초가 없고 밖으로는 지원군이 없으니 위기가 조석에 달려 있소. 장군은 어찌하여 내 말에 따라 오후에 귀순하여 형양을 다시 통솔하고 가솔들을 보전하지 않으시오? 군후께서 심사숙고하시면 다행이겠소."

관공은 정색을 하며 말했다.

"나는 해량[16] 땅의 한 무사에 불과했으나 우리 주공의 수족 같은 대접을 받았으니 어찌 의리를 배반하고 적국에 몸을 의탁할 수 있겠소? 성이 깨진다면 오로지 죽음만 있을 뿐이오. 옥을 부술 수는 있어도 그 순백의 본질까지 바꿀 수는 없고 대나무는 태울 수 있어도 그 마디까지 없앨 수는 없소. 몸은 비록 죽는다 하더라도 이름은 죽백에 드리울 것이오. 그대는 여러 말 하지 말고 속히 성을 나가시오. 내 손권과 생사를 걸고 마지막 승부를 겨룰 것이오!"

제갈근이 말했다.

"오후께서는 군후와 춘추 시기의 진秦과 진晉 양국이 대대로 혼인을 맺어 우호 관계를 유지했듯이 힘을 합쳐 조조를 깨뜨리고 한실을 함께 지탱하시고자 할 뿐 다른 뜻은 없소. 군후께서는 어찌하여 이토록 깨닫지 못하고 고집만 부리시오?"

말을 미처 마치기도 전에 관평이 검을 뽑아 앞으로 나오며 제갈근의 목을 치려고 했다. 관공이 그를 말리며 말했다.

"저자의 아우 공명은 촉에서 너의 숙부님을 보좌하고 있으니, 지금 만일 저자를 죽인다면 그 형제의 정을 상하게 하는 것이다."

즉시 좌우에 호령하여 제갈근을 쫓아내게 했다.

제갈근은 얼굴 가득 부끄러운 빛을 띠고 말에 올라 성을 나가 돌아가서는 오후를 만나 말했다.

"관공의 마음이 철석같아 설득할 수 없었습니다."

손권이 말했다.

"참으로 충신이로다! 그렇다면 어찌해야 좋겠소?"

여범이 말했다.

"제가 길흉을 점쳐보겠습니다."

손권이 즉시 그에게 점을 치도록 했다. 여범이 시초[17]로 점을 치자 '지수사'[18]의 괘상이 나왔다. 더욱이 현무가 화합하니 적이 멀리 달아남을 나타내는 점괘였다. 손권이 여몽에게 물었다.

"점괘가 적이 멀리 달아난다고 예시했는데 경은 무슨 계책으로 그를 사로잡으려 하오?"

여몽이 웃으면서 말했다.

"괘상이 바로 제 생각과 합치됩니다. 관공이 비록 하늘로 솟구칠 날개가 있다 하더라도 제가 쳐놓은 그물을 벗어나 날아가지는 못할 것입니다!"

용이 도랑에서 노닐면 새우에게 조롱당하고

봉황이 새장에 들어가면 새가 얕잡아 본다네

龍遊溝壑遭蝦戲, 鳳入牢籠被鳥欺

여몽의 계책은 무엇일까?❺

第76회 맥성에 갇힌 관운장

❶

부사인은 정말 관우를 배반하고 투항했을까?

『삼국지』「오서·여몽전」에 "여몽이 남군에 당도하자 사인과 미방이 모두 투항했다"고 기록되어 있다. 「촉서·관우전」과 『자치통감』 권68 「한기 60」은 "남군태수 미방이 강릉에 주둔해 있었고 장군 사인이 공안에 주둔했는데, 평소 관우가 자신들을 경시했으므로 불만을 가지고 있었다. 관우가 출병하자 미방과 사인이 군수 물자를 공급했는데 제때 공급하지 않았다. 관우가 '내 돌아가면 반드시 그들을 처벌하겠다'고 말했다. 미방과 사인은 속으로 두려워하며 불안해했다. 이에 손권이 은밀히 미방과 사인에게 투항을 권하자 그들은 사람을 시켜 손권을 맞이했다"고 하여 소설과 비슷하게 기록하고 있다.

그러나 『삼국지』「오서·오주전」에서는 "윤달(건안 24년, 윤10월)에 손권은 관우를 정벌하려고 먼저 여몽을 보내 공안을 습격했고 장군 사인을 포로로 잡았다. 여몽이 남군에 이르자 남군태수 미방은 성을 바치고 투항했다"고 하여 사인이 투항한 것이 아니라 포로로 잡힌 것으로 다르게 기록하고 있다.

또한 「오서·여몽전」 배송지 주 『오서』에 따르면 우번이 사인을 만나고자 했는데 사인은 만나려 하지 않았다. 우번이 투항을 권유하는 편지를 쓰자 사인은 편지를 읽고는 눈물을 흘리며 투항했다고 기록되어 있다. 『오록吳錄』은 "남군성 안에 불이 나 군의 물자가 불에 탔다. 관우는 미방을 책망했는데 미방이 내심 두려워하던 차에 손권이 그 소식을 듣고 유인했으며 미방은 몰래 어울렸다. 여몽이 공격하자 이에 소와 술을 바치며 나와 투항했다"고 기록하고 있다.

소설에서는 '부사인傅士仁'으로 표현되어 있지만 역사서에는 일관되게 '장군 사인士仁'으로 기록되어 있다.

❷

『삼국지』「촉서·관우전」 배송지 주 『촉기蜀記』는 당시 서황과 관우의 만남에 대해 다음과 같이 기록하고 있다.

"관우와 서황은 예전부터 서로 아꼈다. 그들이 멀찍이서 서로 이야기를 나누었는데 일상적인 이야기만 나누었을 뿐 군사 관련 일은 언급하지 않았다. 잠시 후 서황이 말에서 내리더니 명령을 내렸다.

'관운장의 머리를 가져오는 자에게는 상으로 황금 1000근을 주겠노라.'

관우가 놀라 두려워하며 서황에게 '대형大兄, 무슨 말씀이십니까?'라고 말하자 서황이 '이것은 나랏일일 따름입니다'라고 했다."

❸

조조군은 관우를 쫓지 않았다

관우가 번성의 포위를 풀고 물러났을 때 조조군은 관우를 추격하지 않았다. 『삼국지』「위서·조엄전趙儼傳」에 그 이유를 알 수 있는 대목이 있다.

"조엄은 의랑 직분으로 조인의 군사 사무에 참여하여 남쪽으로 가서 평구장군平寇將軍 서황과 함께 전진했다.

조인이 장수들을 소집해 상의했는데, 모두 말했다.

'지금 관우가 위기에 처해 두려워하고 있는 때를 이용해 추격하면 반드시 사로잡을 수 있습니다.'

조엄이 말했다.

'지금 관우는 세력이 고립되어 달아났지만 훗날 살아남아 손권에게 화가 될 것입니다. 만일 패한 군사를 깊숙이 추격한다면 손권은 태도를 바꾸어 그들과 화해할 것이고 우리에게 재앙을 가져올 것입니다. 위왕께서는 이 일을 반드시 심사숙고하실 것입니다.'

조인은 즉시 계엄을 해제했다. 관우가 도망쳤다는 소식을 들은 태조는 장수들이 추격할 것을 염려하여 신속하게 조인에게 추격하지 말도록 타일렀으니 조엄의 추측과 같았다."

소설에는 조엄이라는 인물이 등장하지 않으나 조엄은 조조의 중요한 모사 가운데 한 사람이었고 조비 때는 고위직에 오른 인물이었다.

❹

『삼국지』「촉서·유봉전」에 따르면 "관우는 번성과 양양을 포위한 뒤부터 유봉과 맹달을 연이어 불러 군대를 파견해서 자신을 돕도록 명했다. 유봉과 맹달은 산지山地의 군郡 백성이 막 투항하여 귀순했기에 가볍게 출병하여 동요시킬 수 없다는 이유로 관우의 명령을 받아들이지 않았다"고 기록하고 있다. 이를 통해 관우가 맥성에 갇힌 이전부터 유봉과 맹달에게 군사 지원을 요청했으나 그들이 따르지 않았음을 알 수 있다.

요화가 성도로 가서 구원을 요청했을까?

『삼국지』「촉서·종예전宗預傳」은 요화에 대한 내용을 다음과 같이 기록하고 있다.

"요화는 자가 원검元儉이고 본래 이름이 요순廖淳이며 양양 사람이다. 전장군 관우의 주부로 있다가 관우가 패하자 오나라에 귀순했다. 요화는 선주에게 돌아가려는 생각에 죽은 체했는데 그때 사람들은 진짜로 믿었으므로 노모를 모시고 밤낮으로 서쪽을 향했다. 마침 선주가 동쪽으로 정벌에 나섰다가 자귀秭歸(현 명칭, 치소는 후베이성 쯔구이秭歸)에서 만나게 되었고 선주는 크게 기뻐하며 요화를 의도宜都(군 명칭, 치소는 후베이성 이두宜都 서북쪽)태수로 삼았다. 함희咸熙 원년(264) 봄에 요화와 종예는 함께 내륙 낙양으로 이동하다가 도중에 병으로 죽었다."

이때 요화가 오나라에 귀순한 것으로 기록되어 있어 성도로 구원을 요청하러 가지 않았다는 것을 알 수 있다. 또한 소설 제81회에서 유비가 동오 정벌에 나설 때 요순廖淳이라는 인물이 등장하면서 요화와 다른 사람처럼 묘사되었는데 역사는 요화의 본명이 요순이었다고 기록하고 있다.

❺

『삼국지』「오서·오주전」과 『자치통감』 권68 「한기 60」에 "관우는 당양當陽(현 명칭, 치소는 후베이성 당양當陽 동쪽)으로 돌아와 서쪽으로 향하여 맥성麥城(후베이성 당양當陽 동남쪽)을 지켰다. 손권이 사자를 보내 그에게 항복을 권했다. 관우는 거짓으로 투항하고 성 위에 깃발과 사람 형상을 세워놓고는 그 틈을 타서 도주했다. 병사는 모두 와해되어 흩어지고 겨우 10여 명의 기병만이 그를 따랐다. 손권은 먼저 주연과 반장을 보내 그가 도주하는 오솔길을 차단했다"고 기록되어 있다.

관우에게 투항을 권유하기 위해 보낸 사자가 제갈근이었는지는 알 수 없지만 아마도 아닐 것이라 판단된다.

제 77 회

옥천산의 신령이 된 관운장

관공은 옥천산에서 신령이 되어 나타나고,
조조는 낙양성에서 신에게 감복하다

玉泉山關公顯聖,
洛陽城曹操感神

손권이 여몽에게 계책을 묻자 여몽이 대답했다.

"제가 헤아리건대 관우는 군사가 적어 틀림없이 큰길로 달아나지 않을 것입니다. 맥성 북쪽에 험준한 오솔길이 있는데 반드시 그 길로 향할 것입니다. 주연에게 정예병 5000명을 주어 맥성 북쪽 20리 떨어진 곳에 매복하게 하십시오. 저들이 이르더라도 대적해서는 안 되고 뒤를 쫓으면서 불시에 들이쳐야 합니다. 그러면 저들은 싸울 마음이 없어져 반드시 임저[1]로 달아날 것입니다. 반장에게 정예병 500명을 주어 임저의 산 후미진 오솔길에 매복시키면 관우를 사로잡을 수 있을 것입니다. 지금 장수와 사졸들을 각 문으로 보내 공격하게 하고 북문만 비워두어 그들이 달아나도록 해야 합니다."

계책을 들은 손권은 여범에게 다시 점을 치게 했다. 괘가 이루어지자 여범이 고했다.

"이 괘는 적이 서북쪽으로 달아나는 것을 예시하는데 오늘 밤 해시亥時에 반드시 사로잡을 수 있을 것입니다."

손권이 크게 기뻐하며 즉시 주연과 반장에게 두 갈래로 정예병을 이끌고

각자 군령에 따라 매복하게 했다.[1]

한편 관공은 맥성에서 마보군의 수를 점검해보았다. 300여 명만 남은 데다 양식과 마초도 모조리 바닥이 난 상태였다. 그날 밤 성 밖에서 오병들이 각 군사의 이름을 부르자 성을 넘어 달아난 자가 매우 많았고 더군다나 구원병도 오지 않았다. 내심 아무런 계책이 없는 관공이 왕보에게 일렀다.

"지난날 공의 말을 듣지 않은 것이 후회되네! 오늘 사태가 위급하니 장차 어찌하면 좋겠는가?"

왕보가 울면서 고했다.

"오늘의 사태는 비록 자아子牙(강태공)가 다시 태어난다 해도 어찌해볼 도리가 없습니다."

조루가 말했다.

"상용의 구원병이 오지 않는 것은 유봉과 맹달이 고의로 군사를 움직이지 않았기 때문입니다. 어찌하여 이 외로운 성을 버리고 서천으로 들어갔다가 다시 군대를 정돈하여 회복하지 않으십니까?"

관공이 말했다.

"나 또한 그렇게 하려고 하네."

즉시 성에 올라 살펴보았다. 북문 밖에 적군이 많지 않은 것을 보고는 성에 거주하는 백성에게 물었다.

"이곳에서 북쪽으로 가면 지세는 어떠한가?"

"그쪽은 모두 후미진 오솔길로 서천으로 통합니다."

관공이 말했다.

"오늘밤 그 길로 가야겠구나."

왕보가 간언했다.

"오솔길에 매복이 있을 테니 큰길로 가시는 것이 좋을 듯합니다."

"비록 매복이 있다 하더라도 내 무엇을 두려워하겠는가!"

즉시 마보군에게 명령을 하달하고, 성을 나갈 준비를 했다. 왕보가 울면서 말했다.

"군후께서는 가시는 길에 신중하시고 몸조심하십시오! 저는 부하 장졸 100여 명과 함께 죽을힘을 다해 이 성을 지키겠습니다. 성이 비록 깨진다 하더라도 몸은 절대로 항복하지 않을 것입니다! 오직 군후께서 속히 오셔서 구원해주시기만을 바라고 있겠습니다!"

관공 또한 눈물을 흘리며 작별하고 마침내 주창에게 왕보와 함께 남아서 맥성을 지키게 했다. 관공은 관평, 조루와 함께 남은 군졸 200여 명을 이끌고 북문으로 돌진했다. 칼을 비껴들고 앞으로 나아가니 초경이 지날 무렵에 대략 20여 리를 달렸다. 그때 움푹 들어간 곳에서 징과 북이 일제히 울리고 함성이 크게 진동하더니 한 무리의 군마가 나타났다. 앞장선 대장은 주연으로 창을 잡고 말을 질주하며 소리 질렀다.

"운장은 달아나지 마라! 일찌감치 투항하여 죽음을 면하거라!"

크게 노한 관공이 칼을 돌리며 말에 박차를 가하면서 달려나가 싸웠다. 주연이 이내 달아나자 관공은 기세를 몰아 뒤를 추격했다. 한 차례 북 치는 소리가 들리더니 사방에서 매복병이 일어났다. 관공이 감히 싸우지 못하고 임저로 향하는 오솔길로 달아나니 주연이 군사를 인솔하여 들이쳤다. 관공을 따르던 군사들은 점점 줄어들었다. 4~5리도 채 가지 못했는데 앞쪽에서 함성이 또 진동하며 불길이 크게 일어나더니 반장이 칼을 춤추듯 휘두르며 말을 질주해 달려왔다. 관공이 크게 노하여 칼을 돌리며 맞섰는데 단 3합 만에 반장이 패하여 달아났다. 관공은 감히 승리에 연연해 싸울 수 없어 급히 산길을 향해 달아났다. 등 뒤로 관평이 쫓아와서는 조루가 이미 난군 속에서 죽었다고 보고했다. 관공은 비통과 당황스러움을 이기지 못하고 즉시 관평에게 뒤를 끊게 하고는 자신은 앞장서서 길을 열었는데 따르는 자가 10여 명에 불과했다. 결석決石[2]에 이르니 양쪽은 산이고, 산기슭에는 갈대와 마른 풀로 덮여 있었으며 수목이 울창하게 우거져 있었다. 때는 이미 오경이 끝나갈 무렵이었다. 한참 가고 있는데 한바탕 고함치는 소리가 들리더니 양쪽에서 복병이 모조리 뛰어나오며 긴 갈고리와 올가미를 일제히 던져 먼저 관공이 타고 있던 말을 걸어 자빠뜨렸다. 그 바람에 관공은 몸이 뒤집히며 말에서 떨어졌고 반장의 부하 장수 마충馬忠에게 사로잡히고 말았다. 부친이 사로잡힌 것을 본 관평은 화급히 구하러 왔으나, 뒤에서 반장과 주연이 군사를 거느리고 일제히 달려와 관평을 사방으로 에워쌌다. 관평은 단신으로 홀로 싸웠으나 힘이 다하여 역시 잡히고 말았다.

동이 틀 즈음에 손권은 관공 부자가 이미 사로잡혔다는 소식을 듣고는 크게 기뻐하며 장수들을 군막으로 모이게 했다. 잠시 후 마충이 관공을 에워싸고 손권 앞에 이르렀다. 손권이 말했다.

"내가 오랫동안 장군의 크고 훌륭한 덕을 경모하여 진秦과 진晉의 양국이 대대로 혼인을 맺어 우호 관계를 유지한 것처럼 하려 했는데 어찌하여 저버렸소? 공은 평소에 스스로를 천하무적이라 여겼는데 오늘은 무슨 까닭으로 내게 사로잡힌 것이오? 오늘도 여전히 이 손권에게 복종하지 않겠소?"

관공이 엄하게 욕을 퍼부었다.

"눈 푸른 어린놈에다 자줏빛 수염 달린 쥐새끼 같은 놈아! 나는 유황숙과 도원에서 결의하면서 한실을 지탱하고자 맹세했는데 어찌 너 같은 한나라를 배반한 역적 놈과 한 패거리가 된단 말이냐! 내 지금 실수로 간사한 계책에 걸려들었으니 죽음만이 있을 뿐이다. 구태여 여러 말 지껄일 필요가 있느냐!"

손권이 관원들을 돌아보며 말했다.

"운장은 세상의 호걸이라 내 그를 깊이 아끼고 있소. 지금 예로써 대접하여 귀순을 권하고자 하는데 어떻겠소?"

주부 좌함左咸이 말했다.

"안 됩니다! 지난날 조조가 저 사람을 얻었을 때 후侯로 봉하고 작위를 하사했으며 사흘마다 작은 잔치를 열었고 또 닷새마다 큰 잔치를 베풀었습니다. 말에 오르면 황금을 주고 말에서 내리면 은을 주면서 은혜를 베풀고 예로 대접했는데도 끝내는 머물게 하지 못했고 관문을 지키는 장수들을 베어 죽이고 떠났다는 소리만 들었습니다. 오늘에 와서는 도리어 핍박을 받아 관공의 예리함을 피해 거의 천도까지 하고자 했습니다. 지금 주공께서 그를 이미 사로잡으셨으니 만일 즉시 제거하지 않으면 아마도 후환거리를 남기시게 될 것입니다."

손권이 한참 동안 망설이다가 말했다.

"그 말이 맞소."

마침내 끌어내라 명했다. 그리하여 관공 부자는 같이 죽임을 당했다. 이때가 건안 24년(219) 겨울 12월이었다. 관공이 죽었을 때 그의 나이 58세였다.[3] 후세 사람이 탄식한 시가 있다.

> 한 말에 그의 재주 대적할 자 없었으니
> 운장만이 무리 중에 홀로 출중했도다
> 신기한 위력으로 그 무용을 드날렸고
> 기품이 의젓한 데다 학문도 깊었도다

하늘과 태양 같은 마음 거울 같았으며
춘추의 의리는 구름까지 다다랐도다
그 명명백백함은 만고에 드리울 것이니
삼국 시기에서만 으뜸인 것은 아니라네
漢末才無敵, 雲長獨出群
神威能奮武, 儒雅更知文
天日心如鏡, 春秋義薄雲
昭然垂萬古, 不止冠三分

또 이런 시도 있다.

인걸이라면 옛부터 오직 해량 땅을 따르니
사람들 다투어 한나라 운장에게 절하는구나
어느 날 복숭아 동산에서 형과 아우 되더니
천년 내려오며 제사받는 황제와 왕 되었네

기개는 광풍과 우레를 낀 듯 필적할 자 없고
의지는 해와 달이 드리운 듯 빛살이 비추네
지금까지도 사당과 신상은 천하에 가득한데
고목의 갈까마귀 몇 번이나 석양에 울부짖네
人傑惟追古解良, 士民爭拜漢雲長
桃園一日兄和弟, 俎豆千秋帝與王
氣挾風雷無匹敵, 志垂日月有光芒

至今廟貌盈天下, 古木寒鴉幾夕陽

관공이 죽자 그가 타고 다녔던 적토마는 마충이 포획하여 손권에게 바쳤다. 손권은 즉시 마충에게 하사하여 타게 했다. 그러나 적토마는 수일 동안 여물을 먹지 않더니 죽고 말았다.❷

한편 맥성에 있던 왕보는 갑자기 뼈가 흔들리고 살이 떨렸다. 극도로 놀라고 두려운 나머지 주창에게 물었다.

"어젯밤 꿈에 주공께서 온몸에 피를 뒤집어쓰고서는 내 앞에 서 계셨는데 급히 물어보려 했으나 그만 갑자기 놀라 깨고 말았소. 무슨 길흉을 예시하는지 모르겠소."

한창 이야기하고 있는데 별안간 성 아래에 있던 오병이 관공 부자의 수급을 들고서 투항을 권한다는 보고가 들어왔다. 깜짝 놀란 왕보와 주창이 급히 성으로 올라 살펴보니 과연 관공 부자의 수급이었다. 왕보는 외마디 비명을 크게 지르더니 성에서 떨어져 죽었다. 주창도 스스로 목을 베어 죽었다. 그리하여 맥성 또한 동오의 수중에 떨어지고 말았다.❸

한편 관공의 영혼이 흩어지지 않고 정처 없이 떠돌다가 한곳에 이르렀는데 바로 형문주[4] 당양현當陽縣에 있는 옥천산玉泉山이라 불리는 곳이었다. 산꼭대기에 한 노승이 있었는데 법명이 보정普淨으로 원래는 사수관汜水關 진국사鎭國寺의 장로였으나 천하를 구름처럼 돌아다니다 이곳으로 오게 되었다. 산이 좋고 물이 맑은 것을 보고는 풀을 엮어 암자를 짓고 매일 좌선하여 도를 탐구하며 체득했다. 곁에는 한 어린 행자行者만 있었고 탁발하며 살아가고 있었다. 그날 밤은 달빛이 희고 미풍이 온화했다. 보정이 삼경이 지나

암자에 묵묵히 앉아 있었는데 느닷없이 공중에서 누군가 크게 외치는 소리가 들렸다.

"내 머리를 돌려다오!"

보정이 고개를 뒤로 젖혀 자세히 보니 허공에 한 사람이 적토마를 타고 청룡도를 쥐고 있었다. 왼쪽에는 흰 얼굴의 장군이 있었고 오른쪽에는 검은 얼굴에 수염이 곱슬곱슬한 사람이 뒤따랐다. 일제히 구름을 밟고 내려와 옥천산 꼭대기에 이르렀다. 관공임을 알아챈 보정이 바로 수중에 있던 주미[5]로 문을 치며 말했다.

"운장은 어디 계시오?"

관공의 영령이 문득 깨닫고는 즉시 말에서 내려 바람을 타고 암자 앞으로 내려와 두 손을 맞잡고 인사하며 물었다.

"스님은 누구시오? 법호를 알려주시오."

보정이 말했다.

"노승은 보정이라 하오. 지난날 사수관 앞 진국사에서 제가 군후와 만났었는데 어찌 그것을 잊으셨소?"

관공이 말했다.

"나를 구해주신 은혜 마음속 깊이 새기고 잊지 않고 있소. 이제 나는 화를 당해 죽었으니 원컨대 잘못 든 길을 바로잡도록 깨우쳐주시오."

보정이 말했다.

"지난 것은 틀리고 지금은 옳다고 하는 일체를 따지지 마시오. 결과와 원인에는 이유가 있는 것이오. 지금 장군께서 여몽에게 해를 입고 '내 머리를 돌려다오'라고 크게 외쳤으나 안량, 문추와 다섯 관문에서 죽은 여섯 장수 등 많은 사람의 머리는 또 장차 누구에게 찾는단 말이오?"

이에 관공은 문득 깨닫고는 계수[6]하며 불가에 귀의하고는 사라져버렸다. 그 후에 이따금 옥천산에 신령이 되어 나타나 백성을 보호하니 마을 사람들이 그 덕에 감복하여 산꼭대기에 사당을 짓고는 사계절 내내 제사를 지냈다. 후세 사람이 그 사당에 대련對聯 한 편을 지어 붙였다.

붉은 얼굴에 붉은 마음 지니고서
적토마를 타며 바람을 좇으니
질풍처럼 달릴 때도 적제[7]를 잊은 적이 없었다네
푸른 등불에 푸른 역사[8] 읽으며
푸른 청룡언월도 들고 있었으니
숨어 살아도 푸른 하늘에 부끄럽지 않았네
赤面秉赤心, 騎赤兎追風, 馳驅時無忘赤帝
青燈觀青史, 仗青龍偃月, 隱微處不愧青天

한편 관공을 죽이고 마침내 형양의 땅을 모조리 거두어들인 손권은 삼군을 포상하고 위로했다. 연회를 크게 열어 장수들의 공로를 축하하고 여몽을 상석에 앉히고는 장수들을 돌아보며 일렀다.

"내가 오래도록 형주를 얻지 못했는데 지금에서야 손바닥에 침을 뱉어 얻을 정도로 손쉽게 차지한 것은 모두 자명(여몽의 자)의 공로요."

여몽이 거듭 공손하게 사양했다. 손권이 말했다.

"지난날 주랑의 비범한 책략이 남보다 뛰어나 적벽에서 조조를 격파했는데 불행하게도 요절하여 노자경魯子敬(노숙의 자)이 그를 대신했소. 자경이 나를 처음 만났을 때 제왕의 큰 책략을 알려주었으니 이것이 첫 번째 유쾌한 일이었소. 조조가 동쪽으로 내려왔을 때 사람들이 모두 내게 항복을 권유했는데 자경만이 내게 공근(주유의 자)을 불러들여 반대로 조조를 공격하게 했으니 이것이 두 번째 유쾌한 일이었소. 그러나 내게 형주를 유비에게 빌려주라고 권유한 것은 그의 한 가지 단점이었소. 이제 자명이 계획을 세우고 계책을 결정하여 즉시 형주를 취했으니 자경과 주랑보다 훨씬 낫소!"

그러고는 직접 술잔에 술을 따라 여몽에게 하사했다. 여몽이 술을 받아 마시려고 하다가 별안간 술잔을 땅바닥에 내던지더니 한 손으로 손권을 꽉 붙잡고 엄하게 욕설을 퍼부었다.

"눈 푸른 어린놈아! 자줏빛 수염에 쥐새끼 같은 놈아! 아직도 나를 못 알아보겠느냐?"

장수들이 깜짝 놀라 급히 구하려고 하자 여몽이 손권을 밀쳐 넘어뜨리더니 성큼성큼 앞으로 나아가 손권의 자리에 앉았다. 그러고는 양 눈썹을 곤두세우고 두 눈을 부릅뜨며 크게 소리 질렀다.

"내가 황건을 격파한 이래로 30여 년 동안 천하를 종횡했다. 그런데 지금에 이르러 네놈의 간사한 계책으로 하루아침에 나를 도모했으니 내가 살아서 네놈의 고기를 씹어 먹지 못했지만 죽어서라도 이 역적 놈 여몽의 혼령을 따라다닐 것이니라! 내가 바로 한수정후 관운장이다."

손권이 크게 놀라 황망히 대소 장수와 사졸들을 인솔하여 모두 무릎을 꿇고 절을 올렸다. 그러자 여몽이 땅바닥에 쓰러지더니 일곱 구멍으로 피를 흘리면서 죽고 말았다. 그 광경을 본 장수들 가운데 두려워하지 않는 자가 없었다. 손권은 여몽의 시신을 관에 갖추어 안장하고 남군태수, 잔릉후孱陵侯[9]를 추증했으며 그의 아들 여패呂霸에게 작위를 계승하도록 명했다. 손권은 이때부터 관공의 일에 놀라며 의아함을 금치 못했다.❹

그때 갑자기 장소가 건업에서 왔다는 보고가 들어왔다. 손권이 불러들여 오게 된 까닭을 묻자 장소가 말했다.

"지금 주공께서 관공 부자를 죽였으니 강동의 화가 멀지 않았습니다! 이 사람은 유비와 도원에서 결의했을 때 함께 죽기로 맹세한 사람입니다. 지금 유비는 이미 양천[10]의 군사를 보유하고 있는 데다 제갈량의 지모와 장비, 황충, 마초, 조운의 용맹까지 갖추고 있습니다. 유비가 만일 운장 부자가 화를 당한 것을 알기라도 한다면 틀림없이 온 나라의 군사를 모조리 일으켜 있는 힘을 다해 원수를 갚고자 할 것이니 동오가 대적하기 어려울까 걱정됩니다."

그 말을 들은 손권은 깜짝 놀라 발을 동동 구르며 말했다.

"내가 생각을 잘못했구나! 이렇게 된 이상 어떡하면 좋겠소?"

장소가 말했다.

"주공께서는 염려하지 마십시오. 제게 한 가지 계책이 있는데 서촉의 군사가 동오를 침범하지 못하게 하고 형주도 반석처럼 안전하게 만들겠습니다."

손권이 무슨 계책이냐고 묻자 장소가 대답했다.

"지금 조조는 백만의 군사를 보유하고 천하를 호랑이처럼 탐욕스럽게 노려보고 있는데 유비가 급히 원수를 갚고자 한다면 반드시 조조와 손을 잡아야 합니다. 만약 두 군대가 연합하여 쳐들어온다면 동오는 위태로워질 것입니다. 먼저 사람을 파견해 조조에게 관공의 수급을 전달하십시오. 유비에게 조조가 시킨 일이라는 것을 명백하게 알린다면 틀림없이 조조를 몹시 증오하여 서촉의 군사가 오로 향하지 않고 위로 향할 것입니다. 우리는 그들의 승부를 관망하다가 중간에서 일을 취하는 것이 좋을 듯합니다."

손권은 그 말을 따르기로 하고 즉시 목갑에 관공의 수급을 담고는 사자를 보내 밤새 달려가 조조에게 전달하게 했다.

이때 조조는 마피에서 회군하여 낙양으로 돌아와 있었는데 동오가 관공의 수급을 보내왔다는 것을 듣고는 기뻐하며 말했다.

"운장이 이미 죽었으니 내 이제 잠자리에서 편안히 누워 잘 수 있겠구나."

계단 아래에서 한 사람이 나서며 말했다.

"이것은 동오가 화를 전가시키려는 계책입니다."

조조가 보니 바로 주부 사마의였다. 조조가 그 까닭을 묻자 사마의가 대답했다.

"지난날 유비, 관우, 장비 세 사람이 도원에서 결의할 때 생사를 함께하기로 맹세했습니다. 지금 동오가 관공을 해치고는 유비가 원수를 갚을까 두려워 그의 수급을 대왕께 바치는 것으로 유비로 하여금 대왕께 분풀이하여 오가 아닌 위를 공격하게 하려는 것입니다. 도리어 중간에서 기회를 틈타 일을 도모하려는 저들의 계책입니다."

조조가 말했다.

"중달의 말이 맞네. 그럼 내가 어떤 계책으로 그것을 해결해야 하는가?"

사마의가 말했다.

"이 일은 지극히 쉽습니다. 대왕께서 관공의 수급에 향나무를 깎은 몸을 붙이고 대신의 예로 장사 지내주십시오. 유비가 그 사실을 알면 반드시 손권을 깊이 원망하여 온 힘을 다해 남쪽 정벌[11]에 나설 것입니다. 그때 우리는 그들의 승부를 관망하다가 촉이 승리하면 오를 치고 오가 승리하면 촉을 공격하면 됩니다. 만약 두 곳 중에 한 곳을 얻는다면 나머지 한 곳 또한 오래가지 못할 것입니다."

조조가 크게 기뻐하며 그 계책에 따르기로 했다. 즉시 오의 사신을 불러들이자 사자가 목갑을 바쳤다. 조조가 목갑을 열어보니 관공의 얼굴은 평상시와 다름없었다. 조조가 웃으면서 말했다.

"운장공은 이별한 뒤로 별고 없으셨소!"

말을 미처 마치기도 전에 관공의 입이 벌어지고 눈알이 움직이며 수염과 머리카락이 모두 뻗치니 조조가 놀라 쓰러졌다. 관원들이 급히 구했으나 한참이 지나서야 깨어났다. 그가 관원들을 돌아보며 일렀다.

"관장군은 참으로 천신이오!"

오의 사자는 또 관공이 신령이 되어 나타나 여몽의 몸에 붙어 손권을 욕하고 여몽을 따라다니며 죽인 일을 조조에게 고했다. 조조는 더욱 두려워하며 즉시 생례[12]를 바쳐 제사 지내고 침향목沈香木을 조각하여 몸통을 만들었다. 그리고 왕후의 예로 낙양 남문 밖에 장사 지내고는 대소 관원들에게 영구를 배웅하게 했다. 조조 자신도 제사 지내고 그를 형왕荊王으로 추증했으며 관리를 파견해 묘를 지키게 했다. 그러고는 즉시 동오 사신을 강동으로 돌려보냈다.❺

한편 한중왕이 동천에서 성도로 돌아오자 법정이 아뢰었다.

"왕상의 선부인先夫人께서는 세상을 뜨셨고 손부인은 또 남쪽[13]으로 돌아가 반드시 다시 오신다고 할 수 없습니다. 인륜의 도리를 폐할 수 없으니 반드시 왕비를 들여 내정을 돕도록 해야 합니다."

한중왕이 그 말을 따르기로 하자 법정이 다시 아뢰었다.

"오의吳懿에게 누이동생 하나가 있는데 아름다울 뿐만 아니라 어질기까지 합니다. 일찍이 관상을 보는 자가 이 여인의 상을 보고는 반드시 크게 귀해질 것이라고 했답니다. 먼저 유언의 아들 유모劉瑁에게 혼인을 허락했었는데 유모가 요절하고 말았습니다. 그 후로 지금까지 과부로 지내고 있으니 대왕께서 그녀를 들여 왕비로 삼으시면 좋을 듯합니다."

한중왕이 말했다.

"유모는 나와 같은 유씨이니 이치상 불가하오."

법정이 말했다.

"친근과 소원으로 따진다면 진문공晉文公과 회영의 관계[14]와 무엇이 다르겠습니까?"

한중왕은 이에 허락하고 마침내 오씨를 맞아들여 왕비로 삼았다. 나중에 두 아들을 두었는데 장남은 유영劉永으로 자가 공수公壽이고 차남은 유리劉理로 자가 봉효奉孝였다.❻

한편 동서 양천은 백성이 편안하고 나라가 부유했으며 풍년이 들어 곡식을 크게 거두었다. 그때 별안간 형주에서 어떤 사람이 와서는 동오가 관공에게 구혼을 했는데 관공이 극력 거절했다는 말을 했다. 공명이 말했다.

"형주가 위태롭겠구나! 사람을 보내 관공을 대신하게 하고 돌아오도록 해야겠다."

한창 상의하고 있는데 형주에서 승전보를 알리는 사자가 잇달아 당도했다. 하루가 못 되어 관흥이 와서는 칠군을 물에 잠기게 한 일을 구체적으로 보고했다. 갑자기 또 보마[15]가 와서는 관공이 강변에 돈대를 많이 설치하고 매우 엄밀하게 방비하고 있어 만에 하나의 실수도 없다고 보고했다. 이 때문에 현덕은 마음을 놓았다.

그런데 어느 날 갑자기 현덕은 온몸의 살이 떨려 걷거나 앉으나 불안하기만 했다. 밤에도 편안하게 잠을 이룰 수가 없어 일어나서 내당에 앉아 손에 촛불을 들고 책을 읽었는데 정신이 혼미해지더니 작은 탁자에 기대어 누웠다. 그때 방 안에서 한바탕 찬바람이 일어나더니 등불이 꺼졌다가 다시 밝아졌다. 머리를 들자 등불 아래에 한 사람이 서 있는 것이 보였다. 현덕이 물었다.

"누가 한밤중에 나의 내실에 들어왔는가?"

그 사람은 아무런 대답도 하지 않았다. 현덕은 괴이하고 의심쩍어 자리에서 일어나 살펴보았는데 바로 관공이었다. 그가 등불 그림자 아래서 왔다 갔다 하며 피하기만 했다. 현덕이 말했다.

"아우님은 이별한 뒤로 별고 없었는가! 야심한 시각에 이곳에 온 것을 보니 필시 큰 사고라도 있는 것이구먼. 내 자네와는 혈육의 정처럼 돈독한데 어찌하여 나를 피하는가?"

관공이 울면서 고했다.

"원컨대 형님께서 군대를 일으켜 이 아우의 한을 씻어주소서!"

말을 마치자마자 갑자기 찬바람이 일어나더니 관공은 어디론가 사라져 보이지 않았다. 현덕이 불현듯 놀라 깨니 한바탕 꿈이었다. 이때 마침 삼경을 알리는 북소리가 들렸다. 크게 의심이 든 현덕은 급히 정전正殿으로 나가 사람을 시켜 공명을 청했다. 공명이 현덕을 알현하자 현덕이 꿈속에서의 상황을 자세히 이야기했다. 공명이 말했다.

"이것은 주상께서 관공을 생각하여 꿈에 나타난 것입니다. 구태여 지나치게 의심하실 필요가 있겠습니까?"

현덕이 거듭 의심하며 염려했으나 공명이 좋은 말로 풀어주었다.

공명이 작별하고 나와 중문 밖에 이르렀을 때 허정許靖과 정면으로 마주쳤다. 허정이 말했다.

"제가 막 보고드릴 기밀이 있어 군사 부중으로 갔다가 군사께서 입궁하셨다는 말을 듣고 특별히 여기까지 왔습니다."

공명이 말했다.

"무슨 기밀이오?"

허정이 말했다.

"제가 방금 바깥사람이 전하는 말을 들으니 동오의 여몽이 형주를 습격했으며 관공이 이미 해를 입었다고 합니다. 그래서 특별히 군사께 비밀리에 보고드리러 온 것입니다."

공명이 말했다.

"내가 밤에 천체 현상을 살펴보았는데 장성將星(대장을 상징하는 별자리)이 형초荊楚 땅에 떨어지는 것을 보고 운장이 분명히 화를 당했을 것이라 짐작하고 있었소. 그러나 왕상께서 걱정하실까 두려워 감히 말씀드리지 못했소."

두 사람이 한창 말하고 있는데 별안간 한 사람이 전각 안에서 나오더니 공명의 소매를 잡아끌며 말했다.

"그런 불길한 소식을 공은 어찌하여 내게 감추시오?"

공명이 보니 다름 아닌 현덕이었다. 공명과 허정이 아뢰었다.

"방금 했던 말은 모두 전해 들은 일로 깊이 믿을 만한 것이 못 됩니다. 원컨대 왕상께서는 마음을 놓고 걱정하지 마시기 바랍니다."

현덕이 말했다.

"나와 운장은 함께 살고 죽기로 맹세했소. 그가 만약 잘못되기라도 한다면 내 어찌 홀로 살 수 있겠소!"

공명과 허정이 한창 달래며 위로하고 있는데 갑자기 근시가 아뢰었다.

"마량과 이적이 왔습니다."

현덕이 급히 불러들여 상황을 물었다. 두 사람은 형주를 이미 잃었으며 관공의 군대가 패하여 구원을 요청하고 있다고 자세히 말하고는 관공의 표장[16]을 올렸다. 미처 뜯어보기도 전에 시신侍臣(제왕을 가까이 모시는 신하)이 또 형주에서 요화가 왔다고 아뢰었다. 현덕이 급히 불러들였다. 요화는 소리 내어 울면서 땅바닥에서 절을 올리고 유봉과 맹달이 구원병을 보내주지 않은 일을 세세하게 아뢰었다. 현덕은 깜짝 놀랐다.

"그렇다면 내 아우는 끝장이로구나!"

공명이 말했다.

"유봉과 맹달이 그토록 무례했다면 그 죄는 죽어도 용납될 수 없습니다! 왕상께서는 마음을 편히 가지십시오. 제가 직접 1여一旅[17]의 군사를 거느리고 형양의 위급함을 구하겠습니다."

현덕이 울면서 말했다.

"운장이 잘못되기라도 한다면 나는 결단코 홀로 살지 않겠소! 내 내일 직접 일군을 거느리고 가서 운장을 구하겠소!"

즉시 사람을 낭중으로 보내 익덕에게 알리는 한편 인마를 모으게 했다. 동이 트기도 전에 관공이 밤새 임저로 달아났으나 오의 장수에게 사로잡혔고 절개를 굽히지 않다가 부자가 함께 죽임을 당했다는 보고가 연이어 수차례 들어왔다. 보고를 듣고 난 현덕은 크게 외마디 소리를 지르더니 땅바닥에 혼절하고 말았다.

함께 죽기로 맹세했던 그 당시를 생각하면
차마 오늘 그 홀로 목숨을 버리게 하겠는가
爲念當年同誓死, 忍教今日獨捐生

현덕의 목숨은 어떻게 될 것인가?

제77회 옥천산의 신령이 된 관운장

❶

여범呂範은 형주 전쟁에 참여하지 않았다

『삼국지』「오서·여범전」에 따르면 "손권이 관우를 토벌하러 가면서 여범의 임시 거처에 잠깐 들렀다. 손권이 여범에게 말했다. '전에 일찍이 경의 말을 들었더라면 이러한 수고로움은 없었을 것이오. 지금 내가 장강을 따라 형주를 탈취하려고 하니 그대가 나를 위해 건업을 지켜주시오.' 손권은 관우를 무찌르고 돌아왔다"고 기록하고 있다.

이때 여범이 한 말은 9년 전인 건안 15년(210)에 유비가 경구京口로 와서 손권을 만나 형주의 관할권을 요구했을 때 여범이 손권에게 유비를 구금하라고 권했던 것을 말한다.

그러나 역사에는 여범이 형주를 점령하고 관우와의 전투에 참여했다는 기록이 없다. 아마도 방술로 유명했던 오범吳範과 헷갈린 듯하다.

「오서·오범전」에 따르면 손권이 여몽과 함께 관우를 습격할 일을 논의할 때 가까운 신하들은 불가능하다고 했는데 오범에게 묻자 그가 다음과 같이 대답했다.

"오범이 말했다.

'관우를 사로잡을 수 있습니다.'

이후에 관우는 맥성에 머물면서 사자를 보내 투항을 요청했다. 손권이 오범에게 물었다.

'그가 끝내 투항하겠는가?'

오범이 말했다.

'그에게는 도망치려는 징후가 있으니 투항한다고 말하는 것은 속이려는 것입니다.'

손권은 반장을 보내 오솔길에서 관우를 차단하게 했으나, 정찰병이 돌아와 관우가 이미 떠났다고 보고했다. 오범이 말했다.

'비록 떠났을지라도 벗어나지는 못할 것입니다.'

손권이 관우를 언제 사로잡을 수 있을지 묻자 오범이 말했다.

'내일 정오입니다.'

정오가 되었는데도 관우를 압송해오는 것이 보이지 않자 손권이 까닭을 물었다. 오범이 말했다.

'아직 정오가 안 되었습니다.'

잠시 후 바람에 장막이 젖혀지자 오범이 손뼉을 치며 말했다.

'관우가 잡혔습니다.'

오래지 않아 군영 밖에서 큰 소리로 만세를 부르고 관우를 사로잡았다는 보고가 전해졌다."

또한 「오서·우번전」은 다음과 같이 기록하고 있다.

"관우가 패한 뒤에 손권은 우번에게 점을 치게 했다. 태兌가 아래고 감坎이 위인 절節괘를 얻고 오효五爻가 변하여 태가 아래고 곤이 위인 임臨괘를 얻자 우번이 말했다.

'관우는 이틀을 넘기지 못하고 반드시 머리가 잘릴 것입니다.'

과연 우번의 말처럼 되었다. 손권이 말했다.

'그대는 비록 복희伏羲에는 미치지 못하나 동방삭東方朔에게는 견줄 만하오.'"

❷ 관우의 죽음에 대한 의문점

관우의 죽음과 관련된 역사 기록은 일관되지 않으며 상당히 모호하다. 먼저 그의 죽음에 관련된 기록들을 살펴보면 다음과 같다.

『삼국지』「오서·오주전」에는 "건안 24년(219) 12월에 반장의 사마 마충이 장향章鄕(후베이성 당양當陽 동북쪽)에서 관우와 그 아들 관평, 도독 조루를 붙잡았다. 마침내 형주를 평정했다"고 했고, 「오서·주연전」은 "건안 24년, 주연은 관우를 토벌하는 데 참가하여 따로 반장과 함께 임저臨沮에서 관우를 사로잡았다"고 기록하고 있다.

「오서·반장전」에는 "손권이 관우를 토벌할 때 반장은 주연과 함께 관우가 달아날 길을 차단했고 임저에 도착하여 협석夾石에 주둔했다. 반장의 부하 사마 마충이 관우, 관평, 도독 조루 등을 붙잡았다"고 했다. 「오서·여몽전」은 "관우는 자신의 세력이 고립되고 곤궁하게 되었음을 알고는 곧 맥성으로 달아나 서쪽 장향에 이르렀으나 부하들이 모두 관우를 버리고 투항했다. 손권이 주연과 반장을 시켜 그가 경유하는 길을 끊도록 하니 관우 부자가 함께 붙잡혔고 마침내 형주는 평정되었다"고 기록하고 있다.

또한 「촉서·관우전」은 "손권은 장수를 보내 관우를 공격하고 관우와 그 아들 관평을 임저에서 참수했다"고 했고, 배송지 주 『촉기』에는 "손권이 장군을 파견해 관우를 공격했고 관우와 그의 아들 관평을 사로잡았다. 손권이 관우를 살려 유비와 조조에게 대적하게 하려고 하자, 측근들이 '이리 새끼는 기를 수 없습니다. 훗날 틀림없이 해가 될 것입니다. 조공이 즉시 그를 제거하지 않아 스스로 큰 우환거리를 만들어 천도를 논의하게 되었습니다. 지금 어찌 그를 살려줄 수 있겠습니까!'라고 하여 이에 그를 참수했다"고 기록하고 있다.

위 기록들을 살펴보면 관우를 누가 죽였는지에 대해 역사 기록은 "반장과 그의 부하 마충"이라 했고 『촉기』는 "손권에 의해서 참수당했다"고 기록하고 있다. 또한 죽은 장소도 '장향'과 '임저'라는 두 지명이 나오는데 관우가 어디에서 누구한테 죽임을 당했는지 상당히 모호하다.

이 문제에 대한 확실한 역사 기록은 없지만 배송지는 『오서』에 따라 "손권이 반장을 파견하여 관우가 달아날 길을 차단했고 관우가 도착하면 즉시 참수하게 했다. 게다가 임저는 강릉에서 200~300리 떨어진 거리인데 어찌 관우를 바로 죽이지 않고 그의 생사를 논의할 수 있겠는가?", 또한 "'손권이 관우를 살려 유비와 조조에게 대적하게 하려고 했다'라는 말은 사실이 아니다"라고 평가하고 있다. 또한 『자치통감』 권68 「한기 60」은 "손권은 사전에 주연과 반장에게 명하여 관우가 달아날 길을 차단하게 했다. 반장 수하인 사마 마충이 장향에서 관우와 그의 아들 관평을 사로잡았고 참수했다"고 기록하고 있다.

『삼국지』의 기록들과 배송지의 평가 그리고 『자치통감』을 정리하면 확실하지는 않지만 다음과 같은 추론이 가능하다. "반장의 사마 마충이 장향에서 관우를 사로잡았고 임저로 압송하여 손권의 사전 지시에 따라 즉시 관우를 참수했다."

❸

왕보는 이때 죽지 않았다

『삼국지』 「촉서·양희전」에 첨부된 『계한보신찬季漢輔臣贊』에 따르면 "왕국산王國山은 이름이 보甫이고 광한군 처현郪縣(쓰촨성 중장中江 동남쪽) 사람이다. 선주를 수행하여 동오 정벌에 나섰다가 자귀에서 패하여 살해되었다"고 기록하고 있다. 왕보는 이때 죽은 것이 아니라 3년 후인 장무章武 2년(222) 유비가 동오를 정벌했을 때 전사한다.

그리고 주창이란 인물은 역사 기록에 존재하지 않는 허구의 인물이다.

❹

여몽은 병사했다

소설에서는 관우가 신령이 되어 나타나 여몽의 몸에 붙어 손권을 욕하고 여몽을 따라다니다가 그를 죽인 것으로 묘사되었는데 이는 말도 안 되는 일이다. 역사 기록에 따르면 여몽은 병사했다.

『삼국지』「오서·여몽전」에 여몽이 병사한 상황과 그에 대한 손권의 애정을 엿볼 수 있는 대목이 있다.

"여몽이 질병에 걸렸다. 손권은 당시 공안에 있었는데 여몽을 내전으로 맞아들여 그의 병 치료를 위해 온갖 방법을 강구했으며, 경내에서 여몽의 질병을 치유할 수 있는 자에게는 천금의 상금을 내리겠다며 의원을 모집했다. (…) 손권은 항상 그의 안색을 살펴보았는데, 또 여몽이 고생스럽게 몸을 일으킬까 염려되어 담장을 통해 그를 바라보았다. 그가 조금이라도 밥을 먹을 수 있으면 좌우 사람들을 돌아보며 이야기하면서 기뻐했으나 그렇지 못하면 탄식하며 밤에 잠을 이루지 못했다. 여몽의 병세가 호전되면 사면령을 내렸고 군신들이 모두 경하했다. (…) 여몽은 42세에 결국 손권의 내전에서 사망했다. 당시 손권은 매우 비통해했으며 이 때문에 식사량도 줄었다."

또한 "여몽은 어렸을 때 경서와 사서를 배우지 못했으므로 매번 큰일을 진술할 때마다 내용을 구술하고 다른 사람이 글을 써서 표를 작성했다"는 기록이 있다. 여몽은 출신이 가난하고 미천하여 제대로 배우지도 못한 사람이었다. 노숙은 마음속으로 여몽을 경시하고 있었는데 관우를 방비할 계책을 이야기하다 여몽이 노숙에게 다섯 가지 계책을 제출하자 노숙이 자리에서 일어나 여몽의 등을 가볍게 두드리며 "여자명呂子明(여몽의 자), 나는 그대의 재능과 계략이 이 정도까지 이르렀는지는 몰랐소"라고 했다는 기록이 있다. 또한 손권이 여몽에 대해 논할 때 "학문이 향상되어 방법을 강구하고 계책을 세우는 데 보통이 아니니 공근(주유의 자)의 다음이라 하겠다. 다만 언사가 공근의 호방함과 왕성함에 미치지 못할 따름이다"라고 평했다고 역사는 기록하고 있다.

❺

『삼국지』「위서·무제기」에 따르면 "건안 25년(220), 손권이 진격하여 관우를 참살하고 그의 수급을 보내왔다"고 기록하고 있고, 「촉서·관우전」 배송지 주 『오력吳曆』

에 따르면 "손권은 관우의 수급을 조공에게 보냈고 조공은 제후의 예로써 그의 시신을 장사 지내주었다"고 기록하고 있다.

❻

『삼국지』「촉서·이주비자전二主妃子傳」은 오씨에 대해 다음과 같이 기록하고 있다.

"유언劉焉은 유모劉瑁(유언의 아들)를 위해 목황후穆皇后를 아내로 맞이해주었다. 유모가 죽은 뒤 목황후는 과부로 수절했다.

선주가 익주를 얻은 후 손 부인이 오로 돌아갔으므로 신하들이 모두 선주에게 목황후를 맞아들이라고 권했다. 선주는 자신이 유모와 동족이라 망설였는데, 법정의 진언에 따라 목황후를 맞이하여 부인으로 삼았다.

건안 24년, 그녀를 책립하여 한중왕후漢中王后로 삼았다."

소설에서는 오의의 누이동생이라고 했는데 역사는 '오일吳壹'로 기록하고 있다. 또한 오씨를 맞아들인 때를 관우가 사망한 이후로 설정했는데 역사는 관우 사망 5년 전에 이미 왕후로 삼았다고 기록하고 있다.

『삼국지』「촉서·이주비자전」에 따르면 "유영은 후주(유선)의 이복동생"이라고 기록하고 있고, "유리는 후주(유선)의 이복동생이며 유영과도 어머니가 다르다"고 기록하고 있다. 유영과 유리는 친형제가 아니며 오씨(목황후)의 소생도 아니다.

제 78 회

역사 속으로 사라진 천하의 간웅

신의는 풍병을 치료하려다 죽고,
간웅은 유언을 전하고 운명을 다하다

治風疾神醫身死,
傳遺命奸雄數終

관공 부자가 해를 입었다는 소식을 들은 한중왕은 소리 내어 울다가 땅바닥에 쓰러지고 말았다. 문무관원들이 급히 구원했는데 한참이 지나서야 비로소 깨어났다. 그를 부축해 내전으로 모셨다. 공명이 권했다.

"왕상께서는 걱정하지 마십시오. 예로부터 '죽고 사는 문제는 운명에 달려 있다'고 했습니다. 관공이 평소에 강직하고 자긍심이 강해 오늘 이런 화를 당한 것입니다. 왕상께서는 잠시 귀한 몸을 보양하시고 천천히 원수 갚을 일을 도모하십시오."

현덕이 말했다.

"내가 관우, 장비와 함께 도원에서 결의할 때 생사를 함께하기로 맹세했었소. 이제 운장이 죽었으니 내 어찌 홀로 부귀를 누릴 수 있단 말이오!"

말을 마치기도 전에 관흥이 크게 울부짖으며 왔다. 그 모습을 본 현덕은 크게 외마디 소리를 지르더니 또 통곡하다가 바닥에 혼절하고 말았다. 관원들이 다시 소생시켰다. 하루에 3~5차례 통곡하다가 기절을 했고 사흘 동안 물도 마시지 않은 채 통곡만 했다. 눈물이 옷자락을 적셨는데 얼룩덜룩한 것이 나중에는 피로 물들었다. 공명은 관원들과 함께 재삼 달래고 위로했다. 현덕이 말했다.

"내 동오와는 맹세컨대 같은 해와 달 아래에 살지 않으리라!"

공명이 말했다.

"듣자 하니 동오가 관공의 수급을 조조에게 바쳤는데 조조는 왕후의 예로 장사 지내줬다고 합니다."

현덕이 말했다.

"그것은 무슨 뜻이오?"

"이것은 동오가 조조에게 화를 전가시킨 것인데 조조가 그 계책을 알고는 두터운 예로써 관공을 장사 지내주어 왕상의 원망을 오에게 되돌아가게 한 것입니다."

현덕이 말했다.

"내 이제 즉시 군대를 거느려 오에게 죄를 묻고 나의 한을 씻고자 하오!"

공명이 간언했다.

"안 됩니다. 지금 오는 우리가 위를 치기를 바라며 위 또한 우리가 오를 정벌하기를 바라면서 각자 간사한 계책을 품고 틈을 노리고 있습니다. 왕상께서는 잠시 군사 행동을 멈추고 시기를 기다리면서 관공의 장례부터 치르십시오. 오와 위가 화합하지 못할 때를 기다렸다가 기회를 틈타 그들을 정벌하는 것이 좋을 듯합니다."

관원들이 다시 거듭 권하며 간언하자 현덕은 비로소 식사를 하고 왕명을 전달하여 양천의 대소 장수와 사졸 모두에게 상복을 입게 했다. 한중왕은 친히 남문을 나가 죽은 혼을 부르고 제사 지내 추모했으며 종일토록 통곡했다.

한편 낙양에 있던 조조는 직접 관공을 장사 지낸 뒤로 매일 밤마다 잠을 자려고 두 눈만 붙이면 관공이 보였다. 조조는 몹시 놀라고 두려워했다. 그가 관원들에게 묻자 관원들이 대답했다.

"낙양 행궁[1]의 옛 전각에는 요괴가 많으니 새로운 전각을 지어 기거하시는 것이 좋을 듯합니다."

조조가 말했다.

"내가 궁전을 하나 지어 건시전[2]이라 부르고 싶은데 좋은 장인이 없는 것이 한이로다."

가후가 말했다.

"낙양에 소월蘇越이라는 훌륭한 장인이 있는데 생각이 남다르다고 합니다."

조조가 불러들여 도면을 그리게 했다. 소월이 아홉 칸짜리 대전과 앞뒤로 낭무[3]와 누각이 있는 도면을 그려 조조에게 올렸다. 조조가 도면을 보고 말했다.

"네 도면이 내 뜻과 매우 부합하나 마룻대와 들보로 쓸 재목이 없을까 걱정되는구나."

소월이 말했다.

"이곳에서 30리 떨어진 곳에 약룡담躍龍潭이라 부르는 깊은 못이 있고, 앞쪽에 약룡사躍龍祠라는 사당이 하나 있습니다. 사당 옆에 커다란 배나무 한 그루가 있는데 높이가 10여 장이 넘어 건시전의 들보로 사용할 만합니다."

조조가 크게 기뻐하며 즉시 인부들을 시켜 그 나무를 베어 오도록 했다.

이튿날 인부들이 돌아와서는 그 나무가 톱으로도 썰어지지 않고 도끼로 찍어도 날이 들어가지 않아 베어낼 수 없었다고 보고했다. 조조는 그 말을 믿지 못해 직접 수백 명의 기병을 거느리고 곧장 약룡사로 갔다. 말에서 내려 그 나무를 살펴보니 우뚝 솟은 모양이 마치 화개[4]와 같았고 하늘 높이 곧게 뻗은 가지는 은하에 닿을 듯했으며 구부러진 마디조차도 없었다. 조조가 나무를 찍어내라고 명하자 마을 노인 몇 사람이 앞으로 와서 간언했다.

"이 나무는 수백 년 된 것으로 나무 위에는 항상 신선이 살고 있어 아마도 베어낼 수 없을 것입니다."

조조가 버럭 화를 냈다.

"내 평생 40여 년 동안 천하를 돌아다니면서 위로는 천자에서 아래로는 백성에 이르기까지 나를 두려워하지 않는 자가 없었거늘 어떤 요사스러운 귀신이 감히 내 뜻을 거스른단 말이냐!"

말을 마치더니 패검을 뽑아 들고는 친히 그 나무를 찍었다. 그러자 쟁그랑하는 쇳소리가 나더니 나무에서 피가 튀어나와 온몸에 뿌렸다. 아연실색한 조조는 검을 내던지고 말에 올라 궁전으로 돌아왔다. 그날 밤 이경, 마음이 불안한 조조가 잠을 이루지 못하여 전각 안에 앉아 다리가 짧은 긴 탁자에 기대어 잠이 들었다. 그때 별안간 풀어헤친 머리에 손에는 검을 잡고 검은 옷을 입은 한 사람이 곧장 눈앞으로 오더니 조조를 가리키며 고함을 질렀다.

"내가 바로 배나무의 신이다. 네가 건시전을 짓는 것은 찬탈하려는 뜻이거늘 도리어 내 신목神木(신기하고 기이한 나무)을 베어낸단 말이냐! 내 너의 수명이 다한 것을 알고 특별히 너를 죽이러 왔노라!"

깜짝 놀란 조조가 급히 외쳤다.

"무사들은 어디에 있느냐?"

그 검은색 옷을 입은 사람이 검을 잡고는 조조를 찍었다. 조조는 '악!' 하고 외마디 소리를 지르고는 문득 놀라서 깨었는데 머리가 참을 수 없을 정도로 아팠다. 급히 왕명을 전하여 두루 명의를 찾아 치료를 받았으나 낫게 할 수가 없었다. 관원들이 모두 걱정했다.❶

화흠이 들어와 아뢰었다.

"대왕께서는 신의神醫인 화타를 아십니까?"

조조가 말했다.

"강동의 주태를 치료한 사람을 말하는 것이오?"

"예, 그렇습니다."

"그 이름을 듣기는 했으나 그 의술은 아직 알지 못하오."

화흠이 말했다.

"화타는 자가 원화元化로 패국 초군 사람입니다. 그 의술의 기묘함은 세상에 보기 드뭅니다. 환자에게 약을 쓰기도 하고 침을 놓기도 하며 뜸을 뜨기도 하는데 그가 손을 쓰기만 하면 병이 낫게 됩니다. 만약 오장육부에 병이 들어 약의 효력을 볼 수 없게 되면 마폐탕麻肺湯[5]을 마시게 하여 병자를 취해 죽은 것처럼 만든 다음 끝이 뾰족한 칼로 그 배를 가르고 약탕으로 폐부를 씻어내는데 병자가 조금도 통증을 느끼지 못한다고 합니다. 폐부를 씻어내고 나면 약을 바른 실로 갈라낸 부분을 꿰매고 약을 발라주는데, 한 달 혹은 20일이 지나면 회복된다고 하니 그 신묘함이 이와 같습니다! 어느 날 화타가 길을 가는데 어떤 한 사람이 신음하는 소리를 들었다고 합니다. 화타가 '이것은 음식이 내려가지 않는 병이로다'라고 말하고는 그 사람에게 물어보니 과연 그랬다고 합니다. 화타가 마늘을 잘게 부순 즙 3승升[6]을 마시게 했는데 길이가 2~3척이나 되는 뱀 한 마리를 토하고는 음식이 바로 내려갔다고 합니다. 광릉태수 진등陳登은 마음이 초조하고 답답한 증상이 있고 얼굴이 붉게 변하여 음식을 먹지 못해 화타를 청해 치료를 받았답니다. 화타가 약을 마시게 했더니 벌레를 3승이나 토했는데 모두 머리가 붉었고 머리와 꼬리가 꾸물거렸다고 합니다. 진등이 그 까닭을 묻자 화타가 '물고기를 날로 많이 먹어서 이런 독이 생겼습니다. 오늘은 괜찮지만 3년 뒤에 반드시 재발할 것이니 그때는 구할 수 없습니다'라고 했는데 진등이 정말로 3년 뒤에 죽었다고 합니다. 또 미간에 혹 하나가 생긴 사람이 있었는데 견딜 수 없을 정도로 간지러워 화타에게 보여줬습니다. 화타가 '속에 날아다니는 물건이 있다'고 말하자 사람들이 모두 비웃었습니다. 칼로 절개하자 누런 참새 한 마리가 날아갔고 병자는 바로 나았다고 합니다. 개에게 발가락을 물린 사람이 있었는데 뒤이어 물린 발가락에 두 덩어리의 살이 돋아났습니다. 하나는 아프고 다른 하나는 간지러웠는데 참을 수 없을 정도였다고 합니다. 화타가 '아픈 살덩이 속에는 바늘 열 개가 있고 간지러운 살덩이 안에는 검은색과 흰색 바둑알 두 개가 들어 있다'고 말하자 사람들이 믿지 않았습니다. 화타가 칼로 절개하자 과연 그가 했던 말 그대로였답니다. 이 사람은 진실로 편작과 창공[7] 같은 명의입니다! 지금 이곳에서 멀지 않은 금성[8]에 거주하고 있는데 대왕께서는 어찌하여 그를 부르시지 않습니까?"

조조는 즉시 사람을 보내 밤새 달려가 화타를 청해오도록 했다. 화타가 맥을 짚고 병을 살핀 후 말했다.

"대왕께서 머리가 아픈 것은 풍風에 걸리셔서 생긴 것입니다. 병의 근원은 뇌 속에 있으며 풍에 의한 액이 빠져나오지 못한 것으로 공연히 탕약을 복용해서는 치료할 수가 없습니다. 제게 한 가지 방법이 있는데 먼저 마폐탕을 마신 다음에 날카로운 도끼를 이용해 두개골을 열어 그 풍에 의한 액을 빼내야 비로소 병의 근원을 제거할 수 있습니다."

조조가 버럭 화를 냈다.

"네놈이 나를 죽이려 드느냐!"

화타가 말했다.

"대왕께서는 일찍이 관공이 독화살에 맞아 오른팔이 상했을 때 제가 뼈를 긁어내 독을 치료했는데도 관공이 조금도 두려워하는 기색이 없었다는 것을 들으셨을 것입니다. 지금 사소한 병에 걸리셨거늘 무슨 의심이 이토록 많으십니까?"

조조가 말했다.

"팔 아픈 것쯤이야 긁어낼 수 있지만 두개골을 어찌 도끼로 찍어 연단 말이냐? 네놈은 틀림없이 관공과 정이 두터웠기에 이 기회를 이용해 원수를 갚으려 하는 것일 뿐이로다!"

좌우에 소리 질러 잡아 감옥에 가두고 정황이 밝혀질 때까지 고문하게 했다. 가후가 간언했다.

"이런 훌륭한 의원은 세상에 둘도 없으니 죽이시면 안 됩니다."

조조가 큰 소리로 꾸짖었다.

"이놈이 기회를 틈타 나를 해치려 하는 것은 길평吉平[9]과 다를 바 없느니라!"

서둘러 고문하여 추궁하게 했다.

화타가 갇혀 있는 감옥에 옥졸이 한 명 있었는데 성이 오吳라 사람들이 모두 '오압옥吳押獄'이라 불렀다. 그 사람이 매일 술과 밥을 화타에게 바쳤다. 화타가 그 은혜에 감격하여 말했다.

"내 이제 죽을 것인데 『청낭서』[10]가 세상에 전해지지 못하는 것이 한스럽소. 공의 두터운 인정에 감사하나 보답할 길이 없소. 내 편지 한 통을 써줄 테니 공이 우리 집에 사람을 보내 편지를 전하시오. 『청낭서』를 가져오게 하면 공께 드리고 내 의술을 계승하겠소."

오압옥이 크게 기뻐하며 말했다.

"제가 만일 그 책을 얻는다면 이 일을 그만두고 천하의 병자들을 치료하면서 선생의 덕을 전하겠습니다."

화타는 즉시 편지를 써서 오압옥에게 건넸다. 오압옥이 곧장 금성으로 가서 화타의 처를 찾아 『청낭서』를 받고 감옥으로 돌아와서 화타에게 건네주었다. 화타가 점검해 살펴보더니 바로 그 책을 오압옥에게 선사했다. 오압옥은 집으로 돌아가 그 책을 간직해두었다. 열흘이 지나자 화타는 끝내 감옥에서 죽고 말았다. 오압옥은 관을 사서 염하여 납관하고 장례를 치러주었다. 그리고 아역 노릇을 그만두고 집으로 돌아와 『청낭서』를 익히려 했는데 마침 그의 처가 『청낭서』를 불태우고 있었다. 깜짝 놀란 오압옥이 얼른 빼앗았으나 책 전체는 이미 불에 타 없어져버렸고 단지 한두 쪽만 남아 있었다. 오압옥이 성내며 처에게 욕을 하자 처가 말했다.

"설령 의술을 배워 화타 같은 신묘함을 얻는다 한들 결국은 옥중에서 죽을 텐데 그럼 무슨 소용이 있겠어요!"

오압옥은 탄식만 하다가 결국 그만뒀다. 이 때문에 『청낭서』는 세상에 전해지지 못했고 닭이나 돼지 같은 것들을 거세하는 등의 하찮은 방법만 전해졌는데 그것은 타다 남은 한두 쪽에 기록된 내용이었다. 후세 사람이 탄식한 시가 있다.

화타의 신비한 의술 장상[11]과 견줄 만하니

식견은 담장 건너편을 들여다보는 듯했네

슬프구나, 사람도 죽고 책 또한 사라지니
후세 사람들 다시는 청낭을 볼 수가 없다네
華佗仙術比長桑, 神識如窺垣一方
惆悵人亡書亦絕, 後人無復見靑囊❷

한편 조조는 화타를 죽인 이후로 병세가 더욱 위중해졌다. 게다가 오와 촉의 일까지 걱정됐다. 한창 고민하고 있는데 별안간 근시가 동오에서 파견한 사자가 서신을 바치러 왔다고 보고했다. 조조가 편지를 뜯어보니 대략 다음과 같았다.

"신 손권은 오래전부터 천명이 왕상께 돌아갔음을 알고 있으니 엎드려 바라건대 속히 황제의 자리에 올라 장수를 파견하여 유비를 섬멸하고 양천을 평정하십시오. 그리되면 신 즉시 군신들을 인솔하여 영토를 헌납하고 항복하여 따르겠습니다."

편지를 읽고 난 조조가 크게 웃으며 군신들에게 보여주며 말했다.

"이 녀석이 나를 화롯불 위에 앉게 하려고 하는구나!"[12]

시중 진군陳群 등이 아뢰었다.

"한실이 쇠미해진 지 이미 오래되었고 전하의 공덕은 높으니 백성이 삼가 바라고 있습니다. 지금 손권이 스스로 신하로 칭하며 귀순하겠다고 하니 이것은 하늘과 사람이 순응하고 서로 다른 사람들이 모두 한목소리를 내는 것입니다. 전하께서는 천명에 순응하여 인심에 부합되도록 속히 황제의 자리에 오르십시오."

조조가 웃으면서 말했다.

"내가 오랫동안 한나라를 섬기면서 비록 공덕이 백성에게 미쳤다고는 하나 지위가 이미 왕에 이르렀고 칭호와 작위도 지극히 높은 곳에 이르렀거늘 어찌 감히 다른 것을 바라겠는가? 설사 천명이 내게 있다 하더라도 나는 주 문왕周文王이 될 것이오."

사마의가 말했다.

"지금 손권이 신하를 자칭하고 귀순하여 따르겠다고 하니 왕상께서는 그에게 작위를 하사하시어 유비를 저지하게 하십시오."

조조는 그 말을 따르기로 하고 표문을 올려 손권을 표기장군, 남창후로 봉하고 형주목을 겸하게[13] 했다. 그날로 사자를 동오로 파견해서 관직을 봉하고 작위를 수여하는 칙서를 전달하게 했다.

병세는 더욱 심해졌다. 어느 날 밤에 세 마리의 말이 한 구유에서[14] 말먹이를 먹는 꿈을 꿨다. 동이 트자 조조가 가후에게 물었다.

"내가 이전에 세 마리의 말이 한 구유에 있는 꿈을 꾸고는 마등 부자가 화가 되지나 않을까 의심한 적이 있었소. 지금 마등은 이미 죽었는데 어젯밤에 다시 말 세 마리가 한 구유에 있는 꿈을 꾸었소. 이것은 무슨 길흉을 예시하는 것이오?"

가후가 말했다.

"녹마[15]로 길조입니다. 녹마가 조[16]로 돌아왔는데 왕상께서 구태여 의심할 필요가 있으십니까?"

조조는 이 때문에 의심하지 않았다. 후세 사람이 지은 시가 있다.

세 마리 말이 한 구유에 있는 일 의심할 만한데

이미 진나라의 토대를 심어놓은 줄 모르는구나
조만은 쓸데없이 간웅의 계략만 가지고 있을 뿐
어찌 사마사가 조정에 숨어 있는 줄을 알겠는가
三馬同槽事可疑, 不知已植晉根基
曹瞞空有奸雄略, 豈識朝中司馬師

그날 밤 조조가 침실에 누워 있었는데 삼경에 이르자 머리가 어지럽고 눈앞이 아찔하여 일어나서 작은 탁자에 엎드려 기대었다. 그때 별안간 전각 안에서 비단이 찢어지는 듯한 소리가 들렸다. 조조가 놀라 살펴보니 갑자기 복황후, 동귀인, 두 황자와 복완, 동승 등 20여 명이 온몸에 피를 뒤집어쓰고는 어둡고 음산한 운무 같은 연기 속에 서 있었는데 목숨을 구해달라며 비통한 목소리까지 희미하게 들렸다. 조조가 급히 검을 뽑아 허공을 향해 내리찍자 별안간 우렁찬 소리가 울려 퍼지더니 전당 서남쪽 귀퉁이가 와르르 무너져 내려앉았다. 깜짝 놀란 조조는 바닥에 쓰러졌고 근시들이 구출하여 별궁으로 옮긴 후 조리하게 했다. 그러나 이튿날 밤에 또 전각 밖에서 남녀들의 곡소리가 끊이지 않고 들려왔다. 동이 트자 조조가 군신들을 불러들이고는 말했다.

"내가 30여 년간 전쟁터에서 지냈지만 일찍이 괴이한 일을 믿은 적이 없었소. 그런데 오늘은 어찌하여 이렇단 말이오?"

군신들이 아뢰었다.

"대왕께서는 도사에게 명하여 제단을 설치하고 제사를 지내 액막이 기도를 하게 하십시오."

조조가 탄식했다.

"성인께서 말씀하시기를 '하늘에 죄를 지으면 기도 드릴 곳이 없다'고 했소. 내 천명이 다했는데 어찌 구할 수 있겠소?"

결국 제단을 만들어 기도 드리는 것을 허락하지 않았다.

이튿날 기氣가 상초[17]에 솟아오르면서 눈에 아무것도 보이지 않아 급히 하후돈을 불러 상의하고자 했다. 하후돈이 궁전 문 앞에 이르렀는데 별안간 복황후, 동귀인, 두 황자, 복완, 동승 등이 검은 구름 속에 서 있는 것이 보였다. 깜짝 놀란 하후돈은 혼절하여 쓰러졌고 좌우에서 부축해 나왔으나 이때부터 병을 얻고 말았다. 조조가 조홍, 진군, 가후, 사마의 등을 불렀다. 그들이 함께 침상 앞에 이르자 조조는 뒷일을 당부했다. 조홍 등이 머리를 조아리며 말했다.

"대왕께서 옥체를 잘 보호하시면 며칠 안에 완쾌할 수 있을 것입니다."

조조가 말했다.

"내가 30여 년 동안 천하를 종횡하면서 군웅을 모두 멸망시켰으나 강동의 손권과 서촉의 유비만은 아직 섬멸하지 못했소. 내 이제 병이 위독하여 다시는 경들과 이야기를 나눌 수 없으니 특별히 집안일을 부탁하오. 큰아들인 조앙은 유씨 소생인데 불행하게도 일찍이 완성에서 죽었소. 지금은 변卞씨가 낳은 비丕, 창彰, 식植, 웅熊 네 아들이 있소. 내 평소에 셋째인 식을 사랑했으나 사람됨이 실속 없이 겉만 화려하고 성실함이 적은 데다 술 마시는 것을 좋아하고 제멋대로 행동하기 때문에 세자로 세우지 않았소. 둘째인 조창은 용맹하나 지모가 없고 넷째인 조웅은 병치레가 잦아 한 몸 보전하기 어렵소. 오직 큰애인 조비가 충실하고 정중하며 예의가 바르니 내 기업을 계승할 만하오. 경들은 그를 잘 보좌해주기 바라오."

조홍 등은 눈물을 흘리며 명을 받들고 나갔다. 조조는 근시에게 평소에 간직해뒀던 이름난 향을 가져오게 하여 여러 시첩에게 나눠주며 당부했다.

"내가 죽은 다음에 너희는 여공女工(바느질, 자수, 방직 등 여자의 일)을 부지런히 익혀 실로 뜬 신발이라도 많이 만들거라. 그러면 그것을 팔아 자급할 수 있는 돈은 벌 수 있을 것이다."

또 여러 첩에게 명하여 모두 동작대에서 지내면서 매일 제사를 지내되 반드시 기생을 시켜 음악을 연주하고 밥을 올리게 했다. 또한 창덕부 강무성[18] 밖에 가짜 무덤 72개를 만들라는 유언을 남겼다.

"후세 사람이 내 무덤 있는 곳을 모르게 하거라. 다른 사람이 발굴할까 두렵구나."

당부를 마치고는 길게 탄식하더니 눈물을 비 오듯 쏟았다. 잠시 후 숨이 끊어졌다. 그의 나이 66세, 때는 건안 25년(220) 봄 정월이었다. 후세 사람이 '업중가鄴中歌' 한 편을 지어 조조를 탄식했다.

땅 이름은 업성이요 흐르는 물은 장수이니[19]
기이한 사람 이곳에서 일어나도록 정해졌네
웅대한 지략과 고상한 멋에 문사를 겸했으니
군주와 신하이며 형제인 데다 부자 관계로구나[20]
영웅은 아직 가슴에 속된 마음을 품지 않으니
나타나 사라짐에 어찌 남의 견해 따르겠는가
큰 공적 세운 자와 수괴는 두 사람이 아니며
더러운 악명과 훌륭한 명성은 본래 한 몸이네
문장에는 신령스러운 패권과 기개가 충만하니
어찌 함부로 그저 그런 무리 될 수 있겠는가

강물 가로질러 대 쌓아 태항산과 사이 두고
그 기세와 지세가 서로 높낮이를 다투네
어찌 이 사람이 역적질을 하지 않았을까마는
권세가 작건 크건 왕패 이루지 못하지 않았는가
패왕 무너질 즈음 자녀에게 애정 드러냈으나
마음이 편하지 않아도 어찌해볼 도리가 없네
장막으로 돌아가 처첩들에게 이익 없음을 밝히고[21]
향 나눠주니 인정 없다고 말할 수는 없네
오호라, 옛사람들 했던 일은 크고 작음이 없으니
적막하건 호화스럽건 모두 뜻이 있었다네
서생들 무덤 속 사람 제멋대로 평가하지만
무덤 속 조조가 너희 서생 기질을 비웃으리라
鄴則鄴城水漳水, 定有異人從此起
雄謀韻事與文心, 君臣兄弟而父子
英雄未有俗胸中, 出沒豈隨人眼底
功首罪魁非兩人, 遺臭流芳本一身
文章有神霸有氣, 豈能苟爾化爲群
橫流築臺距太行, 氣與理勢相低昂
安有斯人不作逆, 小不爲霸大不王
霸王降作兒女鳴, 無可奈何中不平
向帳明知非有益, 分香未可謂無情
嗚呼! 古人作事無巨細, 寂寞豪華皆有意
書生輕議塚中人, 塚中笑爾書生氣[3]

조조가 죽자 문무백관은 모두 애도하는 한편 사람을 세자 조비, 언릉후鄢陵侯 조창, 임치후臨淄侯 조식, 소회후蕭懷侯[22] 조웅에게 보내 부고를 알렸다. 관원들은 황금 관과 은으로 된 곽에 조조를 입관하고 밤새 영구를 업군으로 모셔왔다. 부친의 사망 소식을 들은 조비는 대성통곡하며 대소 관원들을 거느리고 성 밖 10리를 나가 길에 엎드려 영구를 영접했으며 성으로 들여 편전에 모셨다. 관료들은 상복을 입고 궁전에 모여 곡했다. 그때 별안간 한 사람이 몸을 일으켜 세우더니 나서며 말했다.

"세자께서는 애도를 멈추고 대사를 의논하시지요."

사람들이 보니 바로 중서자[23] 사마부[24]였다. 사마부가 말했다.

"위왕께서 이미 홍[25]하시어 천하가 진동하니, 속히 왕위를 계승하여 사람들의 마음을 안정시켜야 하거늘 어찌하여 울고만 계십니까?"

군신들이 말했다.

"세자께서 왕위를 계승하는 것은 마땅하나 아직 천자의 명령을 받지 못했으니 어찌 경솔하게 할 수 있겠소?"

병부상서[26] 진교陳矯가 말했다.

"왕께서 밖에서 홍하셨으니 사랑하는 아들을 사사로이 왕위에 세우고자 자식들 간에 변고가 생겨 사직이 위태로워질 것이오."

즉시 검을 뽑아 도포 소매를 잘라내더니 엄하게 말했다.

"오늘 즉시 세자께 왕위를 계승하도록 청하겠소. 관원들 중에서 다른 의견이 있는 자는 이 도포처럼 될 것이오!"❹

백관이 모두 두려워했다. 그때 별안간 허창으로부터 화흠이 달려왔다는 보고가 들어오자 모두 깜짝 놀랐다. 잠시 후 화흠이 들어왔고 모두 오게 된 까닭을 물었다. 그러자 화흠이 말했다.

"지금 위왕께서 홍서[27]하여 천하가 진동하고 있는데 어찌하여 속히 세자께 왕위를 계승하시라고 청하지 않는 것이오?"

관원들이 말했다.

"천자의 명령을 기다릴 수가 없어서 지금 의논하여 왕후 변씨의 뜻을 따라 세자를 왕으로 삼으려 하고 있었소."

화흠이 말했다.

"내가 이미 한나라 황제에게서 명령을 받아 가지고 왔소."

모두 껑충껑충 뛰며 축하했다. 화흠은 품속에서 황제의 명령을 꺼내 읽었다. 원래 화흠은 아첨하며 위를 섬겼으므로 이 조서의 초안을 써놓고는 헌제를 협박하여 굴복시킨 것이었다. 황제는 따르는 수밖에 없어 즉시 조비를 위왕, 승상, 익주목으로 봉하는 조서를 내렸다. 조비는 그날로 왕위에 올랐고 대소 관료들의 배무[28] 예절을 받았다. 한창 연회를 열어 경축하는데 별안간 언릉후 조창이 장안에서 10만 명의 대군을 이끌며 오고 있다는 보고가 들어왔다. 조비가 크게 놀라 군신들에게 물었다.

"누런 수염의 아우는 평소에 성격이 강하고 무예에 정통하오. 지금 군대를 거느리고 멀리서 왔으니 틀림없이 나와 왕위를 다투려는 것이오. 어떻게 해야 좋겠소?"

갑자기 계단 아래에서 한 사람이 대답하며 나섰다.

"신이 청컨대 언릉후를 만나 한마디로 그를 설득하겠습니다."

모두 말했다.

"대부가 아니면 이 화를 해결할 수 없을 것이오."

조씨 집안의 조비와 조창의 일을 살펴보니

원씨 집안 원담과 원상의 다툼과 다름없네

試看曹氏丕彰事, 幾作袁家譚尚爭

이 사람은 누구일까?

【 실제 역사에서는…… 】

제78회 역사 속으로 사라진 천하의 간웅

❶

『삼국지』「위서·무제기」 배송지 주 『세어』에 따르면 "태조가 한중에서 낙양으로 돌아와 건시전建始殿을 축조하기 시작했는데 약룡사躍龍祠의 나무를 벌목하자 나무에서 피가 흘러나왔다"고 기록하고 있다. 『조만전』에는 "왕(조조)이 소월蘇越을 시켜 아름다운 배나무를 옮겨 오게 했고 나무를 파내면서 뿌리가 상하자 피가 흘러나왔다. 소월이 상황을 아뢰자 왕이 몸소 가서 살펴보고는 상서롭지 못하다고 여겼는데 돌아와서 바로 앓아누웠다"라는 전설이 기록되어 있다.

❷

화타는 『청낭서』를 스스로 불태웠다

『삼국지』「위서·방기전」은 『청낭서』에 대해 소설과는 다르게 기록하고 있다.

"화타가 죽음에 임박하여 한 권의 의서를 옥리에게 건네주며 말했다.

'이 책은 사람의 목숨을 구할 수 있소.'

옥리는 법을 어기는 것이 두려워 감히 받지 못했고 화타 또한 억지로 줄 수가 없어 불씨를 얻어서 의서를 태웠다."

화타의 죽음

『삼국지』「위서·방기전」은 화타의 죽음에 대해 소설과는 다르게 기록하고 있다.

"태조가 정사를 직접 처리할 때 병이 위중해져 화타에게 진료를 받았다. 화타가 말했다.

'이 병은 단기간에 치유되기 어려우며 장기간에 걸쳐 치료해야 비로소 수명을 연장할 수 있습니다.'

화타는 오랫동안 집을 떠나 있어 귀향하고자 했다. 그가 말했다.

'방금 집에서 온 편지를 받았는데 잠시 집으로 돌아가려 합니다.'

집으로 돌아간 다음 부인에게 병이 있다는 이유로 여러 차례 기일을 연기하며 돌아오지 않았다.

태조는 크게 노하여 사람을 보내 가서 살펴보도록 했다. 만일 화타의 처가 정말로 병이 있다면 팥 40곡을 내리고 관용을 베풀어 기한을 더 늘려주도록 하겠으나, 만일 거짓으로 속이는 거라면 체포하여 압송해오도록 했다. 이에 화타는 압송되어 허도의 감옥으로 넘겨졌고 심문을 받고는 죄를 시인했다. 순욱이 간청했다.

'화타의 의술은 확실히 훌륭하고 사람의 생명과 관계된 것이니 응당 관용을 베풀어 용서해야 합니다.'

태조가 말했다.

'걱정하지 마시오. 천하에 이런 쥐새끼 같은 소인배들은 널렸소.'

결국 취조하고 고문하여 죽음에 이르렀다. 화타가 죽은 뒤에도 태조의 두통이 완치되지 않자 태조가 말했다.

'화타는 이 병을 치료할 수 있었다. 이것은 소인이 내 병의 근원을 남겨두어 그것으로 자신의 가치를 높이려 하는 것으로, 내가 이자를 죽이지 않았어도 그는 끝내 내 병의 근원을 제거하지는 못했을 것이다.'

나중에 태조의 사랑하는 아들 창서倉舒(조충曹沖의 자)가 위독하자 태조가 탄식하며 말했다.

'화타를 죽인 것이 후회가 되는구나. 내가 이 아이를 억울하게 비명에 죽게 했구나.'"

그리고 소설에서는 220년에 화타를 죽였지만 실제로는 조충이 죽은 해인 208년 이전이다.

『삼국지』「위서·등애왕충전鄧哀王沖傳」에 따르면 "조충曹沖이 13세 때인 건안 13년(208)에 병에 걸리자 태조는 친히 그를 위해 생명 연장을 기원했다. 조충이 죽자 태조는 매우 비통해했다. 문제(조비)가 태조를 위로하자 '그가 죽은 것이 나에게는 불행이지만, 너희에게는 행운이다'라고 말했다"고 기록하고 있다.

❸

『삼국지』「위서·무제기」에 따르면 조조는 임종 전에 다음과 같이 분부했다.

"천하가 아직 안정되지 않았으니 옛 제도에 따라 장례를 치를 수는 없다. 안장이 끝나면 모두 상복을 벗으라. 군대를 이끌고 밖에서 주둔하고 있는 장수들은 방비하는 부서를 떠나서는 안 된다. 각 정무 부문은 그 직무를 다하라. 입관할 때는 절기에 맞는 의복을 입히고 금과 옥 등의 진귀한 보배는 함께 매장하지 말라."

❹

『삼국지』「위서·진교전」은 다음과 같이 기록하고 있다.

"신하들은 상규에 얽매어 태자의 즉위에 응당 황제의 명령이 있어야 한다고 여겼다. 그러자 진교가 말했다.

'대왕께서 밖에서 훙하시어 천하가 두려워하고 있습니다. 태자는 응당 슬픔을 억제하고 즉위하여 먼 곳과 가까운 곳의 인심을 응집시켜야 합니다. 게다가 대왕께서 총애한 아들 조창이 영구 곁에 있으니 만일 왕위를 쟁탈하려는 변고라도 발생한다면 사직이 위태로워질 것입니다.'

즉시 관원들을 임명해 파견하고 등극에 필요한 예의를 준비시켰는데 하루 만에 모두 처리했다."

제 79 회

칠보시

형이 아우를 핍박하니 조식은 시를 짓고,
조카가 숙부를 함정에 빠뜨려 유봉은 처형을 당하다

兄逼弟曹植賦詩,
侄陷叔劉封伏法

조비는 조창이 군대를 거느리고 온다는 소식을 듣고는 놀라 관원들에게 물었다. 그때 한 사람이 일어나 나서며 그를 설득하러 가기를 원했다. 바로 간의대부諫議大夫 가규賈逵였다. 조비가 크게 기뻐하며 즉시 가규에게 가도록 명했다. 명을 받든 가규가 성을 나가 조창을 맞이하자 조창이 물었다.

"선왕의 옥새는 어디 있소?"

가규가 정색하며 말했다.

"집안에는 장자가 있고 나라에는 왕세자가 계십니다. 선왕의 옥새는 군후께서 물어보실 것이 아닙니다."

조창이 입을 다문 채 말없이 가규와 함께 성으로 들어갔다. 궁문 앞에 이르자 가규가 물었다.

"군후께서는 여기에 분상[1]하러 오신 것입니까? 아니면 왕위를 다투러 오신 것입니까?"

조창이 말했다.

"나는 분상하러 온 것일 뿐 다른 마음은 없소."

"다른 마음이 없으시다면서 무슨 까닭으로 군사를 데리고 입성하십니까?"

조창은 즉시 큰 소리로 꾸짖어 좌우 장수와 사졸들을 물리치고는 홀로 안으로 들어가 조비를 배알했다. 형제 두 사람은 서로 끌어안고 통곡했다. 조창은 본부 군마를 모조리 조비에게 넘겼다. 조비는 조창에게 명하여 언릉[2]을 지키게 했고 조창은 작별을 고하고 떠났다.❶

이리하여 조비는 편안하게 왕위에 올랐고 건안 25년(220)의 연호를 연강[3] 원년으로 변경했다. 가후를 태위로 봉하고 화흠을 상국으로 삼았으며 왕랑을 어사대부로 임명했다. 대소 관료들의 직급도 모조리 올리고 상을 하사했다. 조조의 시호를 무왕武王으로 하고 업군[4]의 고릉[5]에서 장사 지낸 다음에 우금에게 능의 일을 감독하고 관리하게 했다.

명을 받든 우금이 그곳에 당도했는데 무덤 안 석회로 칠한 벽 위로 관운장이 7군을 수몰시키고 우금을 사로잡았던 일을 그린 그림이 눈에 들어왔다. 운장은 위엄 있게 높이 앉아 있고 방덕은 분노하며 굴복하지 않는데 우금은 땅바닥에 엎드려 절을 올리며 목숨을 살려달라고 애걸하는 모습이 그려져 있었다. 원래 조비는 우금의 군대가 패하고 사로잡혔을 때 절개를 지키기 위해 목숨을 버리지 않고 적에게 항복했다가 다시 돌아온 것을 두고 속으로 그 사람됨을 경멸했으므로 먼저 사람을 시켜 무덤 안 흰 벽에다 그림을 그려놓게 하여 그가 가서 보고 부끄럽게 여기도록 했던 것이다. 그림을 본 우금은 부끄럽기도 하고 괴로워하다 분개하여 병에 걸렸고 오래지 않아 죽고 말았다. 후세 사람이 탄식한 시가 있다.

삼십 년 동안 사귄 오랜 친구로 말하자면
어려움에 닥쳐 조조에게 불충한 것 가련하네

사람 안다는 것은 마음속까지 아는 것 아니니
범을 그릴 때 이제는 뼛속까지 묘사해야 하네
三十年來說舊交, 可憐臨難不忠曹
知人未向心中識, 畫虎今從骨裏描 ❷

한편 화흠이 조비에게 아뢰었다.

"언릉후는 이미 군마를 인계하고 본국으로 돌아갔습니다. 임치후 조식과 소회후 조웅 두 사람은 결국 분상하러 오지 않았으니 죄를 물어도 마땅합니다."

조비는 그 말을 따르기로 하고 두 명의 사신을 각기 두 곳으로 파견하여 죄를 물었다. 하루가 못 되어 소회[6]로 갔던 사자가 돌아와 보고했다.

"소회후 조웅은 죄를 두려워하여 목을 매어 죽었습니다." ❸

조비는 그를 후하게 장사 지내주라고 명하고는 소회왕蕭懷王[7]으로 추증했다. 또 하루가 지나자 임치[8]로 갔던 사자가 돌아와 보고했다.

"임치후는 날마다 정의丁儀, 정이丁廙 형제 두 사람과 함께 술만 실컷 마시고 이치에 어긋난 행동을 하며 오만하여 무례하기 그지없었습니다. 명령을 받든 사자가 이르렀는데도 임치후는 단정하게 앉아서 움직이지 않았고 정의는 '옛날에 선왕께서는 내 주인을 세워 세자로 삼으려고 했었는데 아첨하는 신하들 때문에 가로막혔다. 지금 선왕께서 붕어하신 지 얼마 되지도 않았는데 골육에게 죄를 묻는 것은 무엇 때문이냐?'라고 욕을 퍼부었습니다. 정이도 '우리 주인께서는 총명하기가 세상에서 으뜸가기에 마땅히 대위를 계승하셔야 했는데 지금 도리어 설 수 없게 되었다. 너희 조정의 신하는 어찌하여 이토록 인재를 알아보지 못한단 말이냐!'라고 지껄였습니다. 임치후는 이들의 말을 듣고는 노하여 무사들에게 호통을 쳐서 신을 몽둥이로 흠씬 두들겨 패고 쫓아냈습니다."

그 말을 들은 조비는 크게 노하여 즉시 허저에게 호위군 3000명을 이끌고 화급하게 임치로 가서 조식 등의 무리를 잡아오라 명했다. 명을 받은 허저가 군대를 거느리고 임치성에 이르렀다. 성을 지키는 장수가 저지하자 허저는 그 자리에서 베어 죽이고는 곧장 성안으로 들이닥쳤고 어느 한 사람도 그의 예기를 감당할 수 없어 곧장 부당府堂(관아)에 당도했다. 조식은 정의, 정이 등의 무리와 더불어 만취 상태로 엎어져 있었다. 허저는 그들을 모조리 포박하여 수레에 실었고 부중의 대소 속관도 전부 잡아다 업군으로 압송해서 조비의 처분을 기다렸다. 조비는 명을 하달하여 먼저 정의와 정이 등을 모조리 처형하게 했다. 정의는 자가 정례正禮이고 정이는 자가 경례敬禮이며 두 사람 모두 패군 사람으로 당대의 유명한 문사였기 때문에 사람들이 그들의 죽음을 많이 안타까워했다.[4]

한편 조비의 모친인 변씨는 조웅이 목매어 죽었다는 소식을 듣고는 몹시 슬퍼하고 있었다. 그때 별안간 또 조식마저 사로잡혔으며 그의 무리인 정의 등이 이미 살해당했다는 소식을 듣고는 깜짝 놀랐다. 급히 어전으로 나가 조비를 불러 만났다. 모친이 어전에 나온 것을 본 조비는 황망히 나와 배알했다. 변씨가 눈물을 흘리며 조비에게 말했다.

"네 아우 식은 평소에 유달리 술을 좋아하고 자유분방하여 아마도 속으로 자신의 재주를 믿고 제멋대로 행동한 것일 게다. 너는 형제의 정을 생각하여 그 아이의 목숨만은 보전해주거라. 그래야 내가 구천에 가서도 눈을 감을 수 있겠구나."

조비가 말했다.

"이 아들 또한 심히 아우의 재주를 아끼고 있는데 어찌 해치겠습니까? 지금 그를 훈계하려는 것뿐입니다. 어머님께서는 걱정하지 마십시오."

변씨는 눈물을 흘리며 들어갔다. 조비는 편전으로 나가 조식을 불러들여 만났다. 화흠이 물었다.

"조금 전에 태후께서 자건子建(조식의 자)을 죽이지 말아달라고 전하를 타이르시지 않으셨습니까?"

"그렇소."

"자건은 재주와 지혜를 품고 있어 얕은 연못 속에 사는 작은 동물이 아닙니다. 기회만 있으면 큰일을 강구할 인물이니 일찌감치 제거하지 않으면 틀림없이 후환거리가 될 것입니다."

"어머님의 명이라 거역할 수가 없소."

"사람들은 자건이 입만 열면 문장이 된다고 말하는데 신은 그 말을 믿지 못하겠습니다. 주상께서 부르셔서 그 재주를 시험해보시고 만약 사람들 말대로 못한다면 즉시 죽여버리고, 과연 잘한다면 그의 관직을 떨어뜨려 천하 문인들의 입을 닫게 하십시오."

조비는 그 말을 따르기로 했다. 잠시 후 조식이 알현하더니 황망히 엎드려 절을 올리고 죄를 청했다. 조비가 말했다.

"내 너와 정으로는 비록 형제이나 의리로는 군신의 관계에 속하는데 네가 어찌 감히 재주를 믿고 예를 하찮게 여긴단 말이냐? 이전에 선군께서 살아 계실 때 너는 항상 문장으로 남에게 과시했는데 내 틀림없이 네가 다른 사람에게 대필하게 했으리라 의심하고 있었다. 지금 일곱 걸음 걷는 동안 시 한 수를 지어 읊어보거라. 과연 시를 지을 수 있다면 네 한목숨 살려주겠지만 만일 짓지 못한다면 죄를 무겁게 다스려 결코 관용을 베풀어 용서하지 않겠노라!"

조식이 말했다.

"원컨대 제목을 내려주소서."

이때 전각 위에 한 수묵화가 걸려 있었는데 두 마리의 소가 토담 아래서 싸우다가 한 마리가 우물에 떨어져 죽는 광경이 그려져 있었다. 조비가 그림을 가리키며 말했다.

"저 그림으로 제목을 삼거라. 그러나 시 속에 '두 마리의 소가 담 아래에서 싸우다가, 한 마리가 우물에 빠져 죽었다二牛鬪墻下, 一牛墜井死'라는 글자가 들어가서는 안 된다."

조식이 일곱 걸음을 걷는 동안에 시 한 수가 완성되었다. 그 시는 다음과 같다.

두 고깃덩어리 동시에 길을 가는데
머리 위에는 요凹 뿔을 달고 있다네
한 흙덩이 산 아래서 서로 마주치자
갑자기 달려들어 부딪쳐 싸우는구나

두 적수 다 같이 강할 수가 없어서
한 고깃덩어리가 토굴에 드러누웠네
이는 힘이 없어서 그런 것이 아니라
왕성한 기운을 쏟아내지 못해서라네
兩肉齊道行, 頭上帶凹骨
相遇塊山下, 欻起相搪突

二敵不俱剛, 一肉臥土窟
非是力不如, 盛氣不泄畢[5]

조비와 군신들이 모두 놀랐다. 조비가 또 말했다.

"일곱 걸음에 문장을 완성하는 것은 너무 느린 것 같다. 내가 시제를 말하는 동시에 시 한 수를 지을 수 있겠느냐?"

"원컨대 즉시 시제를 내려주십시오."

"나는 너와 형제지간이다. 이것을 제목으로 삼되 역시 '형제'라는 글자가 들어가서는 안 된다."

조식이 조금도 생각하는 기색 없이 바로 입으로 시 한 수를 읊었다.

콩 삶는데 콩깍지로 불을 지피니
가마솥 안에서 콩은 울고 있다네
본래는 같은 뿌리에서 나왔거늘
어찌 이토록 급하게 볶아대는가
煮豆燃豆萁, 豆在釜中泣
本是同根生, 相煎何太急

그 시를 들은 조비는 눈물을 줄줄 흘렸다. 그의 모친 변씨가 전각 뒤에서 나오며 말했다.

"형이 어찌하여 아우를 이토록 심하게 핍박한단 말이냐?"

조비가 황망히 자리에서 일어나 고했다.

"국법을 폐지할 수 없어서 그런 것뿐입니다."

그리하여 조식의 관직을 떨어뜨려 안향후安鄕侯로 삼았다. 조식은 작별을 고하고 말에 올라 떠났다.[6]

조비는 왕위를 계승한 이후에 법령을 새롭게 제정하여 한나라 황제를 위협했으니 그 아비보다 더욱 심했다. 어느 결에 정탐꾼이 성도로 들어와 이런 사실을 보고했다. 그 소식을 들은 한중왕은 깜짝 놀라 즉시 문무관원들을 모아놓고 상의했다.

"조조는 이미 죽었고 조비가 왕위를 계승했는데 천자를 협박하는 것이 조조보다 더 심하다고 하오. 동오의 손권은 두 손을 맞잡고 인사하며 신하를 자처했다고 하니 내 먼저 동오를 쳐서 운장의 원수를 갚고, 그런 다음에 중원을 토벌하여 난적을 제거하고자 하오."

말을 미처 마치기도 전에 요화가 대열에서 달려나와 땅바닥에 엎드려 울며 절을 올렸다.

"관공 부자가 해를 입은 것은 사실 유봉과 맹달의 죄입니다. 이 두 도적놈을 죽이소서."

현덕이 즉시 사람을 보내 그들을 잡으려고 하자 공명이 간언했다.

"안 됩니다. 그들을 천천히 도모해야지 서두르면 변고가 생길 것입니다. 그 두 사람을 군수로 승진시키시고[9] 서로 떨어져 있게 한 다음에 사로잡는 것이 좋을 듯합니다."

현덕은 그 말을 따르기로 하고 즉시 사자를 보내 유봉을 승진시키고 면죽綿竹으로 보내 지키게 했다.

원래 팽양彭羕은 맹달과 교분이 두터웠는데 이런 사실을 알고는 급히 집으로 돌아가 편지를 쓰고 심복을 급히 맹달에게 보내 통보했다. 팽양의 심복이 막 남문 밖으로 나가다가 군대를 순시하던 순찰군에게 붙잡혀 마초에게 끌려갔다. 심복을 심문하여 그런 사실을 알게 된 마초는 즉시 팽양을 만나러 갔다. 마초를 맞아들인 팽양은 술상을 차려 대접했다. 술이 몇 순배 돌자 마초가 말로 슬그머니 팽양을 떠보았다.

"예전에는 한중왕이 공을 몹시 두텁게 대접했었는데 요즘은 어찌하여 점점 박대하는 것 같소?"

술에 취한 팽양이 원망하며 욕설을 했다.

"늙어빠진 병졸 주제에 머리까지 돈 것 같소. 내 반드시 복수하고 말겠소!"

마초가 다시 떠보았다.

"나 또한 원한을 품은 지 오래되었소."

"공께서 본부의 군대를 일으켜 맹달과 함께 밖에서 협력하고 내가 서천의 군사들을 통솔하여 안에서 호응한다면 큰일을 도모할 수 있을 것이오."

"선생의 말씀이 매우 지당하오. 내일 다시 의논하시지요."

마초는 팽양과 작별하고 즉시 팽양의 심복과 편지를 한중왕에게 보여준 후 있었던 일을 자세하게 이야기했다. 크게 노한 현덕은 즉시 팽양을 잡아오라고 명하고는 하옥시켜 그 상황을 문초했다. 감옥에 갇힌 팽양은 후회했으나 이미 늦은 뒤였다. 현덕이 공명에게 물었다.

"팽양이 모반할 뜻을 품었으니 어떻게 처리해야 하오?"

공명이 말했다.

"팽양이 비록 미치광이 선비라고 하지만 그자를 살려두면 나중에 반드시 화가 생길 것입니다."

현덕은 감옥에 갇힌 팽양을 죽이라 명했다.❼

팽양이 죽자 누군가 맹달에게 그 사실을 보고했다. 깜짝 놀란 맹달은 어떻게 해야 할지 몰라 갈팡질팡했다. 그때 느닷없이 명령을 받든 사자가 당도해 유봉은 면죽으로 이동하여 그곳을 지키라는 명을 받았다고 전했다. 맹달은 황망히 상용上庸, 방릉[10]의 도위인 신탐申耽과 신의申儀[11] 형제 두 사람을 청해 상의했다.

"나는 법효직法孝直(법정의 자)과 함께 한중왕께 공을 세웠소. 이제 효직이 이미 죽고 없으니까 한중왕이 내가 이전에 세웠던 공을 잊고서 해치려 하고 있으니 어떻게 하면 좋겠소?"❽

신탐이 말했다.

"제게 한 가지 계책이 있는데 한중왕은 공께 해를 끼칠 수 없을 것입니다."

맹달이 크게 기뻐하며 급히 무슨 계책인지 묻자 신탐이 대답했다.

"우리 형제는 위나라로 가려고 한 지 오래되었습니다. 공께서 표문 하나를 작성하여 한중왕과 작별하고 위왕 조비에게 간다면 조비는 틀림없이 중용할 것입니다. 우리 두 사람 또한 뒤따라 투항하겠습니다."

문득 깨달은 맹달은 즉시 표문 한 통을 적어 사자에게 건네고 그날 밤 50여 명의 기병을 거느리고 위나라로 가버렸다. 사자는 표문을 품고 성도로 돌아와 한중왕에게 맹달이 위에 투항한 일을 아뢰었다. 크게 성난 선주가 그 표문을 읽어보았다.

"신이 엎드려 생각하건대 전하께서는 장차 이윤, 여상과 같은 공적을 세우고 제나라 환공, 진나라 문공과 같은 공업을 추구하고자 큰일을 창건하셨습니다. 오와 촉의 세력을 기반으로 삼자 전도가 유망한 인사들이 희망이 실현되기를 우러러 바라며 귀순했습니다. 신 귀순하여 전하를 따르며 헌신한 이래로 죄가 산처럼 쌓였음을 스스로도 잘 알고 있는데 하물며 전하께서는 어떻겠습니까? 이제 왕조에는 재능이 출중한 인재들이 물고기 비늘처럼 모여들었건만 신은 안으로는 보좌할 만한 그릇이 못 되고 밖으로도 군대를 거느리는 장수의 재주가 없으니 공신 반열에 있기가 진실로 부끄럽습니다!

듣자 하니 범여는 미약한 조짐을 알아채고는 오호에 배를 띄웠고,[12] 구범은 사죄하며 황하에서 머뭇거렸다[13]고 합니다. 무릇 능력 있는 인사들이 좋은 기회를 만나 목숨을 보전해달라는 것은 무엇이겠습니까? 떠나고 머무름의 분별을 깨끗하게 하고자 함입니다. 하물며 신은 비천하여 으뜸가는 공적과 공훈도 없어 이곳에 스스로를 가둔 채 선현先賢들을 몰래 경모하면서 멀리 닥쳐올 수치를 미리 생각하게 되었습니다. 예전에 신생[14]은 지극한 효자였으나 부모에게 의심을 받았고, 자서[15]는 지극한 충신이었지만 군주에게 죽임을 당했으며, 몽념[16]은 변경을 개척했으나 중형을 받았고, 악의[17]는 제나라를 격파했으나 중상모략을 당했습니다. 신은 그러한 글을 읽을 때마다 일찍이 감개하여 눈물을 흘리지 않은 적이 없었는데 직접 그러한 일을 당하니 그 죽은 자들이 생각나며 더욱 마음 아파 애도합니다!

근자에 형주가 쓰러져 패망하자 대신들은 절개를 잃어 백에 하나도 돌아오는 자가 없었으나, 오로지 신은 트집을 잡혔어도 방릉과 상용을 지키는 데 온 힘을 다했으니 다시 목숨을 보전하기 위해 외지로 떠나고자 사직을 청합니다. 엎드려 생각하건대 전하께서는 신의 마음을 가엾게 여기시고 신이 떠나는 것을 슬퍼해주소서. 신 진실로 소인이라 전하를 시종일관 모실 수 없습니다. 알면서도 이렇게 떠나고자 하니 감히 죄가 아니라고 하지 못하겠습니다. '교분을 끊을 때는 사악한 말을 하지 않고 신하를 보낼 때는 원망하는 말을 하지 않는다'고 들었습니다. 신의 과오는 군자에게 겸손히 가르침을 받을 것이오니 원컨대 군왕께서도 그것을 따르도록 노력하소서. 신 부끄럽고 황송함을 이기지 못하겠습니다!" ❾

표문을 읽고 난 현덕은 크게 노했다.

"필부 놈이 어찌 감히 나를 배반하고 문장으로 희롱한단 말인가?"

즉시 군대를 일으켜 그를 잡으려고 했다. 공명이 말했다.

"유봉에게 출병시켜 두 호랑이를 맞서게 하십시오. 유봉이 공이 있든 대패하든 반드시 성도로 돌아올 것이니 그때 그를 제거하면 두 가지 해를 모두 끊어버릴 수 있을 것입니다."

현덕은 그 말을 따르기로 하고 즉시 면죽으로 사자를 보내 유봉에게 명령을 전달했다. 명을 받든 유봉은 군대를 거느리고 맹달을 잡으러 갔다.

한편 조비가 문무관원들을 모아놓고 상의하고 있는데 별안간 조비를 가까이 모시는 신하가 아뢰었다.

"촉의 장수 맹달이 항복하러 왔습니다."

조비가 불러들이고 물었다.

"그대가 여기로 온 것은 거짓으로 항복하려는 것이 아닌가?"

맹달이 말했다.

"신이 관공의 위기를 구하지 않았다며 한중왕이 죽이려고 하기에 벌을 받을까 두려워 항복하러 온 것일 뿐 다른 뜻은 결코 없습니다."

조비는 여전히 확신하지 못했다. 그때 별안간 유봉이 군사 5만 명을 이끌고 양양으로 쳐들어왔는데 맹달 한 사람만을 죽이겠다며 싸움을 걸고 있다는 보고가 들어왔다. 조비가 말했다.

"그대가 진심이라면 즉시 양양으로 가서 유봉의 수급을 가져오시오. 그래야만 확실하게 믿어주겠소."

맹달이 말했다.

"신이 이해득실로 그를 설득하면 군사를 움직일 필요도 없이 유봉 또한 항복하러 올 것입니다."

조비가 크게 기뻐하며 즉시 맹달에게 산기상시,[18] 건무장군,[19] 평양정후平陽亭侯의 벼슬을 더해주고 신성[20]태수를 겸하여 양양과 번성을 지키게 했다. 원래 하후상과 서황이 앞서 양양에 머물면서 상용의 각 군을 수복하려고 했다. 양양에 당도한 맹달이 두 장수와 예를 마치고는 유봉이 성에서 50리 떨어진 곳에 군영을 세웠다는 것을 탐지했다. 맹달은 즉시 편지 한 통을 써서 사람을 촉의 군영으로 보내 유봉에게 투항을 권유했다. 편지를 읽고 난 유봉은 크게 노했다.

"이 도적놈이 내게 숙질간의 의리를 손상시키더니 또 우리 부자지간의 관계마저 이간시켜 나를 불충불효한 사람으로 만들려고 작정했구나!"

즉시 받은 편지를 갈기갈기 찢어버리더니 편지를 가지고 온 사자를 베어버렸다. 이튿날 군사를 이끌고 앞으로 나아가 싸움을 걸었다. 맹달은 유봉이 편지를 찢어버리고 사자를 참수한 것을 알고는 벌컥 성을 내며 자기도 군사를 통솔하여 나가 맞섰다. 양쪽 진이 원형을 이루자 유봉이 문기 아래서 말을 세우고는 칼로 맹달을 가리키며 욕설을 했다.

"나라를 배반한 역적 놈이 어찌 감히 함부로 지껄이느냐!"

맹달이 말했다.

"너는 죽음이 눈앞에 닥쳤거늘 아직도 스스로 잘못에서 깨어날 줄 모르는구나!"

크게 노한 유봉이 말에 박차를 가하고 칼을 돌리며 곧장 맹달에게 달려들었다. 싸운 지 3합도 못 되어 맹달이 패하여 달아나자 유봉은 기세를 몰아 20여 리를 추격했다. 그때 한바탕 함성이 일더니 복병이 일제히 뛰쳐나왔다. 왼쪽에서는 하후상이 치고 나왔고 오른쪽에서는 서황이 달려나왔다. 그러자 맹달이 몸을 돌려 다시 싸웠다. 세 갈래 군사들이 협공하자 유봉은 대패하여 달아났다. 밤새 상용으로 도망쳐 돌아가는데 등 뒤에서 위병들이 추격해왔다. 상용성 아래에 당도한 유봉이 성문을 열라고 소리 질렀으나 도리어 성 위에서 화살이 어지럽게 쏟아졌다. 신탐이 적루에서 고함을 질렀다.

"나는 이미 위에 항복했다!"

유봉이 크게 노하여 성을 공격하려 했으나 뒤쫓아오던 추격군들이 바짝 다가왔다. 발을 붙일 수 없게 된 유봉은 하는 수 없이 방릉[21]을 향해 달아났으나 그곳의 성 위에도 이미 위나라 깃발이 잔뜩 꽂혀 있었다. 적루에 있던 신의가 깃발을 한 번 흔들자 성 뒤쪽에서 한 무리의 군사가 달려나왔다. 깃발에는 '우장군 서황'이라고 큼지막하게 적혀 있었다. 더 이상 버티고 대적할 수 없게 된 유봉은 급히 서천을 향해 달아났다. 서황은 기세를 몰아 뒤를 추격하며 들이쳤다. 유봉에게 남은 부하는 100여 기에 불과했다. 성도에 당도한 유봉은 한중왕을 알현하고 땅바닥에 엎드려 울면서 절을 하고는 그동안 있었던 일들을 자세히 아뢰었다. 현덕이 성내며 말했다.

"욕된 자식이 무슨 낯짝으로 다시 와서 나를 본단 말이냐!"

유봉이 말했다.

"숙부의 환난은 제가 구하려 하지 않은 것이 아니라 맹달이 못 하게 말렸기 때문입니다."

현덕은 격노했다.

"네가 모름지기 사람이 먹는 음식을 먹고 사람이 입는 옷을 입었으니 흙과 나무로 만든 인형이 아닐 텐데, 어찌 중상모략을 일삼아 어진 이를 해치는 놈이 가로막는 말을 들었단 말이냐!"

좌우에 끌어내어 참수하라 명했다. 이미 유봉을 참수한 한중왕은 나중에 맹달이 항복을 권유했는데도 유봉이 편지를 찢고 사자를 베어버린 일을 듣고는 속으로 몹시 후회했다. 또 관공을 애통해하다가 병에 걸리고 말았다. 이 때문에 잠시 군사 행동을 멈추고 움직이지 않았다.⑩

한편 위왕 조비는 왕위에 오른 다음 문무관원들의 관직을 모두 올려주고 상을 내렸다. 그러고는 갑병 30만 명을 통솔하여 남쪽으로 패국 초현을 순시하고 선조의 묘에 제물을 바치고 제사를 지냈다. 고향 노인장들이 먼지를 일으킬 정도로 길을 메우고는 술잔을 공손히 두 손으로 받들고 술을 권했다. 이는 한고조가 황제가 된 후 고향 패[22] 땅으로 돌아가 노인장들과 주연을 열어 술을 마신 일을 모방한 것이었다. 대장군 하후돈의 병세가 위독하다는 보고가 들어오자 조비는 즉시 업군으로 돌아갔다. 그러나 조비가 돌아왔을 때 하후돈은 이미 죽은 뒤였다. 조비는 상복을 입고 두터운 예로 장사를 지냈다.⑪

그해 8월, 석읍현[23]에 봉황이 비범한 모습으로 날아와 춤을 췄고 임치성臨淄城에서는 기린이 출현했으며 업군에서는 황룡이 나타났다는 보고가 들어왔다. 이에 중랑장 이복李伏과 태사승太史丞 허지許芝가 상의했다. 이런 갖가지 현상들은 상서로운 징조이며 바로 위가 한나라를 대신할 징후로 수선[24]의 예를 준비하여 한나라 황제가 천하를 위왕에게 양도하도록 해야 한다는 결론을 내렸다. 마침내 그들은 화흠, 왕랑, 신비, 가후, 유이劉廙, 유엽, 진교, 진군陳群, 환계桓階 등 문무관원 40여 명과 함께 내전으로 들어갔다. 그러고는 한나라 헌제에게 아뢰어 황제의 지위를 위왕 조비에게 선양하라고 청했다.

위나라 사직이 이제 세워지려 하니

한나라 강산 순식간에 옮겨 가네
魏家社稷今將建, 漢代江山忽已移

헌제는 어떻게 대답할 것인가?

【 실제 역사에서는…… 】

제79회 칠보시

❶

『삼국지』「위서·임성위왕창전任城威王彰傳」에 "태조가 낙양에 도착하여 병에 걸리자 역참을 통해 급히 조창을 불렀는데 그가 도착하기도 전에 붕어했다. 문제(조비)가 위왕에 즉위하자 조창과 제후들은 모두 자신의 봉국으로 돌아갔다"고 기록되어 있고, 배송지 주 『위략』에는 "조창이 도착하자마자 임치후臨菑侯 조식에게 '선왕께서 나를 부르신 것은 너를 세우려는 것이다'라고 이르자, 조식은 '그렇게 할 수는 없소. 원씨 형제를 보지 못했소!'라고 대답했다"고 기록하고 있다.

또한 「위서·가규전」은 다음과 같이 기록하고 있다.

"태조가 낙양에서 붕어했을 때 가규는 장례 의식을 주관했다. 당시 월기장군越騎將軍의 직무를 대리하던 언릉후鄢陵侯 조창이 장안으로부터 분상하러 왔는데 가규에게 선왕의 옥새가 있는 곳을 물었다. 그러자 가규가 엄숙하게 말했다.

'태자께서는 업성에 계시고 나라에는 대를 이을 사람이 있습니다. 선왕의 옥새는 군후께서 물으실 일이 아닙니다.'

그러고는 태조의 영구를 받들어 호송하며 업성으로 돌아왔다."

❷

우금의 죽음

『삼국지』「위서·우금전」은 우금의 죽음에 대해 다음과 같이 기록하고 있다.

"문제가 즉위한 후 손권은 번왕이라 칭했고 우금을 돌려보냈다. 문제가 우금을 접견하니 그는 수염과 머리카락이 모두 하얗게 되었고 용모가 초췌했으며 눈물을 흘리며 무릎을 꿇고 이마를 땅에 조아렸다.

문제는 사전에 사람을 시켜 관우가 전쟁에서 승리하고 방덕이 분노하며 우금이 관우에게 투항하는 정경을 그리도록 했다. 그것을 본 우금은 부끄러워하며 분노하다가 병이 나서 죽었다."

손권은 우금을 잘 대접한 것으로 보이는데 『삼국지』「오서·우번전」에 다음과 같은 기록이 있다.

"위나라 장수 우금이 관우에게 붙잡혀 성안에 구금되어 있었다. 손권이 와서 그를 석방하고 만나보기를 요청했다. 그 후 어느 날 손권이 말을 타고 나갔을 때 우금과 말을 나란히 하고 가자 우번이 우금을 꾸짖으며 말했다.

'너는 항복한 포로이거늘 어찌 감히 우리 군주와 말 머리를 나란히 하는가!'

그러고는 채찍을 들어 우금을 때리려고 하자 손권이 나무라며 멈추게 했다."

❸

조웅은 자살하지 않았다

『삼국지』「위서·소회왕웅전蕭懷王熊傳」에 따르면 "소회왕 조웅曹熊은 요절했다"고 기록하고 있어 소설처럼 죄를 지어 자살한 것은 아니다. 조웅은 변황후卞皇后 소생의 넷째 아들이다.

❹

『삼국지』「위서·진사왕식전陳思王植傳」에 다음과 같이 기록되어 있다.

"조식이 재능으로 [조조의] 신임을 받은 이후 정의, 정이, 양수 등이 그를 보좌했다.

태조는 주저하며 결정하지 못하고 몇 번이나 조식을 태자로 삼으려 했다. 그러나 조식은 마음 내키는 대로 행동하고 자기를 꾸미지 않았으며 음주에 절제가 없었다. 문제는 임기응변의 계략을 잘 사용하고 능청스럽게 자신을 꾸몄으며 궁중 사람과 [조조] 주변 사람들이 모두 그를 위해 좋은 말을 했기 때문에 마침내 후계자가 되었다.

건안 24년, 조인이 관우에게 포위되었다. 태조는 조식을 남중랑장南中郎將(군사와 장수들을 통솔하여 출정에 나섰으며 일반 장수들보다 지위가 높았다)으로 임명하고 정로장군征虜將軍(잡호장군에 속하며 간혹 고급 문직 관원에게 더해주는 관직)을 대리하게 하여 조식을 파견해 조인을 구할 생각이었으므로 그를 불러 훈계하려 했다. 조식은 술에 취해 왕명을 받들 수 없었고 [조조는] 후회하며 조식의 군사 직무를 파면했다.

문제는 왕위에 오른 뒤에 정의, 정이를 비롯하여 그 집안 남자들을 모조리 주살했다."

결국 왕위 계승 다툼에 가담했던 조식의 측근인 양수, 정의, 정이 등이 모두 제거되었다. 배송지 주 『위략』에는 조조가 일찍이 정의를 사위로 삼으려 했다는 기록이 있다.

"조조는 정의가 재능과 학식이 있는 인사라는 소리를 듣고 비록 얼굴은 보지 못했지만 사랑하는 딸(청하 공주)을 그에게 시집보내려 했다. 오관장五官將(조비, 당시 조비는 오관중랑장五官中郎將이었다)에게 묻자 오관장이 말했다.

'여인의 외모를 보아야 하는데 정례正禮(정의의 자)의 눈이 불편하여 진실로 여인을 사랑하는 데 즐거워하지 않을까 걱정됩니다. 복파장군伏波將軍 하후돈의 아들 하후무夏侯楙에게 보내는 것이 낫다고 생각합니다.'

나중에 조조는 정의를 불러 연掾으로 삼고 그와 논의를 해본 다음 그의 재주를 칭찬하며 말했다.

'정의는 훌륭한 인사다. 설령 두 눈이 멀었다 하더라도 마땅히 딸을 주었어야 하거늘 하물며 애꾸눈쯤에랴. 내 아들이 나를 그르쳤구나.'"

허저의 행적

소설에는 허저의 행적에 대해 더 이상 소개되어 있지 않으나 『삼국지』「위서·허저전」은 다음과 같이 기록하고 있다.

“태조가 세상을 떠나자 허저는 대성통곡하며 피를 토했다. 문제가 즉위하자 명호를 더해 허저를 만세정후萬歲亭侯로 봉했으며 무위장군武衛將軍으로 승진시켜 조정의 숙위를 담당하는 금병을 감독, 통솔하게 했고 그를 극진히 대접했다.

명제明帝(조예)는 즉위한 뒤에 명호를 더해 허저를 모향후牟鄕侯로 봉하고 식읍 700호에 그의 아들 한 명에게 관내후 작위를 하사했다. 허저가 죽자 시호를 장후壯侯라고 했다.”

「위서·삼소제기三少帝紀」에서 배송지는 “허저의 공적이 전위보다 높은데 지금까지도 전위는 제사를 지내면서 허저는 하지 않고 있다”고 했다.

5

칠보시七步詩

칠보시로 너무도 유명한 ‘자두시煮斗詩’는 조식의 작품이 아닌 듯하다. 일단 정사인 『삼국지』에 기록되어 있지 않으며, 당시 삼국시대에는 오언절구五言絕句의 시가 출현하지 않았기 때문이다. 다시 말해 후세 사람이 오언절구 형태로 바꿔 적은 것이다. 이 시는 『세설신어』「문학文學」 편에서 차용했다.

콩을 삶아서 국을 끓이고
콩비지를 걸러 즙을 낸다
가마 밑에서 콩깍지 태우니
콩은 솥 안에서 울고 있네
본래 같은 뿌리에서 났건만
어찌 이리 급히 볶아대는가!

煮豆持作羹, 漉菽以爲汁

萁在釜下燃, 豆在釜中泣

本自同根生, 相煎何太急

❻

『삼국지』 「위서·진사왕식전陳思王植傳」은 다음과 같이 기록하고 있다.

"황초黃初 2년(221), 감국알자監國謁者(위나라에 설치되었고 제후 왕국을 감찰하기 위해 조정에서 파견한 사자) 관균灌均이 황제의 뜻을 받들어 상주했다.

'조식이 술에 취한 뒤에 오만해져 사자를 협박했습니다.'

담당 관리는 조식의 죄를 다스리기를 요청했지만 황제(조비)는 태후를 생각해서 안향후安鄕侯로 작위를 낮추었다."

또한 역사 기록에 따르면 "조식은 항상 스스로 분개하고 원망했다. 걸출한 재능이 있는데도 펼칠 곳이 없으므로 상서를 올려 자신을 임용해주기를 청했다"고 했고, "조식은 항상 우울해하며 즐겁지 않았고 끝내 병을 얻어 세상을 떠났는데 그의 나이 겨우 41세였다"라고 기록하고 있다.

❼

팽양의 죽음

『삼국지』 「촉서·팽양전」에 따르면 팽양은 "키가 8척이었고 용모는 위용이 있었으며 성격이 오만하여 사람들을 경시했다"고 기록하고 있다. 유장을 비난했다가 죄수가 되었으나 유비가 익주를 평정한 후 유비는 그를 기이하게 여겨 치중종사治中從事(문서와 문건을 주관)로 기용했다. 그러나 그는 유비의 총애를 받자 오만해졌다. 역사는 그의 죽음에 대해 다음과 같이 기록하고 있다.

"제갈량은 비록 표면적으로는 팽양을 평소처럼 대했지만 속으로는 좋아하지 않았다. 그래서 선주에게 은밀히 팽양은 잘난 체하고 태도가 오만하며 본분을 지키게 하기 어렵다고 여러 차례 진언했다. 선주는 본래 제갈량을 존중하고 신임했는데 팽양이 하는 행동을 관찰하고는 그를 점점 소원하게 대하며 강양江陽(군 명칭, 치소는 쓰촨성 루저우瀘州)태수로 좌천시켰다. 팽양은 자신이 먼 곳에서 직무를 맡게 되었다는 소식을 듣고 속으로 불쾌하여 마초를 찾아가 만났다. 그는 마초에게 말했다.

'그대가 바깥에서 지원을 하고 내가 안쪽에서 내응하면 천하를 평정하기 어렵지 않을 것이오.'

마초는 자신이 장기간 밖에서 떠돌다가 어쩔 수 없이 촉한에 귀순했으므로 항상 두려운 마음을 품고 있었다. 팽양의 말을 들은 마초는 매우 놀랐으나 감히 대답하지 못하고 침묵을 지켰다. 팽양이 돌아간 뒤에 마초는 즉시 그가 했던 말을 모두 표문으로 써서 보고했다.

팽양은 끝내 죽음에 처했는데 그때 그의 나이 37세였다."

❽

법정의 죽음

『삼국지』「촉서·법정전」에 따르면 "선주는 한중왕이 되자 법정을 상서령, 호군장군護軍將軍으로 임명했다. 이듬해(220) 법정이 죽었는데 그때 그의 나이 45세였다. 선주는 그를 위해 며칠 동안 눈물을 흘렸으며 시호를 익후翼侯라 했다. 제갈량과 법정은 비록 좋아하며 숭상하는 것이 각자 달랐지만 나라의 대세를 위해서는 서로 우호적으로 지냈다"고 했다. 배송지 주석에 다음과 같은 기록도 있다.

"선주가 조공과 싸웠을 때 형세가 불리했으므로 마땅히 물러나야 했으나 선주는 크게 화를 내며 물러나려 하지 않았고 간언하는 자도 없었다. 화살이 비 오듯 쏟아지는데 법정이 선주 앞으로 나아가자 선주가 말했다.

'효직(법정의 자)은 화살을 피하시오.'

그러자 법정이 말했다.

'명공께서 몸소 화살과 돌을 감당하시는데 하물며 소인은 어떻겠습니까?'

이에 선주가 말했다.

'효직, 나는 그대와 함께 가겠소.'

그러고는 마침내 물러났다."

❾

『삼국지』「촉서·유봉전」은 맹달이 위에 투항한 상황을 "관우의 전군이 패하자 선조(유비)는 맹달과 유봉 두 사람을 원망했다. 게다가 두 사람은 다투며 화합하지 못했고, 오래지 않아 유봉이 맹달의 군악 의장대를 빼앗았다. 맹달은 이미 죄지은 것을 두려워하고 있었고 또 유봉을 원망했으므로 선주에게 표를 올려 사직을 청하고 수하 부하들을 이끌고 조위曹魏에게 투항했다"라고 기록하고 있다.

❿

『삼국지』「촉서·유봉전」은 유봉의 죽음과 그를 죽일 수밖에 없는 이유에 대해 다음과 같이 기록하고 있다.

"유봉이 성도에 이르자 선주는 유봉에게 맹달을 괴롭히고 업신여긴 것과 관우를 구원하지 않은 것을 꾸짖었다. 제갈공은 유봉의 성정이 굳세고 용맹하므로 선주가 세상을 떠난 이후에 통제하기 매우 어려우리라 걱정했는데 이 때문에 선주에게 이번 기회에 유봉을 제거하라고 권했다. 이에 선주는 유봉에게 자살하도록 했다. 유봉이 탄식하며 말했다.

'맹자도孟子度(맹달의 자)의 말을 듣지 않은 것이 후회스럽구나!'

선주는 그를 위해 눈물을 흘렸다."

⓫

『삼국지』「위서·하후돈전」은 하후돈의 사람됨에 대해 다음과 같이 기록하고 있다.

"문제가 위왕으로 즉위한 후에 하후돈을 대장군으로 임명했으나 몇 개월 뒤에 세상을 떠났다.

하후돈은 비록 군대에 있었으나 직접 스승을 초빙하여 가르침을 받았다. 그는 성격이 청렴하고 검소하여 남는 재물이 있으면 항상 다른 사람들에게 나눠줬고 부족하면 관부에서 얻었으며 따로 재산을 모으지 않았다."

「위서·문제기」 배송지 주 『위서』에는 하후돈이 죽었을 때 "왕(조비)은 상복을 입고 업성의 동쪽 성문까지 행차하여 그의 죽음을 애도했다"고 기록하고 있는데, 손성孫盛은 "예법에 있어서 천자와 같은 성씨를 가진 경우에는 종묘문 밖에서 곡을 해야 하는데 성문에서 곡을 하는 것은 예법에 어긋난 것이었다"라고 평했다.

또한 「위서·하후돈전」에 "건안 24년, 태조의 군대가 마피摩陂에 주둔하고 있었는데 [조조는] 항상 하후돈을 불러 함께 수레에 올랐으며 특별히 친근하게 대하고 존중했다. 자유롭게 태조의 침실을 출입할 수 있게 했으니 다른 장수들은 그와 비할 수 없었다"고 기록하고 있어 조조가 하후돈을 대단히 존중하고 아꼈음을 알 수 있다.

제 80 회

황제에 오른 조비와 유비

조비는 황제를 폐하여 유씨 한나라 왕조를 찬탈하고,
한왕은 정식으로 제위에 올라 대통을 계승하다

曹丕廢帝篡炎劉,
漢王正位續大統

화흠 등의 문무관원들이 헌제를 알현했다. 화흠이 아뢰었다.

"엎드려 살피건대 위왕이 왕위에 오른 이래로 덕이 사방에 퍼지고 인이 만물에 미치고 있습니다. 고금을 초월하여 비록 당唐(요임금)과 우虞(순임금)라 할지라도 이보다 낫지는 않을 것입니다. 군신들이 모여 의논한 바 한나라의 복이 이미 다했으니 바라건대 폐하께서는 요임금과 순임금의 도리를 본받아 산천과 사직을 위왕에게 양위하시는 것이 좋겠다는 결론이 나왔습니다. 이는 위로는 천심에 부합하고 아래로는 민심에 합치되는 것으로 폐하께서는 고요한 복을 편히 누리실 것이니 선조를 위해 천만다행일 것입니다! 백성을 위해서도 큰 행운일 것입니다! 신 등이 의론을 결정했기에 특별히 이렇게 와서 주청드리는 바입니다."

이 말을 들은 황제는 너무도 놀라 한참 동안 말을 못 하다가 백관을 훔쳐보며 소리 내어 울었다.

"짐이 생각건대 고조께서 삼 척의 검으로 흰 뱀을 베어 죽이고 의를 위해 봉기하여 진秦을 평정하고 초楚를 멸망시키는 기업을 세워 대대로 전해 내려

온 지 400년이오. 짐이 비록 재주는 없지만 본래 잘못을 저지른 적이 없는데 어찌 차마 선조의 대업을 내버릴 수 있겠소? 그대 백관은 다시 공평하게 상의해보시오."

화흠이 이복과 허지를 인도하여 앞으로 다가가 아뢰었다.

"폐하께서 믿지 못하시겠다면 이 두 사람에게 물어보소서."

이복이 아뢰었다.

"위왕이 즉위한 이래로 기린이 태어나고 봉황이 비범한 모습으로 날아와 춤을 췄으며 황룡이 출현하고 가화[1]가 무성하게 자라며 감로[2]가 내리니 이는 하늘이 상서로움을 보여주는 것으로 위가 한나라를 대신해야 한다는 현상입니다."

허지가 또 아뢰었다.

"신 등은 천문을 관장하는 직분을 맡고 있는데 밤에 천문 현상을 살펴보니 염한[3]의 명운이 이미 다했습니다. 폐하의 제성[4]은 감추어져 밝지 못하나, 위나라의 천문 현상은 하늘과 땅에 가득하여 모두 말씀드리기 어려울 정도입니다. 더욱이 위로는 도참[5]에 부응하니 그 예언에 이르기를 '귀신 귀鬼에 맡길 위委가 이어졌으니, 한나라를 대신하는 것은 말할 필요가 없다. 언言이 동쪽에 있고 오午가 서쪽에 있으며, 두 개의 해가 빛을 나란히 하여 위아래로 움직인다'고 했습니다. 이것으로 논한다면 폐하께서는 속히 제위를 양도하셔야 합니다. '귀신 귀에 맡길 위가 이어졌다'는 것은 '위魏' 자고, '언이 동쪽에 있고 오가 서쪽에 있다'는 것은 바로 '허許' 자를 말하며, '두 개의 해(일日)가 빛을 나란히 하여 위아래로 움직인다'는 것은 바로 '창昌' 자를 말합니다. 이것은 위가 허창에서 한나라의 제위를 선양받아야 한다는 뜻이니 원컨대 폐하께서는 살펴주십시오."

황제가 말했다.

"상서로운 징조나 도참 같은 것은 모두 허망한 것이거늘, 어찌하여 그런 황당무계한 것으로 급작스럽게 짐에게 선조의 기업을 버리라고 하는 것이오?"

왕랑이 아뢰었다.

"예로부터 흥하면 반드시 쇠퇴하게 되고 왕성하면 반드시 쇠약해지니 어찌 망하지 않는 나라가 있으며 실패하지 않는 집안이 있겠습니까? 한실이 400여 년 전해 내려오다가 폐하에 이르러 명운이 다했습니다. 속히 물러나셔야지 망설여서는 안 됩니다. 지체하시면 변고가 생길 것입니다."

황제가 통곡하며 뒤쪽의 전당으로 들어갔다. 백관은 비웃으며 물러갔다.

이튿날 관료들이 또 대전에 모였고 환관에게 헌제를 청해오게 했다. 황제는 걱정하고 두려워하며 감히 나오지 못했다. 조후曹后(조황후)가 말했다.

"백관이 폐하께 조정에 나와 정무를 보시라고 청하는데 폐하께서는 무슨 까닭으로 거절하십니까?"

황제가 울면서 말했다.

"그대의 오라버니가 제위를 빼앗으려고 백관을 시켜 핍박하므로 짐이 나가지 못하는 것이오."

조후가 크게 노했다.

"내 오라버니가 어찌 이런 반역질을 한단 말인가!"

말을 마치기도 전에 조홍과 조휴가 검을 차고 들어와 황제에게 대전으로 나가라고 청했다. 조후가 욕설을 퍼부었다.

"이것은 모두 너희 난신적자가 부귀를 도모하고자 함께 반역의 음모를 꾸민 것이다! 내 아버님은 공이 온 세상을 덮고 위력과 명망이 천하를 진동시켰어도 감히 제위를 찬탈하려 하지 않으셨다. 지금 오라버니가 왕위를 계승한 지 얼마 지나지도 않아 바로 한나라를 빼앗으려 하다니, 황천이 틀림없이 너희를 보우하지 않을 것이다!"

말을 마치고는 통곡하며 궁으로 들어갔다. 좌우에 모시는 자들이 흐느끼며 가슴 아프게 울었다.❶

조홍과 조휴는 헌제에게 대전으로 나오라며 강력하게 청했다. 황제는 핍박을 견딜 수 없어 하는 수 없이 옷을 갈아입고 정전으로 나갔다. 화흠이 아뢰었다.

"폐하께서는 신 등이 어제 말씀드린 논의에 따라 큰 화를 당하지 않도록 하소서."

황제가 통곡했다.

"경들은 모두 한나라의 녹을 먹은 지 오래되었소. 그중에는 한나라 왕조의 공신 자손도 많을 텐데 어찌하여 차마 신하의 도리에 부합하지 않는 짓을 한단 말이오?"

화흠이 말했다.

"폐하께서 만일 사람들의 의론을 따르지 않으신다면 오래지 않아 궁정 담장 안에서 재난이 일어날까 두려운 것일 뿐입니다. 저희가 폐하께 불충하고자 하는 것이 아닙니다."

황제가 말했다.

"누가 감히 짐을 시해한단 말이오?"

화흠이 엄하게 말했다.

"천하 사람 모두 폐하가 인군의 복이 없어서 천하가 크게 어지러워졌다고 알고 있소! 만일 위왕께서 조정에 계시지 않았다면 폐하를 시해할 자가 어찌 한 사람에 그치겠소? 폐하께서 아직도 은혜를 모르고 덕에 보답할 생각도 안 하고 있으니 천하 사람들로 하여금 폐하를 치도록 할 작정이오?"

소스라치게 놀란 황제가 옷소매를 뿌리치고 일어나자 왕랑이 화흠에게 눈짓을 했다. 화흠은 성큼 나아가더니 용포를 잡아당기고는 안색을 바꾸면서 말했다.

"허락할 것인지 아니면 허락하지 않을 것인지 속히 한마디로 말하시오!"

황제는 벌벌 떨면서 대답하지 못했다. 조홍과 조휴가 검을 뽑아 들고 크게 소리쳤다.

"부보랑[6]은 어디 있느냐?"

조필祖弼이 대답하며 나왔다.

"부보랑은 여기 있소!"

조홍이 옥새를 달라고 하자 조필이 큰 소리로 꾸짖었다.

"옥새는 천자의 보배이거늘 어찌 제멋대로 달라고 하시오!"

조홍은 무사들에게 소리 질러 그를 끌어내 목을 치라고 명했다. 조필은 욕설을 퍼부었는데 죽는 순간까지 입을 다물지 않았다. 후세 사람이 찬탄한 시가 있다.

간악한 도적이 권력 독점하여 한실을 망치니
선위를 사칭해 요와 순임금 본받는다 하네
만조의 백관 모두가 위왕을 떠받드는데
충신이라고는 부보랑 한 사람뿐이로구나
奸宄專權漢室亡, 詐稱禪位效虞唐
滿朝百辟皆尊魏, 僅見忠臣符寶郎[2]

황제는 벌벌 떨기만 했다. 계단 아래에 갑옷을 입고 창을 든 군사 수백여 명이 보였지만 모두 위왕의 군사였다. 황제가 울면서 군신들에게 일렀다.

"짐이 원컨대 천하를 위왕에게 양도할 터이니 얼마 남지 않은 목숨 살려 두어 수명을 마칠 수 있게 해주면 다행일 것이오."

가후가 말했다.

"위왕께서는 틀림없이 폐하를 저버리지 않으실 것입니다. 폐하께서는 급히 조서를 내려 사람들의 마음을 안정시키십시오."

황제는 하는 수 없이 진군에게 제위를 선양하는 조서의 초안을 잡도록 명하고는 화흠에게 조서와 옥새를 받들어 백관을 거느리고 위왕궁으로 가서 바치도록 했다. 조비가 크게 기뻐하며 조서를 낭독하게 했다.

> "짐이 제위에 오른 32년 동안 천하가 동요하고 전복되었으나 다행히 선조의 영혼에 힘입어 위태로움 속에서도 다시 이어나갈 수 있었다. 그러나 지금 우러러 천문을 바라보고 민심을 살펴보니 염정[7]의 운수가 이미 다하고 천명이 조씨에게 간 듯하다. 그러므로 전왕前王(조조)이 이미 신무[8]한 공적을 수립했고 금왕今王(조비)이 또 밝은 덕을 더욱 빛내어 그 기대하는 바에 응했도다. 역수[9]가 분명하고 뚜렷해지니 진실로 알 수 있도다. 무릇 '대도를 행함에 있어 천하는 공정하다大道之行, 天下爲公'[10]고 했다. 당요唐堯는 사사로이 그의 아들에게 지위를 전하지 않음으로써 그 명성이 한없이 전파되었음을 짐이 삼가 경모했노라. 이제 요임금의 모범을 뒤따라 승상 위왕에게 양위하니 위왕은 사양하지 말지어다!"

조서를 듣고 난 조비는 즉시 조서를 받으려 했다. 사마의가 간언했다.

"안 됩니다. 비록 조서와 옥새가 이르렀다 할지라도 전하께서는 표문을 올려 겸손하게 사양하여 천하의 비방을 끊으셔야 합니다."

조비는 그 말을 따르기로 하고 왕랑에게 표문을 짓게 했는데 자신은 덕행이 부족하니 다른 재덕이 출중한 사람을 찾아 제위를 계승케 하라고 청했다. 표문을 읽은 황제는 속으로 몹시 놀라고 의아해하며 군신들에게 일렀다.

"위왕이 겸손하게 사양하니 어찌하면 좋겠소?"

화흠이 말했다.

"이전에 위魏 무왕武王(조조)께서 왕의 작위를 받으셨을 때 세 번 사양하셨으나 황제께서 허락하지 않는다는 조서를 내린 다음에야 수락했습니다. 지금 폐하께서 다시 조서를 내리시면 위왕께서 승낙할 것입니다."

황제는 하는 수 없이 다시 환계에게 조서를 기안하게 하고는 고묘사高廟使[11] 장음張音에게 부절을 지니고 옥새를 받들어 위왕궁으로 보냈다. 조비가 조서를 낭독하게 하니 그 내용은 다음과 같았다.

"아, 그대 위왕이여! 글을 올려 겸손하게 사양하는구나. 짐이 삼가 생각건대 한나라의 도가 쇠락한 지 이미 오래되었으나, 다행히 무왕 조조에 힘입어 덕으로는 부운[12]을 받아 신무神武를 드날려 흉포한 자들을 제거하고 구하[13]를 평화롭게 안정시켰노라. 지금의 왕 조비가 전왕의 사업을 계승함에 지극한 덕을 눈부시게 비추고 명성과 위엄을 사해에 퍼뜨리며 인풍[14]을 천하에 일으키니, 하늘의 역수가 진실로 그대 본인에게 있노라. 옛날 우순虞舜(순임금)에게 스무 가지의 큰 공이 있자 방훈放勳(요임금의 이름)이 천하를 그에게 넘겨줬고, 대우大禹(우임금)가 막힌 수로를 뚫은 공적이 있자 중화重華(순임금의 이름)가 그에게 제위를 선양했노라. 한나라는 요임금의 운명을 이었으니 성인에게 전할 의가 있도다. 신령스러움을 따르고 공경하며 하늘의 현명한 명령을 계승하고자 어사대부 대리 장음을 시켜 부절을 가지고 황제의 옥새를 받들어 가게·하노라. 왕은 이를 받도록 하라!"

조비가 조서를 받고 즐거워하며 가후에게 일렀다.

"비록 두 차례의 조서를 받았으나 끝내 천하 후세 사람들이 찬탈했다고 부르는 것을 면하지 못할까 두렵소."

가후가 말했다.

"이 일은 지극히 쉽습니다. 다시 장음에게 명하여 옥새를 가지고 돌아가게 하시고 화흠을 시켜 한나라 황제에게 '수선단受禪壇'을 쌓게 하십시오. 그리고 길일을 골라 대소 공경들을 단 아래에 모두 모이게 한 다음 천자에게 친히 옥새를 받들어 천하를 왕께 넘기게 하신다면 바로 군신들의 의심을 풀고 사람들의 의론도 차단할 수 있을 것입니다."

조비가 크게 기뻐하며 즉시 장음에게 옥새를 가지고 돌아가게 하고는 여전히 표문을 지어 겸손하게 사양했다. 황제가 군신들에게 물었다.

"위왕이 또 사양하니 그 뜻은 무엇이오?"

화흠이 아뢰었다.

"폐하께서 단을 축조하여 '수선단'이라 하십시오. 그런 다음 공경과 서민들을 모아놓고 명백하게 제위를 양도하신다면 폐하의 자자손손이 틀림없이 위나라의 은혜를 입을 것입니다."

황제는 그 말을 따르기로 하고 태상원[15]의 관원을 보내 번양[16]에 자리를 고른 뒤 3층 높이의 단을 쌓고 10월 경오일 인시寅時에 선양하기로 했다.

기일이 되자 헌제는 위왕 조비에게 단에 올라 황제의 지위를 받도록 청했다. 단 아래에는 대소 관료 400여 명과 어림군, 호분군, 금군 30만여 명이 모여 있었다. 황제가 친히 옥새를 두 손으로 받쳐 들자 조비가 공손히 받들어 받았다. 단 아래의 군신이 무릎을 꿇고 책[17]을 들었다.

"아, 그대 위왕이여! 옛날에 당요는 우순에게 선위했고 순임금 또한 우임금에게 제위에 오르도록 명하셨으니, 천명은 영구불변한 것이 아니라 오직 덕 있는 군주에게 돌아가기 마련이로다. 한나라의 명운이 쇠미하여 세상은 그 질서를 잃었고, 짐에 이르러서는 더욱 어지러워지고 혼미해졌으며, 흉악한 반역의 무리가 제멋대로 거역하여 우내[18]가 뒤집어졌도다. 위 무왕의 신명한 위무威武에 의지하여 천하의 어지러움을 구하고 구하區夏를 깨끗이 하여 나의 종묘를 안정시켰으니, 어찌 나 한 사람만이 안정을 얻었다고 하겠는가. 구복[19]이 진실로 그의 은혜를 입었다. 이제 위왕이 전왕의 사업을 공경히 계승하여 그대의 덕을 더욱 발양시키고, 문치와 무공의 대업을 확장하여 그대의 돌아가신 부친의 위대한 공업을 빛내고 발전시켰도다. 하늘의 신령은 상서로움을 내리시고 사람과 신 모두가 그 징조를 드러냈으며 정사를 보좌하는 승상(조비)을 탄생시켜 짐이 선위의 명을 모든 사람과 의논하게 했도다. 모두 그대의 도량이 우순과 부합한다고 말하니 당요가 제정한 전장제도典章制度에 따라 공손하고 겸손하게 그대에게 제위를 양도하노라. 아! '하늘의 역수(명운)가 그대의 몸에 있으니' 그대가 확실하게 공정함을 결연히 지킨다면 상천이 내린 녹봉과 작위는 영원하리라. 그대는 제위 계승을 선양하는 대례[20]를 공경하게 거행하여 만국[21]을 향유하고 천명을 엄숙하게 받아들일지어다!"

책문의 낭독이 끝나자 위왕 조비는 즉시 여덟 가지 대례를 받고 제위에 올랐다. 가후가 대소 관료를 거느리고 단 아래서 배례했다. 연호를 연강延康 원년에서 황초黃初(위 문제 조비의 연호, 220~226) 원년으로 고치고 국호를 대위大魏라 했다. 조비는 천하에 대사면의 명령을 내리고 부친 조조를 태조무황제太祖武皇帝라는 시호로 높였다.❸ 화흠이 아뢰었다.

"'하늘에는 두 해가 없고 백성에게는 두 임금이 없다'고 했습니다. 한나라 황제가 이미 천하를 양도했으니 이치상 번복[22]으로 물러나야 마땅합니다. 유씨를 어느 곳에 안치시켜야 할지 명령을 내려주십시오."

말을 마치더니 헌제를 일으켜 단 아래에 무릎 꿇리고는 명을 듣게 했다. 조비는 황제를 산양공山陽公으로 봉한다는 명을 내리고는 그날로 떠나게 했다. 화흠은 검을 어루만지면서 황제를 가리키며 엄하게 말했다.

"한 황제를 세우고 폐하는 것은 옛날부터 내려오는 상도로다! 금상께서 인자하여 차마 해치지 못하고 너를 산양공으로 봉하셨으니 오늘 즉시 떠나되 폐하께서 부르시지 않는 한 조정에 들어오는 것을 허락하지 않노라!"

헌제는 눈물을 글썽이며 예를 갖추어 감사드리고 말에 올라 떠났다. 단 아래서 그 광경을 보고 있던 군사들과 백성은 슬퍼해 마지않았다. 조비가 군신들에게 일렀다.

"순임금과 우임금의 일을 짐이 이제 알겠노라!"

군신들이 모두 만세를 불렀다. 후세 사람이 이 수선단을 보고서 탄식한 시가 있다.

전한과 후한의 경영이 자못 어려웠으니
하루아침에 옛 강산을 잃어버리고 말았다네
조비가 요순이 했던 일 배우고자 했지만

사마씨의 같은 짓거리 장차 보게 될 것이네

兩漢經營事頗難, 一朝失却舊江山

黃初欲學唐虞事, 司馬將來作樣看[4]

백관이 조비에게 천지에 사례하기를 청했다. 조비가 막 무릎을 꿇고 절을 하려는데 별안간 단 앞에서 한바탕 괴상한 바람이 일더니 모래가 날리고 돌이 굴렀다. 마치 소나기가 쏟아지는 듯했는데 바로 앞을 분간할 수 없을 정도였고, 단 위에 있던 등불도 모조리 꺼지고 말았다. 놀란 조비는 단 위에 쓰러졌다. 백관이 급히 구해 단 아래로 내려왔으나 한참이 지나서야 겨우 깨어났다. 가까이 모시는 신하들이 부축해 궁중으로 들어갔으나 며칠이 지나도록 조회에 참석해 정무를 들을 수 없었다. 병이 조금 나은 다음에야 비로소 정전에 나가 군신들의 축하를 받았다. 화흠을 사도로 봉하고 왕랑을 사공으로 삼았으며, 대소 관료들을 일일이 승진시키고 상을 내렸다. 조비는 병이 낫지 않자 허창의 궁궐에 요괴가 많다고 의심하고는 이에 허창에서 낙양으로 행차하여 대규모로 궁궐을 건설하기 시작했다.

일찌감치 누군가 성도로 들어가 조비가 스스로 대위大魏의 황제가 되어 낙양에 궁을 짓고 있으며 게다가 한나라 황제는 이미 해를 입었다는 소식을 보고했다. 소식을 들은 한중왕은 종일토록 통곡했으며 백관에게 상복을 입도록 명을 내리고는 멀리 허창을 향해 제사를 지내고 '효민황제孝愍皇帝'라는 시호로 떠받들었다. 이 때문에 현덕은 걱정하여 병까지 걸렸고 사무를 처리할 수 없어 정무를 모두 공명에게 위임했다. 공명은 태부 허정과 광록대부光祿大夫[23] 초주譙周와 상의하여 천하에는 하루라도 군주가 없어서는 안 된다고 말하며 한중왕을 황제로 삼아 높이고자 했다. 초주가 말했다.

"근자에 상서로운 바람과 경운[24]의 징조가 있고, 성도 서북쪽 모퉁이에는 수십 장의 황기[25]가 하늘 높이 치솟았으며, 제성帝星이 필, 위, 묘[26]의 분야에 나타나 달처럼 밝게 빛나고 있습니다. 이것은 바로 한중왕께서 황제의 자리에 올라 한나라의 계통을 이으실 조짐으로 무엇을 의심하겠습니까?"

그리하여 공명과 허정은 대소 관료들을 거느리고 표문을 올려 한중왕에게 황제의 자리에 오르라고 청했다. 표문을 읽고 난 한중왕이 깜짝 놀랐다.

"경등은 나를 불충불의한 사람으로 만들 작정이오?"

공명이 아뢰었다.

"아닙니다. 조비가 한나라를 찬탈하여 스스로 황제가 되었으니 한실의 후예이신 왕상께서 대통을 계승하여 한나라 제사를 잇도록 하는 것이 합당합니다."

한중왕은 갑자기 화를 내며 안색을 바꾸더니 말했다.

"내 어찌 역적이 하는 짓을 본받는단 말인가!"

옷소매를 떨치고 일어나 후궁으로 들어가버리자 관원들은 모두 흩어졌다. 사흘 후에 공명이 또 관원들을 거느리고 입조하여 한중왕에게 나오기를 청했다. 모두 앞에서 무릎을 꿇고 엎드려 절을 올렸다. 허정이 아뢰었다.

"지금 한나라 천자께서 이미 조비에게 시해되셨으니 왕상께서 즉시 제위에 올라 군대를 일으켜 역적을 토벌하셔야 합니다. 그렇게 하지 않으시면 충의롭다고 할 수 없을 것입니다. 지금 천하에는 왕상을 군주로 삼아 효민황제의 한을 씻고자 하지 않는 자가 없습니다. 만일 신들의 의견을 따르지 않으신다면 이것은 백성의 기대를 저버리는 것입니다."

한중왕이 말했다.

"내 비록 경제의 후손이라고는 하나 덕과 은택을 백성에게 베푼 적이 없소. 지금 하루아침에 스스로 황제가 된다면 찬탈하여 훔치는 것과 무엇이 다르단 말이오!"

공명이 수차례 애써 권했으나 한중왕은 고집을 부리며 따르지 않았다. 공명은 이에 한 가지 계책을 내어 관원들에게 이러이러하도록 일렀다. 그리하여 공명은 병을 핑계로 나오지 않았다.

공명의 병이 위중하다는 소식을 들은 한중왕은 친히 부중으로 향했다. 한중왕이 침상 곁으로 들어와서 물었다.

"군사께서는 무슨 병에 걸리셨소?"

공명이 대답했다.

"근심 걱정으로 애가 타니 목숨이 오래가지 못할 것 같습니다!"

한중왕이 말했다.

"군사께서 무슨 근심이 있으시오?"

연이어 몇 차례 물었으나 공명은 단지 병이 위중한 척하고 눈을 감고는 대답하지 않았다. 한중왕이 거듭해서 물었다. 그러자 공명이 길게 한숨을 내쉬며 탄식했다.

"신이 초려에서 나온 이래로 대왕을 만나 지금까지 따랐습니다. 제가 말하면 들어주시고 계책을 내면 믿고 받아주셨습니다. 지금 다행히 대왕께서 양천의 땅을 차지하고 계시니 신이 예전부터 드렸던 말씀이 틀리지 않게 되었습니다. 지금 조비가 황제의 자리를 빼앗아 한나라의 제사가 장차 끊어지려 하니 문무관원 모두가 대왕을 황제로 받들어 위를 멸하고 유씨를 일으켜 함께 공업과 명성을 도모하려고 했습니다. 그러나 생각지도 않게 대왕께서 고집을 부리시니 관원들이 모두 원망하는 마음을 품어 오래지 않아 틀림없이 전부 흩어지게 될 것입니다. 만일 문무관원이 모두 흩어지고 오와 위가 공격해 온다면 양천은 보존하기 어려울 것입니다. 신이 어찌 근심하지 않겠습니까?"

한중왕이 말했다.

"내가 거절하는 것이 아니라 천하의 의론이 두려울 따름이오."

공명이 말했다.

"성인이 말씀하시기를 '명분이 바르지 못하면 말이 도리에 맞지 않는다'[27]고 했습니다. 지금 대왕께서는 명분이 바르고 말도 도리에 맞는데 무슨 비난이 있겠습니까? 어찌 '하늘이 내려주신 것을 받지 않으면 도리어 징벌을 받게 된다'[28]는 말을 듣지 못하셨습니까?"

"군사의 병이 낫기를 기다렸다가 실행해도 늦지 않을 것이오."

공명은 현덕의 말을 듣자마자 침상에서 벌떡 일어나 병풍을 쳐서 쓰러뜨렸다. 그러자 바깥에 있던 문무관원이 모두 들어오더니 땅바닥에 엎드려 절을 올렸다.

"왕상께서 윤허하셨으니 청컨대 즉시 길일을 골라 대례를 거행하십시오."

한중왕이 보니 바로 태부 허정, 안한장군[29] 미축, 청의후青衣侯 상거向擧, 양천후陽泉侯 유표劉豹, 별가 조조趙祚, 치중 양홍, 의조議曹[30] 두경杜瓊, 종사 장상張爽, 태상경太常卿 뇌공賴恭, 광록경光祿卿[31] 황권黃權, 좨주 하종何宗, 학사 윤묵尹默, 사업[32] 초주譙周, 대사마 은순殷純, 편장군 장예張裔, 소부少府 왕모王謀, 소문박사[33] 이적伊籍, 종사랑從事郎[34] 진복秦宓 등의 무리였다. 놀란 한중왕이 말했다.

"나를 불의에 빠뜨리는 것은 모두 경들이오!"

공명이 말했다.

"왕상께서 청한 바를 이미 윤허하셨으니 즉시 단을 쌓고 길일을 골라 대례를 공손히 거행하겠습니다."

즉시 한중왕을 모셔 궁으로 돌아가게 하는 한편 박사 허자許慈와 간의랑諫議郎[35] 맹광孟光에게 대례를 관장하도록 하고 성도 무담[36]의 남쪽에 단을 쌓게 했다. 모든 일이 완비되자 많은 관원이 난가鑾駕(천자의 수레)를 정비하고 한중왕을 영접하여 단에 올라 제사를 지내도록 청했다. 초주가 단 위에서 소리 높여 제문을 낭독했다.

"건안 26년(221) 4월 병오삭[37]에서 12일 지난 정사丁巳일[38]에 황제 유비가 감히 황천후토[39]께 명백하게 고하노니, 한漢이 천하를 소유하여 제위를 끝없이 계승했습니다. 예전에 왕망이 정권을 탈취하고 제위를 도둑질했으나 광무황제께서 진노하여 주살하고 사직을 다시 보존하셨습니다. 근자에는 조조가 군대를 등에 업고 잔인하게 주후[40]를 살육하여 그 죄악이 극에 달했으며, 조조의 아들 조비는 제멋대로 흉악하게 반란을 일으켜 부당한 방법으로 제위를 차지했습니다. 이에 군신들과 장수, 사졸들이 한나라 제사가 소홀해지고 파기되었으니 이 유비가 마땅히 그것을 이어서 고조와 광무제의 두 선조를 계승하여 몸소 천벌을 내려야 한다고 여기고 있습니다. 이 유비는 덕이 없어 제위를 더럽힐까 두려워 서민들과 밖으로 멀리 떨어진 황량하고 외진 땅 부락의 군장들에게까지 의견을 물었는데 모두 '천명에 대답하지 않을 수 없고, 선조의 공업을 오래도록 쇠퇴시킬 수 없으며, 사해에 주인이 없어서는 안 된다'고 말했습니다. 천하 모든 백성의 희망이 오직 이 유비 한 사람에게 있습니다. 하늘의 명을 경외하고 또한 고조와 광무제의 공업이 장차 땅에 떨어질까 무서워 삼가 길일을 택하여 단에 올라 종묘에 제사 지내고 선조에 고해 황제의 옥새를 받아 천하를 통치하려 합니다. 천제께서는 제품祭品을 향유하시고 한나라에 복을 내려주십시오. 천하가 영원히 안정되기를 바랍니다!"

제문 낭독이 끝나자 공명은 관원들을 거느리고 공손히 옥새를 바쳤다. 옥새를 받아든 한중왕은 단 위에서 두 손으로 받쳐 들고는 거듭 사양했다.

"나는 재주와 덕이 없으니 청컨대 재능과 덕행이 있는 사람을 골라 받도록 해주시오."

공명이 아뢰었다.

"왕상께서는 사해를 평정하여 공업과 덕행이 천하에 뚜렷하게 드러난 데다 대한大漢의 종친이시니 제위에 오르시는 것이 마땅합니다. 이미 천신께 제사를 지내 고하셨는데 다시 무엇을 사양한단 말씀이십니까!"

문무관원들이 '만세'를 불렀다. 배무[41]의 예를 마치자 장무章武(한나라 소열제昭烈帝 유비의 연호, 221~223) 원년으로 연호를 바꾸었다. 왕비 오씨吳氏를 황후로 세우고 장자 유선을 태자로 삼았으며, 둘째 아들 유영을 노왕魯王으로 봉하고 셋째 아들 유리를 양왕梁王으로 삼았다. 제갈량을 승상으로 봉하고 허정을 사도로 삼았으며, 대소 관료들에게도 일일이 관직을 높이고 상을 내렸다. 천하에 대사령을 내렸다. 양천의 군사와 백성 중 기뻐서 펄쩍펄쩍 뛰지 않는 자가 없었다.❺

이튿날 조회가 열리자 문무관원들이 무릎을 꿇고 절을 올린 다음 문관과 무관이 동서로 나뉘어 늘어섰다. 선주[42]가 조서를 내렸다.

"짐이 도원에서 관우, 장비와 의형제를 맺은 이래로 생사를 함께하기로 맹세했노라. 불행하게도 둘째 아우인 운장이 동오의 손권에게 해를 입었으니 원수를 갚지 않는다면 맹세를 저버리게 되는 것이로다. 짐이 나라의 모든 군사를 일으켜 동오를 정벌하고 역적을 사로잡아 이 한을 씻겠노라!"

말을 마치기도 전에 반열에서 한 사람이 나와 계단 아래에 엎드려 절을 올리며 간했다.

"그건 안 됩니다."

선주가 보니 바로 호위장군 조운이었다.

군왕이 하늘의 징벌 실행하기도 전에
신하가 드리는 직언을 듣게 되는구나
君王未及行天討, 臣下曾聞進直言

자룡은 어떤 간언을 올리려는 것일까?[6]

제80회 황제에 오른 조비와 유비

❶

『후한서』「조황후기」에 따르면 "위 문제 조비가 헌제의 선위를 받고자 사자를 보내 황후에게 옥새를 요구했다. 조황후는 크게 노하여 옥새를 주지 않았다. 이렇게 몇 차례를 반복하자 조황후는 비로소 사자를 안으로 불러들였다. 친히 사자를 꾸짖고 옥새를 난간 아래로 내던지고는 눈물을 펑펑 흘리며 '하늘이 너를 보우하지 않을 것이다!'라고 말했다. 좌우 시녀들이 모두 비통해하며 우러러볼 수 없었다"고 했다.

❷

화흠은 소설처럼 그렇게 무지막지한 사람은 아니었다. 『삼국지』「위서·화흠전」 배송지 주에 따르면 화교華嶠의 『보서譜敍』에 다음과 같은 기록이 있다고 한다.

"문제가 선양을 받았을 때 조정의 신하 가운데 삼공 이하가 작위를 수여받았으나 화흠은 안색이 거스른다 하여 사도로 옮겨지고 승진되지 못했다. 조비는 오랫동안 유쾌해하지 않다가 상서령 진군에게 물었다.

'짐이 천명에 순응하여 선양을 받았소. 사방에서 제후와 공경들 중 저마다 기뻐하는 기색을 말소리와 얼굴빛에 드러내지 않는 자가 없는데 상국相國(화흠)과 공만이 유독 즐거워하지 않으니 무엇 때문이오?'

진군은 일어나 자리에서 벗어나서는 무릎을 꿇고 말했다.

'신과 상국은 한나라의 신하입니다. 마음속으로는 비록 기뻐하며 도의를 얼굴에 드러낼 수 있지만 폐하께서 실제로는 내심 그르다고 증오할까 두렵습니다.'

황제가 크게 기뻐하며 마침내 그를 특별하게 대접했다."

또한 "화흠은 평소에 청빈하여 봉록과 하사받은 상으로 친척이나 친구들을 도와줬으므로 집에는 곡식이 얼마 남아 있지 않았다. 일찍이 공경들이 범죄를 저질러 관부에 몰수된 노비들을 하사받았는데 하흠만은 여자들을 결혼시켜 내보내줬다"고 기록되어 있다.

조필祖弼은 실존 인물이 아닌 소설에 등장하는 허구의 인물이다.

❸

조조의 칭호

소설과 정사 자료에 보면 조조에 대한 칭호가 다양하게 등장함을 알 수 있다.

조위曹魏는 조조에 대한 존칭이다. 조조는 황제가 되지 못했는데 그 아들인 조비가 한나라를 대신해 위魏 왕조를 건립한 후 황초黃初 원년(220)에 조조를 추존하여 무황제武皇帝로 삼았고, 황초 4년(223)에 그의 묘호廟號를 태조太祖로 결정했다. 한 헌제獻帝가 허도許都(헌제가 이주한 이후의 명칭으로 조조가 헌제를 영접하고 이곳을 도읍으로 정했기 때문에 허도라 했다)로 천도하고 조조가 대장군이 된 후에 칭호를 공公(삼공三公의 공公)으로 변경했으며, 작위가 높아져 왕이 되자 다시 왕王이라 칭호를 변경했다.

❹

『삼국지』「위서·문제기」에 따르면 "황초 원년(220) 11월 계유癸酉일(초하루), 하내군 산양현山陽縣(치소는 지금의 허난성 자오쭤焦作 동남쪽) 1만 호를 식읍으로 주고 한 헌제를 산양공山陽公이라 했다. 한나라의 역법인 정삭正朔(정월 초하루)을 계속 사용하도록 윤허했고 천자에 대한 예의로 교외에서 천지에 제사를 지내 복을 기원하도록 했다. 상서를 올릴 때도 '신臣'이라 칭하지 않게 하고 도성에서 태묘太廟에 제사를 행하면 산양공에게 제사에 사용할 고기를 보내줬다. 또한 산양공의 네 아들을 열후로 봉했다"고 했으며, 『자치통감』 권69 「위기魏紀 1」에 따르면 "산양공(한 헌제)은 두 딸을 위 문제에게 보내 후궁으로 삼게 했다"고 기록하고 있다.

❺

군신들은 모두 유비의 황제 등극을 찬성했을까?

『삼국지』 「촉서·제갈량전」에 따르면 "건안 26년(221), 군신들이 선주에게 황제라 칭하기를 권했지만 선주는 허락하지 않았다. 제갈량이 설득하며 '지금 조씨曹氏가 한나라를 찬탈하니 천하에 주인이 없어졌습니다. 대왕께서는 유씨 황족의 후예이시며 한나라를 이어 흥기하셨으므로 지금 황제 자리에 오르시는 것이 마땅합니다'라고 말했다. 그리하여 선주는 황제 자리에 올랐다"고 기록하고 있다.

그러나 모든 신하의 지지를 받은 것은 아니었다. 일부 신하는 그것의 부당성을 언급하다 해를 입기도 했다. 『삼국지』 「촉서·비시전」은 다음과 같이 기록하고 있다.

"군신들이 한중왕을 천거하여 황제로 칭하려고 논의하자 비시가 상소를 올려 말했다.

'전하께서는 조조 부자가 한나라 황제를 핍박하여 황위를 찬탈했기 때문에 만 리를 떠돌아다녔고 사졸들을 불러 모아 역적을 토벌하고자 하십니다. 지금 강대한 적을 아직 소멸시키지도 못했는데 도리어 먼저 스스로 황제가 되고자 하니 사람들의 마음에 의혹이 생길까 걱정됩니다. 현재 전하께서는 아직도 익주의 대문을 뛰어넘지도 못하셨는데 어찌 스스로 황제가 되려 하십니까! 어리석은 신은 진실로 전하께서 이러한 방법을 취할 것이라고 여기지 않습니다.'

이 때문에 비시는 [유비의] 생각을 거스르게 되어 영창永昌(군 명칭, 치소는 윈난성 바오산保山 동북쪽) 종사로 좌천되었다."

또한 「촉서·유파전」 배송지 주 『영릉선현전零陵先賢傳』에 따르면 "유비가 단호하게 정식으로 황제에 즉위하려고 하자 유파는 그 같은 일은 천하에 기량이 좁음을 드러내는 것으로 생각하여 천천히 진행하고자 했다. 주부 옹무雍茂가 유비에게 간언하자 유비는 다른 일을 빌미로 옹무를 죽였다. 이로 인해 먼 곳에 있는 사람들이 다시는 오지 않았다"고 기록하고 있다.

「촉서·선주전」에서 배송지는 다음과 같이 평가했다.

"선주는 비록 효경제孝景帝의 후손이라고 말하지만 가계의 촌수가 아주 멀기 때문에 종묘에서 배열 순위를 분명히 하기가 어려웠다. 이미 한나라 제위를 계승했으면서도 어떤 황제를 원조로 삼아 조묘祖廟를 세워야 할지 몰랐다."

❻

유비 생전에 선주先主라 칭했을까?

『삼국지』「촉서·두경전杜瓊傳」에 따르면 다음과 같다.

"선주는 명휘를 비備라 했는데 '비' 자의 의미는 구具(구비하다)라는 뜻이다. 후주는 명휘를 선禪이라고 했는데 그 의미는 수授(수여하다)라는 뜻이다. 이는 유씨가 국통을 완결하여 다른 사람에게 주어야 한다는 뜻이다."

그런데 「촉서·상랑전」 배송지 주 『양양기』에서의 상충向充이 "내가 초주의 말을 들었는데 선제先帝의 명휘는 비로, 의미는 구라는 뜻이다. 후주後主는 명휘를 선이라고 했는데 그 의미는 수라는 뜻이다"라고 말했다고 기록되어 있어 「두경전」과는 다르게 유비를 '선주先主'가 아닌 '선제先帝'라 했다.

소설에서는 유비를 선주라 했는데 이것은 정사인 『삼국지』에 근거한 것으로 유비 생전에는 선주라 부르지 않고 황제의 통칭인 '폐하'라 불렀으며 사후에도 '선주'가 아닌 '선제'라 부른 듯하다. 상기 기록에 따르면 '후주'의 칭호는 촉국이 망하기 이전부터 이미 부르기 시작했으며, 「두경전」에서 '선주'라 한 것은 후주 유선에 상응하여 유비를 '선주'라 했거나 아니면 선제를 선주로 잘못 표기했을 수도 있다.

유비는 스스로 '한漢'이라고 했지 '촉蜀'이라 하지 않았다

『삼국지』「촉서·선주전」에 따르면 유비는 제위에 오르고 제문을 지어 "이 유비는 하늘이 명시한 명령을 경외하고 한실漢室이 장차 땅에 매몰될까 두려워 삼가 길일을 택하여 군신들과 함께 제단에 올라 황제의 옥새와 인끈을 받습니다. 천지에 제사 의식을 거행하고 천신天神께 보고하니, 바라건대 천제께서는 제품祭品을 향유하시고 한조漢朝에 복을 내려 사해를 영원히 안정되게 해주소서!"라고 했다. 유비는 스스로 한나라 제위를 계승한 것이라 여겼을 뿐 새로운 왕조를 건립한 것은 아니었다.

『삼국지』를 편찬한 진수는 위를 정통으로 삼았기 때문에 유비 부자에게 황제라 칭하지 않았고 '한漢'이라고도 하지 않았다. 『삼국지』에서도 진수는 「한서漢書」가 아닌 「촉서蜀書」라 이름 지었으며 '한'이라는 글자 또한 사용하지 않았다. 우리가 '촉'이라는 명칭에 익숙하고 그것을 사용하는 것은 진수 『삼국지』의 영향으로 습관화된 것일 뿐 유비는 결코 스스로 '촉'이라 하지 않았다.

주

제61회 아두를 빼앗긴 손부인과 조조를 물리친 손권

1 가맹관葭萌關: 요충지 명칭으로 가맹은 전한 때 가명현葭明縣을 설치했고 후한 때 가맹현葭萌縣으로 변경되었다. 쓰촨성 광위안廣元 서남쪽 자오화구昭化區에 속했다.

2 오류. 『삼국지』「촉서·선주전」에 따르면 도독都督이 아닌 백수白水 군독軍督으로 기록되어 있다. 백수는 현 명칭으로 익주 광한군廣漢郡에 속했으며 치소는 쓰촨성 칭촨青川 동북쪽에 있었다.

3 오류. 부수관涪水關이 아닌 '백수관白水關'으로 고쳐야 맞다. 이하 동일. 부수관은 고대 요충지 명칭으로 쓰촨성 핑우平武 동남쪽에 있었다. 백수는 관액 명칭으로 쓰촨성 광위안廣元 동북쪽에 있었다.

4 오류. 83개 현이다.

5 군주君主: 여성에 대한 봉호封號로 진晉나라 때부터 시작되었으며 황제의 딸을 공주로 봉했고 군郡으로 봉읍을 삼았다. 이 때문에 '군공주郡公主'라 칭했고 줄여서 '군주'라고 불렀다. 진 왕조 이후에 군주는 독립된 호칭이 되었다.

6 오류. 형주는 주의 명칭으로 어떤 성의 명칭이 아니다. 강릉으로 해야 맞다. 이하 동일.

7 오류. 아두는 건안 12년(207)에 태어났다. 이때는 건안 16년(211)이므로 5세다.

8 주모主母: 첩과 시녀, 혹은 하인이 부르는 여주인에 대한 칭호.

9 말릉秣陵: 명칭이 여섯 차례 바뀌었는데, 진나라 때 금릉金陵을 말릉으로 변경했다. 양주 단양군에 속했으며 치소는 지금의 장쑤성 난징南京 장닝江寧 모링가도秣陵街道다. 건안 17년(212)에 손권이 건업建業으로 명칭을 변경하고 치소를 장쑤성 난징南京으로 옮겼다.

10 건업建業: 동오의 도성. 원래는 말릉현秣陵縣이었는데 손권이 도읍으로 옮긴 후에 명칭을 건업으로 바꿨다.

11 석두성石頭城: 난징南京 칭량산清涼山에 있다.

12 유수濡須: 유수수濡須水는 원래 소호巢湖에 나와 동남쪽으로 흘러 우웨이無爲를 거쳐 동쪽으로 장강에 유입된다. 그 입구를 유수구濡須口라 하는데 안후이성 우웨이無爲 동북쪽이다. 유수오濡須塢의 오塢는 배가 정박하는 곳을 말한다.

13 오류. 『삼국지』「오서·여몽전」 배송지 주 『오록吳錄』에 따르면 "발을 씻고"라고 기록하고 있다.

14 출전은 『논어』「위영공衛靈公」.

15 위복威福: 원래는 통치자의 상벌 권한을 가리켰으나 후에 대부분 권력을 장악한 자가 거만하고 안하무인격으로 행동하며 위세에 의지해 권력을 남용하는 것을 말한다.

16 구석九錫: 고대에 천자가 제후나 대신에게 하사한 아홉 가지 물품으로 가장 높은 예우다.

17 사駟: 사마駟馬로 한 량의 수레를 끄는 네 필의 말을 말한다. 두 사는 곧 여덟 필의 말이다.

18 곤면袞冕: 곤의袞衣(곤룡포)와 면冕(면류관)을 말하는 것으로 고대 황제나 상공의 예복과 예관禮冠이다. 황제 등의 왕공 귀족들이 천지나 종묘에 제사 지내는 등 중대한 경축 의식 때 입고 썼던 정식 복장이다.

19 적석赤舄: 고대에 천자나 제후가 신었던 신발로 붉은색이며 바닥이 무겁다.

20 주호朱戶: 고대 제왕이 제후 혹은 공이 있는 대신에게 하사하는 주홍색의 대문이다.

21 납폐納陛: 궁전의 기단을 파내어 오를 수 있게 한 계단으로 처마 밑으로 들여 존귀한 자를 드러내지 않고 오르게 했으므로 납폐라 했다.

22 부월鈇鉞: 독단적으로 정벌을 진행하고 사람을 죽일 수 있는 권한이다.

23 거창秬鬯: 검은 기장과 울금향(튤립)으로 양조한 술로 신령을 내려오게 하는 제사나 공이 있는 제후에게 하사하는 데 사용했다.

24 규찬圭瓚: 옥으로 만든 주기酒器로 형상은 국자와 같고 규圭(옥으로 만든 홀笏)로 자루를 만들었고 제사에 사용했다.

25 유卣: 한족의 고대 술그릇의 일종이다. 술을 담는 데 사용했으며 외관 대부분은 원형과 타원형이고 바닥에 다리가 있으며 둘레에 정교한 공예 도안이 조각되어 있다.

26 문약文若: 순욱의 자.

27 유후留侯: 장량張良을 말한다. 유방이 천하를 평정한 뒤에 장량을 유후留侯에 봉했다.

28 조조가 했다는 이 말은 『삼국지』「오서·오주전」 배송지 주 『오력吳歷』과 『자치통감』 권66 「한기 58」에 기록되어 있다.

29 환성皖城: 환현皖縣을 말한다. 춘추시대 때 환국皖國이었고 전한 때 환현을 설치했다. 양주 여강군廬江郡에 속했으며 치소는 안후이성 첸산潛山이었다.

제62회 드디어 서천으로 진군하다

1 오류. 양회와 고패가 지키고 있던 곳은 백수관으로 가맹관 서북쪽에 위치해 있다. 유비가 성도로 사람을 파견했으니 백수관을 지나갈 수가 없다.

2 증양烝陽: 현 명칭으로 전한 때 설치되었다. 후한 때 증양烝陽 후국侯國으로 변경되었다. 형주 영릉군零陵郡에 속했으며 치소는 후난성 형양衡陽 서쪽이었다.

3 백제白帝: 백제성白帝城을 말한다. 성읍 명칭으로 전한 말기 공손술公孫述이 파촉巴蜀을 할거할 때 축조했는데 자칭 백제白帝가 한漢 적제赤帝를 대신한다고 하여 '백제'라 했다. 충칭重慶 평제奉節 동쪽 백제산 위에 위치해 있다.

4 오류. 『삼국지』 「촉서·방통전」에 따르면 "큰 어려움에 빠져 오래 지탱할 수 없다"고 기록하고 있다.

5 오류. 『삼국지』 「촉서·선주전」에 따르면 청니青泥로 기록되어 있다. 60회 참조.

6 광한廣漢: 군 명칭으로 한 고제高帝 6년(기원전 201)에 파巴와 촉蜀 두 군을 나누어 설치했다. 치소는 낙현雒縣 승향乘鄉(지금의 쓰촨성 진탕金堂 동쪽)이었고 후한 시기에 낙현雒縣(지금의 쓰촨성 광한廣漢 북쪽)으로 치소를 옮겼다. 익주에 속했다.

7 오류. 백수관白水關으로 해야 맞다.

8 오류. '부수涪水'가 아닌 백수白水다. 가맹관과 백수관 모두 백수에 가깝고 부수는 멀리 떨어져 있다.

9 오류. 백수관으로 해야 맞다.

10 오류. 앞에서 방통이 "요충지를 빼앗고 먼저 부성涪城을 취한 다음에 성도로 향하는 것이 중책입니다"라고 했다. 소설에서는 부관涪關(백수관)과 부성을 구분하지 못하고 있다. 『삼국지』 「촉서·선주전」에 따르면 "부성으로 진군하여 점령했다"고 기록하고 있다. 여기서는 부성으로 해야 맞다.

11 오류. '부성으로 파견하여'라고 해야 맞다. 『삼국지』 「촉서·선주전」에 따르면 유비의 공격 순서는 부성-면죽-낙현-성도인데 소설에서는 부성-낙현-면죽-성도로 되어 있다. 낙현은 현 명칭으로 익주 광한군廣漢群에 속했으며 군치 소재지다.

12 금병산錦屏山: 지금의 쓰촨성 다이大邑 동쪽. 오류로, 금병산은 성도 서남쪽, 낙현과 부성은 성도의 북쪽이므로 성도에서 부성으로 가는 길에 금병산을 지나갈 수는 없다.

13 출전은 『중용中庸』 제24장.

14 오류. 부성涪城이라 해야 맞다.

15 『삼국지』 「촉서·양희전楊戲傳」에 첨부된 「계한보신찬季漢輔臣贊」에 따르면 오의가 아닌 "오일吳壹"로 기록하고 있다.

16 오류. 동천은 당나라 때 처음 설치되었으며 한중漢中으로 해야 맞다.

17 오류. 『삼국지』 「촉서·곽준전霍峻傳」에 따르면 "유표가 죽은 다음에 유비가 중랑장으로 삼았다"고 기록하고 있어 유표가 아닌 유비가 중랑장으로 임명했다.

18 지강枝江: 현 명칭으로 전한 때 현이 설치되었고 후한 때 후국으로 변경되었다. 형주 남군에 속했으며 치소는 후베이성 즈장枝江 동북쪽이었다.

19 오류. 『삼국지』 「촉서·팽양전彭羕傳」에 따르면 팽양의 자는 '영년永年'으로 기록되어 있다.

제63회 낙봉파의 봉추와 노장 엄안

1 곤겸髡鉗: 고대의 형벌로 곤髡은 머리카락을 깎는 것이고 겸鉗은 쇠고리로 목을 묶는 형벌이다.

2 강성罡星: 북두칠성의 두병斗柄으로 자루 쪽에 있는 세 개의 별을 뜻한다. 천강天罡이라고도 한다.

3 막빈幕賓: 관원 수하의 모사와 식객을 가리킨다.

4 오류. 부성이라 해야 맞다.

5 태을수太乙數: 고대 주역周易 사상 학술 체계 가운데 지극히 중요한 방술 학설이다.

6 낙봉파落鳳坡: 허구의 지명. 후한 삼국 시기에 이런 지명은 없었다.

7 고현古峴: 현수산峴首山을 말한다. 양양襄陽 남쪽에 있다. 방통은 양양 사람이다.

8 사원士元은 방통의 자다.

9 천구天狗: 별 이름으로 혜성을 가리킨다. 옛사람들은 혜성이 떨어지는 곳에 상서롭지 못한 일이 일어난다고 여겼다.

10 오류. 부성이라 해야 맞다.

11 역사 기록에 의하면 방통이 살아 있을 때 유비는 제갈량을 촉으로 불러 지원하게 한다.

12 오류. 장비의 목적지는 낙성이다. 파주巴州는 생략해야 한다. 파주는 삼국시대가 아닌 진晉 시기에 설치된 행정 구역 명칭으로 치소는 지금의 충칭 평제奉節였다.

13 『삼국지』「촉서·장완전」에 따르면 "장완은 주서좌州書佐의 직무로 선주를 수행하여 촉으로 들어갔다"고 기록하여 장완은 제갈량이 아닌 유비를 따라 촉으로 갔다. 주서좌는 종사從事 다음 위치로 문서의 초안을 작성하고 필사하는 일을 관장했다.

14 상향湘鄕: 현 명칭으로 후한 때 설치되었다. 형주 영릉군零陵郡에 속했으며 치소는 후난성 샹샹湘鄕이었다.

15 서기書記: 후한 삼국 시기에 이런 관직은 없었다.

16 오류. 파군은 군 명칭이지 어떤 성 이름이 아니다. 군의 치소인 강주江州라 해야 맞다. 전국시대 때 진秦이 설치했다. 익주에 속했으며 치소는 강주(충칭重慶 장베이구江北區)였다.

17 오류. 앞의 주석에 따라 '강주성江州城'이라고 해야 맞다.

18 오류. 파주巴州가 아닌 파군이다. 엄안은 파군태수였다.

제64회 낙성에 비춘 장임의 충정

1 쇄자갑鎖子甲: 일종의 갑옷으로 다섯 개의 고리가 이어져 있어 한 고리에 화살촉을 맞아도 나머지 고리가 움츠러들며 몸을 보호하여 화살이 뚫고 들어갈 수 없었다. 일반적으로 정교하게 가공된 갑옷을 가리킨다.

2 촉군蜀郡: 군 명칭으로 옛 촉나라 땅이다. 전국시대 때 진秦나라가 군을 설치했다. 익주에 속했으며 치소는 성도成都(쓰촨성 청두成都)였다.

3 「촉서·선주전」 배송지 주 『익부기구잡기益部耆舊雜記』에서는 안교雁橋라고 했다. 안교는 안강雁江의 다리다. 안강은 또 중수中水라고도 하는데, 즉 퉈장沱江강이다. 안교는 쓰촨성 광한廣漢 동북쪽에 위치해 있다.

4 무양武陽: 현 명칭으로 전한 때 설치되었다. 익주 건위군犍爲郡의 군치로 쓰촨성 메이산眉山 평산彭山구 동쪽이었다.

5 오류. 익주는 주이며 주 이하의 행정 단위는 군과 현이다. 여기서는 군과 현으로 해야 맞다.

6 외수外水: 민장岷江강. 고대에는 부강涪江을 내수라 했고 민강岷江을 외수라 불렀다.

7 강양江陽: 『후한서』「군국지」에 따르면 "유장이 건위군犍爲郡을 나누어 강양군江陽郡을 설치했다"고 기록하고 있다. 익주에 속했으며 치소는 강양현江陽縣(쓰촨성 루저우瀘州)이었다.

8 오류. 강양과 건위는 모두 군이며, 군 아래 행정 단위는 현이다. 주와 군이 아닌 '여러 현'으로 표현해야 맞다.

9 덕양德陽: 현 명칭으로 후한 때 설치되었다. 익주 광한군에 속했으며 치소는 쓰촨성 쑤이닝遂寧 동남쪽이다.

10 오류. 파서는 군이고 덕양은 현이므로 '군과 현'으로 표현해야 맞다.

11 면죽綿竹: 현 명칭으로 전한 때 설치되었다. 익주 광한군에 속했으며 치소는 쓰촨성 더양德陽 북쪽 징양구旌陽區였다.

12 재동梓潼: 본래는 현 명칭으로 익주 광한군에 속했다. 광한군에서 나뉘어 군이 되었다. 치소는 쓰촨성 쯔퉁梓潼이었다.

13 오류. 『삼국지』「촉서·법정전」에 따르면 "적을 피한다는"으로 기록되어 있다.

14 오류. 『삼국지』「촉서·양희전楊戲傳」에 첨부된 「계한보신찬季漢輔臣贊」에 따르면 "유장은 자신의 딸을 비관에게 시집보냈다"고 기록하고 있다. 처남이 아닌 '사위'다.

15 익주益州: 군 명칭. 익주에 속했으며 치소는 전지滇池(윈난성 진닝晉寧 동북쪽)였다.

16 오류. 농서는 양주涼州의 일개 군이고 농상隴上은 양주 전체를 가리킨다. 『삼국지』「촉서·마초전」에 따르면 농상이란 표현을 사용한다. 그러므로 여기서 '농상의 각 군현'이라고 표현하는 것이 바르다.

17 참군參軍: 후한 말기에 '참모모군사參某某軍事'라는 명칭으로 시작되었고 '참모군사'를 말한다. 삼국 위나라 때 주에 참군을 설치했다. 『삼국지』「위서·양부전」에 따르면 "주에서 표문을 올려 양부를 참군사로 남게 했다"고 기록하고 있다.

18 역성歷城: 군대를 주둔시켜 방어하는 진영 명칭으로 간쑤성 시허西和 북쪽에 속한다.

19 오류. 이런 장군 명칭은 없었다. 『삼국지』「위서·양부전」 배송지 주 황보밀皇甫謐의 「열녀전列女傳」에 따르면 무이장군撫夷將軍으로 기록되어 있다. 무이장군은 헌제 건안 연간에 조조가 설치했고 지위는 비교적 낮은 잡호장군이었다.

20 오류. 위강은 양주涼州자사였다.

21 기산祁山: 산 명칭으로 간쑤성 리현禮縣 동쪽에 있다.

22 오류. 농서隴西가 아닌 농상隴上으로 해야 맞다.

23 오류. 관내후는 작위지 관직이 아니다.

24 오류. 익주는 한중의 남쪽이므로 남쪽으로 해야 맞다.

25 오류. 서천은 익주로 고쳐야 하고 동천은 한중으로 고쳐야 한다. 이하 동일.

26 오류. 익주는 후한 시기에 하나의 주였다. 5개 군으로 장로가 차지한 한중군을 제외한 4개 군은 유장의 관할로 45개 현이 있었다.

제65회 익주 평정

1 오류. 20개 현이라고 해야 맞다.

2 감군監軍: 출정하는 장수의 감독을 관장했고 지위는 군사軍師 아래였으며 호군護軍 위였다.

3 오류. '동관潼關 대전'이라 표현해야 맞다. 58회 참조.

4 오류. 양주涼州라고 해야 맞다.

5 공후公侯: 공작公爵과 후작侯爵을 가리키나, 일반적으로 작위가 있는 귀족과 고위 관직의 사람을 가리킨다.

6 서자西子: 춘추시대 때 월나라 미녀 서시를 말한다.

7 무염無鹽: 종리춘鍾離春을 말한다. 전국시대 때 제나라 무염읍無鹽邑에 살았던 여자로 얼굴이 몹시 추했으나 대의大義에 통달하여 제나라 선왕이 맞아들여 왕후로 삼았다.

8 존인尊人: 다른 사람의 부친에 대한 존칭.

9 안석安席: 연회에 들어가 앉았을 때 삼가 술을 권하는 예절.

10 오류. 유비와 유장의 전쟁은 익주 경내에서 이루어지므로 익주의 치소인 성도成都로 해야 맞다.

11 서충국西充國: 후국 명칭으로 치소는 쓰촨성 랑중閬中 서남쪽이다.

12 오류. 촉군은 익주의 한 군으로 여기서는 익주 전체를 말하므로 촉이라 해야 맞다.

13 『삼국지』「촉서·유장전」에 따르면 조조가 유장을 진위장군振威將軍으로 삼았었다.

14 오류. 이때 유비는 좌장군으로, 같은 품계인 전장군으로 임명한 것은 이치에 맞지 않다.

15 장군중랑장掌軍中郎將: 촉한 정권이 설치한 관직으로 군사 기밀 사무를 처리했다.

16 좌장군장사左將軍長史: 대장군, 거기장군, 전후좌우장군 모두 장사長史를 뒀다.

17 오류. 영중사마營中司馬란 관직은 없었다. 『삼국지』「촉서·유장전」에 따르면 방의龐義가 아닌 방희龐羲로 기록되어 있고, 유비가 촉을 평정하자 좌장군사마左將軍司馬로 삼았다고 기록하고 있다.

18 오류. 『삼국지』「촉서·유파전」에 따르면 "제갈공명이 그를 여러 차례 천거했으므로 선주는 좌장군 서조연西曹掾으로 임명했다"고 기록하고 있다. 좌장군 서조연은 좌장군 부중의 속관으로 인사를 주관했다.

19 오류. 『삼국지』「촉서·황권전」에 편장군으로 삼았다고 기록되어 있다.

20 오류. 여의呂義가 아닌 여예呂乂다.

21 오류. 『삼국지』「촉서·조운전」에 따르면 "성도가 평정된 다음 조운을 익군장군翊軍將軍"으로 삼았다고 기록하고 있다.

22 오류. 『삼국지』「촉서·황충전」에 따르면 '토로장군討虜將軍'에 임명되었다고 기록하고 있다.

23 오류. 『삼국지』「촉서·위연전」에 따르면 '아문장군牙門將軍'에 임명되었다고 기록하고 있다.

24 약법삼장約法三章: 법삼장法三章이라고도 하는데, 한나라 고조가 진秦의 함양咸陽을 점령하고 원로들과 법삼장을 약속한 사실, 또는 그 법삼장을 가리킨다. "사람을 살해한 자는 사형에 처하고, 사람을 다치게 하거나 남의 물건을 훔친 자는 죄에 따라 처벌한다"는 내용으로, 진나라의 무자비한 법은 모두 없앴다고 한다.

25 오류. 『삼국지』「촉서·제갈량전」 배송지 주 『촉기蜀記』에 따르면 '흉악해지다'가 아닌 '천賤(천해지다)'이라고 기록되어 있다.

26 오류. 45개 현으로 해야 맞다.

27 오류. 이때 서천이란 지명은 없었다. 촉이라 해야 한다.

28 경포黥布: 본명은 영포英布였는데 법을 어겨 경형黥刑(묵형墨刑으로 얼굴에 글자를 새겨 묵으로 칠하는 형벌)을 받았으므로 경포라 불렸다. 원래는 항우의 맹장이었는데 유방에게 귀순했고 유방을 도와 한나라를 세운 개국 공신이다.

29 팽월彭越: 진나라 말기에 산동 지역에서 의병을 일으켰고 후에 유방에게 귀순하여 한나라를 세운 개국 공신이 되었다.

30 오류. 한상漢上은 한수 유역을 가리키며 형주 전체를 가리키려면 '강한江漢'이라 해야 한다.

제66회 칼 한 자루만 들고 연회에 참석한 관우

1 오류. 『삼국지』「오서·오주전」에 따르면 "손권은 유비가 이미 익주를 점령했다고 여겨 제갈근을 파견해 유비에게 형주의 각 군을 돌려달라고 요청했다. 그러자 유비가 대답하지 않고 '내가 양주涼州를 도모하려 하는데, 양주涼州를 평정하면 바로 형주 전체를 오에 돌려주겠소'라고 말했다"고 기록하고 있다. 「촉서·선주전」과 「오서·제갈근전」에 따르면 이 일은 건안 20년(215)에 발생했다. 당시 유비는 형주의 의도, 무릉, 장사, 영릉 네 개 군을 차지했다. 동천은 실제로는 한중이나 여기서는 역사 기록에 의거해 동천東川과 한중漢中의 각 군이 아닌 양주涼州로 고쳐야 맞다.

2 육구陸口: 후베이성 츠비赤壁 서북쪽으로 육수陸水가 장강으로 유입되는 곳이다.

3 전국시대 때 진秦나라 소양왕昭襄王이 조趙나라 혜문왕惠文王과 민지澠池에서 회담하게 되었다. 진나라 왕이 자신의 세력에 의지해 조나라 왕을 모욕하려고 했지만 인상여가 조나라 왕을 보호했기 때문에 진나라 왕은 끝내 목적을 달성할 수 없었다.

4 인기認旗: 행군 때 주장主將이 가지고 있는 표식을 위한 깃발로 깃발에 다른 표기를 하여 사졸들이 쉽게 식별할 수 있게 했다.

5 오류. 앞에서 "육구 군영 밖 강가 정자에서 연회를 열게 한다"고 했다. '정원'을 '정자'로 해야 맞다.

6 군후君侯: 진秦, 한漢 시기에는 열후列侯이면서 승상丞相이 된 자를 나타내며, 한 시기 이후에는 고관과 귀인에 대한 경칭敬稱으로 사용했다.

7 오류. 앞 문장에 따라 '정원'을 '정자'로 고쳐야 맞다.

8 오류. 위개衛凱가 아니라 위기衛覬다. 『삼국지』「위서·위기전衛覬傳」 참고.

9 오류. 『삼국지』「위서·순유전」에 따르면 "위나라가 처음 건국되었을 때 상서령尙書令에 임명되었다"고 기록하고 있다.

10 오류. 위공은 작위이고 관직은 승상이었다.

11 목순은 역사상 실존 인물이 아닌 소설 속에 등장하는 인물이다.

12 오류. 『후한서』「복황후전」에 따르면 치려는 어사대부였다.

13 새수璽綬: 옥새 위를 묶은 채색 명주 끈으로, 비유하여 옥새를 가리킨다.
14 초방椒房: 전한 시기 미앙궁未央宮의 황후가 거처하던 궁전 명칭으로 산초와 진흙으로 벽을 발라 따뜻하고 향기가 났으며 자식을 많이 낳는다는 의미도 있어 초방이라 했다. 일반적으로 후비가 거처하던 궁실을 가리킨다.
15 궁인宮人: 비빈妃嬪(후궁)과 궁녀의 통칭이다. 또한 군왕의 일상생활 사무를 책임지는 관직 명칭을 가리키기도 한다.
16 『삼국지』「위서·화흠전」 배송지 주 『위략』에 기록되어 있다. 용의 머리와 배, 꼬리의 구분은 대개 연령으로 결정한다. 화흠(157년생)은 관녕(158년생)보다 한 살 더 많았고, 병원의 생몰 연대는 알 수 없지만 당시 사람들이 세 사람의 순서를 말한 것에 따르면 병원이 화흠보다는 어리고 관녕보다는 많은 것으로 보인다.
17 헌軒: 휘장이 있는 수레로 대부 이상이 타던 수레를 말한다.
18 이 이야기는 『세설신어世說新語』「덕행제일德行第一」에 기록되어 있다.
19 자어子魚: 화흠의 자.
20 귀인貴人: 여자 관직 명칭으로 후한 광무제 때 시작되었고 황후 다음의 지위였다. 역대로 그 명칭이 이어졌으나 지위의 높고 낮음은 일치하지 않았다.
21 정궁正宮: 황후皇后의 속칭이며 또한 황후가 기거하는 궁전을 말한다.

제67회 한중의 장로를 평정한 조조

1 양평관陽平關: 요충지 명칭으로 산시陝西성 몐현勉縣 서쪽 백마하白馬河가 한수로 들어가는 곳. 한중 분지 서쪽의 관문이다.
2 오류. 한녕漢寧은 즉 한중漢中을 말한다. 여기서는 군의 치소인 남정南鄭(산시陝西성 한중漢中)을 가리킨다.
3 남정南鄭: 전국시대 진읍秦邑이었고 후에 현을 설치했다. 익주 한중군漢中郡에 속했으며 치소는 산시陝西성 한중漢中시였다.
4 남안南安: 군 명칭으로 양주涼州에 속했다. 한 영제 중평 5년(188), 한양군漢陽郡을 나누어 설치했다. 치소는 원도獂道(간쑤성 룽시隴西 동남쪽 웨이허渭河강 동쪽 연안)다.
5 호의號衣: 옛날에 병졸과 관아의 심부름꾼들이 입었던 제복.
6 운제雲梯: 성을 공격할 때 성벽을 타고 오르는 긴 사다리.
7 남산南山은 산시陝西성 몐현勉縣 남쪽, 쓰촨성 난장南江 북쪽으로 미창산米倉山 서쪽이다. 파중巴中은 쓰촨성 취현渠縣 동북 지구다.
8 오류. 『삼국지』「위서·장로전」에 따르면 "태조는 친히 영접하여 진남장군鎭南將軍으로 임명하고 낭중후閬中侯로 봉했다"고 했다.
9 오류. 『삼국지』「위서·무제기」에 따르면 조조는 "한녕군을 다시 원래 명칭인 한중군으로 회복시키고 한중군의 안양安陽과 서성西城을 나누어 서성군西城郡을 설치했으며 태수를 임명했다"고 기록하고 있다.
10 오류. 한중이라 해야 맞다.

11 오류. 61회에 건업建業으로 도읍을 옮겼다.
12 오류. 『삼국지』「촉서·선주전」에 따르면 "남군南郡, 영릉零陵, 무릉武陵"으로 기록하고 있다.
13 오류. 당시 손권은 오후로 봉해지기 전이다. 이 당시 관직은 거기장군이었다.
14 여항餘杭: 진秦 시기에 현이 설치되었다. 양주 오군에 속했으며 치소는 저장성 항저우杭州 위항餘杭구 서남쪽이다.
15 오류. 화주和州는 남북조 시기의 지명이다. 후한 시기에는 역양현歷陽縣이었다.
16 오류. 앞에서 "여강廬江태수 주광朱光"이라고 했다. 환성은 여강군에 속한 현이다.
17 홍교虹橋: 무지개같이 아치형으로 구부러진 긴 다리로 성을 공격할 때 사용하는 용구다.
18 과탁果桌: 주연 때 술과 음식, 과일류를 차려놓은 탁자.
19 오류. 『삼국지』「위서·장료전」에 따르면 이 명령서는 장료가 아닌 호군護軍 설제薛悌에게 줬다고 기록하고 있다.
20 소요진逍遙津: 고대 비수淝水(안후이성의 중부를 흐르는 두 강)의 나루터. 안후이성 허페이合肥에 있다.
21 『삼국지』「오서·오주전」에 따르면 "손권은 준마를 타고 진교津橋를 뛰어넘어 달아났다"고 기록하고 있다. 배송지 주 『강표전』에도 소사교小師橋가 아닌 '진교'로 기록되어 있다.
22 아장牙將은 아문장牙門將으로 수하에 일정한 수의 사병을 거느리고 지휘와 방어의 임무를 담당했는데, 후에 점차적으로 주장 휘하의 편장偏將, 부장副將으로 바뀌었다. 삼국시대 촉나라에 아문장군이 설치되었으며 조운과 위연이 담당했다.
23 정군산定軍山: 한중군 면양현沔陽縣(산시陝西성 몐현勉縣 서남쪽)에 있었다.
24 몽두암蒙頭巖: 파서군巴西郡 탕거현宕渠縣 남쪽 팔몽산八濛山의 한 봉우리로 쓰촨성 취현渠縣 경계에 있다.
25 유수오濡須塢의 오塢는 배가 정박하는 곳을 말한다.
26 오류. 조조가 이때 평정한 곳은 한중이고 농우는 이미 조조의 관할이었다.

제68회 위왕에 등극한 조조

1 비고鼙鼓: 작은 북과 큰 북. 고대 군대의 전고戰鼓로 악대에서도 사용했다.
2 굉觥: 들소 뿔로 만든 큰 술잔으로 중심이 타원형이며 위에 손잡이가 있고 아래에는 다리가 둘러져 있으며 짐승 머리 형태의 덮개에 부수적으로 작은 국자가 달려 있다. 후에는 구리와 도기로도 제작했으며 주기酒器로 사용했는데 항상 벌주罰酒 주기로 사용되었다.
3 청라산靑羅傘: 푸른 명주로 만든 산개傘蓋로 명나라 제도이며 5품 관직의 산개는 푸른 명주를 사용했다.
4 정위廷尉: 진한 시기의 중앙 최고 사법 행정 장관. 구경 가운데 하나로 형벌을 관장했다.
5 장살杖殺: 당나라 정부가 운용한 가장 보편적인 형벌. 일종의 무거운 방망이로 엉덩이를 때려 죽이는 것으로, 엉덩이를 때려서는 죽지 않기 때문에 먼저 복부를 칼로 찔렀다.
6 청하淸河: 군, 국 명칭으로 전한 때 거록군鉅鹿郡을 나누어 설치했다. 이후에 봉국封國이 되었다가 군郡이 되기도 하면서 여러 차례 변경되었다. 전한 때 치소는 청양淸陽(지금의 허베

이성 칭허淸河 동남쪽)이었다가 후한 때 국으로 변경되었다. 기주에 속했으며 치소를 감릉甘陵(지금의 산둥성 린칭臨淸 동북쪽)으로 옮겼다.

7 면류관冕旒冠: 황제의 예관禮冠. 면冕은 고대 제왕, 제후, 경대부卿大夫가 썼던 예관이었으나 후에 제왕의 전용물이 되었다. 류旒는 면 앞뒤로 옥을 꿴 줄을 늘어뜨린 것이다. 황제는 백옥 구슬 12류, 황태자와 친왕은 푸른 구슬 9류, 삼공제후三公諸侯는 푸른 옥구슬 7류, 경대부는 검은 옥구슬 5류 등으로 규정하고 있다.

8 천자의 수레. 천자의 수레는 여섯 필의 말이 끌었고 제후 이하는 네 필의 말이 끌었다.

9 금근거金根車: 황금으로 장식한 근거根車(자연적으로 둥글고 굽은 수목으로 수레바퀴를 제작한 수레)로 황제의 전용 수레다.

10 난의鑾儀: 황제 행차의 의장대.

11 오류. 『삼국지』「위서·가후전」에 따르면 하북 평정 이후에 가후를 '태중대부太中大夫'로 삼았다고 기록하고 있다. 중대부中大夫는 춘추시대 진晉나라 때 설치되었고 한 무제 때 광록대부로 개명되었다. 모의謀議를 관장했다.

12 오류. 당시의 지명은 영녕永寧이며 온주는 당나라 이후의 지명이다.

13 오류. 서천은 익주로 고쳐야 한다. 가릉嘉陵은 가주嘉州의 오류이고, 북주北周 시기에 설치된 지명이므로 삭제해야 맞다.

14 송강松江: 장쑤성 타이후太湖호의 가장 큰 지류.

15 토서수금호土鼠隨金虎: 경자庚子년을 가리킨다. 12가지 띠 중에 쥐(서鼠)는 '자子'이므로 '토서土鼠'는 '자'를 가리킨다. 또한 서쪽은 '경庚'에 속하며 사상四象에서 '호虎'가 되고 오행에서 '금金'에 속하므로 '금호金虎'는 '경庚'을 가리킨다. 경자년庚子年 정월은 즉 건안 25년(220) 정월이다. 이때 조조가 사망한다.

16 연무청演武廳: 무예를 연마하는 곳의 대청.

제69회 점술가 관로

1 태사승太史丞: 태사령太史令(천문 역법과 사서 편찬을 관장함)의 속관.

2 평원平原: 군, 국 명칭으로 전한 때 군을 설치했다. 치소는 평원현平原縣(산둥성 핑위안平原 서남쪽)이었다. 청주에 속했다.

3 즉구卽丘: 현 명칭으로 전한 때 설치되었다. 서주 낭야군에 속했으며 치소는 산둥성 린이臨沂 동남쪽이었다.

4 풍각風角: 바람의 움직임을 관찰하여 길흉을 점치는 술수.

5 안평安平: 왕국 명칭. 기주에 속했으며 치소는 신도현信都縣(허베이성 헝수이衡水 지저우冀州구)이었다.

6 신도信都: 현 명칭으로 전한 때 설치되었으며 기주 안평국安平國에 속했다. 치소는 허베이성 지저우冀州다.

7 각궁角弓: 짐승 뿔로 장식한 강궁強弓.

8 관도館陶: 현 명칭으로 한 시기에 설치되었다. 기주 위군에 속했으며 허베이성 관타오館陶

였다.

9 신흥新興: 군 명칭. 후한 말기에 설치되었으며 병주에 속했다. 치소는 구원九原(산시山西성 신저우忻州)에 있었다.

10 부사覆射: 일종의 물건을 맞추는 놀이로 통상적으로 뒤집어진 그릇 속에 물건을 놓고 알아맞히는 것이다. 종종 점술에도 이용된다.

11 기해년己亥年 정월正月(건안 24년, 219)을 가리킨다.

12 정군산定軍山을 가리킨다. 정군산은 한중군漢中郡 면양현沔陽縣(산시陝西성 몐현勉縣 남쪽)에 있었다.

13 조조가 낙양에서 죽을 것임을 가리킨다. 사자궁은 낙양 일대를 가리키며 신위는 이미 죽은 군주나 제후의 위패를 가리킨다.

14 태사太史: 태사령太史令으로 하夏대 말에 이미 이 관직이 존재했다고 전해진다. 서주西周, 춘추시대 때 태사는 문서의 초안 작성과 제후, 경대부卿大夫의 책명策命(책서策書로 관직을 봉하고 작위를 수여함), 역사적 사실 기재, 사서史書 집필을 관장했으며 아울러 국가의 전적, 천문 역법, 제사 등을 관리했는데 조정의 대신이 담당했다. 진秦, 한漢 시기에 태사령을 설치했으나 직위가 점차 낮아졌다. 『삼국지』「위서·관로전」에 따르면 관로는 태사가 아닌 소부승少府丞이란 관직에 재직한 것으로 기록하고 있다. 소부승은 궁정의 사무와 산, 바다, 육지, 호수의 세수를 관장했다.

15 오류. 『삼국지』「위서·관로전」에는 생골生骨로 기록되어 있다. 생골은 미신에서 장수를 예시하는 골상骨相을 말한다.

16 수정守睛: 관상술에서 눈빛을 가리킨다.

17 단명할 상을 의미한다. 삼갑三甲과 삼임三壬은 점성과 관상 용어로 장수할 상을 가리킨다.

18 하변下辨: 전한 때 하변도下辨道를 설치했고 후한 때 현이 되었다. 양주涼州 무도군武都郡에 속했으며 간쑤성 청현成縣 서쪽이었다.

19 연掾: 주, 군, 현의 보좌관 중에 여러 조련曹掾(각 부서의 속관)의 통칭이다. 한 시기에 공부公府의 속리로 연掾, 속屬이 있었고 군현에는 연掾과 사史를 설치했다. 연掾은 정正이고 사史는 부副로 한 부서의 일을 총괄했다. 당, 송 이후에는 연사의 명칭이 점차적으로 '서리胥吏'로 변천했다.

20 소부少府: 관직 명칭으로 구경 가운데 하나였다. 전국시대에 시작되었고 산, 바다, 육지, 호수의 수입과 황실의 수공업 제조 및 궁중의 어의御衣, 진귀한 물품, 진귀한 음식 등을 관장했는데 황제의 사부私府였다.

21 사직司直: 전한 무제 때 설치되었으며 승상을 도와 도성의 백관百官을 감찰하는 일을 책임졌다.

22 김일제金日磾: 본래 흉노 휴도왕休屠王의 태자였으나 한 무제 원수 연간에 혼사왕渾邪王을 따라 무리를 이끌고 한나라에 항복했다. 이는 오류로 김일제는 재상을 지낸 적이 없었다.

23 오류. 『삼국지』「위서·무제기」 배송지 주 『삼보결록주三輔決錄注』에 따르면 "경조京兆 김의金禕의 자는 덕의德禕"라고 기록하고 있다.

24 오류. 『삼국지』「위서·무제기」에 길본吉本으로 기록되어 있다.

25 육가삼시六街三市: 육가는 당唐대에 장안성 안에 있었던 여섯 개의 대로를 뜻하고, 새벽, 정

오, 저녁 무렵을 삼시三時의 시장이라 했다.

26 금오金吾는 진한 시기에 도성의 경비를 관리하던 지방관이다. 원소절 전후 각 하루는 밤새 등불 구경을 할 수 있었고 야간 통행을 금지하지 않았다.

27 옥루玉漏: 시간을 표시하는 물시계의 미칭으로 옥으로 제작하여 옥루라 했다.

28 심궁深宮: 황궁 안으로 황제가 거처하는 곳을 뜻한다.

29 오류. 『삼국지』「위서·무제기」 배송지 주 『위서』에는 "명호후작18급名號侯爵十八級을 설치했다"고 기록하고 있다.

30 관중후關中侯: 삼국 시기 위나라 작위 명칭. 위 문제(조비)가 한나라 열후를 관중후로 바꾸었다.

31 오류. 『삼국지』「위서·무제기」 배송지 주 『위서』에는 "관외후16급關外侯十六級"이라고 기록하고 있다.

32 오류. 『삼국지』「위서·무제기」 배송지 주 『위서』에는 구리 도장으로 기록되어 있다.

33 오대부五大夫: 진, 한 시기에 20등급 작위 중에 9급을 말한다.

제70회 지혜로운 장비와 노장 황충의 지략

1 탕거宕渠: 현 명칭으로 전한 때 설치되었다. 익주 파서군에 속했으며 치소는 쓰촨성 취현渠縣 동북쪽이었다.

2 몽두蒙頭와 탕석蕩石은 모두 탕거현宕渠縣에 속했다. 쓰촨성 취현渠縣 동북쪽 교외다.

3 낭중閬中: 현 명칭으로 진秦 시기에 설치되었다. 익주 파서군에 속했으며 군치 소재지였다. 쓰촨성 랑중閬中에 속했다.

4 오류. 탕거宕渠는 현 명칭이지 산 이름이 아니다.

5 상박相撲: 맨손으로 힘을 겨루는 경기로 지금의 레슬링이나 씨름과 비슷하다.

6 와구관瓦口關: 요충지 명칭. 쓰촨성 취현渠縣 동쪽에 있었다.

7 관도官道: 국가에서 건설한 도로. 큰길.

8 오류. 창계蒼溪는 진晉나라 때 설치된 현으로 한 대의 낭중현閬中縣을 나누어 설치했다. 쓰촨성 창시蒼溪다.

9 오류. 미창산米倉山은 정군산의 동남쪽에 있고, 천탕산天蕩山은 정군산의 동북쪽에 있다. 황충이 가맹관에서 북상했으므로 진공 노선은 미창산-정군산-천탕산이 되어야 한다. 그러므로 여기서는 천탕산이 아닌 미창산으로 해야 맞다. 천탕산은 한중군 면양현(산시陝西성 멘현勉縣 북쪽)에 위치해 있다.

10 교병지계驕兵之計: 일부러 적군에게 약하게 보임으로써 적에게 오만한 마음을 조장시켜 얕잡아 보게 하는 계책.

11 오류. '이곳 미창산은 (…) 인접한 천탕산'으로 고쳐야 맞다. 두 산은 거리가 멀기 때문에 인접하지 않다. 미창산은 천탕산, 천탕산은 미창산으로 고쳐야 맞다. 미창산은 산시陝西성 한중漢中 난정구南鄭區 남쪽에 속한다.

12 격장법激將法: 본래는 성질을 자극하는 말로 장수를 출전시키는 일종의 방법을 가리켰으

나 나중에는 일반적으로 자극적인 말 혹은 반어법으로 사람을 부추겨 일을 시키는 일종의 수단을 가리켰다.

제71회 정군산에 떨친 상산 조자룡의 위용

1 오류. 제70회 주석에 따라 미창산으로 고쳐야 맞다.

2 오류. 조홍은 직접 허도로 달려가 보고하지 않았다. 그리고 조비가 제위에 올랐을 때(221) 허창으로 명칭을 바꿨다.

3 산개傘蓋: 긴 장대의 우산 형태로, 우산 테두리에 술이 드리워진 의장물.

4 금과金瓜: 고대 호위 무사들이 들고 있던 일종의 병장기로 봉 끝이 참외 모양의 구리로 제작되었으며 황금색이다.

5 등봉鐙棒: 일종의 막대 모양의 무기로 끝을 등자 형태로 장식했으며 구리로 제작되었고 나중에는 의장용으로 사용했다.

6 남전藍田: 현 명칭으로 진秦 시기에 설치되었다. 사례주 경조윤에 속했으며 치소는 산시陝西성 란톈藍田 서남쪽이었다.

7 『호가십팔박胡笳十八拍』: 호가는 북방 민족의 피리와 비슷한 관악기로 한漢, 위魏 시기에 음악을 고취시키는 데 사용했다. 악부 십팔 곡의 이름으로 후한 채옹의 딸 채염이 난리가 났을 때 붙잡혀서 좌현왕左賢王의 부인이 되었다가 돌아왔는데 그 사이에 자기가 겪은 사실을 운문으로 써서 호가로 노래 부른 것이다.

8 좌현왕左賢王: 흉노의 귀족 봉호로 흉노의 왕후 중에서 지위가 가장 높으며 항상 태자를 좌현왕으로 삼았다.

9 오류. 『후한서』「열녀전列女傳·효녀조아孝女曹娥」에 따르면 한안漢安 2년이라고 했는데, 한안은 순제의 연호(142~143)다.

10 상우上虞: 현 명칭으로 전한 때 설치되었다. 양주 회계군에 속했으며 치소는 저장성 사오싱紹興 상위구上虞區다.

11 오류. 『후한서』「열녀전·효녀조아」에 따르면 "원가元嘉 원년에 이르러 상우 현장 도상度尙"이라고 기록되어 있다. 원가 원년은 151년으로 환제 때다.

12 오류. 자식이 자기 아버지 이름을 직접 말하는 것은 이치에 맞지 않다.

13 제구齏臼: 파, 생강, 마늘, 부추 등의 매운 채소를 분말로 만드는 석기.

14 오신五辛: 다섯 가지의 매운 맛이 나는 채소로 술, 고기와 함께 불제자들이 먹는 것을 금했다.

15 사자가 명령을 받들어 외지로 갈 때는 반드시 부절을 가지고 증빙으로 삼았다.

16 묘재妙才: 하후연의 자가 묘재妙才다. 하후연의 자인 동시에 '묘한 재주'라는 두 가지 뜻을 가지고 있다.

17 오류. 제69회에서 관로가 "정군定軍의 남쪽에서 다리 하나가 끊어질 것입니다"라고 예언했다.

18 고각鼓角: 전고戰鼓와 호각號角으로 군대에서 시간을 알리고, 경계 혹은 호령할 때 사용했다.

19 헌괵獻馘: 고대에 전쟁에 나가 적을 죽이고 왼쪽 귀를 잘라 바치는 것으로 공적을 계산하고 상을 논했다.

20 오류. 천탕산으로 해야 맞다. 이하 동일.

21 오류. 『삼국지』「촉서·황충전」에 따르면 "정서장군征西將軍으로 승진했다"고 기록하고 있다.

22 오류. 장합으로 해야 맞다. 아래 문장 참조.

23 총수總帥: 통수統帥를 말하며 군사를 통괄하는 총책임자.

24 호위장군虎威將軍: 잡호장군 가운데 하나로 위촉오 삼국 모두 이런 호칭이 있었다. 우금, 여몽, 정봉, 조운이 이 직책을 역임했다. 『삼국지』「촉서·조운전」 배송지 주 『운별전』에 따르면 조운이 군중에서 '호위장군'이라 불리기는 했으나 실제로 임명된 역사 기록은 없다.

25 야곡斜谷: 산골짜기 명칭으로 산시陝西성 메이현眉縣 서남쪽에 있다. 계곡에 입구가 두 군데 있는데 남쪽은 포褒라 하고 북쪽을 야斜라 하여 포야곡이라고도 한다.

26 오류. 『삼국지』「촉서·선주전」에 따르면 유비가 "나는 반드시 한천漢川을 지키겠다"고 말했다. 한천은 즉 한중이다.

27 오류. 『삼국지』「촉서·왕평전王平傳」에 따르면 '교위校尉'였다고 기록하고 있다.

28 자방子房: 한나라 고조 유방의 공신인 장량의 자.

제72회 계륵

1 오류. 『삼국지』「촉서·왕평전」에 따르면 유비에게 항복한 이후에 아문장牙門將, 비장군裨將軍이 되었다고 기록하고 있다. 아문장은 군사를 통솔하는 무관인데 비장의 아래 군수보다는 위의 지위였다. 비장군은 부장군이다.

2 전서戰書: 적군에게 교전을 통지하는 문서.

3 오류. 삼국 시기에 이런 지명은 없었다.

4 모후母后: 황제의 모친 황태후皇太后를 말한다. 『삼국지』「위서·후비전后妃傳·서序」에 따르면 "한나라 제도에 황제의 조모祖母는 태황태후太皇太后라 하고 황제의 모친은 황태후皇太后, 황제의 아내는 황후皇后라 부르며 나머지의 내궁內宮 여관女官(황제의 비첩婢妾)은 14 등급이 있다. 위나라는 한대의 제도를 답습하여 모후母后의 호칭은 모두 과거의 한나라 옛 제도와 같다"고 했다.

5 오류. 잘못된 지명이다. 당시에는 포중현褒中縣(산시陝西성 한중漢中 서북쪽)이었다. 남정은 장비와 위연이 이미 빼앗았다.

6 의병疑兵: 허장성세로 적을 현혹시키는 군사, 군대의 진법 혹은 군사의 대오.

7 오류. 앞쪽의 주석에 의해 포중褒中으로 고쳐야 맞다.

8 황수아黃須兒: 조조의 아들 조창曹彰을 가리킨다. 수염이 누런색이라 이렇게 불렀다.

9 위청衛青: 한 무제 때의 명장으로 일곱 차례나 군사를 이끌고 흉노를 쳐서 여러 번 대승을 거두었다.

10 곽거병霍去病: 한 무제 때의 명장으로 여섯 차례나 흉노 토벌에 나서 큰 공을 세웠다. 불과 24세에 죽었다.

11 박사博士: 관직 명칭으로 태학太學에서 유가 경전을 강의하고 학생들의 양성을 책임졌다. 조정에서 해결하기 곤란한 난제를 자문하면 대답을 진행했다.

12 대군代郡: 군 명칭으로 전국시대 조趙나라 무령왕武靈王이 설치했다. 진, 전한 시기에는 치소가 대현代縣(허베이성 위현蔚縣 동북쪽)이었고, 후한 시기에 치소를 고류高柳(산시山西성 양가오陽高 서북쪽)로 옮겼다. 유주에 속했으며 북쪽으로 오환, 흉노 등의 종족과 이웃하고 있었으므로 북방의 중요한 군이었다.

13 상건桑乾: 현 명칭으로 전한 시기에 설치되었다. 대현代縣과 상건현桑乾縣이 함께 대군代郡의 치소였다. 후한 시기에 군치를 고류高柳로 옮겼고 상건桑乾은 속현이 되었다. 유주 대군에 속했으며 치소는 허베이성 양위안陽原 서북쪽이다.

14 포관庖官: 주방을 관리하는 사람. 대부호의 주방은 매우 커서 주방에 종사하는 사람과 잡일을 하는 사람이 많았으며 누군가 전문적으로 관리하는 사람이 필요했기 때문에 포관이 출현했다.

15 조가朝歌: 현 명칭. 전국시대 때 위읍魏邑이었고 진秦 시기에 현을 설치했다. 사례주 하내군에 속했으며 치소는 허난성 치현淇縣이었다.

16 오류. 『후한서』 「양진전楊震傳」 이현 주 「속한서續漢書」에 따르면 45세로 죽었다고 기록하고 있다.

제73회 한중왕에 오른 유비

1 상용上庸: 현 명칭으로 후한 삼국 시기에 익주 한중군에 속했다. 조조에 의해 한중군을 나누어 상용군을 설치했다. 치소는 상용현上庸縣(후베이성 주산竹山 서남쪽)에 있었다.

2 오류. 『삼국지』 「촉서·선주전」에 따르면 "선주는 유봉, 맹달, 이평李平 등을 보내 상용에서 신탐申耽을 공격하게 했다"고 기록하여 왕평王平이 아닌 이평을 보낸 것으로 역사는 기록하고 있다. 이평李平의 원래 이름은 이엄李嚴이다.

3 오류. 양천兩川이 아닌 양주兩州(형주, 익주)로 해야 맞다.

4 오류. 형주와 익주라 해야 맞다. 형양은 형주를 말한다. 양천은 실질적으로 익주를 가리킨다.

5 면양沔陽: 현 명칭으로 전한 때 설치되었다. 익주 한중군에 속했으며 치소는 산시陝西성 멘현勉縣 동쪽이었다.

6 오방五方: 동, 서, 남, 북, 중앙의 다섯 개 방위.

7 『삼국지』 「촉서·법정전」에 따르면 "상서령, 호군장군護軍將軍으로 임명했다"고 기록하고 있다. 호군장군은 무관의 선출을 관장했고 출정 시 제장들을 감독했다.

8 『삼국지』 「촉서·제갈량전」에 따르면 "성도를 평정한 후 제갈량을 군사장군軍師將軍으로 삼고 좌장군左將軍 부중의 사무를 대리하게 했다"고 기록하고 있다. 건안 연간에 유비는 좌장군이 되었기에 유비의 군사 사무를 총괄했다.

9 오류. 『삼국지』 「촉서·위연전」에 따르면 "한중을 감독하는 진원장군鎭遠將軍으로 삼고 한중태수를 겸하게 했다"고 기록하고 있다.

10 성교聖教: 요, 순, 문, 무, 주공, 공자의 가르침. 유교를 말한다.

11 오류. 『삼국지』 「촉서·선주전」에서는 "인신人神(사람과 신)"으로 기록되어 있다.

12 『우서虞書』: 『상서尙書』의 편명으로 요전堯典과 순전舜典을 가리킨다.

13 구족九族: 구족의 범위에 대해 몇 가지 설이 있으나 일반적으로 자기를 중심으로 위로 4대 선조부터 아래로 4대 후손까지를 구족이라 한다.

14 대종大宗: 종법 사회에서 직계 종가를 '대종'이라 하고 나머지 방계 자손들을 '소종小宗'이라고 한다.

15 육사六師: 주周나라 천자가 통솔했던 육군의 사師, 1만2500명을 사로 조직했다. 일반적으로 천자의 군대를 가리킨다.

16 오류. 『삼국지』 「위서·무제기」에 따르면 조조는 이때 장안에 있었다.

17 오류. 바로 다음 문장에서 "성으로 들어갔다"라는 말이 있으니 강릉으로 해야 맞다.

18 오류. 한중이라고 해야 맞다.

19 정우亭郵: 길을 따라 설치하여 문서를 전송하는 사람과 여행객이 숙박하는 관사.

20 관고官誥: 황제가 작위를 하사하거나 관직을 수여하는 명령.

21 전부사마前部司馬: 주부州府의 속관으로 군사 사무를 처리하는 데 협조했다. 유비가 익주를 점거한 이후에 전부前部, 후부後部, 좌부左部, 우부右部 사마司馬를 설치했는데 지위가 종사보다 높았다.

22 고명誥命: 조정이 반포한 명령, 황제의 명령.

23 오류. 오호대장은 작위가 아니라 관직이다.

24 오류. 『삼국지』 「촉서·관우전」 「오서·오주전」, 『자치통감』 등에 모두 장군 사인士仁으로 기록되어 있다.

25 오류. 형주는 주의 명칭이지 성의 명칭이 아니다. 형주성이 아닌 '강릉성'으로 해야 맞다.

26 오류. 『삼국지』 「촉서·관우전」에 따르면 "남군태수 미방이 강릉에 있고"라고 기록하고 있다. 미방은 남군태수로 치소인 강릉을 지키고 있었다.

27 제기祭旗: 고대 미신의 일종으로 군대의 수령이 출정하기 전에 어떤 살아 있는 생물을 죽여서 신령에게 제사 지내는 것으로 신령의 도움을 구하는 것이다.

28 가절월假節鉞: 절과 월은 황제의 신물信物이다. '절'은 황제를 대표하는 신분으로 절을 소지한 사신은 황제와 국가를 상징하며 이에 상응하는 권력을 행사할 수 있다. 무장에게 '가절'이라는 말은 자신의 군중에서 군령에 저촉된 사졸을 참살할 수 있다는 뜻이다. '월'은 '부월斧鉞'로 도끼와 같은 형태인 일종의 형구이며, 군왕의 전속으로 간혹 신하에게 잠시 빌려줄 수 있는데 이것을 '가절월'이라고 칭한다. 군왕이 소유한 권한을 부여하는 것 중에 '가절월'의 권력은 지극히 높으며 '가절월'을 보유했다는 것은 자기 마음대로 군령에 저촉된 사졸을 참살할 수 있을 뿐만 아니라 군주를 대신해 출정할 수 있으며 절을 소지한 대장을 참살할 수 있는 권력을 뜻했다.

29 오류. 형양은 즉 형주를 말한다. 이때 조조는 형주의 남양군을 점거했고, 손권은 강하, 장사, 계양 등의 군을 점유하고 있었다. 관우는 단지 남군, 무릉, 영릉 등의 군만 통솔하고 있었기 때문에 형양 아홉 개 군은 통하지 않는다. 『삼국지』 「촉서·관우전」에 따르면 "선주(유비)는 서쪽으로 익주를 평정하고 관우를 동독董督(유비가 임시로 설치한 관직 명칭으로 유비가 점령한 형주 지역의 사무를 감독·관리하게 했다)으로 임명하고 형주의 사무를 통솔·감독하게 했다"고 기록하고 있다. 형양 아홉 개 군이 아닌 '형주'라고 해야 맞다고 하겠다.

30 양강襄江: 한수漢水를 말한다. 한수는 양양襄陽 뒤쪽을 거쳐 남쪽으로 장강에 유입되는데 이곳을 양강이라 불렀다.

31 오류. 『삼국지』 「오서·오주전」에 따르면 "도독都督 조루趙累"라고 기록하고 있다. 군전도독양료관軍前都督糧料官이란 관직은 없었다.

제74회 관을 메고 출전한 방덕

1 화하華夏: 원래는 중원 지구를 가리켰으나 나중에는 중국 전체 영토를 망라한 말이다. 또 중국의 옛 명칭이기도 하다.

2 오류. 『삼국지』 「위서·방덕전」에는 "입의장군立義將軍으로 임명하고 관문정후關門亭候로 봉했다"고 기록하고 있고, 「위서·우금전」에는 좌장군으로 기록되어 있다.

3 칠군七軍: 일반적으로 일곱 갈래의 군대를 가리킨다.

4 오류. 아직 '조위曹魏'가 건립되기 전이므로 조조는 아직 한나라 신하다. '위왕'이라 해야 맞다.

5 오류. 『삼국지』 「위서·방덕전」 배송지 주 『위략』에는 '종형'으로 기록되어 있다. 종형從兄은 증조할아버지가 같고 부친이 다른 자신보다 연장자인 같은 항렬의 연장자로, 즉 증조할아버지가 같은 백숙伯叔(백부, 숙부)의 아들로 자신보다 연장자인 자를 말한다.

6 오류. 부하 장수 500명은 모두 장수가 아니다. 부하로 표현해야 맞다.

7 서강西羌: 강羌은 옛 종족 명칭이다. 주요 분포 지역은 간쑤성, 칭하이성, 쓰촨성 일대다. 은殷, 주周 시기에 부분적으로 중원 지역에 섞여 거주했고, 진秦, 한漢 시기에 부락이 많아졌다. 서강은 후한 시기에 와서는 강인羌人 내부의 한 갈래로 금성金城, 농서隴西, 한양漢陽 등의 군에 거주했다. 거주 지역이 서쪽에 치우쳐 있어 서강이라 불렀다.

8 타도계拖刀計: 거짓으로 패한 체하며 칼을 아래로 드리우고 달아나다 적이 방비하지 않는 틈을 이용해 갑자기 돌아서서 공격하는 계책.

9 증구천罾口川: 후한 삼국 시기에 이런 하천명은 없었다.

10 물고기의 '어魚'와 우금의 '우于'는 중국어 발음이 같으므로 여기서 물고기(어魚)는 우금을 가리킨다.

11 독장督將: 후한 말에 주의 병사를 통솔하는 무관의 일반적인 칭호. 『삼국지』 「위서·유엽전」에 따르면 독장은 군사 수천 명을 통솔했다고 기록하고 있다.

12 오류. 앞 문장에서 큰 뗏목을 타고 왔다고 했다.

13 양번襄樊: 후한 삼국 시기에 이런 지명은 없었다. 장강의 지류인 강한江漢 중류에 위치해 있다.

14 겹하郟下: 후한 삼국 시기에 이런 지명은 없었다. 당시의 겹현郟縣 일대를 가리킨다. 겹현은 현 명칭으로 춘추시대 때 정鄭의 읍邑이었다가 후에 초楚에 속했다. 진秦 시기에 현을 설치했고 옛 치소는 허난성 자현郟縣이었다.

제75회 함락된 형주

1 방건方巾은 명나라 문인이나 벼슬하지 않은 선비들이 쓰던 사각의 부드러운 모자를 가리키며 널찍한 의복은 고대 유생의 옷차림새를 나타낸다.

2 오류. 『삼국지』 「위서·방기전方技傳」에 따르면 "화타는 패국沛國 초현譙縣 사람"이라고 기록하고 있다.

3 오두烏頭: 부자附子(바꽃)의 다른 명칭으로 뿌리줄기가 덩어리 모양이며 맹독이 있고 진통제로도 사용된다.

4 성수聖手: 어떤 기능에 대해 뛰어나거나 출중한 성과를 이룬 자에 대한 존칭.

5 오류. 아직 헌제가 제위에 있고 '조위曹魏'가 건립되기 전이므로 '위군'이란 표현은 맞지 않다. '우리 군사'라고 해야 맞다.

6 오류. 『삼국지』 「위서·서황전」에는 양릉피陽陵陂로 기록되어 있다. 후베이성 샹양襄陽 서북쪽이다.

7 『설문說文』에 500명의 군사를 '여旅'라 했다. 여기서는 '한 부대'의 의미다.

8 오류. 『삼국지』 「오서·육손전」에 따르면 "편장군, 우부독右部督으로 임명했다"고 기록하고 있다. 우부독은 오나라 군사 관직 명칭으로 금군을 좌우 두 부部로 나누었고 부에는 도독을 설치하여 통솔하게 했다.

9 오류. 육손은 183년생이다. 이때가 219년이니 이미 육손의 나이 37세다. 스스로 어리다는 표현은 맞지 않다.

10 오류. 『삼국지』 「오서·손교전」에 따르면 그의 자는 '숙랑叔朗'이었고, 「오서·손정전」에 따르면 그는 손정의 차남이 아니라 셋째 아들이었다.

11 구록𦪇艫: 오吳의 큰 배의 일종.

12 소설에서는 '백의인白衣人(흰옷 입은 사람들)'이라고 표현했지만, 『삼국지』 「오서·여몽전」에 따르면 '백의白衣'라고 기록하고 있다. '백의'는 흰옷이라는 의미도 있지만, 평민복 즉 평민이라는 의미로도 사용되고, 특별히 평상복을 입은 사병을 가리키기도 한다. 여기서는 사병들이 군복을 벗고 상인 복장으로 갈아입은 의미로 생각하면 되겠다.

13 오류. 『삼국지』 「오서·여몽전」에 따르면 "심양尋陽에 이르러"라고 기록하고 있다. 심양강潯陽江은 당대唐代의 지명으로 장시江西성 주장九江 북쪽 일대의 당시 장강長江 호칭이다.

14 돈대墩臺: 명청 시기에 설치한 긴급 신호를 보내는 대.

15 오류. 형주가 아닌 공안公安이라 해야 맞다. 실제 역사 기록에서는 심양에 당도한 후 강변의 초병을 제압하고 공안을 습격한다.

16 약립箬笠: (대나무의 일종인) 얼룩조릿대 잎과 대쪽을 짜서 만든 테가 넓은 모자(삿갓).

17 오류. 여기서의 형주는 강릉성을 가리키는데 미방이 지키고 있었다. 성을 나가 투항했다고 해야 맞겠다.

18 오류. 공안은 남군南郡에 속해 있어 남군으로 향하는 것은 맞지 않는다. 미방이 지키고 있는 남군의 치소인 강릉으로 해야 맞다.

제76회 맥성에 갇힌 관운장

1 오류. 제75회에 의거하여 '공안'이라고 해야 맞다.

2 오류. 이때 동오는 이미 관우가 관할하던 일부분은 취했지만 치소인 강릉은 아직 취하지 못했다.

3 오류. 『삼국지』「위서·무제기」에는 "마피摩陂에 머물렀다"고 기록하고 있다. 마피는 옛날 호수 명칭으로 허난성 자현郟縣 동남쪽에 있다.

4 언성偃城: 후베이성 샹양襄陽 북쪽.

5 사총四冢: 후베이성 샹양襄陽 부근.

6 유성마流星馬: 유성보마流星報馬로 고대의 통신병을 가리킨다.

7 녹각鹿角: 군영의 방어물. 가지가 있는 나무를 뾰족하게 깎아서 군영의 주변에 묻어 적의 침입을 방지하는 것으로 형태가 녹각 같다고 하여 녹각이라 부른다.

8 장년壯年: 대부분 30~40세를 가리킨다.

9 오류. 형주가 아닌 강릉으로 해야 맞다.

10 주아부周亞夫: 전한 시기의 명장으로 한나라 개국 공신 강후絳侯 주발周勃의 아들이다. 흉노가 침범하자 세류細柳에 군대를 주둔시키고 방어했는데 군대의 기강이 엄정하여 문제가 '진장군眞將軍'이라 칭송했다.

11 맥성麥城: 옛 성 명칭으로 후베이성 당양當陽 동남쪽의 쥐수이沮水강과 장수이漳水강 사이에 있었다.

12 오류. 촉의 대군이라 해야 한다. 익주의 옛 이름은 촉이다.

13 오류. 『삼국지』「촉서·유봉전」에 따르면 "부군장군副軍將軍으로 승진시켰다"고 기록하고 있다.

14 오류. 적벽대전 이후에 조조, 유비, 손권이 형주를 삼등분하여 다스리고 있었기 때문에 여기서는 관우가 관할하던 몇 개 군이라 해야 맞다.

15 오류. 앞의 주석에 의하여 '몇 개 군'이라고 해야 맞다.

16 오류. 관우의 고향을 가리키는 말이나 『삼국지』「촉서·관우전」에는 해현解縣으로 기록되어 있다. 해량解良은 해량解梁을 말하며 금대金代의 지명이다.

17 시초蓍草: 톱풀. 가새풀. 점을 치는 데 썼으며 후에 대나무를 깎아 시초 대신 점을 쳤으므로 서죽筮竹이란 말이 생겼다.

18 지수사地水師: 사師는 『역경』에서의 괘 명칭으로 감坎(물)이 아래에 있고 곤坤(땅)이 위에 있는 것을 말한다. 곤은 땅을 대표하고 감은 물을 대표하기 때문에 '지수사괘'라 한다.

제77회 옥천산의 신령이 된 관운장

1 임저臨沮: 현 명칭. 형주 남군에 속했으며 치소는 후베이성 당양當陽 서북쪽에 있었다.

2 오류. 『삼국지』「오서·반장전」에 따르면 '협석夾石(후베이성 위안안遠安 경계)'에 주둔했다고 기록하고 있다.

3 오류. 관우의 사망 시기가 건안 24년(219)은 맞지만 그때 58세였는지는 명확하지 않다.

4 오류. 형문주荊門州는 원나라 때 설치된 주 명칭으로 치소는 후베이성 징먼荊門이었다. 형주로 해야 맞다. 당양현은 형주 남군에 속했다.

5 주미麈尾: 주麈(고서에 나오는 사슴류의 동물)의 꼬리털로 만든 먼지떨이.

6 계수稽首: 고대의 예절로 무릎을 꿇고 두 손을 맞잡아 머리가 땅에 닿게 조아려 절하는 것으로 구배九拜 중에 가장 공경하는 것이다.

7 적제赤帝: 한고조 유방을 가리킨다.

8 청사青史: 고대에 죽간에 사실을 기록했으므로 역사책을 청사라고 했다.

9 잔릉孱陵은 현 명칭으로 유비가 공안公安으로 명칭을 변경했다. 형주 무릉군武陵郡에 속했으며 치소는 후베이성 궁안公安 서쪽이었다.

10 오류. 양천兩川(서천과 동천)이란 말은 당나라 때 시작되었고 후한 삼국 시기에는 익주에 속했다. 익주라고 해야 맞다.

11 오류. 동오는 익주의 동쪽이므로 동쪽 정벌이라 해야 맞다.

12 생례牲醴: 제사에 사용하는 제물용 가축(소, 양, 돼지 등)과 첨주甜酒(달짝지근한 술).

13 오류. 동오는 동쪽에 있으므로 동쪽으로 해야 맞다.

14 회영懷嬴은 진秦나라 목공穆公의 딸로 처음에 진晉나라 회공懷公 자어子圉에게 시집갔다가 나중에 다시 자어의 백부인 진문공晉文公에게 시집을 갔다.

15 보마報馬: 말을 타고 소식을 보고하는 사람.

16 표장表章: 봉건시대에 신하가 제왕에게 제출하여 의견을 진술하는 글.

17 『설문說文』에 500명의 군사를 '여旅'라 했다. 여기서는 한 부대 정도의 의미다.

제78회 역사 속으로 사라진 천하의 간웅

1 행궁行宮: 고대에 도성 이외에 제왕이 출행할 때 거주했던 궁전.

2 건시전建始殿: 낙양 궁전 명칭이다. 『삼국지』「위서·무제기」에 따르면 "건안 25년(220) 봄 정월, 태조가 낙양에 도착했다"고 기록하고 있고 배송지 주 『세어』에서는 "태조가 한중에서 낙양으로 돌아와 건시전을 축조하기 시작했다"고 기록하고 있다.

3 낭무廊廡: 궁궐이나 종묘의 정전 아래에 동서로 붙여 지은 건물.

4 화개華蓋: 제왕 혹은 고관들 수레 위에 씌우는 일산.

5 오류. 『삼국지』「위서·방기전」에 따르면 "마비산痲沸散"이라 했다. 화타가 만들어냈다는 외과 수술용의 마취제다.

6 1승升은 200밀리리터로 3승은 600밀리리터다.

7 편작扁鵲은 전국시대의 명의로 원래 이름은 진월인秦越人이다. 맥을 짚는 의술을 창조했다. 창공倉公은 전한 사람으로 본명은 순우의淳于意이며 제나라 태창령太倉令을 역임하여 창공이라 칭했다.

8 금성金城: 금용성金墉城으로 위나라 명제 때 축조되었고 당시 낙양성 서북쪽 모퉁이에 있었던 하나의 작은 성이었다.

9 오류. 길본吉本이다.

10 『청낭서青囊書』: 화타의 저술이라고 하나 전해지지는 않는다. 청낭青囊은 고대에 의원이 의서를 보관해뒀던 포대를 말하며 의술이나 의원을 가리키기도 한다.

11 장상長桑: 장상군長桑君으로 전국시대 명의였던 편작扁鵲의 스승이었다.

12 두 가지 의미가 있다고 하겠다. 한나라는 '화덕火德'으로 불 위에 앉는다는 말은 한나라를 대신해 조조 자신이 황제가 되는 것을 말하며, 또한 손권이 표면적으로는 비위를 맞추고 있지만 조조가 하루아침에 스스로 황제가 된다면 수많은 위험이 발생할 가능성이 많기 때문에 조조를 화롯불 위에 놓고 구워버리겠다는 뜻이 내포되어 있다고도 할 수 있다.

13 오류. 『삼국지』「오서·오주전」에 따르면 "조공(조조)이 표를 올려 손권을 표기장군驃騎將軍으로 삼고 가절을 주어 형주목을 겸하게 했으며 남창후南昌侯로 봉했다"고 기록하고 있다. 관직을 앞에, 작위를 뒤에 표기해야 한다.

14 삼마동조三馬同槽는 세 마리의 말이 같은 구유에 있다는 뜻으로 사마의司馬懿 세 부자(사마의, 사마사司馬師, 사마소司馬昭)가 위나라 정권을 찬탈한 것을 나타내며 일반적으로 정권을 찬탈하기 위해 음모를 꾸미는 것을 가리킨다.

15 녹마祿馬: 녹祿은 복福을 나타내며 녹마는 복 많은 말의 징조를 나타낸다.

16 조槽는 가축의 구유라는 뜻이지만 조조의 성인 조曹와도 발음이 같다.

17 상초上焦: 한의학에서 육부六腑 삼초三焦 가운데 하나를 말한다. 일반적으로 위의 윗부분 음식을 먹는 곳에서 혀 아래 부분을 말하며 심폐를 포함한다. 주요 기능은 호흡과 혈액 순환이다. 일반적으로는 상반신이나 머리 부분을 가리킨다.

18 오류. 창덕부彰德府 강무성講武城은 금대金代 이후의 지명이다. 업성으로 해야 맞다.

19 업성鄴城은 조조가 도읍을 정한 업현鄴縣을 말하고 장수漳水는 장하漳河를 말하며 웨이허衛河강의 지류다. 허난성과 허베이성이 맞닿은 곳에 흐른다.

20 조조, 조비, 조식의 삼부자를 말한다.

21 장막 안으로 돌아간다는 것은 조조가 임종 전에 여러 처첩을 동작대로 불렀던 일을 가리킨다.

22 오류. 소蕭는 소현蕭縣이며 조웅의 봉읍이다. 회懷는 사람이 죽은 뒤에 붙이는 시호로 조웅은 아직 죽지 않았다. '소후蕭侯'로 해야 맞다. 소현은 춘추시대 때 송宋의 소읍蕭邑이었고 진秦 시기에 소현을 설치했다. 후한 시기에는 예주 패국에 속했고 치소는 안후이성 샤오현蕭縣 서북쪽이었다.

23 중서자中庶子: 한대 이후에는 동궁東宮의 속관이었다. 후한 시기에 다섯 명을 두었으며 직분은 시중과 같았고 황자 혹은 왕자의 교육 관리를 책임졌다.

24 사마부司馬孚: 사마의의 동생으로 자는 숙달叔達이다.

25 홍薨: 주周 시기에 제후가 죽었을 때 홍이라 했고, 후한 때는 후작侯爵 이상의 작위를 가진 자가 죽었을 때 홍이라 했으며 당唐 이후에는 이품二品 이상의 대신이 죽었을 때 홍이라 했다. 고대에는 사람의 등급이 달랐기 때문에 죽음에 대한 칭호도 같지 않았다. 『예기』「곡례曲禮 하下」에 따르면 "천자天子가 죽으면 홍薨, 대부大夫는 졸卒, 사士는 불록不祿, 서인庶人은 사死라 했다."

26 오류. 병부상서兵部尚書는 수대隋代에 설치된 관직이다. 『삼국지』「위서·진교전」에 따르면 조비는 제위에 오른 후 진교를 상서령으로 승진시켰다고 기록하고 있다.

27 훙서薨逝: 왕이나 왕족, 귀족 등의 죽음을 높여 부르는 말.

28 배무拜舞: 무릎을 꿇고 엎드려 절하는 일종의 예절인 특정한 무도 자세(경축이나 칭송을 표시)로 고대 임금을 배알하는 예절이다.

제79회 칠보시

1 분상奔喪: 먼 곳에서 부모가 돌아가신 소식을 듣고 집으로 돌아가다.

2 언릉鄢陵: 현 명칭. 예주 영천군에 속했으며 치소는 허난성 옌링鄢陵 서북쪽이다.

3 연강延康: 한 헌제 유협의 여섯 번째 연호(220년 3~10월)로 후한의 마지막 연호다.

4 오류. 업군은 잘못된 지명으로 업현으로 해야 한다. 업은 군이 아닌 현 명칭으로 기주 위군에 속했으며 군치 소재지였다. 허베이성 린장臨漳 서남쪽이다.

5 고릉高陵: 현 명칭으로 진나라 때 설치되었다. 후한 시기에 좌풍익左馮翊의 치소였으며 산시陝西성 가오링高陵 서남쪽이었다.

6 오류. 소회蕭懷가 아닌 소현蕭縣으로 해야 맞다. 소는 소현이며 조웅의 봉읍이다.

7 오류. 『삼국지』「위서·소회왕웅전蕭懷王熊傳」에 따르면 '소회공蕭懷公'이란 시호를 내렸다고 기록하고 있다.

8 임치臨淄: 옛 현 명칭으로 후한 때 제국齊國과 청주자사青州刺史 치소였다. 산둥성 쯔보淄博 동북 린쯔구臨淄區다.

9 오류. 유봉의 지위는 군수보다 높았고 맹달은 이미 군수였으므로 '승진'이란 표현은 맞지 않다. 76회에 "한중왕은 유봉에게 관직을 더해 부장군副將軍(「촉서·유봉전」에는 부군장군副軍將軍으로 기록)으로 삼았다"고 했다. 소설에서 제갈량이 유봉과 맹달을 승진시켜 서로 떨어져 있게 한 다음 사로잡겠다는 계책의 내용은 역사 기록에 없다.

10 방릉房陵: 현 명칭으로 진秦 시기에 설치되었다. 익주 한중군에 속했으나 후에 유비가 군으로 변경했다. 치소는 후베이성 팡현房縣에 있었다.

11 오류. 『삼국지』「촉서·유봉전」에 따르면 상용태수 신탐申耽, 서성西城태수 신의申儀라고 기록하고 있다.

12 범여范蠡: 춘추시대 초나라 사람이나 월나라 왕 구천을 섬겨 오나라를 멸망시켰다. 나중에 구천과 오래 함께하기 어렵다는 사실을 깨닫고 벼슬을 버리고 미인 서시와 더불어 오호五湖에 배를 띄우고 놀았다고 한다. 『사기』「월왕구천세가越王句踐世家」에 "범여范蠡가 한 통의 편지를 써서 구천에게 보내고 작별을 고했다. '군주에게 우환이 있으면 신하는 고생스러움을 말하지 않고 군주가 굴욕을 당하면 신하는 희생을 애석해하지 않는다고 들었습니다. 당초에 군왕께서 회계산會稽山에서 곤란한 처지를 당하셨을 때 신이 당시에 죽지 않았기 때문에 지금의 승리를 얻을 수 있었습니다. (구천을 보좌하여 오를 멸하고 패자로 칭하게 된 일) 지금 원한을 이미 갚았으니 신 마땅히 죽음으로써 지난날의 결함을 메우고자 합니다.' 이에 간편한 몇 가지 보배와 주옥만 지니고 사가私家의 따르던 노복과 함께 배를 타고 바다를 건너 떠났고 다시 돌아오지 않았다"고 기록되어 있다.

13 구범舅犯: 호언狐偃을 말한다. 자는 자범子犯으로 춘추시대 진晉나라 공자 중이重耳(진문

공)의 외삼촌이었으므로 구범이라 부른다. 중이를 따라 19년 동안 함께 망명 생활을 했다. 중이의 즉위를 위해 돌아오는 도중에 황하를 건넜는데 그는 중이가 즉위하고 나면 자신의 공로는 잊고 과실만 기억할까 걱정되어 작별을 하고자 했으나 중이가 만류했다. 여기서는 사죄하고 작별을 고하는 구범의 모습을 나타낸다. 『좌전』「희공僖公 24년」에 구범(자범子犯)이 진 공자公子 중이重耳를 수행하여 도망쳐 국외에 있다가 나중에 중이가 다시 돌아와 집정하게 되었는데 황하 기슭에 이르렀을 때 자범이 중이에게 옥벽玉璧을 건네며 말했다. "신이 말의 고삐를 잡아끌며 천하 각국을 순행하면서 많은 죄를 지었습니다. 이것은 신도 알고 있는데 하물며 군주께서는 어떠하시겠습니까? 청컨대 떠나고자 하니 윤허해주십시오." 공자 중이가 맹세하며 말했다. "내가 숙부와 한마음임을 보증하니 만일 그렇지 않다면 강의 신에게 징벌을 맡길 것입니다. 이는 황하가 증명하리라."

14 신생申生: 춘추전국시대 진晉나라 헌공獻公의 태자로 헌공이 여희驪姬를 총애하여 그 소생 해제奚齊를 후계자로 봉하고 신생을 형벌에 처하고자 했으나 도망가지 않고 효도를 다했다.

15 자서子胥: 오자서伍子胥를 말한다. 춘추 후기의 초나라 사람으로 오왕 합려闔閭와 부차夫差를 보좌했으나 나중에 참언 때문에 자살했다.

16 몽념蒙恬: 진시황의 장수로 진나라가 통일한 후 30만의 군사를 이끌고 흉노를 격퇴하고 만리장성을 축조했다. 진시황이 죽은 뒤에 조고趙高가 조서詔書를 위조하여 그를 사사賜死하려 하자 자살했다.

17 악의樂毅: 전국시대 연나라 장수로 제나라를 토벌했다. 연의 혜왕惠王이 즉위하자 제나라 전단田單의 이간책으로 조나라로 달아났다.

18 산기상시散騎常侍: 삼국 시기 위 문제 때 설치되었으며 진한 시기의 산기散騎와 중상시中常侍의 두 관직을 하나로 합쳐 '산기상시'라 했다. 표문, 조서 등의 사무를 담당했으며 천자가 출입할 때 가까이 모시는 일을 맡았다.

19 건무장군建武將軍: 잡호장군. 후한 말기에 설치되었으며 헌제 건안 연간에 하후돈에게 임명했다. 삼국 시기 위와 오, 남북조 시기에도 설치되었다.

20 신성新城: 군 명칭으로 조비가 방릉, 상용, 서성西城 3군을 합쳐 설치했다. 치소는 방릉房陵(후베이성 팡현房縣)에 있었다.

21 오류. 서성西城이라고 해야 맞다. 방릉은 상용과 양양 중간에 있어 유봉은 상용에서 방릉으로 중도에 되돌아갈 수가 없다. 서성은 상용의 서쪽에 있었고 『삼국지』「촉서·유봉전」에 따르면 신의는 서성태수였다. 서성은 현 명칭으로 전한 때 설치되었고 후한 말기에 서성군西城郡의 치소가 되었다. 산시陝西성 안캉安康 서북쪽에 속했다.

22 패沛: 장쑤성 페이현沛縣.

23 석읍현石邑縣: 현 명칭. 기주 상상군常上郡에 속했으며 치소는 허베이성 스자좡石家莊 서남쪽에 있었다.

24 수선受禪: 왕위를 물려주는 뜻으로 상고 시기에 부락의 수령을 추천하는 방식으로 부락의 각 개인이 표결하여 다수로 결정하는 것이다. 역사는 '선양禪讓'이라 칭한다.

제80회 황제에 오른 조비와 유비

1 가화嘉禾: 생장이 기이한 벼로 옛사람들은 상서로운 징조로 여겼다. 또한 일반적으로 건강하게 자라는 벼를 가리킨다.

2 감로甘露: 천하가 태평할 때에 하늘에서 내린다고 하는 단 이슬.

3 염한炎漢: 한나라는 스스로 화덕왕火德王이라 칭했기 때문에 '염한炎漢'이라고 한다.

4 제성帝星: 옛날 별 명칭으로 천제를 칭하기도 하고 자미성紫微星이라 속칭하기도 한다. 고대에 황제를 상징하는 것으로 쓰였다.

5 도참圖讖: 고대에 도사나 유생들이 꾸며낸 제왕이 될 만한 사람에게 내리는 상서로운 징조를 예시하는 서적으로 대부분 은어나 예언으로 이루어져 있다. 진秦 시기에 시작되어 후한 시기에 성행했다.

6 부보랑符寶郎: 당나라 때 설치된 관직명으로 전대부터 있었던 명칭인 '부새랑符璽郎'을 '부보랑'으로 바꾸었다. 부새랑은 한나라의 소부부절령少府符節令의 속관으로 황제의 옥새를 관장했다.

7 염정炎精: 화덕, 즉 한나라 왕조를 가리킨다.

8 신무神武: 길흉화복으로 천하를 굴복시키고 형벌로 죽이지 않음을 가리킨다.

9 역수曆數: 역대 왕조가 대대로 바뀌는 순서. 고대 미신으로 제위 계승과 천상의 운행은 순서에 따라 상응한다고 여긴다.

10 『예기禮記』「예운禮運」 편에 나오는 말로 '大道之行, 天下爲公'의 '대도'는 태평성세의 사회 준칙으로 고대 정치사상의 최고 이상이다. '대도가 시행되는 태평성세의 시대에 천하는 사람들이 공유하는 것으로 천자의 지위는 어진 이에게 전해져야지 자식에게 전해서는 안 된다'는 의미다.

11 오류. 후한 삼국 시기에 이런 관직명은 없었고 '고묘령高廟令'이란 관직이 있었는데 태상太常의 속관으로 황제의 조묘祖廟를 지키는 장長이었다. 『삼국지』「위서·문제기」에 따르면 "어사대부를 겸임하고 있는 장음"이라는 기록이 있다.

12 부운符運: 부명符命으로 하늘이 제왕이 될 만한 사람에게 내리는 상서로운 징조.

13 구하區夏: 제하諸夏의 땅, 화하華夏, 중국을 가리킨다. 중원 지구를 가리키기도 한다.

14 인풍仁風: 은택이 널리 퍼지는 것을 형용하는 것으로 대부분 제왕이나 혹은 지방장관의 덕정을 칭송하는 데 사용한다.

15 태상원太常院: 이런 기관은 존재하지 않았고 '태상太常'이란 관직이 있었는데 종묘 제사, 예악禮樂과 문화 교육을 관장하던 관원이었다. 진秦 시기에 '봉상奉常'이라 했다가 한 경제景帝 때 '태상'으로 개명했다.

16 번양繁陽: 예주 영천군潁川郡 영천현潁川縣에 속했다. 조비가 황위에 오른 후 번창현繁昌縣으로 개명했는데 허난성 쉬창許昌 서남쪽에 있었다.

17 책冊: 황제가 신하에게 작위를 봉하거나 관직을 수여하는 조서로 '책策'이라고도 한다.

18 우내宇內: 고대에 '우宇'는 공간이고 '주宙'는 시간으로 '우내'는 바로 모든 세계를 나타내며 '천하'와 같은 의미다. 고대 중국의 세계에 관한 인식의 정도는 중화中華에 국한되므로 '중국 영토'로도 해석할 수 있다.

19 구복九服: 왕기王畿(왕성王城 주위 천리 이내의 지역) 이외의 아홉 개 지구를 가리킨다. 후복侯服, 전복甸服, 남복男服, 채복采服, 위복衛服, 만복蠻服, 이복夷服, 진복鎭服, 번복藩服을 말한다. 후에는 일반적으로 번속藩屬을 가리킨다.

20 대례大禮: 군신 간의 행위 규범.

21 오류. 『삼국지』「위서·문제기」에 따르면 '자만국茲萬國'이라 하여 '이 만국'으로 고쳐야 맞다. '만국'은 '전국'의 의미다.

22 번복藩服: 도성 이외의 지역을 구복九服이라 하는데 가장 먼 지구를 번복이라 불렀다.

23 오류. 『삼국지』「촉서·초주전」과 「선주전」에는 '권학종사勸學從事'로 기록되어 있다. 권학종사는 주 자사의 속관으로 교육을 관장했다.

24 경운慶雲: 오색 구름으로 옛사람들은 경사스럽고 상서로운 기운으로 여겼다. 경운景雲이라고도 한다. 『한서』「천문지天文志」에 의하면 "만일 공기 중에 연기 같은데 연기가 아니고 구름 같은데 구름이 아닌 무언가가 무성하고 많으며 분산되어 구불구불하게 출현하면, 그것을 경운慶雲이라 한다. 경운은 상서로운 기운이다"라고 했다.

25 황기黃氣: 황색 운기로 고대 미신에서 천자의 기운 또는 상서로운 기운으로 여겼다.

26 필성畢星, 위수胃宿, 묘수昴宿로 이십팔수二十八宿 가운데 하나를 가리킨다.

27 출전은 『논어』「자로子路」 편으로 "명부정名不正, 즉언불순則言不順"이다.

28 출전은 『사기』「월왕구천세가越王勾踐世家」로 "천여불취天與弗取, 반수기구反受其咎"다.

29 안한장군安漢將軍: 『삼국지』「촉서·미축전」에 따르면 "익주가 평정된 다음에 미축은 안한장군으로 봉해졌는데 서열이 군사장군軍師將軍(제갈량)보다 위였다"고 기록하고 있다.

30 『삼국지』「촉서·두경전」에 따르면 "선주는 익주를 평정한 뒤 두경을 의조종사議曹從事로 삼았다"고 기록하고 있다. 의조종사는 의조종사사議曹從事史의 줄임말로 주부州府의 속리였으며 참모와 의론을 관장했다.

31 오류. 『삼국지』「촉서·선주전」에 따르면 "광록훈光祿勳 황주黃柱"라고 기록하고 있다. 소상蕭常의 『속후한서續後漢書』에도 '황주'라 했으나 각 본은 모두 '황권'이라 했다. 남조南朝 양梁 시기에 광록훈을 광록경으로 변경했다.

32 사업司業: 세자의 학업 교육을 주관하는 것을 말한다. 또한 학관 명칭으로 수隋 이후에 국자감國子監에 사업을 설치했다. 『삼국지』「촉서·초주전」에 따르면 "건흥建興 연간(223~237)에 승상 제갈량은 익주목을 겸하면서 초주를 권학종사勸學從事로 임명했다"고 기록하고 있다. 권학종사는 주부州府의 속관으로 문화와 교육을 관장했고 상시 설치되지는 않았다.

33 오류. 『삼국지』「촉서·이적전」에 따르면 소문장군昭文將軍으로 승진했다고 기록하고 있다. 소문장군은 유비 정권이 설치한 것으로 군사 참모를 관장했다.

34 오류. 『삼국지』「촉서·진복전」에 따르면 "진복을 초빙하여 종사좨주從事祭酒로 삼았다"고 기록하고 있다. 종사좨주는 주부의 속관으로 지위는 치중종사治中從事 아래였다.

35 오류. 『삼국지』「촉서·선주전」에 따르면 '의랑議郎 맹광'이라고 기록하고 있다.

36 무담武擔: 산 명칭. 쓰촨성 청두成都 성내 서북쪽 구석에 위치해 있다.

37 오류. 『삼국지』「촉서·선주전」에 따르면 '건안 26년 4월 병오丙午(음력 초6일)'라고 기록하고 있다. '삭朔(초하루)'을 삭제해야 한다.

38 오류. 상기 주석에 따라 삭제해야 맞다.

39 황천후토皇天后土: 황천은 하늘을 가리키며 후토는 땅을 말한다. 즉 천지天地를 가리킨다. 고대 미신에서는 천지가 공정한 도리를 주관하고 만물을 주재할 수 있다고 했다.

40 주후主後: 종묘사직의 제사를 주관하는 계승인.

41 배무拜舞: 무릎을 꿇고 엎드려 절하고 일종의 예절인 특정한 무도 자세(경축이나 칭송을 표시)로 고대 임금을 배알하는 예절이다.

42 선주先主: 진수 『삼국지』에서는 유비를 '선주', 유선을 '후주'로 불렀다. 이것은 시호가 아니다. 소설에서는 유비가 황제를 칭한 이후에 선주라고 했다.